国家重点档案保护与开发项目资助

省情与施政

广东省政府会议录

（1925—1949）

第四册

广东省档案馆　编

SPM 南方出版传媒 广东人民出版社

·广州·

目　录

广东省政府第七届委员会会议录

(1936 年 8 月 18 日—1937 年 5 月 28 日)

广东省政府第八届委员会会议录

（1937 年 6 月 1 日—1938 年 12 月 13 日）

广东省政府第九届委员会会议录

（1939 年 1 月 4 日—时间不详）

广东省政府第七届委员会会议录

（1936 年 8 月 18 日—1937 年 5 月 28 日）

广东省政府第七届委员会
第一次议事录

民国二十五年八月十八日　星期二

出席者　黄慕松　宋子良　王应榆　刘纪文　李煦寰　罗翼群
　　　　刘维炽　许崇清
列席者　岑学吕　曾养甫
主　席　黄慕松
纪　录　熊公福　陈广澧

报告事项

一、行政院令，奉国府公布中华民国二十三年度国家普通岁入岁出第四次追加预算，抄发原附件，仰知照，并饬属知照。

二、行政院令，奉国府公布中华民国二十四年度国家普通岁入岁出第二次追加预算，抄发原附件，仰知照，并饬属知照。

三、行政院令，奉国府公布所得税暂行条例，抄发该条例，仰知照，并转饬所属一体知照。

四、财政部微电，前西南政委会对海关所发之护照及命令，已呈奉行政院令准自七月二十日取销，所有免税征税事项，悉照中央定章办理，请查照转饬遵照。又粤海关监督呈同前由。

五、财政部咨，为执行稽查便利运输起见，规定商号退还运输应领证明书办法，请查照转行遵照。

六、军政部咨送陆军士兵退伍归休实施暂行规则，请查照，并饬属知照。

七、财政厅呈报，设立广东省裁废苛捐杂税审议委员会各情形，请察核备案。

八、教育厅呈，拟〔据〕省立高州农校呈，拟开辟农场内演武厅废址及建筑蓄水池等，需费共四百六十五元九毫二仙，拟在设备费存款内开支等情，经准照办请察核备案。

九、广东省会公安局呈报，取销市内店户觅保办法，请察核备案。

十、西南航空公司筹备委员会呈报，另行推选宋财政厅长继任本会常务委员，请察核备案。

讨论事项

一、民、财政厅会同拟订广东省禁赌单行条例，请核定公布施行案。又宋厅长提议，设禁赌委员会案。（并案讨论）

（决议）设广东省禁赌委员会，禁赌日期，定为九月一日起，条例交秘书长，民、财两厅长会同再加审查，下次提会。

二、财政厅呈，拟订广东省裁废苛捐杂税审议委员会简章，请察核备案。

（决议）准备案。

三、财政厅呈，为修正各机关报解款项及造报收支计算书程序，到省期限及逾限处分条例，请核明通行各机关遵照案。

（决议）通过。

四、财政厅提议，兹查有各县房捐、渔业税、士敏土附加、废烂胶轮税、机器税、佛山戏院附加、台山灰捐附加、台山砖捐附加、连江生猪出口捐、琼崖生猪出口捐等十种，或妨害国民经济，或损及地方收入，拟请先行裁撤，敬候公决案。

（决议）通过。

五、教育厅提议，省立广雅中学校长霍广河业经辞职，所遗该缺，查有黄慎之堪以充任；省立廉州中学校长范公镇拟着另候任用，所遗该缺，查有蔡振玮堪以充任；省立高州农业职【业】学校校长张美淦久不到任，拟改委黄宗铨充任；省立江村师范学校校长龙文焯拟着另候任用，所遗该缺，查有谢茂泉堪以充任；省立琼崖师范学校校长伍瑞锴拟着另候任用，所遗该缺，查有白学初堪以充任。连同各该员履历，请公决案。

（决议）通过。

广东省政府第七届委员会
第二次议事录

八月二十一日　星期五

出席者　黄慕松　王应榆　刘纪文　刘维炽　萧吉珊　罗翼群
　　　　李煦寰　宋子良　许崇清
列席者　岑学吕　曾养甫
主　席　黄慕松
纪　录　熊公福　陈广澧

报告事项

一、广东财政特派员公署函，奉财部电复粤米高涨，已饬粤海关查明洋米已到数量即予免税放行等因。合将本案办理经过情形，函达查照。

二、民政厅呈，据河源县呈报调查各区水灾饥荒及救济情形，乞拨款赈济等情，业准在赈款项下，拨发一千元散赈，请核准备案。

三、财政厅呈，据琼山县电，关于军阀盘踞时，所领官产，未经补价换照者，请自本年七月一日起，再展限六个月，各准十足补价，换领厅照等情，似可照准，请察核备案。

四、财政厅呈，据连山县呈缴财政局长萧永光履历表，转请核准加委。

五、教育厅呈，准童子军学术院请分担暑期讲习经费二千零一十元，仍可准由二十五年度各校修建设备临时费项下照拨，经由厅垫发，请饬财厅拨还归垫。

六、广州市政府呈，据工务局呈缴建筑河南民用飞机场二十五年度岁出概算表，请察核备案。

七、广州市政府呈，据新电力厂呈报增加工程费共三百二十八元九毫，此项增加，不在合约之内，因同一工程，未便另投，拟交原商并造，请察核备案。

八、广东省会公安局呈缴海幢分局从新改建新增伙夫室等项工程费一千一百三十二元追加预算书，请援案准免开投。

九、广东省银行呈报职行奉准增加资本库券一千七百万元，业于七月十八日由财政厅如数拨到，请察核备案。

讨论事项

一、王厅长、宋厅长、岑秘书长会同审查民、财两厅所拟广东省禁赌单行条例一案，拟具广东省禁赌委员会组织条例，请公决案。

（议决）修正通过。

二、民政厅长、财政厅长、曾市长、刘委员、罗委员会同审查建设厅提议将省营各工厂营造场等机关，暨实业银行，统拨归建设厅主管办理一案，将审查意见送府，应如何处理，请公决案。

（议决）省营工业，拨归建设厅管理，省府另设监督委员会。

三、建设厅呈，据南路省道行车管理处呈，请准将二十四年度及二十五年度工食租项、燃料油脂修理等费，援案十足开支等情，应否照准，请核指遵案。

（议决）照案办理。

四、财政厅呈，拟将沙田测丈队第五队另行改编，调赴钦廉属开办沙田清丈，月支经费三千三百六十五元，缮具经费表，请核准备案。

（议决）准予备案。

五、市政府、财政厅会呈，查明小北飞来庙侧官地与营产无关，请察核办理案。

（议决）交广州市政府会同财政厅审查。

六、广东省侨务委员会呈，为奉主席委员谕，办理交代等因。查本会六月份救济费，暨七月份常费，救济费，均未奉发，究应如何处理之处，请核示遵案。又汕头侨务处呈请发给六、七月份救侨费案，并案讨论。

（议决）该会应行结束；常费及救济费交财政厅查案办理。

七、教育厅厅长提议，查省立金山中学校长李卓寰来厅面请辞职，业予照准，所遗该缺，查有谭维汉堪以充任；省立岭东商业职业学校校长古仲熙拟着另候任用，所遗该缺，查有张震宇堪以充任；省立庚戌中学校长谭培根拟着另候任用，所遗该缺，查有魏贤祥堪以充任。连同各该员履历，请公决案。

（议决）通过。

八、广东省银行行长沈载和辞职，照准，派顾翊群为行长案。

（议决）照派。

广东省政府第七届委员会
第三次议事录

八月二十五日　星期二

出席者　黄慕松　宋子良　王应榆　刘纪文　萧吉珊　罗翼群
　　　　李煦寰　刘维炽　许崇清
列席者　岑学吕　史延程　曾养甫
纪　录　（秘书）熊公福　（科长）陈广澧

报告事项

一、建设厅呈，据蚕丝业改良实施区总区呈缴推行第一期桑田隙地兼植旱稻暨桑田间作豆类报告书、影片，请存转等情，转请察核备案。

二、广州市政府呈，据工务局呈缴完成凤凰冈至南石头马路工程费二十四年度追加预算，请继续支付等情，连同原书请察核备案。

三、广州市政府呈缴二十五年四月份市库收支结算表，请核存转。

四、广州市政府呈缴二十五年五月份市库收支结算表，请核存转。

五、省立勤勤大学呈，为教育学院改建初中附小各校舍经费，拟请仍由二十二年度该院岁出临时费项下报销，请核转备案。

讨论事项

一、第四路军总司令部函，据琼崖绥靖委员呈，请在已经借给书场码头建筑之赈灾余款一万元内，暂挪大洋五千七百元，为购缉各县积匪红款等情，查该委员所拟，系为肃清积匪起见，似尚可行，请查照核明见复案。又琼崖绥靖委员呈同前由。（并案讨论）

（议决）准予暂借。

二、建设厅何前厅长呈复，关于蚕丝改良局第二蚕种制造场开办费，不足六千元之款，似可由职厅潮梅冥锱捐七成五充支公路筑路费项下拨给，请察夺令遵案。

（议决）照办。

三、任命宋子良、王应榆、曾养甫、岑学吕、陈耀垣为广东省银行董事，云照坤为广东省银行副行长案。

（议决）通过。

四、教育厅提议，查省立老隆师范学校校长林乾祐呈请辞职，经予照准，所遗该缺，拟以该校教导主任陈榕亮升充；省立钦州师范学校校长关纾拟着另候任用，所遗该缺，即〔拟〕以省立琼崖师范学校校长伍瑞锴调充；省立汕头水产职业学校代理校长张上儒拟着另候任用，所遗该缺，查有姚焕洲堪以委任；省立顺德农业职业学校校长廖崇真拟着另候任用，所遗该缺，查有谭葆廉堪以委任；省立长沙师范学校校长孔宪瑗拟着另候任用，所遗该缺，查有胡奕鎏堪以委任；省立广州女子师范学校校长李雪英拟着另候任用，所遗该缺，查有萧悔尘堪以委任；省立广州女子中学校校长李粹芳拟着另候任用，所遗该缺，查有邓不奴堪以委任；省立琼崖中学校长陈继福拟着另候任用，所遗该缺，查有陈傅栋堪以委任；省立两阳中学校长黄思汉拟着另候任用，所遗该缺，查有陈殿杰堪以委任；省立梅州中学校校长黄金佑拟着另候任用，所遗该缺，查有王芰仙堪以委任；省立罗定中学校校长陈镜清拟着另候任用，所遗该缺，查有何次权堪以委任。连同各该员履历，请公决案。

（议决）通过。

五、李委员提议，查广东省新生活运动会经费，预算月定四千五百元，经该会成立会议决由省政府支拨在案。又该会成立伊始，预计约需开办费二千元，应请饬由财政厅分别照拨，以利工作，是否有当，请公决案。

（议决）交财政厅审核。

广东省政府第七届委员会
第四次议事录

八月二十八日　星期五

出席者　黄慕松　王应榆　刘纪文　萧吉珊　李煦寰　罗翼群
　　　　刘维炽　宋子良　许崇清
列席者　岑学吕　史延程　曾养甫
主　席　黄慕松
纪　录　（秘书）熊公福　（科长）陈广澧

报告事项

一、财政厅宋厅长呈报洋米税，经由海关征收，所有前由各舶来农产品杂项专税局征收之洋谷米进口专税，自应由免征期满之日起停征，请察核备案。又财政厅区前厅长呈报由本年七月二十一日起，至八月二十日止，以一个月为限，完全豁免洋米洋谷入口专税，请察核备案。

二、建设厅刘厅长呈，据梅县进化学校校长朱集梧请承领县属土名老福凹背等处荒地，连同备查一联，缴请察核备案。

三、广州市政府曾市长呈，据自来水管理处呈，拟向上海汉弥敦英行购办活炭粉十包试用等情，请核准免投，俾资办理。

四、广州市政府曾市长呈，据工务局呈报，安装市府合署水管共需工料费六千零九十七元，与预算原额尚无超过，请补行核准，以符手续等情，请核准免投，俾资办理。

五、广东省银行呈报北海支行因当地时局危急，漾日派行员解法币二十三万八千元回省，请察核。

讨论事项

一、财政厅宋厅长呈，为改编二十五年度省地方岁入岁出概算书，并拟具原则标准，请察核令遵案。

（议决）原则通过。

二、民政厅王厅长提议，拟定国民大会省区选举事务所经费概算，

9

并请令饬财厅照案垫拨，请公决案。

（议决）通过。

三、商人林凤翔状为案经准予承建石牌省府合署，请查案核明，迅予签约定期兴工案。

（议决）缓办。

四、广东省体育委员会广州水上体育会呈，为联合举办广东省第九次水上运动大会，请照案拨款一千元，藉充经费案。

（议决）查照前案办理。

五、财政厅区前厅长呈，据新会县呈，为河村粮站被劫公款，请予将已发收据部分之款，先行报销一案，令据呈缴钤结前来，拟准予如拟办理，请察核备案。

（议决）交财政厅核议。

六、财政厅区前厅长呈缴更定仓捐仓谷表式，请察核指遵案。

（议决）交财政厅核议。

七、教育厅提议，查省立喜泉农业学校校长冯伯球呈请辞职，经予照准，所遗该缺，拟以廖迪雍充任，连同该员履历，请公决案。

（议决）通过。

广东省政府第七届委员会
第五次议事录

九月一日　星期二

出席者　黄慕松　宋子良　王应榆　刘纪文　萧吉珊　李煦寰
　　　　　罗翼群　刘维炽　许崇清
列席者　岑学吕　曾养甫　史延程
主　席　黄慕松
纪　录　（秘书）熊公福　（科长）陈广澧
报告事项

一、财政厅宋厅长呈报，广东省裁废苛捐杂税审议委员会于八月十日成立，附设厅内办公，请察核备案。

二、财政厅宋厅长呈报，定期本年九月一日起，将各县房捐等十种税捐裁撤，请察核。

三、财政厅宋厅长呈报，定期本年九月一日起，将煤炭业按吨征收营业税取销，请察核备案。

四、财政厅区前厅长呈报，另定各县临时地税覆查补充办法，请察核。

五、民政厅王厅长呈，为国民大会代表选举期限迫促，请饬财政厅将额定选费十万元，如数十足支付，以利进行。

六、建设厅刘厅长呈，据高要县民钟积厚等请承领县属土名松秀山等处荒地，连同备查一联，请察核备案。

七、广州市政府曾市长呈，据自来水管理处呈缴与怡和洋行订购白钢长喉及碟仔合约，转请察核备案。

讨论事项

一、主席提议，据秘书处签呈，遵照中央颁布行政督察专员公署组织暂行条例，及斟酌本省情形，拟定划分区域意见书，请提会核定等情，请公决案。

（议决）交民政厅汇案审拟具复。

二、财政厅宋厅长呈，奉财部电，中央通讯社在粤设立分社，所需开办费大洋三万元，就近由粤照拨等因。该费拟由本年度预算案内第二预备费项下先行支付，是否可行，请提会议决案。

（议决）照拨。

三、建设厅刘厅长呈，为各机关办公费报销暂行办法，系由前西南政委会颁布施行，按诸中央审计法令，实有不符，现职厅所属机关办公费报销，应否准予存转核销，一面由钧府通令嗣后按照审计法令办理之处，请核示遵案。

（议决）通令照审计法办理。

四、仲元图书馆呈，为馆务繁剧，员役过少，请追加每月经费六百一十元，连原有合计为一千三百七十元，缮具追加预算书，请察核指遵案。又广东绥靖主任公署余主任函，为仲元图书馆现因将学海书院所藏中西典籍运送扩充，馆务繁剧，每月经费不敷，请酌予维持案。（并案

讨论）

（议决）预算通过。

五、主席提议，准广东省禁烟委员会函送广东省禁烟委员会组织规程，并报告禁烟委员姓名，请公决案。

（议决）通过。

六、教育厅厅长提议，省立韩山师范学校校长叶青天拟着另候任用，所遗该缺，查有李育藩堪以充任，连同该员履历，请公决案。

（议决）通过。

七、民政厅厅长提议，台山县长章萃伦呈请辞职，拟予照准，遗缺拟以英德县长覃元超调署，递遗英德县长缺拟以李辉南代理；新会县长黄槐庭呈请辞职，拟予照准，遗缺拟以从化县长李务滋调署，递遗从化县长缺拟以黄维玉代理；防城县县长张敏调省，遗缺以陈昌五代理，请公决案。

（议决）通过。

广东省政府第七届委员会
第六次议事录

九月四日　星期五

出席者　黄慕松　王应榆　刘维炽　罗翼群　萧吉珊　李煦寰
　　　　刘纪文　宋子良

列席者　岑学吕　史延程

主　席　黄慕松

纪　录　（秘书）熊公福　（科长）陈广澧

报告事项

一、财政厅呈报，定期于九月一日起，将本省屠牛牛皮税等各种税捐，征缴加二维持广东省银行纸币专款一律取销，请察核备案。

二、财政厅呈报，定由本年十月一日起，实施修正烟酒营业牌照税暂行章程及其施行细则，请察核备案。

三、财政厅呈报，契税减征由二十五年九月十六日起，至二十六年三月十五日止，再继续展限六个月，请察核备案。

四、广东省会公安局呈复，遵将第一、二、三次防空租捐由九月一日起未收者概行停收，请察核。

五、西南航空公司筹备委员会呈，奉交通部谕，将广河航线暂行改道梅菉径飞河内等，因属会经于本星期内遵照实行，请察核备案。

讨论事项

一、民政厅呈，请委任罗献祥代理广东警官训练所所长，连同该员履历，请提会核委案。

（议决）通过。

二、建设厅呈缴八宝山开矿专员办事处更正二十五年度岁出预算书，请察核指遵案。

（议决）交预算委员会汇案审查。

三、主席提议，拟将前广东省专门技术人员登记规程酌加修正，改为广东省各种专门人才登记规程，并分令建设、教育两厅办理登记，请公决案。

（议决）通过。

广东省政府第七届委员会
第七次议事录

九月八日　星期二

出席者　黄慕松　许崇清　刘维炽　罗翼群　萧吉珊　李煦寰
　　　　　刘纪文　王应榆　宋子良

列席者　史延程　曾养甫　岑学吕

主　席　黄慕松

纪　录　（秘书）熊公福　（科长）陈广澧

报告事项

一、民政厅呈报，据高要县各界筹赈水灾委员会及高要县长先后电报，县属赤项围崩决，请拨款赈济等情，经准在本厅赈款项下投给一千元散赈，请核准备案。

二、财政厅呈复，关于恩平县请自二十五年度起，将商店捐实行撤销，嗣后所有警卫经费，即由地税项下支拨，以恤商艰等情，似应照准，请察核指遵。

三、财政厅呈，为职厅分电各县长将本年度地税开征，及将各项税捐列表报核两案，共支过拍电费五百八十六元八角二分，拟请援案在财政各杂费项下拨付，请核准备案。

四、财政厅呈报，各属税收视察员，统限八月底结束，九月一日起停支经费，请察核备案。

五、广州市政府呈，据自来水管理处呈缴礼和洋行承供防空备用内径三十吋及十六吋两种水管合约，查与核准原案相符，请察核备案。

六、广东省会公安局呈缴修理黄沙分局办公厅等处工程估价单，及追加预算书，请核准援案免予开投，转行财政厅备案。

讨论事项

一、民政厅呈送本省设置行政督察专员划分区域核议意见书，连同酌拟行政督察专员管辖区域及预算表，请察夺案。

（议决）修止通过。

二、民政厅呈复，会同财政、建设、教育各厅长及曾市长，审查广东省营工业监督委员会组织章程，及广东省营工业建设大纲草案，附具意见，请核夺案。

（议决）照审查意见通过。

三、民政厅提议，花县县长许鬻呈请辞职，拟予照准，遗缺拟以崔广秀代理，连同履历，请公决案。

（议决）通过。

广东省政府第七届委员会
第八次议事录

九月十一日　星期五

出席者　黄慕松　许崇清　刘维炽　罗翼群　李煦寰　萧吉珊
　　　　　刘纪文　王应榆

列席者　史延程　岑学吕

主　席　黄慕松

纪　录　（秘书）熊公福　（科长）陈广澧

报告事项

一、行政院令，奉国民政府令，将拿办李济深、陈铭枢前令准予撤销等因，仰知照，并转饬所属一体知照。

二、财政厅呈报，定期截收至本年九月十日止，将钦廉、惠州各属生猪出口捐，实行取销，请察核。

三、财政厅呈报，本省九月一日实行禁赌，各县地方收支概况今昔不同，已分令各县市长，依限迅将二十五年度县地方岁入岁出概算书，采取紧缩政策另行修正呈厅核办，请察核备案。

讨论事项

一、财、民政厅会同拟就广东省禁赌暂行条例施行细则草案，请核定施行案。

（议决）修正通过。

二、财政厅呈复，拟议将广东全省京果海味捐章程修正，请察核指遵案。

（议决）照办。

广东省政府第七届委员会
第九次议事录

九月十五日　星期二

出席者　黄慕松　王应榆　许崇清　李煦寰　萧吉珊　刘纪文
　　　　刘维炽　罗翼群　宋子良

列席者　岑学吕　史延程　曾养甫

主　席　黄慕松

纪　录　（秘书）熊公福　（科长）陈广澧

报告事项

一、民政厅呈报，林前任前〔曾〕在各项结存项下暂垫支各县乡镇里自治训练员九月份俸旅费，似应免予追缴，请准予备案，并饬财厅知照。

二、财政厅呈，奉财政部电复，所有市内营业税，依法仍应由财厅统一征收，等因，请察核令行广州市政府知照。

讨论事项

一、财政厅呈复改编广东省地方概算经过情形，连同造具省地方二十五年度普通岁入岁出总概算书，请核定施行案。

（议决）通过。

二、教育厅呈，请核准令行财政厅，在二十五年度预备费项下，拨支省立中山中学各月份经费，共计一十一万七千四百六十九元七毫八仙，连同该校原缴预算书，请领经费清单等件，请察核指遵案。又教育厅呈，请准予令行财政厅，迅予拨还职厅垫支省立中山中学经费三万元，以清手续案。又许厅长临时说明尚有九月一日至十日止，垫支中山中学五千九百六十四元五毫九仙，请并饬财厅拨还案。并案讨论。

（议决）七月以后者先发，七月以前者并案办理。

三、主席提议，由财政厅借拨广州市政府教育经费二十四万元案。

（议决）通过。

四、民政厅提议，蕉岭县县长黄元友呈请辞职，拟予照准，所遗蕉岭县长缺，拟以陈培琛代理；博罗县县长方乃斌拟调省，所遗博罗县长缺，拟以萧养晦代理；顺德县县长李源和拟调省，所遗顺德县长缺，拟以许廷杰代理，请公决案。

（议决）通过。

五、主席提议，拟会同铁道部长呈请任命曾养甫督办黄埔开埠事宜案。

（议决）通过。

广东省政府第七届委员会
第十次议事录

九月十八日　星期五

出席者　黄慕松　王应榆　萧吉珊　罗翼群　刘维炽　许崇清
　　　　刘纪文　宋子良
列席者　岑学吕　史延程
主　席　黄慕松
纪　录　（秘书）熊公福　（科长）陈广澧

报告事项

一、财政厅呈报，杂粮税项如花生仁豆类生油等，准照现行税率酌核减收，请察核备案。

二、财政厅呈报，添购各科股办公家私共费三千五百元，拟在省地方岁出预算临时门财政各杂费项下开支，请核准备案。

三、教育厅呈，据文昌县呈缴教育局长李超雄履历表及证件，核与规定资格相符，请核明加委。

四、广州市政府呈，据财政局呈复，经将猪捐、屠牛牛皮统税、特种娱乐捐，及各娱乐场院各饷等附征加二专款，于本年九月一日起取销等情，请察核备案。

五、广东省会公安局呈，为划定省会警界范围一案，拟先将南石头、东山、共和村、马涌桥河道等接收办警，余俟陆续扩充，请察核备案。

讨论事项

一、广东省禁赌委员会函，为本会王委员应榆提议，限期毁灭赌具，违者以赌博论罪，案经本会第三次会议，议准，通过赌具名目列举公布，纪录在案，请查照办理案。

（议决）推史院长、罗委员、王厅长审查。

广东省政府第七届委员会
第十一次议事录

九月二十二日　星期二

出席者　王应榆　宋子良　刘纪文　萧吉珊　李煦寰　刘维炽
　　　　　许崇清

列席者　岑学吕

主　席　王应榆（代）

纪　录　（秘书）熊公福　（科长）陈广澧

报告事项

一、行政院令，奉国民政府训令，中央决定施行所得税时，停征公务员所得捐等因，仰遵照，并转饬所属一体遵照。

二、行政院令，奉国民政府训令，规定所得税暂行条例，自民国二十五年十月一日起施行等因，仰知照，并转饬所属一体知照。

三、财政厅呈报，取消本省禁金出口章程，以后应照部颁办法办理，请察核备案。

四、财政厅呈报，关于营业税凡以资本额为课税标准之业类，于明年第一期起，实行依章规定查定课税，请察核备案。

五、广州市政府呈，为设购料委员会，办理集中购买市辖各机关所需材料，检同该会组织章程，请察核备案。

六、广东省会公安局呈，据靖海分局呈，为中座墙壁破裂，召商估价，以全和公司列价最廉等情，拟予照修，连同估价单及追加预算书，请援案免予开投。

讨论事项

一、财政厅呈，拟定广东省政府财政厅视察员服务规则，请察核备案。

（议决）准备案。

广东省政府第七届委员会
第十二次议事录

九月二十五日　星期二〔五〕

出席者　王应榆　刘纪文　萧吉珊　罗翼群　许崇清　刘维炽
　　　　宋子良　李煦寰
列席者　岑学吕　史延程
主　席　王应榆（代）
纪　录　（秘书）熊公福　（科长）陈广澧
报告事项

一、广东省禁赌委员会函，为本会第三次会议，黄委员长提议，先由党政军公务员于限期内将存留赌具毁灭，出具切结，缴存各隶属最高机关，如日后发觉尚有赌具，应加倍治罪一案。经议决通过，函省党部、省政府、第四路军总部纪录在案，请查照办理。

二、广东省禁赌委员会函，为本会第三次会议，陈副委员长提议，禁赌先从有势位者及其家庭禁起，务严法处置，宪兵警察，应向此注意，严厉执行，否则惟该管宪警是问一案。经议决通过，函省府第四路军总部，纪录在案，请查照办理。

三、广东省禁烟委员会函送广东省限期办理吸户登记施行细则，请查照迅予公布施行。

四、民政厅呈，准国民大会广东省代表选举事务所函，据各县市请示办理选举用费如何拨支等情。经饬由地方款项下拨支，请察核备案。

五、民政厅呈报，通饬本省各级人口调查事务处克日结束，应办工作，着分别归并办理，请察核备案。

六、广东省会公安局呈报，修理景华消防舰，拟准新祥泰承修，请援案准免开投，指令祗遵。

讨论事项

一、王厅长、罗委员、史院长会同审查广东省禁赌委员会请公布赌具名目一案，拟于广东省禁赌暂行条例第八条增加第二第三两项，敬请公决案。

（议决）通过。

二、广东省禁赌委员会函，为本会王委员应榆提议，请省府将本会组织条例第七条略予修正，转呈备案一案，经第四次会议议决通过在案，录案请查照办理案。

（议决）通过。

广东省政府第七届委员会
第十三次议事录①

九月二十九日　星期二

出席者　王应榆　刘纪文　许崇清　刘维炽　罗翼群　李煦寰
　　　　　宋子良
列席者　岑学吕　史延程
主　席　王应榆（代）
纪　录　（秘书）熊公福　（科长）陈广澧

报告事项

一、行政院令，奉国府训令，中央通过增设广东省审计处等因，仰该省政府知照。

二、财政厅呈，请核定本年十月一日为二十五年度概算实行时期，

---

① 本次议事录原文缺讨论事项条文。

通令各机关遵照。

三、财政厅呈，请令行民政厅查明新任县长履历，如有曾任他处县长交待未清者，不准到任。

四、财政厅呈复，奉发新生活促进运动会开办费预算草案，经核明似可准照开列，请核定转行知照。

五、教育厅呈，拟订购汽车一辆，连关税运费共港币四千零一十四元，缴呈夏巴公司估价单，请察核指遵。

六、广东省会公安局呈，为外国人在本省会暂租铺屋者，应自行报请该国驻粤领事函局证明，以便保护，请核明分别转函照办。

广东省政府第七届委员会
第十四次议事录

十月二日　星期五

出席者　黄慕松　王应榆　刘纪文　萧吉珊　李煦寰　刘维炽
　　　　许崇清
列席者　史延程　董仲鼎
主　席　黄慕松
纪　录　（秘书）熊公福　（科长）陈广澧
报告事项

一、行政院令，据侨务委员会呈请改组接收广东省侨务机关，经提出本院第二七八次会议决议，广东侨务机关应改组，归侨务委员会管辖，所有经费，除广州侨务局外，仍由广东省政府照拨，纪录在卷。检发原附经常费概算书，仰遵照办理。

二、民政厅呈，据汕头市长呈缴社会科长苏子贤、教育科长伍应衡履历，请察核委任。

三、财政厅呈缴二十五年七月至九月份本厅经常费，及第六科改组增拨经费支付预算书，请核准备案。

四、财政厅呈复，查明筵席捐为省库正当收入，未便撤销，且列入二十五年度概算确定有案，自应暂行保留，请察核指遵。

五、奉行政院蒋院长谕，派曾骞等为本省各区行政督察专员。

讨论事项

一、财政厅宋厅长、民政厅王厅长提议，实行县会计独立，以整理地方财政，请公决案。

（议决）通过。

二、广东省会公安局呈复，关于各期租捐停止征收一案，经遵照办理，现尚余救国六日租捐等三种，应否一并停征之处，请核示遵案。

（议决）准免征。

三、财政厅长提议，设立财务人员训练所，培养税务会计人员，检同章程经费概算，请公决案。

（议决）交民政、财政、建设、教育四厅厅长审查，由民政厅厅长召集。

四、财政厅长提议，改用航空测量，成立地政机关，限期整理土地事宜，检同计划方案，暨广东省地政局组织章程，请公决案。

（议决）修正通过。

五、主席提议，请任命吴德芳代理广东省地政局局长案。

（议决）通过。

六、民政厅呈，请任命李郁煜为本【厅】代理主任秘书，陈弼尧、陈惠宣代理秘书，王君晃代理第一科科长，朱念慈代理第二科科长，魏乐思代理第三科科长，张乃璧代理第四科科长，陆宗祺代理第五科科长，刘竞渡、蓝同章代理本厅视察案。

（议决）通过。

七、民政厅提议，海丰县县长刘均誉辞职，拟予照准，所遗海丰县县长缺，拟以南雄县县长姚之荣调代，递遗南雄县县长缺，拟以杨德隆代理；陆丰县县长陈亮辞职，拟予照准，所遗陆丰县县长缺，拟以阳山县县长欧汝钧调代，递遗阳山县县长缺拟以黄瓒代理；龙川县县长张××撤职查办，所遗龙川县县长缺，拟以海康县长林振德调代，递遗海康县县长缺，拟以郁南县县长赵濂调代，递遗郁南县县长缺，拟以陈弼尧代理；南澳县县长林志见拟调省，所遗南澳县县长缺，拟以林捷之代理；丰顺县县长邓润康辞职，拟予照准，所遗丰顺县县长缺，拟以张际清代理；廉江县县长辛煜桥拟调省，所遗廉江县县长缺，拟以赖武代理；阳春县县长郑里镇辞职，拟予照准，所遗阳春县县长缺，拟以叶凤生代理；饶平县县长梁国材拟调省，所遗饶平县县长缺，拟以周东代理。附缴履历，请公决案。

（议决）通过。

八、主席提议，国府委员徐固卿先生有功党国，并曾任本省省长，拟由本府赠送治丧费五千元，请公决案。

（议决）通过。

广东省政府第七届委员会
第十五次议事录

十月九日　星期五

出席者　黄慕松　王应榆　李煦寰　罗翼群　刘维炽　许崇清
列席者　岑学吕　曾养甫　董仲鼎　史延程
主　席　黄慕松
纪　录　（秘书）熊公福　（科长）陈广澧

报告事项

一、财政厅呈复，查明前法币管委会经费在办理交代期内在节存项下开支，仍照案由省行垫借，似可照准，俟该会结束后，共垫借过若干，由会造具书表核明，即在本年度修正预算预备金项下拨还，以清款目，请察核备案。

二、财政厅呈复，遵将本府前委员胡继贤等审查各县地方预算书会议录等意见，重加查核，大致尚妥，似可照审查意见办理；至各县二十五年度概算，应俟重编缴到，再行核定，请察核指遵。

三、广州市政府呈，据卫生局呈报修理市立医院工程议价情形，拟准照三千五百元之价交环球公司承修，以期迅捷，请察核备案。

四、派高信代理广东省地政局副局长案。

讨论事项

一、教育厅呈复，奉令核议上海吴市长请捐助上海粤东中学建筑费一案，查本年度本省教育文化费预算极量减缩，该校建筑费，应否由钧府预备费项下酌量拨助，仍候裁夺案。

（议决）照拨。

二、广东省银行呈，请任命林天吉为本行副行长，连同履历，请察核指遵案。

（议决）通过。

三、广东省国民军事训练委员会呈缴二十五年度岁出经费预算书，请核准照案交议通过分别存转案。又呈缴属会二十五年度临时费计算书，请令行财厅克日照拨，以资办公案。又呈缴属会二十五年九月份经费支付预算书，请核准分别存转，并令财厅按月如数给领案。并案讨论。

（议决）交财政、教育两厅审查，下次提会讨论。

四、各区行政督察专员呈，请增加经常费，及拨支开办费，暨请示今后对于省厅区县之行文程序一案，经秘书处派员会同民、财两厅派员拟定办法，请公决案。

（议决）（一）凡接收各区绥靖委员公署之专员公署，不发开办费，其无绥靖委员公署接收之各区，准拨开办费一千元，实报实销。（二）经常费及职员名额，经奉院长核定，不变更。（三）省政府与专员公署往来公文用令呈，各厅与专员公署往来互用公函。（四）省府及各厅处令县之行政计划及中心工作，由督察专员实行督察之。（五）各督察专员对于各该区如有兴革事项，须呈省政府核定令行办理。

五、民政厅提议，查行政督察专员公署组织暂行条例规定，专员应兼任驻在地之县长。本省各区行政督察专员，已奉钧府转奉行政院院长谕知分别派定，自应委兼驻在地之县长，以符定例。前据南海县县长李海云呈请辞职，拟予照准，所遗南海县县长缺，拟以第一区行政督察专员范其务兼代；曲江县长李仲仁拟予另候任用，所遗曲江县县长缺，拟以第二区行政督察专员林友松兼代；高要县县长马炳乾拟予另候任用，所遗高要县县长缺，拟以第三区行政督察专员李磊夫兼代；惠阳县县长黎葛天拟予另候任用，所遗惠阳县县长缺，拟以第四区行政督察专员黄公柱兼代；潮安县县长陆桂芳拟予另候任用，所遗潮安县县长缺，拟以第五区行政督察专员胡铭藻兼代；兴宁县县长彭精一拟予另候任用，所遗兴宁县县长缺，拟以第六区行政督察专员傅强兼代；茂名县县长李慧周拟予另候任用，所遗茂名县县长缺，拟以第七区行政督察专员周景臻兼代；合浦县县长王仁宇拟予另候任用，所遗合浦县县长缺，拟以第八区行政督察专员吴飞兼代；琼山县县长廖国器拟予另候任用，所遗琼山县县长缺，拟以第九区行政督察专员黄强兼代；又开建县县长陈芳绥拟予另候任用，所遗开建县县长缺，拟以李勉成代理。是否有当，提请公决案。

（议决）通过。

六、胡故主席国葬费用，交财厅由预备费项下再拨五万元案。

（议决）通过。

广东省政府第七届委员会
第十六次议事录

十月十三日　星期二

出席者　黄慕松　王应榆　李煦寰　罗翼群　刘维炽　许崇清
　　　　　　萧吉珊

列席者　岑学吕　董仲鼎　林逸民　史延程

主　席　黄慕松

纪　录　（秘书）熊公福　（科长）陈广澧

报告事项

一、财政厅呈报，于本年九月二十三日组织成立清理防务义会饷款委员会，连同该会简章，请察核备案。

二、财政厅呈复，查明区前任，五月份支过宪兵司令部破获伪造港币奖金八千元一案办理经过情形，请察核。

三、建设厅呈，拟在二十五年度预算未审定施行前，本厅经费援照成案办理，于不超过原定预算总额范围内移项流用，请核准令行财政厅知照。

四、广东绥靖主任公署函，请对于南山管理局暂予保留，并转饬财政厅照常发给经费，俾资维持。

讨论事项

一、民政厅呈，拟委任警斋、黄文恩二员代理本厅视察，连同该员等履历，请核准提会任命案。

（议决）通过。

二、财政厅呈报，将本厅依照部章改组情形，连同从前组织及现在修正组织系统表，缴请提会决定案。

（议决）通过。

三、广州市政府呈，据工务局转据商人和兴公司，请将花塔街等全段马路工程完全复工等情，应否准其照办，请察核指遵案。又胡技正栋朝呈复，审查和兴公司将花塔街等马路继续开辟一案，拟具审查意见书，请察核办理案。并案讨论。

（议决）花塔街等全段马路工程，应饬克日复工；天官里等马路，应由市府筹划开辟。

四、主席提请任命邹洪为保安处处长，池中宽代理保安处副处长案。

（议决）通过。

五、民政厅提议，紫金县县长戴旭昇出缺，所遗紫金县县长缺，拟调始兴县县长江锦兴代理，递遗始兴县县长缺，拟以谭适代理；连山县县长朱景辉拟予另候任用，所遗连山县县长缺，拟以陈湘南代理；澄海县县长钟岐，拟予调省，所遗澄海县县长缺，拟以张虞韶代理；四会县县长余觉芸拟予调省，所遗四会县县长缺，拟以前曲江县县长李仲仁代理；灵山县县长宋德培拟予调省，所遗灵山县县长缺，拟以廖廷谔代理。是否有当，提请公决案。

（议决）通过。

广东省政府第七届委员会
第十七次议事录

十月十六日　星期五

出席者　黄慕松　王应榆　李煦寰　刘维炽　萧吉珊　许崇清
列席者　董仲鼎　史延程　岑学吕
主　席　黄慕松
纪　录　（秘书）熊公福　　（科长）陈广澧

报告事项

一、财政部江电，据上海银行请展期开征存款利息所得税，为体恤困难起见，姑准将存款利息所得税展缓至二十六年一月一日开征，希查照转行所属一体知照。

二、财政厅呈，据新会县财政局长杨世芬因病呈请辞职，经予照准，遗缺查有考试及甄别合格之前阳春县财政局长周仁杰堪以接充，除令委外，请察核。

三、教育厅呈，据龙川县呈，请转呈加委黄继梅为龙川县教育局长，连同该员履历表及证明件请核指遵。

讨论事项

一、财政厅呈，拟定考核各县田赋征解成绩暂行办法，请察核备案。

（决议）交民政、财政两厅审查。

二、广州市政府呈复，自来水管理处追加二十四年度第七第八两款临时预算缘由，请察核备案。

（决议）准予备案。

三、财政、教育两厅会复，奉令关于广东省国民军事训练委员会呈缴二十五年度岁出经费，及该会临时费，暨九月份经费预算案；又续据该会请准将军事教育经费，全部每年共三十四万二千三百七十元，直接具领案，并案审查拟复，请提会决定案。

（决议）照审查意见通过。

四、建设厅呈，拟将本厅第六科改为第一科，原第二、第四两科合并为等〔第〕二科，原第一科改为第三科，原第三、第五两科合并为第四科各缘由，请鉴核备案。

（决议）准予备案。

五、国民大会广东省代表选举总监督尤日邮电，为各县地方款不敷，印票费无力负担，开列数目，请由省库拨助二万五千二百元，以利进行案。

（决议）通过，由财政厅在本年度预备费项下拨支。

广东省政府第七届委员会
第十八次议事录

十月二十日　星期二

出席者　黄慕松　王应榆　罗翼群　萧吉珊　许崇清　刘维炽
列席者　岑学吕　董仲鼎　史延程　曾养甫
主　席　黄慕松
纪　录　（秘书）熊公福　（科长）陈广澧

报告事项

一、广州市政府呈，据自来水管理处呈报急需白矾幼粉六吨，拟照估价共七百零八元之价向联兴隆号订购等情，请核准予免投，俾资办理。

二、广州市政府呈，据新电力厂筹备处呈报急需大格红砖五万块，拟照估价共一千零二十五元之价向万盛隆订购等情，请核准免投备案。

三、广东省会警察局呈，据警察医院请修葺该院各部瓦面窗户行人路浴室，及增设晒衣场等，召商估价，以全和公司取价一千九百二十五元最为廉实，拟请援案准免开投，以免商人联络暗中抬价，造具预算书，连同估价单，请察核示遵。

四、广东省银行呈，拟自本月十五日起，对于收买白银，除银毫仍照加二价格给值外，其大洋概送〔按〕中央办法，每现大洋一元，兑换法币一元，以符中央政令，请察核备案。

五、居院长等铣电，关于胡故主席国葬汇去款项及照加典礼各组，并推定主祭人员各事宜，请查照。

讨论事项

一、财政厅呈报清理防务义会饷款委员会组织成立日期，连同该会简章，请察核备案。

（决议）准予备案。

二、教育厅呈，据省立水产职业学校长面称，该校设于汕头工商业繁盛之地，仍有未合等情。经派督学会同该校长重新查勘建筑地址，似以汕尾西社昭忠祠地点为宜，连同报告书比较表，各地草图，请察核指尊案。

（决议）准予在汕尾西社昭忠祠地点收用土地建筑校舍。

三、财政厅呈复，关于西南航空公司呈请将本省未拨购机费余款国币十五万余元拨给一案，自应照付；惟二十五年度预算尚未将此款列入，可否作为临时支出，在预备金项下动支，请提会决议案。

（决议）照拨。

四、民政厅长提议，德庆县县长梁毅另有任用，所遗德庆县县长缺，拟以前澄海县县长钟岐代理；澄迈县县长马骏千拟予调省，所遗澄迈县县长缺，拟以吴以起代理；增城县县长吴风声拟予调省，所遗增城县县长缺，拟以黄炳坤代理；连县县长曾粤珍拟予调省，所遗连县县长缺，拟以邱新民代理；遂溪县县长崔福祥拟予调省，所遗遂溪县县长缺，拟以王湘代理。是否有当，提请公决案。

（决议）通过。

广东省政府第七届委员会
第十九次议事录

十月二十七日　星期二

出席者　黄慕松　王应榆　刘纪文　萧吉珊　许崇清　刘维炽
　　　　　罗翼群

列席者　岑学吕　曾养甫　董仲鼎

主　席　黄慕松

纪　录　（秘书）熊公福　　（科长）陈广澧

报告事项

一、内政部咨，奉行政院令，各省市地方土地裁判所组织条例未经公布施行以前，关于地权争议事项，应由地政机关于一定限期内向司法机关声请处理；逾期不声请者，得由地政机关予以调处；不服其调处者，仍应向司法机关声请处理一案，请查照转知。

二、财政厅呈，为本厅沿用各种支付命令，多与中央规定不符，实有改正必要。兹经仿照中央颁布格式另行印制各种支付命令，并增用预算分配表及请款凭单，由本年十月份起，实行二十五年度新预算时同时实行，理合将式样缴请察核备案，并发交钧府秘书处分别编订发厅办理。

三、广东省会警察局呈，据海珠分局请修葺该局地台等工程，召商估价，以全和公司取价一千零六十五元为最廉，查该地台已形危险，若布告招投，则濡延时日，经权由职局批交承办，检具估价单连同承修章程，请察核准免开投。

四、广东省会警察局呈，据花地分局请修葺围墙地板等工程，召商估价，以全和公司取价六百零五元最为核实，查该围墙地板急待修理，经权由职局批交承修，检具估价单，请察核准免开投。

五、财政厅呈报，定由本年十月十六日起取销澄迈县米谷捐，请察核。

讨论事项

一、民政厅呈缴本厅代理视察倪渭卿、姚毓琛二员履历，请提会公决加委案。

（决议）通过。

二、财政厅呈，拟饬令各县市截至十月底止，将土地局暂行裁撤，至南、番、顺、新、台五县现拟仍继续用人工施测，该五县原设土地局应如何另行改组之处，并饬侯省地政局成立秉承办理，请核指遵案。

（决议）交广东省地政局审核具复。

三、财政厅呈复，审核新生活促进会每月经费预算案，拟核减五百元，此项经费，本年度岁出概算并未编列，似应指定在预备费项下动拨，不再追加预算，是否有当，请核明转函办理案。又财政厅呈复审核新生活妇女会开办费一千元，每月经费一千一百元，拟请暂由新生活运动委员会经费内酌量匀支案。（并案讨论）

（决议）照财政厅审核意见通过，另加拨新生活妇女部分经费五百元，仍由新生活促进会统筹开支。

四、建设厅呈报，接管省营各工厂经过情形，并拟具补救办法六项，请察核指遵案。

（决议）原则通过。

五、主席提议，拟延聘专门学术人员重新组织本府设计委员会，其经费拟在预备费项下开支，特将该会组织大纲予以修正，并另编岁出概算，提会请公决案。

（决议）通过。

六、主席提议，拟增加本省中国国民党老同志养老金及津贴等费预算，请公决案。

（决议）通过。

七、主席提议，据秘书处签呈，拟就广东省公务员任用资格审查委员会暂行规程草案，请提会决定等情，请公决案。

（决议）推罗、萧两委员，许厅长会同审查，由罗委员召集。

八、民政厅长提议，河源县县长钟耀焜拟予调省，所遗河源县县长缺，拟以杜清代理；陵水县县长关兆祥拟予调省，所遗陵水县县长缺，拟以李星野代理；高明县县长李光文拟予调省，所遗高明县县长缺，拟以翁翰中代理；普宁县县长陈猛孙拟予调省，所遗普宁县县长缺，拟以前合浦县县长王仁宇代理；儋县县长彭元藻拟予调省，所遗儋县县长缺，拟以何承天代理；乳源县县长岑涤群呈请辞职，拟予照准，所遗乳源县县长缺，拟以许济化代理；阳江县县长李伯振拟予调省，所遗阳江县县长缺，拟调文昌县县长何治伟代理，递遗文昌县县长缺，拟以前潮安县县长陆桂芳代理；龙门县县长吕树芳拟予调省，所遗龙门县县长缺，拟以吕灿铭代理；临高县县长林昭礼拟予调省，所遗临高县县长缺，拟以吴景超代理；化县县长梁庆翔拟予调省，所遗化县县长缺，拟以龙思鹤代理；汕头市市长陈同昶、揭阳县县长黄秉勋拟予互调。当否，提请公决案。

（决议）通过。

九、民政厅长提议，宝安县县长伍季酬拟予调省，所遗宝安县县长缺，拟以调粤任用江西金谿县县长阎模楷代理，是否有当，提请公决案。

（决议）通过。

广东省政府第七届委员会
第二十次议事录

十月三十日　星期五

出席者　黄慕松　王应榆　刘纪文　萧吉珊　李煦寰　罗翼群
　　　　　刘维炽　许崇清
列席者　岑学吕　董仲鼎
主　席　黄慕松
纪　录　（秘书）熊公福　（科长）陈广澧

报告事项

一、行政院令，查公务员薪给报酬之所得税，业奉明令自本年十月一日起施行，中央执行委员会征收之所得捐，自应截至本年九月三十日停止征收，所有各机关十月以前征得之捐款，应扫数解缴中央执委会，以清手续，仰遵照并转饬所属一体遵照。

二、行政院令，奉国府令各省之设有审计处者，其审计处依法应有监督县市预算之权等因，仰转饬所属各县市遵照。

三、财政厅呈报改组广东省舶来农产品什项专税局情形，及请加委陆文澜充任该局局长，连同修正章程及经费概算表暨履历，请察核办理。

四、建设厅呈，据开平县呈缴建设局长孙芷川履历，查核该员经历尚称合格，转请察核加委。

五、教育厅呈，据惠阳县呈缴教育局长黄志文履历，查核该员资历尚属相符，转请察核加委。

六、军事委员会虞代电，据送广东省地方二十五年度普通概算，经详加审核，殊多应行改正之点，除另由行营将详细要点逐款指示，另行正式令知外，兹先将收入支出经临各门应行增减之各项先行电达，仰遵照办理。

七、广东绥靖主任公署函，为本署警卫处移交保安处接收一案，本署已另有明令警卫处长冯焯勋，于十一月一日移交保安处长邹洪接收，请查照并转饬知照。

八、报告庆祝委员长寿辰办法。

讨论事项

一、民政厅、财政厅会呈，为南山地方有仍设局管理必要，请准于二十五年度省地方概算照上年度预算实支额，全年三万七千五百六十一元，追加南山管理局经临各费，俾资办理案。

（决议）通过。

二、财政厅呈复，各区绥靖公署未裁以前，经费奉令照发，拟将七、八、九等月未支之行政督察专员公署经费，及保安分处经费拨抵，以免超出预算，是否有当，请提会决议饬遵案。

（决议）修正通过。

三、财政厅呈复，琼崖绥靖委员增加薪俸五百元一案，二十五年度预算既未编列，即系无款可支，似属未便照发，请核明饬知案。

（决议）交秘书处查复。

四、建设厅呈复，奉令准实业部函，关于安南河内举行商品展览会征集出品一案，据广州市商会请由政府补助粤币一万元等情，应否准予饬库筹拨俾资补助，抑只由各行商自由参加之处，请核饬遵案。

（决议）拨助五千元，在预备费项下开支。

五、广东省地政局呈，请转饬财政厅拨发十月份经常行政费，以便开支；又职局本月开支较为节省，拟在本月节存费内提出三千元作为开办费，是否有当，请核示遵案。

（决议）通过。

六、主席提议，据上海范文照建筑师函，请依照钧府委托敝处设计建筑广东省政府合署图，及监督工程合约规定，付给第二期酬劳费国币一万一千二百五十元，附具清单，请指令收领案。

（决议）交刘厅长会同史院长审查。

七、主席提议，拟由省府补助黄埔中正小学基金一万元，请公决案。

（决议）通过，在预备费项下拨支。

八、罗委员提议，拟就广东省营实业总管理处及广东省营实业监理委员会组织规程，并广东省营实业组织大纲草案，请公决案。

（决议）交秘书处整理，再行签拟具复核夺。

广东省政府第七届委员会
第二十一次议事录

十一月三日　星期二

出席者　黄慕松　李煦寰　罗翼群　刘维炽　萧吉珊　许崇清
列席者　岑学吕　董仲鼎　曾养甫
主　席　黄慕松
纪　录　（秘书）熊公福　（科长）陈广澧
报告事项

一、财政部咨，为前西南政委会令发之广东省禁金出口暂行章程五条，经呈奉行政院令准取销，粤省各关对于出口金质，应指照中央颁发之禁运金饰出口范围三条办理，抄同范围三条，请查照。

二、广东省绥靖主任公署函，请转饬财政厅，将琼崖绥靖委员公署垫支本年五、六、七各月份不敷囚粮费，共毫币八百五十七元七角四分如数拨还过署，以资归垫。

三、财政厅呈报，拟自本年十月份起，将本省司法收入统由各级法院按月扫数清缴，其十月以前收入并应悉数解库，如有欠解，即将本月份经费扣抵，以示限制，请核转查照。

四、财政厅呈报，四会县财政局长沈铁生因案撤差，所遗财政局长缺，查有前奉发厅任用之杨明生堪以接充，除令委外，请察核。

五、教育厅呈，据三水县呈缴教育局长梁骚年履历表，查核该员资格尚属相符，请察核加委。

六、建设厅呈，据农林局呈缴农林系技正林金意履历表，转请察核加委。

七、民政厅王厅长请病假。

讨论事项

一、罗委员、萧委员、许厅长会复，奉交审查广东省公务员任用资格审查委员会暂行规程一案，经会同审查，将原草案条文修正，请公决案。

（决议）修正通过。

二、财政厅建设厅会呈，奉饬会同核议广州市长原缴开辟黄埔商港初期工程及概算一案，查核大致尚合，似可照拟进行，请察夺案。

（决议）照审查意见通过，所需经费，由财政厅照案筹拨。

三、建设厅呈，为前准湖南建厅篠电，筹开粤湘赣三省特产展览，经派员参加，据缴组织规程，查大致尚合，请核准备案，至筹备经费二万七千八百五十四元，拟向广东实业银行商借，将来由该会收入项下拨还，并祈核准案。

（决议）通过。

四、主席提议，据秘书处签呈，拟就黄埔开埠督办公署组织条例草案等情，请公决案。

（决议）交财政、建设两厅会同罗委员审查。

五、主席提议，为求复兴农村经济，调剂本省金融，解除农民痛苦，拟迅即成立广东农村合作委员会，以应目前各方之急切需要，连同农村合作委员会组织规程草案，请公决案。

（决议）通过。

六、民政厅提议，乐昌县县长陈炜章拟予调省，所遗乐昌县县长缺，拟以方彪代理；电白县县长杨柱国拟予调省，所遗电白县长缺，拟以黄枯桐代理；赤溪县县长周怀瑸拟予调省，所遗赤溪县县长缺拟以王季子代理；感恩县县长朱誉鋆予调省，所遗感恩县县长缺，拟以郑精一代理。是否有当，提请公决案。

（决议）通过。

广东省政府第七届委员会
第二十二次议事录

十一月六日　星期五

出席者　罗翼群　王应榆　刘纪文　萧吉珊　刘维炽　许崇清　李煦寰

列席者　岑学吕　董仲鼎

主　席　罗翼群（代）

纪　录　（秘书）熊公福　（科长）陈广澧

报告事项

一、行政院令，奉国府公布造船奖励条例，抄发原件，仰知照，并转饬所属一体知照。

二、行政院令，奉国府公布火酒统税征收条例，抄发条例，仰知照，并转饬所属一体知照。

三、建设厅呈复，遵令饬据糖厂拟具增加蔗价办法，除揭阳分厂距省过遥，环境有别，另拟蔗价外，其余各厂，计爪哇白蔗，每担定价九毫，金山蔗木蔗混合种，及木蔗，每担八毫五仙，竹蔗每担七毫五仙，请察核备案。

四、建设厅呈，据梅县县民邓育铭等报领竹子头等处世管林山场，请补发证书等情，经县查明，确系官荒，报承面积与图相符，手续完备，除给发外，连同备查一联，缴请备案。

五、广东地政局呈报测量人员甄用委员会开会情形，缮具会议录请鉴核备案。

六、广东地政局呈报，暂派接收委员袁拔英、李文达、叶耀恒、谭匡夏、赵古敏前往，分别接收南海、番禺、顺德、台山、新会五县土地局，请察核备案。又呈报派黄维模前往接收汕市土地局，请鉴核备案。

七、本府技正胡栋朝签复，审查广东省会警察局呈报建筑水警课室，并游泳场工程章则、估计单，大致尚无不合，价亦核实，该课室泳场，急于需用，已先订约兴筑，请免开投，似可准予所请，予以备案。

讨论事项

一、财政厅呈，拟就广东省财政厅办事细则，请鉴核指遵案。

（决议）修正通过。

二、财政厅呈报，改组广东省舶来农产品什项专税局情形，及请加委陆文澜充任该局局长，连同修正章程及经费概算表，暨履历，请察核办理案。

（决议）照委。章程及经费概算准备案。

三、财政厅呈复，审核调查统计局补编二十五年度概算书列支数目，与上年度实支数额，尚属相符，请提会核定案。

（决议）准照数补列。

四、建设厅呈，据农林局呈缴修订组织章程，连同系统略图，转请鉴核备案。

（决议）准予备案。

五、广州市政府呈，据社会局请转呈撤销上年公布之统一善堂办法，嗣后所有本市慈善团体，一概仍由职局直接管辖等情，请核示遵案。

（决议）前案撤销。广州市慈善团体暂归社会局监督，各县市慈善团体归各县市政府监督。

广东省政府第七届委员会
第二十三次议事录

十一月十日　星期二

出席者　黄慕松　王应榆　刘纪文　萧吉珊　李煦寰　罗翼群
　　　　　刘维炽

列席者　董仲鼎　史延程

主　席　黄慕松

纪　录　（秘书）熊公福　　（科长）陈广澧

报告事项

一、内政部咨，奉行政院令，准司法院解释父子间移转地产，应否登记疑义一案，凡合法买卖，转移地产所有权，自可许其登记，不因父子间而有所限制等因，请查照并转饬所属一体知照。

二、广东省禁烟委员会函送广东省公营限期戒烟售吸所规则，请查照公布，并分别颁发所属遵照办理。

三、建设厅呈报，十一月十五日为广东省建设公债第二次抽签日期，照案赓续办理，请察核，准予备案。

四、建设厅呈，据高要县民朱庭来等请承领县属大岭山荒地，经县查明确系官荒，承领面积与图相符，手续完备，应准承领，连同备查一联，缴请备案。

五、财政厅呈报，嗣后各县银器倾销店，收存银饰烂银，欲照省银行规定价格变卖者，可携赴就近支行收买，相距较远之支行，或必须运省总行变价，应遵部令请领部照，凭部照验放，以符通案，请察核。

六、印花烟酒税局函，奉财政部核准，对于九月一日以前误贴旧印花者，从宽免罚，九月一日以后，尚有贴用旧花情弊，以不贴印花论，等因，请查照转饬各县市饬令印花检查员知照。

讨论事项

一、财政厅呈，查中山县训政实施委员会，保留省税百分之二十五为行政建设费，本年度概算未列，似应按照追加本年度二十五万元，以便拨支，但该训委会仍应依法报销，以重计政，请提会核议施行案。

（决议）通过。

二、地政局呈，遵照职局组织章程及暂行编制概算表，荐任本局技正游培、胡品芳二员，连同履历，请鉴核委代案。

（决议）通过。

三、主席提议，据秘书处签呈，遵将广东省营工业管理处及监理委员会各项规章草案，加以整理，并附系统表请核夺等情，请公决案。

（决议）照整理案通过。

广东省政府第七届委员会
第二十四次议事录

十一月十三日　星期五

出席者　王应榆　刘纪文　刘维炽　李煦寰　罗翼群　萧吉珊
列席者　史延程　董仲鼎　曾养甫
主　席　王应榆（代）
纪　录　（秘书）熊公福　（科长）陈广澧

报告事项

一、财政厅呈，为各机关本年十月份经费，拟仍暂照行营核定数目支付，俟钧府电呈行营，将来能照原预算数邀准免予裁减，则短支数目，自可再行补发，请察核指遵。

二、财政厅呈，为职厅清理防务义会饷款委员会经费，月约需毫券八百七十一元，此项经费，系属临时性质，拟在本年度省地方预算财务费临时门财政各项杂费项下开支，按月专案报销，编具预算书，请核准备案。

三、教育厅呈，据云浮县请加委纪慕雄为该县教育局长，附缴履历表及证明文件到厅，查核资格，尚属相符，请核委指遵。

四、教育厅呈，据文昌县请加委陆兴焕为该县教育局长，附缴履历表，及证书影片到厅，查核资格，尚符，请核委指遵。

五、建设厅呈，据梅县县民余椿华等报领大墩顶等处成林山场，请补发证书等情，经县查明，确系官荒，报领面积与图相符，手续完备，除给发外，连同备查一联，缴请备案。

讨论事项

一、财政厅呈复，核议教育厅请在二十五年度省预备费项下，增拨教育费四十万元一案，似应先列详细预算，转呈委员长行营，审核追加，请察核指遵案。

（决议）照财政厅核议意见办理。

二、民政厅呈，为本厅秘书陈弼尧，已经调充郁南县县长，遗缺已委王铎声代理，连同该员履历，请提会公决加委案。

（决议）准加委。

三、建设厅长提议改善广东省糖业统制办法，请公决案。又实业部咨，据广东各农场商号团体等，分别呈请维持糖业统制，及撤销糖业统制等情，希查照详细核议，连同一切有关之单行法规等件，一并见复案。（并案讨论）

（决议）修正通过。

四、国民经济建设运动委员会广东省分会函送组织调查委员出发调查农工各业计划预算，其调查费，拟定为九千五百七十元，请在省地方预备费项下，如数拨付案。

（决议）由国民经济建设运动委员会广东分会，会同广东省调查统计局办理。

广东省政府第七届委员会
第二十五次议事录

十一月十七日　星期二

出席者　王应榆　刘纪文　萧吉珊　罗翼群　刘维炽　许崇清
列席者　岑学吕　董仲鼎　史延程

主　席　王应榆（代）

纪　录　（秘书）熊公福　（科长）陈广澧

报告事项

一、财政厅呈，职厅派员保管收回又生公司在深圳地方物业办公处，自本年九月份起，月需毫券二百三十元，另一次过购置费五十元零六毫，拟在本年度省地方预算财政各项杂费项下开支，编具预算书，请核准备案。

二、财政厅呈，职厅整理广东省营业税设计委员办公处，自本年八月起至十月止，每月支过委员总干事等俸薪费毫券八百元，拟在本年度省地方预算财政各项杂费开支，编具预算，请核准备案。

三、民政厅、财政厅会呈，核议省会公安局请饬属嗣后寄押人犯，务定期提回，并补回囚粮一案，事属可行，请通令各机关限四个月内提回讯结，至囚粮一项，请饬局按月将支过数目，送原机关照数补解归垫。

四、教育厅呈，据澄海县请加委周英耀为该县教育局局长，附缴履历表证件到厅，查核资历尚属相符，请核明加委。

五、广东省银行呈报，依据呈准改善收买白银办法第三项，与广东邮政管理局协商代办手续费数额，定为每千元省券二十五元，运费在内，经于本年十一月四日签约实行，连同抄约请察核备案。

六、西南航空公司筹备委员会呈奉广西省府电，广龙线改由梧桂柳转达南宁一节，经准交部漾电照办，着速通航等因。兹拟在未直接奉到交部核准，及修改邮约以前，先行通航柳桂两站，将广龙线暂改由广州经梧桂柳邕至龙州，请察核备案。

七、广东省地政局呈缴改订测量队暂行组织规则，请鉴核备案。

八、行政院令，据呈拟省地政局组织规程经本院酌予修改，并将原标题改为组织章程，仰即遵照。

讨论事项

一、南京私立两广中学校校董会函，请补助建筑校舍费三万元，并按年补助经费五千元案。

（决议）拨助一万元，由预备费项下支付。

二、财政厅呈复，济南公路南渡过海码头建筑费一万一千二百零七元八角，系属二十三年度旧欠，本年度并无预算，应否准予在预备费项下开支，请提会决议饬遵案。

（决议）准在预备费项下拨支。

三、建设厅呈，据水利局呈称，前任垫支黄埔港测量队及土地登记处等费，共五万七千八百六十一元三毫五仙，兹拟将黄埔港专案项下，尚存广东省行停兑中纸十二万余元，照市价伸值扣还归垫，等情，似应准予照办，请核准备案。

（决议）准予备案。

四、民政厅提议，东莞县县长邓庆史呈请辞职，拟予照准，所遗东莞县县长缺，拟以王壴代理；昌江县县长何凯诒拟予调省，所遗昌江县县长缺，拟以黄廉卿代理；琼东县县长程云祥拟予调省，所遗琼东县县长缺，拟以许龄筠代理；吴川县县长吴式均拟予调省，所遗吴川县县长缺，拟以梁昌汉代理；乐会县县长吴良谟拟予调省，所遗乐会县县长缺，拟以姚希明代理；佛冈县县长云昌瀛拟予调省，所遗佛冈县县长缺，拟以张铨忠代理，请公决案。

（决议）通过。

五、教育厅提议，省立罗定中学校长何次权因病请予辞职，当经照准，查有苏天元堪予委任，连同履历，请公决案。

（决议）通过。

广东省政府第七届委员会
第二十六次议事录

十一月二十日　星期五

出席者　王应榆　刘纪文　许崇清　刘维炽　罗翼群　李煦寰
列席者　岑学吕　董仲鼎　史延程
主　席　王应榆（代）
纪　录　（秘书）熊公福　（科长）陈广澧

报告事项

一、行政院令，奉国府公布中华民国二十四年度国家普通岁入岁出第三次追加预算，抄发原附件，仰知照，并饬属知照。

二、行政院令，奉国府公布民国二十五年青岛市建设公债条例，抄发条例及附表，仰知照，并饬属知照。

三、财政厅呈，职厅二十五年七月份分电各县长，将本年度地税开征及将各项捐税列表报核两案，支过拍电费毫券五百八十六元八毫二仙，经奉准备案，理合造具支出计算书表请核存转。

四、建设厅呈，据农林局呈，为垦民邓玉钊之妻，以其夫被虎噬毙，请免偿贷款毫券二百元一案，经徐闻垦殖场派员验明属实，等情，自应准予免追，请察核备案。

五、建设厅呈，据农林局呈，为垦民吴昭宜之妻，以其夫被虎噬毙，请免偿贷款毫券一百六十元一案，经徐闻那屯乡乡长证明书证明属实，等情，自应准予免追，至所请令县督率当地乡民设法猎捕，以防后患一节，并准照办，请察核备案。

讨论事项

一、行政院令，奉国府转奉中央执行委员会函，为本会第二十三次会议决议国府故委员徐绍桢准予公葬，转行广东省政府办理，等因，仰遵照办理案。

（决议）遵照办理，交民、教两厅拟具办法呈核。

二、国民经济建设运动委员会广东省分会函复，本会组织调查委员会出发调查农工各业一案，经会商调查统计局办理，该局除能供给统计材料，及调用助理员外，其余仍须由敝会筹划，兹将调查费核减为六千九百三十元，连同修正预算请提会如数拨支案。

（决议）照拨。

三、财政厅长、建设厅长、教育厅长、民政厅长会复，奉发广东省财务人员训练所章程概算一案，经会同审查修正，兹将修正章程概算附缴，是否有当，仍候公决案。

（决议）照审查修正之章程概算办理。

四、主席提议，据秘书处拟就广东省政府秘书处办事细则草案，请提会核定等情，请公决案。

（决议）通过。

五、主席提议，关于张燮培等因争承事件，不服建设厅处分，提起诉愿来府，经由秘书处派员审查，作成决定书，再送罗、萧两委员审查，拟具意见送复，应否如拟办理，连同决定书请公决案。

（决议）照审查意见驳回。

六、主席提议，关于胡××因不服建设厅竖立界标之处分，提起诉愿来府，经由秘书处派员审查，作成决定书，再送罗、萧两委员审查，拟具意见送复，应否如拟办理，连同决定书请公决案。

（决议）照审查意见将原处分撤销。

七、建设厅提议，广东省营工业管理处处长一职，在未物色相当适宜人选以前，拟即由厅长兼任，至副处长及各组组长人选，容再依章呈荐请公决案。

（决议）通过。

广东省政府第七届委员会
第二十七次议事录

十一月二十四日　星期二

出席者　王应榆　宋子良　许崇清　罗翼群　李煦寰
列席者　岑学吕　史延程
主　席　王应榆（代）
纪　录　（秘书）熊公福　（科长）陈广澧

报告事项

一、行政院令发全国经济委员会所拟各省建设中心工作，修筑道路及兴办水利实施方案，仰遵照办理。

二、行政院令发建筑铁路征收土地暂行办法，仰知照，并转饬所属一体遵照。

三、行政院令准国府文官处函知，奉令褒扬前临时执政段祺瑞，给予治丧费一万元，并予国葬，将生平事迹存备，宣付史馆，仰知照。

四、教育厅呈，据省立庚戌中学校呈，为添置新班铁床二十五张，连铁箱共价四百三十元，拟批交幸福号承办，以免有误开学期间等情。查系实情，所请似可照准，请察核备案。

五、教育厅呈，据惠阳县呈缴教育局长王学潜履历表及证件，查核该员资历尚属相符，请察核加委。

讨论事项

一、民政厅呈，拟具广东省地方自治改进大纲、广东省各县联乡办事处章程，及乡镇自治协进会章程草案，请察核指遵案。

（决议）推史院长，宋、许两厅长审查，由许厅长召集。

二、财政厅呈复，核议革命烈士坟园管委会经费，每月额支五百五十元，八成实支四百四十元，本年度预算未列，应否并入省党部经费内搏节开支，抑另案追加预算，请核示遵案。

（决议）准予追加党务预算，由预备费项下拨支。

三、教育厅呈，订定广东省立学校图书仪器标本购置办法、广东省立学校购置保管委员会章程，及广东省立各学校图书仪器标本购置委员会章程，请察核备案。

（决议）准予备案。

四、主席提议，关于××织造厂胡××为与××厂何××因商标异议一案，不服建设厅所为之处分，提起诉愿到府，经由秘书处派员审查，作成决定书，再送萧、李两委员审查，拟具意见送复，应否如拟办理，连同决定书请公决案。

（决议）照审查意见通过。

广东省政府第七届委员会
第二十八次议事录

十一月二十七日　星期五

出席者　王应榆　宋子良　刘纪文　许崇清　刘维炽　罗翼群
李煦寰

列席者 史延程　曾养甫

主　席 王应榆（代）

纪　录 （秘书）熊公福　（科长）陈广澧

报告事项

一、行政院令，据呈拟该省地政局组织规程，经酌予修正，呈奉国府令准备案，仰知照。

二、广东绥靖主任青电，请令行民政厅及保安处，将各县警卫科制度仍旧保留，改为保安科赓续办理。

三、财政厅呈，据新会县呈缴该县财政局长周仁杰履历表，转请察核加委。

讨论事项

一、民政厅呈缴本厅代理视察李桢履历，请提会议决加委案。

（决议）通过。

二、财政厅呈，为职厅代特派员公署收存各机关解来国防设备所得捐款，似宜悉数转解省库核收，以备充支防空经费，请察核指遵案。

（决议）准如厅拟办理。

三、广东省保安处呈，拟购轿式汽车一辆，运货卡车一辆，三轮电单车一辆，脚踏车四辆，估计共需价洋一万三千六百三十一元二角，造具预算书，请核准由本处未成立以前核定本年度经费项下流用，令财厅如数给领案。

（决议）照准。

四、财政厅、市政府会呈，审查小北飞来庙侧官地一案，拟照复测面积，准黄花纪念中学校依原案底价每市井省券八十元承领；但承领后，不得转卖或改作其他用途，如该校不需要该地时，政府仍照价收回，以示限制，请察核分饬遵照案。

（决议）照审查意见准予承领，但不得转租变卖或作其他用途。

广东省政府第七届委员会
第二十九次议事录

十二月一日　星期二

出席者　黄慕松　王应榆　刘纪文　李煦寰　刘维炽　许崇清
　　　　　罗翼群
列席者　史延程
主　席　黄慕松
纪　录　（秘书）熊公福　（科长）陈广澧

报告事项

一、国民政府军事委员会委员长广州行营令，据呈请免予核减二十五年度岁出概算一案，特将前令核减之岁出概算部分酌予变通三项，其余均照原核定案办理，仍仰遵照更正换编呈核。

二、广东全省保安司令漾日代电，各区保安司令部于十一月二十六日组织成立，开办费规定每区发六百元，由保安处在已领十一月份各保安分处经费项下动支，不再追加预算，请察核备案。

三、财政厅呈复，奉令核议新生活运动促进会经临两费一案，拟仍请维持原议决案全部月支四千元，另加拨新生活妇女部分经费五百元，仍由新生活促进会统筹开支，以符节缩原旨，请核示遵。

四、财政厅呈报，佛山及斗鼎主簿各司筵席捐，拟饬由南番三营业税局于现商期满后分别接收兼办，用裕库帑，请察核。

五、教育厅呈，据本省童军赴京参加团呈，请将赴京参加全国第二次大检阅及大露营用过旅费大洋一千二百元，拨给归垫等情。经函商省党部，对于此项津贴由教厅担负三分之二，省党部担负三分之一，计本厅所担之款，伸合本省毫券七百元，拟在本年度八、九、十月份童军事业整理委员会经费项下指拨，请察核指遵。

六、教育厅呈报，延聘杨锡宗为本厅建筑省校校舍工程师，抄同合约，请察核备案。

七、建设厅呈，据阳江县转请台山县民伍耀庭等承领县属第一区象山等处荒地，经县查明确系官荒，承领面积与图相符，应准承领，合将备查一联缴请备案。

八、建设厅呈，据三水县呈缴建设局长杜卓儒履历表，查核资格尚合，转请察核委任。

九、广东省会警察局呈，据警察教练所呈，为外事、水警两班课堂倒塌，拟搭盖葵蓬，估价以东兴号取价六百七十元为最廉等情。经权由职局指交该号照价承搭，连同价单请核准备案，免予开投。

十、广东省银行呈，拟在肇庆、佛山、石龙、大良、台山、潮州、梅县等处增设办事处七处，俾与原有各行处互相联络，经提出董事会议决通过，请察核指遵。

讨论事项

一、广东省禁赌委员会函，为续订广东省禁赌负责人员惩戒暂行细则草案，请核复施行案。

（决议）通过。

二、民政厅、教育厅、建设厅、广州市政府、广东省会警察局呈复，查明有无类似财厅之提成公费列报，请察核示遵案。

（决议）交秘书处综合各委员厅长意见，拟具办法呈核。

三、财政厅呈复，奉发保安处政训科，及各县保安大队部政训队十一月预算饬核议一案，查本年度预算未经编列，拟将保安处政训科经费追加预算，其政治训练队经费，则由预算岁出经常门协助费第二项补助各团队经费项下开支，毋庸追加预算，请提会决议施行案。

（决议）推罗、李两委员、王厅长审查。

四、广东省银行呈复，翁源县请继续借款收回工金支票一案，经职行董事会议决另订新约，将应付借款一十八万元一次过借付，并将担保品由行收管，请察核备案。

（决议）照省银行意见办理。

五、教育厅长、财政厅长、高等法院院长会复，审查民政厅呈拟广东地方自治改进大纲一案，查核大致尚属妥洽。惟第七、第十、第十六各条拟酌改正，另增加第十七条，请察核案。

（决议）修正通过。

六、李同祖呈，为先严芳楼烈士追随先总理革命，以身殉国，经呈请拨地给款营葬，奉中央执委会决定交钧府酌办在案，请照案办理；如一时未能指拨墓地，仍请先行发给葬费二千元，购地费若干，俾早日自行购地营葬，以妥先灵案。

（决议）函省党部查复。

广东省政府第七届委员会
第三十次议事录

十二月四日　星期五

出席者　王应榆　刘纪文　许崇清　刘维炽　罗翼群　李煦寰
列席者　岑学吕　史延程　董仲鼎
主　席　王应榆（代）
纪　录　（秘书）熊公福　（科长）陈广澧

报告事项

一、财政厅呈复，广东国民军事训练委员会送派教官赴京训练，所需旅费八千五百二十六元，请在九月份军训教官薪俸及女生看护训练班节存项下拨给，核与预算尚无出入，数亦核实，似可准予照支，请核明饬遵。

二、财政厅呈，拟定新会等六个沙田处月各支二百四十八元，潮安等三个沙田处月各支六百三十九元，宝安沙田处月支二百元，中顺小榄等十个沙田处月各支二百八十三元，以上二十处月共支六千四百三十五元，年共支七万七千二百二十元，比之审定年额数目尚余五元，请核准备案。

三、建设厅呈，为国民经济建设运动委员会广东分会与本厅，合办《广东经济建设》月刊，刊费由本厅令实业银行暂借一千元作基金，仍由该刊收入拨还，请察核备案。

四、广东省会警察局呈，为警士教练所水警班经已开课，亟需装置练习舢舨二只，估价以新万兴机器厂取价每只毫券二百二十元最为核实，除权由职局先与该商订约装造外，抄白合约及追加预算书，请核准免予开投。

五、陆丰县呈报，召集地方人士开审查会议议决，自本年十二月一日起，裁撤渡船捐、猪仔捐、船头捐、乳猪捐、鱼担捐、菜鱼捐、小猪捐、炭行捐，请察核准予备案。

讨论事项

一、财政厅呈复，查明区前任呈报支过临时经费十件，均属有案可稽，请察核指遵案。

（决议）准予备案。

二、建设厅呈，据肥田料厂筹备处、农林局会同呈拟修订广东省配合完全化学肥田料章程及施行细则，查大致尚合，请察核备案。又呈，据农林局请转呈咨行粤海关监督，嗣后对于输入一切肥田料，经过关卡，须有本局发给之输入许可证乃准运进，否则不予放过，以杜私运等情，请察核办理案。（并案讨论）

（决议）照秘书处审查意见通过。

三、广东省银行呈，拟定试办本市工商业信用小放款章程，经职行董事会修正通过，请察核照准施行案。

（决议）准予施行。

四、民政厅提议，南山管理局局长薛汉光已调充汕头市警察局局长，所遗南山管理局局长缺，拟以刘秉纲代理，请公决案。

（决议）通过。

广东省政府第七届委员会
第三十一次议事录

十二月八日　星期二

出席者　王应榆　刘纪文　许崇清　刘维炽　罗翼群　李煦寰
　　　　　宋子良

列席者　岑学吕　史延程

50

主　席　王应榆（代）

纪　录　（秘书）熊公福　（科长）陈广澧

报告事项

一、行政院令，关于军政部呈拟举办军事设施征用民地补偿办法，请通饬施行一案，经中央政治委员会决议暂准照办，仰知照。

二、建设厅呈，据开平县民周植生请承领县属第五区土名老虎擒猪山等处荒地造林，经县查明确系官荒，承领面积与图相符，手续完备，自应准予承领，连同备查一联，请察核备案。

三、广东省会警察局呈报，定制街牌及交通警察证章，估价以捷和号取价最廉，拟交承造，该款共需二千六百二十三元七角三分，拟在职局二十五年十月份临时门筹备费预算数内开支，请准备案，免予开投。

四、陆丰县呈，拟将警卫经费项下之商店月费二成铺租捐，自二十六年一月一日起取销，请察核准予备案。

五、广东省地政局呈，据职局代理技正胡品芳因病辞职，拟请照准，遗缺以周昌茂补充，缮具履历表，请鉴核示遵。

讨论事项

一、财政厅呈复，奉发民政厅所拟广东省县行政人员训练所章程，经费预算表，编制系统表，课程表，广东省警察训练所暂行章程，编制薪饷表，二十五年度岁出预算书，警长班第一期招考简章，学术科时间分配表。查核系将本年度已核定之普通警察行政人员训练所、广东现任警官训练所经费拨充，与预算尚无出入，似可照办，请察核转令知照案。

（决议）通过。

二、民政厅呈复，遵令将各县行政经费预算表照核定额数从新改订，连同县政府组织暂行规程草案，请察核办理案。

（决议）推史院长，宋、刘、许三厅长审查。

三、宋厅长、刘厅长、罗委员会复，审查黄埔开埠督办公署组织条例草案及预算一案，拟具意见书，请公决案。

（决议）照审查意见重编缩节。

四、财政厅呈复，关于吴川县建筑飞机场所需工程费一万元，系属临时支出，该县既无力负担，拟请准在本年度预备费项下，由省库拨还归垫，请察核指遵案。

（决议）照拨。

五、广东农村合作委员会呈，拟在市北旧官桥墟附近地方建筑会所一座，职员住宅二十间，连同购地费约共需二万五千元，拟请准由本会未成立以前核定本年度经费项下流用，请核示遵案。

（决议）通过。

六、民政厅呈，准岭南大学函送筹办从化农村建设实验区意见书，及组织章程，请予合办，并请每年补助事业费一万元等由。查所拟章程大致妥适，拟即由本厅惠济义仓存款每年拨助一万元，请察夺令遵案。

（决议）通过。

七、财政厅呈复，第二区及第一区行政专员追加军法员经费一案，如必须增加，拟请转呈军事委员会委员长行营核示，俾便遵办案。又第七区行政专员呈请追加军法员经费案。（并案讨论）

（决议）推史院长、李委员审查。

八、财政厅呈，准建厅咨，请拨付高罗公路未领建筑费九万五千三百八十九元七毫三仙，本年度预算未将该款编列，倘由预备费项下开支，请提会议决，转呈核定，再行支付案。

（决议）照拟通过。

广东省政府第七届委员会
第三十二次议事录

十二月十五日　星期二

出席者　王应榆　宋子良　刘纪文　罗翼群　李煦寰
列席者　岑学吕　史延程
主　席　王应榆（代）
纪　录　（秘书）熊公福　（科长）陈广澧
报告事项
一、民政厅呈，请明令颁布，嗣后各县市公民呈诉，除属于特殊急要案件外，如属寻常事件，必须依照法定程序，先向该管县政府或主管机关呈请核办，如经县经理后认为不当，方得依次向上级机关呈诉；倘仍越级呈递，一概不予受理。

二、财政厅呈报，定由本年十二月十六日起，所有各舶来农产品什项专税局兼征舶来糖类捐款，应一并以中央法币为本位，折合征收，请察核备案。

三、建设厅呈，为本省私运矿产缉私充赏章程与部令有所抵触，自应撤销，请鉴核准予备案。

四、建设厅呈，据新会县民刘友龙请承领县属土名虎山荒地造林，经县查明确系官荒，承领面积与图相符，应准承领，连同备查一联，请察核备案。

五、建设厅呈，据高要县民谢伟纯请承领县属第七区土名大坑岭荒地造林，经县查明确系官荒，承领面积与图相符，应准承领，连同备查一联，请察核备案。

六、广州市政府呈复，自来水管理处向上海汉弥敦英行订购活炭粉试用，系根据该行来函价目订购十包，计大洋二百九十七元，无另具估价单，检同原函请察核备案。

七、广东省地政局呈，拟于各测队内抽调补助图根员七十二人回局，检核各项图表，每员一次过发给旅费十元，共需七百二十元，拟在本局南海等五县土地整理预算之预备费项下开支，请准予备案。

八、广东省会警察局呈报，前任垫支仁爱善堂建筑费毫券一万四千一百一十元，除先后拨还外，仍欠一千七百四十八元零三分，现该堂业务停顿，无人负责，余欠无从拨抵，请准如数作正支销，以免虚悬。

九、广东省会警察局呈复，关于广东绥靖主任公署函，拟将本局卓然舰拨归江防司令部应用，由该部补回舰价六万元以为职局增设电话网一案，似应赞同，该款业奉绥靖公署令知具领，请察核。

十、建设厅呈，依照省营工业管理处组织规程规定，荐请任命张仲新为该处副处长，谢宜邦为该处总务组长，欧阳悦为该处财务组长，黄仕强为该处计核组长，连同各该员履历，请察核指遵。

十一、本府胡技正签复，审查财厅修建办公厅及后园工程，共六百四十七元一毫九仙，系按照规定单位价格计算，大致尚无不合，总散各数，亦属符合，拟请准予备案。

十二、本府胡技正签复，审查广东省会警察局建筑教练所等工程预算，共一万零七百七十元，核其工程计算单位尚属平允，总散各数，亦属符合，拟请照准免予开投，交全和公司承造，并准予备案。

十三、民政厅呈，据汕头市公安局长丁杰萃呈请辞职，业经照准，遗缺拟请以现任南山管理局长薛汉光调充，请核赐委任。

讨论事项

一、民政厅、财政厅会呈，遵令派员赴蕉岭县，查复该县各乡村本年六、八两月间水灾损失甚巨，应否如罗委员所议，在本年度预备费项下拨省券二万元给县修复决堤，以工代赈之处，请提会议决指遵案。

（决议）准在预备费项下照拨。

二、广州市政府呈，据工务、财政两局会复，市七十四小学校请收用废街增建校舍一案，查核废街即珠光学堂前街，面积华尺四井九十七方尺五十方寸，对于交通尚无妨碍等情。应否准予依法收用，请核指遵照。

（决议）准依法收用。

三、广东省地政局呈，拟具职局办事细则，职员外业旅费暂行规则，及督察员服务暂行规则，请鉴核准予备案。

（决议）准予备案。

广东省政府第七届委员会
第三十三次议事录

十二月十八日　星期五

出席者　王应榆　刘纪文　许崇清　罗翼群　李煦寰
列席者　岑学吕　史延程　董仲鼎
主　席　王应榆（代）
纪　录　（秘书）熊公福　　（科长）陈广澧

报告事项

一、民政厅呈，据警官训练所呈报，学员实习参观共用去车费毫券七十六元五毫，拟在本所经费节余项下开支，不另请领库款等情。经令准照办，请察核备案。

二、财政厅呈，拟嗣后各机关每月收支计算书表，均须缴由主管机关直接核转广东审计处审查，请察核备案，并通令各机关一体遵办。

三、财政厅呈复，奉饬发还琼崖绥靖委员垫支五、六、七月份因粮费八百五十七元七角四分，拟请援照各区绥靖公署经费成案，准在二十五年度预备项下开支，请核指遵。

四、广州市政府呈，据自来水管理处呈缴与礼和洋行所签订购电动抽水机合约，查核价格与呈准免投原单数目相符，连同合约呈缴备案。

五、广州市政府呈，据自来水管理处呈缴与礼和洋行所签订购域琴表及压力表合约，查核价款与呈准免投原案相符，连同合约呈缴备案。

六、第五区行政督察专员呈报，二十五年元旦检阅区属各县市学校童军，所需经费三百六十元，拟在全潮戏厘捐停发项下提拨，连同办法预算，请察核备案。

七、广东省地政局呈缴修正初级地政人员训练班组织规则，请鉴核备案。

八、本府胡技正签复，审查广东省会警察局订造电船合约、船图、预算书、估价单等件，大致尚无不合，拟请准予免投，并准予备案。

讨论事项

一、民政厅呈复，奉发广东省保安处政训科，及各县保安大队部政治训练队编制表，暨十一月份经费预算书，经会同罗、李两委员审查，拟具意见，请察核案。

（决议）照审查意见通过。

二、财政厅呈复，核议保安处拟依照中央规定设立特务队、通讯排、无线电队，各经费预算共月支八千七百二十五元七毫，请在保安团队补助费项下动支一案，似可准予照办，请察核令遵案。

（决议）准予照办。

三、财政厅呈，为开办二十六年度第一级概算，有应请示者五点，请察核，并限定开办日期通饬遵照案。

（决议）交民、财、建、教四厅厅长，史院长，罗、李两委员审查。

四、财政厅呈复，核议中山纪念堂碑建筑工程经费一案，分别酌拟请示五点，请提会核定施行案。又中山纪念堂碑建筑管理委员会函送经常费预算书，建筑工程费预算表，请查照继续拨款案。并案讨论。

（决议）照财政厅拟议意见办理。

五、财政厅呈复，核议第五区行政督察专员请将兼县长俸薪流用，拨作增加课员等薪，揆诸定章，似难准许；但原呈以规定职员过少，办事困难，拟请增员，尚具理由，可否照准之处，请提会议决办理案。

（决议）交民政厅并案拟议具复。

六、广东省会警察局呈，为职局消防经费每年不敷六万余元，拟请嗣后对于投保火险登记，每投买保险金额千元缴纳登记费五角，多者类推，不及千元免缴联保者，每次仍照缴纳登记费，得款指定为补助扩充消防专款，不作别项开销，请核准备案。

（决议）交财政厅核议具复。

七、民政厅长提议，新调代理揭阳县县长陈同昶辞不赴任，拟予照准，所遗揭阳县县长缺，拟以前高要县县长马炳乾代理；新派代理电白县县长黄枯梓辞不赴任，拟予照准，所遗电白县县长缺，拟以翟瑞元代理；新派代理琼东县县长许龄筠辞不赴任，拟予照准，所遗琼东县县长缺，拟以潘岩代理；恩平县县长余丞承拟予调省，所遗恩平县县长缺，拟以李纪堂代理；信宜县县长李建德拟予调省，所遗信宜县县长缺，拟以王铎声代理；万宁县县长劳宇楷拟予调省，所遗万宁县县长缺，拟以黄文鹄代理；新丰县县长陈宗海拟予调省，所遗新丰县县长缺，拟以欧钟瑞代理；连平县县长曾文田拟予调省，所遗连平县县长缺，拟以李柏存代理；五华县县长张景云拟予调省，所遗五华县县长缺，拟以陈汝季代理。是否有当，提请公决案。

（决议）通过。

广东省政府第七届委员会
第三十四次议事录

十二月二十二日　星期二

出席者　黄慕松　王应榆　许崇清　宋子良
列席者　岑学吕　董仲鼎　史延程　杨秉离
主　席　黄慕松
纪　录　（科长）陈广澧

报告事项

一、行政院令，奉国府明令公布民国二十五年北平市市政公债条例，抄发该条例及附表，仰知照，并转饬所属一体遵照。

二、财政厅呈报，会同审计处遵照中央颁定格式，更为印制直字坐字拨字各支付书，由本年十一月二十一日起通行办理，检同各书式样，请察核备案。

三、建设厅呈复，奉发还长途电话管委会改组意见书等件，饬详核复夺等因。复查该管委会所拟新组织章程及新系统图，均尚妥协，请察核饬遵。

四、教育厅呈报，定期二十六年二月二、三两日，分区举行二十六年春季中学校学生毕业会考，连同会考委员会委员一览表、会考须知，请察核准予备案。

五、广东省地政局呈，拟补充藤尺九百八十把，拨测量队应用，每把五毫，共四百九十元，在完成五县土地整理预备费项下开支，不另追加预算，请鉴核示遵。

六、卸广东省法币发行准备管理委员会呈报，奉令结束，将经管准备金暨各种纸币数目，移交发行准备管理委员会广州分会按〔接〕收保管各情形，连同关防会章暨印据清册，缴请察核备案。

七、秘书处签呈，查本府秘书处办事细则，对于电报室及图书室应属何科，从前未有规定，按照现制，应归第四科管辖，兹经将现行细则中有关各条分别增删，请察核。

讨论事项

一、内政部咨，奉行政院公布省政府合署办公暂行规程，抄送原规程，请查照第十条第十一条规定办理案。又行政院令发省政府合署办公暂行规程，仰知照，并转饬所属一体知照案。并案讨论。

（决议）交民政、财政、教育、建设四厅，保安处，会同拟议具复。

二、财政厅长提议，拟自二十六年一月一日起，即行废除广东全省花捐附加各费，请公决案。

（决议）所有一切花捐附加各费，概行裁撤；广州市府原收附加筑路费，着与财政厅商酌筹抵。

三、民、财、建、教四厅长，史院长，罗委员会复，审查财政厅请示开办二十六年度第一级概算五点，及限定开办日期一案，拟具意见，请公决案。

（决议）照审查意见通过。

四、财政厅厅长提议，拟请设立广东省调节民食委员会，连同议定章程，请公决，即予公布施行案。

（决议）修正通过。

广东省政府第七届委员会
第三十五次议事录

民国二十六年一月五日　星期二

出席者　黄慕松　王应榆　许崇清
列席者　岑学吕　董仲鼎　史延程
主　席　黄慕松
纪　录　（秘书）熊公福　（科长）陈广澧

报告事项

一、行政院令，据铁道部呈复订立湘米运粤特价，按照普通五等运价五折收费，凡湘省境内运至粤省境内各站，均适用之，于二十五年十一月一日起施行等情，仰知照。

二、财政部陷电，二十六年一月一日起征各项所得税，其税率计算扣缴完纳各项，均依法定手续办理，请查照饬属知照。

三、财政厅呈报，定二十六年一月一日裁撤全省花捐附加各费，请察核备案。

四、财政厅呈报，定期二十六年一月一日起，开始施行修正广东省营业税征收章程暨施行细则，请察核备案。

五、广州市政府呈报，定二十六年一月一日起，减低镖户水费，每千加仑为一元，月户照旧收费，请察核备案。

六、广州市政府呈报设立广州市保甲编查处缘由，连同办法简章，请察核备案。

七、秘书处签呈，查广东省营工业监理委员会现经组织成立，本府第五科应即裁撤；该科原设审查股及稽核股，拟改并为工商股，划归第一科；统计股划归第三科。关于秘书处办事细则第九条，并请一并修正。

讨论事项

一、民政厅呈，拟派罗献祥暂行代理广东省警察训练所所长，连同该员履历，请俯赐任命案。

（决议）通过。

二、民政厅呈，拟具广东省各县设置政务警察暂行办法，请核夺示遵案。

（决议）通过。

三、财政厅呈复，核议广东农村合作委员会开办费，拟定准支三千元，由审定该会本年度概算未动用经费款内核实开支，不再追加预算，连同奉发预算书，请核示施行案。

（决议）照财政厅核议意见通过。

四、财政厅呈复，核议广东省会公务人员军事训练各部队，二十五年十二月份至二十六年三月份四个月经费，共二万二千一百三十二元，本年度概算并未编列，应否准予追加预算，或在预备费项下开支，请转呈核定施行案。

（决议）交秘书处与国民军训会妥商办理。

五、广州市政府呈，拟酌展电力附股登记期间至二十六年一月底止，并酌加至每股二十元，请察核备案。

（决议）准予备案。

六、民政厅提议，新派代理连县县长邱新民辞不赴任，所遗连县县长缺，拟以萧越代理，是否有当，请公决案。

（决议）通过。

七、建设厅呈，据省营工业管理处呈缴二十五年度十二月至二十六年度六月底止岁出经常费预算书，及临时费预算书，查核尚属核实，似可准予照办，由职厅所辖各工厂营业溢利项下开支，请核指遵案。又广东省营工业监理委员会呈缴二十五年度十二月至二十六年六月底止岁出预算书，请提会公决案。（并案讨论）

（决议）照秘书处第一科财政股签拟意见办理。

八、民政厅呈复，奉令关于财政厅呈复广东省土地登记暂行规则及各县土地局暂行组织规则审查意见一案，仰即会商地政局长拟复核夺等因，经会商完竣，缮具审查意见书，请提会公决施行案。

（决议）照审审意见修正通过。

九、教育厅提议拟改组广东省立国医学院，连同改组草案，请公决案。

（决议）准予备案。

广东省政府第七届委员会
第三十六次议事录

一月八日　星期五

出席者　黄慕松　王应榆　许崇清　刘维炽
列席者　岑学吕　董仲鼎　史延程
主　席　黄慕松
纪　录　（秘书）熊公福　（科长）陈广澧

报告事项

一、民政厅呈缴广东省地方自治改进大纲实施办法，请察核备案。

二、财政厅呈报，更正收支程序，遵照中央颁布书式四种，由二十六年一月一日起实行，所有前用之通知单等一律取销，请备案，转行遵照。

三、财政厅呈报，旧粮九折减收并免罚金期限届满，拟准展限六个月，自二十六年一月一日起至六月底止，请察核备案。

四、财政厅呈，为本厅二十五年九月份，分电各县市各征收机关重要电文五件，共支过电报费毫券七千七百一十八元二毫一仙，拟援案在二十五年度省预算各杂费项下支援，请核准备案。

五、财政厅呈报，沙田登记费减征五折案继续展期六个月，由二十六年一月一日起至六月底止，请察核备案。

六、财政厅呈，拟将贩卖粮食等业营业税援照江浙等省减征成案，暂照营业总收入额千分之二征收，请鉴核备案。

七、财政厅呈，为修正营业税征收章程第七条第二项但书规定，"首次申请领证时一次过缴纳手续费二元"，系照本省颁行章程开列，于法无所依据，且增商民负担，拟免收，将该条但书字句删除，请察核备案。

八、财政厅呈复，奉饬核议韩江警卫营购置二十五年秋冬季士兵服装费四千八百三十八元六毫，似应列入追加二十五年度概算，以便照支，请核饬遵。

九、建设厅呈，为督促新路工程并视察原有各干路工程起见，拟在船务局原存船钞附加项下提支毫券四千八百六十九元五毫六分，购工程差遣汽车一辆，请察核备案。

十、广东全省保安处呈缴各区保安司令部士兵服装种类价格表，每区服装费一百七十五元九负〔毫〕一仙四文，九区统计，应发一千五百八十三元二角二仙六文，拟在前领各区司令部十一月份经费余项下动支分发，请核准备案，令行财厅知照。

讨论事项

一、广东省禁赌委员会函复，本会经常临时开办各费无可删节缘由，请提会议决办理案。

（决议）照预算在预备费项下开支。

二、行政院令，奉国府转奉中央执行委员会函，本会第二十六次会议决议，尢烈准予公葬，给丧葬费五千元，关于公葬一节，转行广东省政府办理等因，仰遵照办理案。又令，据尢少纨先生治丧委员会请饬广东省政府拨助公葬费国币五千元，仰遵照办理案。并案讨论。

（决议）照拨公葬费国币五千元（在预备费项下开支）。

三、史院长、李委员会复，审查第一、二、三区及六、七、八区行政督察专员请追加军法员经费一案，拟具意见书，请公决案。

（决议）照审查意见通过。

四、财政厅呈复，核议广东省新运会举办各县市新运会干部人员训练班，经费预算列支五百元，尚属需要；惟本年度概算并未编列，似可准在预备费项下开支，请提会决定施行案。

（决议）准在预备费项下开支。

五、财政厅呈复，核议省会警察局拟征收投保火险登记费，以扩充消防一案意见，请察核案。

（决议）准予备案。

六、教育厅呈复，核议第二区行政督察专员，请照案拨助私立德华女子初级中学经费一案，拟自二十六年一月份起，由教育临时费项下月支补助费六百元，七月以后列入二十六年度预算开支，请核指遵案。又私立德华女子初级中学校董会呈，请由二十五年七月份起发给补助费案。（并案讨论）

（决议）照教育厅意见办理。

七、建设厅呈报，与商人胡文虎订立承探杨梅山煤矿合约，缴呈签约，请察核备案。

（决议）准予备案。

八、广东省银行呈，拟具试办本市货物抵押放款章程，请察核施行案。

（决议）照秘书处意见修正通过。

广东省政府第七届委员会
第三十七次议事录

一月十五日　星期五

出席者　黄幕松　王应榆　许崇清　刘维炽　李煦寰
列席者　岑学吕　史延程　董仲鼎
主　席　黄慕松
纪　录　（秘书）熊公福　（科长）陈广澧

报告事项

一、民政厅呈，本厅选用专门人才派充各县代理联乡办事处主任一案，登记及考选各费用共需六百五十元，拟从本厅各项节余经费项下开支，请察核备案。

二、民政厅呈缴修理骝冈三沙围田基桓围坐工程合约，工程价值三千七百元，经向本市各建筑公司查询，尚属实在，应否照价给予该田户李成修理，请核指遵。

三、财政厅呈报，取销本省前订运银单行办法，此后应照部定办法办理，请察核。

四、财政厅呈报，于二十六年一月一日起，将本省典税划入顺德等各县各局处征收，请察核备案。

五、财政厅呈复，保安处请在未成立以前各月份额定经费，拨支开办费毫券一万四千二百五十四元九毫五仙，似可准予照办，请察夺指遵。

六、财政厅呈报，清理中山县办沙田登记悬案，现经期满，应予截止，请察核备案。

七、广东农村合作委员会呈缴职会议事规则，及办事细则，系统表，经秘书处分别修正，请察核备案。

八、广东省地政局呈报，托由中央信托局代为订购航空摄影机器，货款十五万四千元，业由财厅垫拨，交中国银行汇寄，连同合约，请鉴核备案。

讨论事项

一、广东省防空协会函，编具敝会开办费支付预算书，请查照备案。

（决议）准在预备费项下拨支。

二、中国国民党广东省党部函复，李同祖请拨款拨地营葬先烈李芳楼一案，似可照准，由贵府拨给葬费及购地费共二千元，交遗族自行购地营葬，以省手续案。

（决议）照拨。

三、中国国民党广东省党部函，为修理黄花岗红花岗四烈士墓园，预算需费二十万元，除由广东绥靖主任公署捐助三万元外，所差尚巨，请贵府亦拨助三万元，俾观厥成案。

（决议）照数拨助，在预备费项下开支。

四、广州市政府呈，准广东省党部函请收用黄花岗烈士坟场附近民地一案，检附原图，诸核转备案。

（决议）准依法收用。

五、广州市政府呈，据卫生局呈拟增修取缔医药广告规则等情，连同修正规则，请察核指遵案。

（决议）通过。

六、财政厅呈复，陆军大学第十二期毕业学员罗福耀，请照成案津贴二百元一案，可否开示学员名数，援案每名给发旅费二百元，在预备费项下开支，请提会决议饬遵案。

（决议）照秘书处签拟意见办理。

七、财政厅呈，拟具推办全省营业税设置征收机关缘由，检同各项组织章程草案及表，请察核备案。

（决议）推史院长，民政、财政、建设三厅长，李委员审查。

八、民政厅提议，梅箓管理局局长王广轩拟予调省，所遗梅箓管理局长缺，拟以陈元泳代理，请公决案。

（决议）通过。

九、教育厅提议，拟具整理省立勤勤大学办法，请公决案。

（决议）通过。

广东省政府第七届委员会
第三十八次议事录

一月十九日　星期二

出席者　黄慕松　王应榆　李煦寰　刘维炽　许崇清
列席者　岑学吕　董仲鼎　史延程
主　席　黄慕松
纪　录　（秘书）熊公福　（科长）陈广澧

报告事项

一、民政厅呈，拟定颁发联乡办事处钤记及乡镇区图记办法，请察核备案。

二、建设厅呈，据广东纺织厂呈缴丝织部二十四年度由七月起至十二月止，追加制造费岁出概算书，查核散总数目尚属相符，请察核指遵。

三、财政厅呈复，潮安县行政囚粮不敷，拟准每月增拨四百零一元，连原额共五百元，不足之数，由地方筹备，以六个月为限，期满回复原额，此款请核在本年度预备费项下开支。

四、教育厅呈，请核准省立琼崖师范学校附设特别简易师范科经费，每月七百元，自二十五年八月份起，由义务教育经费项下拨支，连同原缴预算书，请察核备案。

五、教育厅呈，据开建县请加委简柱擎为开建县教育局局长，查核资格尚符，连同证件，请察核加委。

六、第一区行政专员呈缴第一科长余心一、第二科长涂演凡履历，请核准委任。

七、第五区行政专员呈缴行政保安联合会议经费预算书，计共需毫券七百九十四元，该款拟在前东区绥靖委员公署移交全潮戏厘捐款存余项下拨支，请核准备案。

八、广东省营工业监理委员会呈，拟定本会职员出差支给旅费标准附表，请核示遵。

九、秘书处签呈，教育厅呈缴老隆师范学校建筑膳堂、厨房、浴室、工人房等工程图则，经交胡技正审核，大致尚无不合，其预算工料费，亦属平允，拟请准予备案。

十、中央委员邹鲁寒电，中央会议通过范志陆公葬，其恤款及事迹宣付国史馆，交国府办理，特闻。

讨论事项

一、财政厅呈复，内政部颁发行政督察专员公署经费分等表，与本省每月列入之数及编制均有差异，拟请暂维现状，由二十六年度起，再行遵照分别拟定等次编制概算，呈送核定办理案。又内政部咨请依照新章规定，拟定所属各行政督察区等次，按照经费分等表数额，列入二十六年度地方岁出总概算内，于二十六年度开始时实行，一面令饬各该区专员分别制定办事细则，送部核转备案。并案讨论。

（决议）照秘书处签拟意见办理。

二、教育厅呈，据省立惠州中学呈请将宿舍改建，估价共需工料费八百三十七元四毫五仙等情。查该校舍修葺改建，确属急需，拟请准予由教育临时费项下照拨，请核指遵案。

（决议）照准。

三、财政厅呈，拟将二十五年度地税定额改以八成为应征解库之数，如有催征得力，增收逾八成以上之税款，即准予悉数留县，以弥补地方经费，连同暂行办法，请核准颁行案。

（决议）照准。

四、主席提议，关于开平县民吴××因自首瞒捐事件，不服前广东省会公安局罚锾之处分，提起诉愿到府，经由秘书处派员审查，作成决定书，应如何办理，请公决案。

（决议）推史院长签拟意见。

五、主席提议，广东省银行监事梁致广另有任用，遗缺以李朗如代理，请公决案。

（决议）照办。

六、主席提议，现在米价日涨，除已会同余主任迭电院部请免洋米入口税外，查民食调节委员会购到芜米三万二千余包，已分售市面；惟粮底无多，此后米价难免续涨，应如何设法维持民食，请讨论决策案。

（决议）（一）去电再催财部。（二）电各党部会同民众机关筹商救济。（三）令调节粮食委员会邀集市社会局、市商会、警察局速商维持。

广东省政府第七届委员会
第三十九次议事录

一月二十二日　星期五

出席者　黄慕松　许崇清　刘维炽　李煦寰
列席者　岑学吕　董仲鼎
主　席　黄慕松
纪　录　（科长）陈广澧

报告事项

一、民政厅呈，据警察训练所呈报修葺所址，约需毫券四百五十元，拟具招投简章，请核等情。查此项修葺费，拟在该所节存项下拨支，既不变更原有预算，尚属可行，除指复照准外，请察核备案。

二、民政厅呈，据广东省警察训练所呈报，该所于二十六年一月一日改组成立等情。抄同该所章程，暨警长班学术科时间分配表，请核转备案。

三、财政厅呈复，体育专科学校建筑体育馆二期工程费二万七千元，既经教育厅拟在本年教育临时费项下拨支，自可照付，请察核指遵。

四、建设厅呈，据新兴县属第四区得霞堡堡林委员会委员张珠等，请承领县属土名大坑黄罗坑等处荒地造林，经县查明确系官荒，应准承领，连同备查一联，呈缴察核备案。

五、建设厅呈，据新会县民刘月波等请承领县属土名龟山荒地造林，经县查明确系官荒，应准承领，连同备查一联，呈缴察核备案。

六、广东省银行呈复，潮安分行筹备就绪，不日成立，汕头分行存款，如有移潮安分行必要时，当依照办理，请察核。

七、发行准备管理委员会广州分会函复，接收前广东省法币发行准备管理委员会移送毫银毫券辅币，数目相符，文卷账簿家私等项亦照册点收无讹，请查照。

八、广东省调查统计局呈送广东省各县市政府调查统计条例，请再令各县市政府遵照成案设置调查统计员，并将姓名履历相片呈报转发下局查考。

讨论事项

一、民政厅呈，拟具广东省各县市保管及处分缉匪红款简章草案，请核定公布施行案。

（决议）修正通过。

二、黄埔开埠督办折呈，遵照审查意见，将本署二十五年度经费预算力事缩节重编，呈送察核存转备案。

（决议）秘书处签拟意见列举之三项，应照公务员薪俸条例酌减，送铁道部复核。

三、教育厅提议，拟将电化教育区五个月经常费拨作购置电化教育设备费，不足之数，由社会教育开办费项下支付，附具预算一纸，请公决案。

（决议）准备案。

四、教育厅提议，将全省教育会议经费改作推行国语教育经费，以便设立省立国语传习所六所案。

（决议）通过。

广东省政府第七届委员会
第四十次议事录

一月二十六日　星期二

出席者　王应榆　许崇清　李煦寰

列席者　岑学吕　董仲鼎　史延程

主　席　王应榆（代）

纪　录　（秘书）熊公福　（科长）陈广澧

报告事项

一、财政厅呈复，核议省地政局拟暂设汕头等六市县临时登记处一案，系为适应环境权宜办法，所需经费，拟在收入土地登记费及全省地籍整理费项下开支，于原计划预算尚无牵动，似属可行，请察核指遵。

二、财政厅呈，为职厅二十四年发行短期金融库券三次，业经清偿本息，并已逾支付期间，此次截角库券及存根无留存必要，可否定期焚毁，以免推〔堆〕积，连同数目表，请察核指遵。

三、财政厅呈报，修葺本厅特务大队部房屋工料费，共毫券九百三十元，拟在本年度财政费发出临时门财政各项什费项下开支，检同承修店副单，请核准备案。

四、财政厅呈，为职厅装设电话总分机，共需安装费总计毫券一千六百四十元，拟在本年度省地方预算财政各项杂费项下开支，编具预算书，请核准备案。

五、建设厅呈，据李德联呈，集合资本在中山石岐设立和隆蔗糖厂，声请登记等情。经将登记表发交广东省营糖厂，核明与各规程细则均无抵触，只以翻制片糖，系属改造问题，民营土糖自难准许，经将该登记表予以删改，并准给证营业，请察核准予备案。

六、广东省地政局呈，拟核准本局测量队第一至第十八队在内业期间补充帆布椅，共费三百八十六元，及每组加雇测夫一名，三个月计算，共需工资二千七百元，均在测量队节存经费项下开支，连同数量表，请察核备案。

七、秘书处签呈，关于广东各界奉迎领袖还京代表团经费一案，现实计本府应负担经费为一千零五十五元零六仙五厘，此款系属本府经费外之支出，应否在二十五年度预备费项下动支，拨还归垫，请核示遵。

讨论事项

一、财政厅呈，请查照广东省调节民食委员会章程第十一条规定，饬库暂行拨发该会基金法币一百万，以资接济，俟该会办理事竣，结算盈亏，再行专案呈报核销案。

（决议）暂准拨借。

69

二、财政厅呈复，核议省立梅州女子师范学校请准增班，不敷经费年共一千六百元，平均每月一百三十余元，为数无多，似应在本年度各月拨补经费项下酌量摊支，不再追加预算，请察核示遵案。

（决议）准在预备费下拨补。

三、教育厅呈，据省立琼崖师范学校呈，为本校庶务员呈镇藩在校供职三十年，现因年老，请准退职，给金养老等情。查核与条例规定相符，请准自二十六年三月起拨给该员养老费，每三个月一期，每期一百一十一元二角五分，并令财厅按期在本年度省地方经常概算恤金养老费项下支付案。

（决议）养老金照发，本年度在教育临时费项下开支，下年度列入预算。

四、教育厅呈复，核议南京市私立两广中学校校董会请按年补助经常费一案，似可援例将此款列入二十六年度预算，每年补助五千元，匀分四季汇给，请察核指遵案。

（决议）照拨。

五、广东省银行呈复，遵令拟具本省内地运银办法两项，请核准令知财政厅暨分行各海关监督转各税务司知照案。

（决议）如拟办理。

六、军事委员会广东省防空展览会筹备处函送本处经费预算书，请查照核准备案。

（决议）准予备案。

七、民政厅提议，兼代南海县县长范其务因病出缺，所遗南海县县长缺，拟照案以邓彦华代理，附具履历，请公决案。

（决议）通过。

广东省政府第七届委员会
第四十一次议事录

一月二十九日　星期五

出席者　许崇清　刘维炽　李煦寰

列席者　岑学吕　董仲鼎　史延程

主　席　许崇清（代）

纪　录　（秘书）熊公福　（科长）陈广澧

报告事项

一、民政厅呈，拟订联乡办事处与从化农村建设实验区权责各三项，由联乡办事处与实验区分别负责办理，请察核备案。

二、财政厅呈，为省河猪捐正饷前准财政局函，经改为委办，省河猪捐加二专款，自应于现商广荣公司期满翌日起，一并托请兼办，以归划一，请察核。

三、财政厅呈复核定由二十六年二月一日起，对于和兰标本糖捐每百斤均减为抽收国币六角，并改善征收手续，请察核。

四、第九区行政督察专员呈复，遵令再行酌量支配将预算原定研究员二员裁减一员，即以节存原薪二百元添设事务员二员，月各支五十元，雇员三员，月支四十元者一员，支三十元者二员，计增减员薪之数，尚相适合，请核准备案。

五、广东省银行呈复，关于李师长、胡专员请在潮属各县积极收买白银一事，经饬汕头分行张经理与胡专员面商，结果拟定先在饶平附城及浮山设处收买白银，由饶平收买白银主办员体察情形酌办，请察核指遵。

六、广东国民军事训练委员会呈复，本会按照实际需要，自九月份起，将官俸拨作特别办公费，并将秘书准支上校俸及添置中校科员三员，核与部章尚无抵触，请核示遵。

七、孔部长俭电，派郑宝照赴粤调查米荒情形，请协助予以便利。

讨论事项

一、立法院孙院长函，为南京水西门外莫愁湖畔粤军建国殉难烈士墓园倾倒几尽，现拟重修，附带整理墓旁莫愁湖园林风景，共需法币六万余元，请吾粤军政长官代募三分之一修理费，俾早观成案。

（决议）拨助国币一万元，由预备费项下支付。

二、财政厅呈，为前任移交库存各种旧币及有价证券等，似应分别寄存广东省银行保管，或提回职厅核销，拟具处理办法，请察核指遵案。

（决议）准备案。

三、教育厅呈，据省立岭东商业职业学校，转请发给事务主任李枢养老年金九百四十元等情。查该项养老金确经本厅黄前任核准发给，请准自二十五年九月一日起，在本年度省地方经常概算恤金养老费项下核拨，每三个月一期，每期二百三十六元二毫五仙，并令财厅按期支付案。

（决议）养老金照发，本年度在预备费项下开支，下年度列入预算。

四、主席提议，关于关保安因绳武小学校与联元小学校争执校款一案，不服教育厅决定，提起再诉愿到府，经由秘书处派员审查，作成决定书，应如何办理，请公决案。

（决议）照决定书驳回。

五、教育厅提议，据广东省体育委员会请转呈拨款一万五千元，以为全省第十四次运动大会经费等情。查二十五年度教育文化费预算只列一万元，其余五千元拟请追加预算，照数拨足，请公决案。

（决议）照预算办理。

六、教育厅提议，拟举办第二次全国美术展览会广东预展会，拟具预算书，连同征品办法，请公决案。

（决议）通过。

七、教育厅提议，省立惠州中学校长非国俊调省，遗缺拟委王学潜接充；省立肇庆中学校长孔繁枝调省，遗缺拟委陈兆楷接充；省立高州中学校长梁麟调省，遗缺拟委余兆田接充；省立梅州中学校长王芰仙调省，遗缺拟委林国棠接充。附送履历，请公决案。

（决议）通过。

广东省政府第七届委员会
第四十二次议事录

二月二日　星期二

出席者　刘维炽　许崇清　李煦寰
列席者　岑学吕　董仲鼎　史延程　曾养甫
主　席　刘维炽（代）
纪　录　（秘书）熊公福　（科长）陈广澧

报告事项

一、财政厅呈报改订沙田清佃业户欠款取缔办法，自布告日起，展期六个月，准予缴款领照，以后无论具何理由，均不展期，请察核备案。

二、建设厅呈，据广州市汕头市糖面业同业公会呈缴广东糖业商人检私会组织大纲草案，查核大致尚无不合，拟请准予照办，请察核备案。

三、建设厅呈，为东南西三路行车处急需车辆应用，为免开投致稽时日起见，经由厅与夏巴公司订购二十四辆，共港币六万二千四百元，并将合约函审计处备案，请察核照准办理。

四、广东省银行呈，为核定资本实值起见，拟请准在职行资本总额三千万元内划出一千五百万元，拨入特别预备金科目，以备整理后不能收回之款项有所抵补，连同清表，请察核指遵。

五、广东省银行呈，拟仿照国内各大银行办法增设储信部，开始收受储蓄存款，并接造各种保险，以及其他有关信托事业，所有各分支行处亦一律办理，并由行在奉拨资本总额项下，划出省券三百万元以资运用，经提出董事会议通过，请察核指遵。

讨论事项

一、史院长函复，关于吴××因自首瞒捐提起诉愿一案，经详加审查签具意见书，是否有当，请公决案。

（决议）照史院长签拟意见办理。

二、财政厅提议，拟由省库拨款建筑麻疯病院，选择地址计划工程及将来病院管理，统由市府负责主持，建筑费毫券二十万元，在本年度预备费项下拨给，请公决案。

（决议）通过。

三、建设厅提议，拟设立广东名胜委员会，整理现有名胜区，建设适当避暑区，拟具办法，请公决案。

（决议）通过。

四、主席提议，查钢铁厂筹备委员会委员何启澧等现已辞职，亟应改组，以利行进。兹拟派宋子良、刘维炽、曾养甫、顾翊群、陈仲璧为该会委员，请公决案。

（决议）通过。

五、主席提议，广东省银行副行长林天吉辞职，遗缺请以张兹闿补充，连同履历，请公决案。

（决议）通过。

广东省政府第七届委员会
第四十三次议事录

二月九日　星期二

出席者　王应榆　许崇清　刘维炽

列席者　董仲鼎　史延程

主　席　王应榆（代）

纪　录　（秘书）熊公福　（科长）陈广澧

报告事项

一、民政厅呈，据广东省警察训练所呈为添置铁床二十八张，共需三百零二元四毫，拟请准在前警官训练所移交经费节余项下支付等情。经令复照准，请察核备案。

二、财政厅呈复，核议教育厅拟将花县乡村教育实验区七、八、九月份经费，及派员赴京考察电化教育旅费，均在前领社会教育实验区八、九、十月份经费结存项下拨付，似可照办，请察核饬遵。

三、财政厅呈复，核议建厅拟将成都分校毕业学员到厅学习津贴，在农民渔民贷款机关经费项下拨给，似可照办，请察核施行。

四、广东省调节民食委员会呈，准广东省调节民食委员会米粮借款银行团函送借款合约，经本会常务会议将该合约修正通过，连同合约修正底稿请核准，以凭签约。

五、财政厅呈，为高要县建筑飞机场所需费用一万七千五百元，似可援照成案办理，请提会决定，以便转饬该县在征存粮税项下拨支抵解。

六、财政厅呈，据广东省煤油贩卖业营业税总处呈，以广州检查所修缮电船临时费共一百八十元，请予核准在预备费动支等情。查案尚符，拟即照准，请察核备案。

七、建设厅呈复，奉令核减省营工业管理处岁出经常费概算，遵照修正暨请予维持原案各缘由，连同说明清单修正概算书，请核准饬遵。

八、西南航空公司筹备委员会呈缴改组会议记录，请察核准予备案，并对于属会董事人选明令指派下会，以便组织成立。

讨论事项

一、民政厅呈，据广东省警察训练所呈，拟购置图书及各种用具，共约需毫券五千六百五十五元四毫，请准在前警官训练所结存经费项下移用等情，连同原缴章表，转请核示饬遵案。

（决议）照准。

二、教育厅呈，据汕头市政府转据市立女子中学校呈，拟收用民地，建筑操场校舍等情，连同原缴面积图及计划书，请察核办理案。

（决议）交教育厅派员查明呈复核夺。

三、史院长、许厅长、刘厅长、宋厅长会复，审查民政厅改订各县行政经费预算表，及县政府组织规程草案，拟具意见，请提会公决案。

（决议）交民政厅参照审查意见修正再行提会决定。

四、秘书处案呈，准建设厅函，据市商会呈，为征集四省联展会暨全国手工艺品展会出品分别陈列，请拨助国币一万元等情，应请由省库专款拨支等由，请提会议决饬遵案。

（决议）准拨助毫券一万元，在预备费项下支付。

广东省政府第七届委员会
第四十四次议事录

二月二十三日　星期二

出席者　黄慕松　王应榆　许崇清
列席者　岑学吕　董仲鼎　汤澄波　史延程
主　席　黄慕松
纪　录　（秘书）熊公福　（科长）陈广澧

报告事项

一、财政厅呈报，将糖业纯益照数列入省地方普通岁入概算内，改为地方营业纯益收入，并将原列糖业溢利科目取销，请察核备案，饬知建设厅按月照案解库。

二、财政厅呈复，陆军大学第十二期粤籍毕业学员罗福耀旅费二百元，已填支付书候领，请提会决议，准在预备费项下开支，以符手续。

三、教育厅呈报，拟在黄任移交收存弹壳费等存款内，拨还移交垫支小学国文比赛及民教馆识字测验等项费用，以清款目，请察核备案。

四、广东国民军事训练委员会呈缴各县军事训练教官赴县旅费领据，共支六百八十五元，拟请改在前领教官赴京受训旅费节存项下开支，请核示遵。

五、广东省防空展览会筹备处函送改编预算书，请增拨经费三百九十元，由省市政府分担各半数，请查照核准备案。

六、广东省地政局呈，准中央信托局函知代购航测仪器结价办法，请察核备案。

七、秘书处签呈，广东省银行拟增建办公室一座，查核所缴章程图则预算大致尚无不合，所估计之工料费单位价格亦尚平允，拟准备案。

讨论事项

一、广东防空协会函送二十五年度经临两费概算书，及二十五年十一月份经常费支付预算书，暨十二月份临时费支付预算书，请查照存转备案。

（决议）交财政厅核议具复。

二、广东省禁赌委员会函，据从化县长请示，赌案扣抵刑期及褫夺公权是否适用《刑法》之规定一案，似可酌量引用，经议决通过，请核复施行案。

（决议）照禁赌委员会意见适用《刑法》规定。

三、教育厅呈，据省立高级水产职业学校呈缴征收土地临时费预算书，关于沙田及灰窑给价费一万一千三百五十元，拟在前任结存经费项下拨支，似可照准；至防波堤赔偿费一万元，拟令饬查复再办，连同原缴预算书，请察核指遵案。

（决议）准予备案。

四、秘书处案呈，准民政厅函复，将广东省县政府县组织暂行规程草案，及改订各县行政经费预算表，参照审查意见分别修正，请提会公决等由，请察核案。

（决议）修正通过。

五、广东省调节民食委员会呈复，拟办处罚米商高抬米价章则困难情形，请核示遵案。

（决议）推史院长、宋厅长审查。

六、教育厅提议，省立梅州女子师范学校二十五年八、九两月份经费二千元，省立喜泉农业职业学校二十五年九月份经费一千五百二十四元，均拟在本厅二十五年度预算岁出临时门补充省立各学校图书设备费项下拨支，请公决案。

（决议）照拨。

七、民政厅呈，拟具本省各区行政督察专员公署等项分配表，及甲乙丙等编制概算表，请察夺咨报施行案。

（决议）交财政厅编入二十六年度预算。

广东省政府第七届委员会
第四十五次议事录

三月二日　星期二

出席者　王应榆　许崇清　岑学吕
列席者　董仲鼎　汤澄波　史延程
主　席　王应榆（代）
纪　录　（秘书）熊公福　（科长）陈广澧

报告事项

一、财政厅地政局会呈，拟定广东全省地籍图测量办法大纲，请核准备案，并咨请参谋本部查照，转饬测量总局遵照办理。

二、财政厅市政府会呈，核议商联会请明令永远禁止征收租捐一案，系为减轻市民负担起见，似应准予明令禁止，请察核令遵。

三、财政厅呈复，地政局呈，南番五县地籍测量队须增加经费，拟在五县测量预备费项下开支，似可照准，请察夺施行。

四、财政厅呈，为前购发特务大队卫生衣等件，共支过毫券二百八十三元三毫，拟请在本年度财政各项杂费项下开支，请核准备案。

五、建设厅呈报，厅长晋京用过旅费二千八百四十六元四毫，拟在二十五年十二月，及二十六年一月、二月三个月经费内摊数报销，请察核指遵。

六、教育厅呈，拟在本年度教育临时费项下，拨补福兴公司建筑省立庚戌中学未完成之宿舍工料费二千一百二十七元九毫七仙，请备案，并令财厅将款划拨转给。

七、广东省调节民食委员会呈报，本会章程第五、六两条规定设立秘书、会计两处，经本会议决变更组织，请鉴核备案。

八、黄埔开埠督办公署呈，拟就原定埠址范围内，先行划出地段，布告征用日起禁止人民买卖，以免纠纷；至补偿业户地价一节，俟职署评价委员会成立后，再分别估定办理，连同地图，请察核备案。

九、广东省会警察局呈缴修正店户迁入保证办法，请察核。

讨论事项

一、民政厅呈复，关于第六期赴京受训各员应领旅费，拟请每员暂先发给大洋五百元，将来实支若干，由各该员依照一定标准自行实报实销；至各专署科长可否照此办法发给，以昭划一，仍候裁夺案。

（决议）准予一律补助旅费毫券各五百元。

二、财政厅呈缴审核各县市二十五年度县地方款岁入岁出概算书，请察核备案。

（决议）准予备案。

三、广东高等法院函复，关于梁陈氏因铺底抵押权登记诉愿案，拟具审查意见，请查核办理案。

（决议）照审查意见修正通过。

四、广东省银行呈报，董事会议决二十五年度净利分配办法，列具分配表，请察核备案。

（决议）净利分配办法准备案。

五、财政厅提议，拟请由省库拨助粤币一十五万元，筹建东较场公共运动场，请公决案。

（决议）准在预备费项下拨支，建筑及场所管理，由教育厅会商财政厅、广州市政府办理。

广东省政府第七届委员会
第四十六次议事录

三月五日　星期五

出席者　王应榆　许崇清　岑学吕
列席者　董仲鼎　汤澄波　史延程
主　席　王应榆（代）
纪　录　（秘书）熊公福　（科长）陈广澧

报告事项

一、行政院江电，奉国府令开，广东省政府委员刘纪文另有任用，应免本职，任命岑学吕为广东省政府委员等因，仰知照。

二、民政厅、财政厅会复，防城县兼管外交经费案，似可准予保留，法文秘书一员，其原日经管外交事务经费，则予停支，请核示遵。

三、民政厅呈报，厅长出巡东西江各县，支出旅费九百三十九元四毫一仙，拟援案在本厅视察经费节余项下开支，请察核备案。

四、财政厅呈复，核议教育厅拟在二十五年度概算补充各学校图书设备费项下，拨支韶州师范幼稚师范科经费五千零八十八元，似可照办，请核示施行。

五、财政厅呈复，核明保安处直属部队购置费尚属需要，似可准在该处及各区保安司令部经费节余项下开支，其不敷之款，饬其撙节应用，不再另行追加经费，请察核指遵。

六、财政厅呈复，核明保安处增设干部教导队二十六年一月份支付预算书表，数目相符，似可准由成立之日起支，在本年度总概算内补助各县团队经费项下动拨，请察核指遵。

七、财政厅呈复，李烈士芳楼葬费及购地费二千元，自应遵照拨付，仍请提会准在预备费项下开支，以符手续。

八、教育厅呈报，在本厅经费节存项下，拨支罗浮保健院建筑费各缘由，请察核备案，转函审计处查照备案。

九、广东省银行呈报，与财厅商定将存库款项存行营业，酌计利息，请察核备案。

十、广东省立勷勤大学呈，拟购置校车一辆，该项车价港币三千一百五十元，拟在开办费项下开支，请察核指遵。

十一、广东省会警察局呈报，警察训练所讲堂增加工程费七百余元，拟在职局一月份预备费项下开支，请核准备案。

十二、广东省会警察局呈报，在东山福音村等七处各建守望亭一所，并于梅花村等九处各建马路截留练一所，共需费四千七百五十余元，拟在职局一月份预备费项下开支，请核准备案。

十三、广东省会警察局呈报，在东堤老隆桥垃圾码头增设牌楼灯柱，该款四百余元，拟在职局一月份预备费项下开支，请察核备案。

十四、秘书处签呈，省会警察局增建黄花岗警察派出所寝室等工程估计，经交胡技正核明尚无不合，价格单位亦属平允，似可准予免投，请察核。

讨论事项

一、民政厅呈复，东莞稍潭麻疯院经费支绌，本厅前请每月增加补助一千元，为事实所必需，现二十六年度预算开始之期不远，二十五年度所增不过数千元，请再行财政厅于预备费项下补助案。

（决议）由本年二月份起，每月在预备费项下增加补助费一千元，二十六年度起，每月补助费定为二千元，列入预算。

二、广东省调节民食委员会呈，拟订区分会章程，请鉴核准予备案。

（决议）准在汕头市设立，分会章程发还修改，并另编预算呈核。

四〔三〕、黄埔开埠督办公署呈，拟组织收用土地评价委员会，连同组织章程，讲〔请〕鉴核指遵案。

（决议）修正备案。

五〔四〕、勘界委员会呈请准将属会结束，以后争界案件统由钧府第二科主理，如须派员查勘，饬由地政局办理，以一事权，请核示遵案。

（决议）准予结束。

广东省政府第七届委员会
第四十七次议事录

三月九日　星期二

出席者　王应榆　许崇清　岑学吕
列席者　董仲鼎　汤澄波
主　席　王应榆（代）
纪　录　（秘书）熊公福　（科长）陈广澧

报告事项

一、财政部咨送修正广东省营业税征收章程，暨分类税率表、物品贩卖业税率表，请查照转饬遵照。

二、广东省禁赌委员会函，为各县判处赌案，经本会议决照准援用刑法总则，请核复施行。

三、财政厅呈复，遵令修正二十五年度地方普通岁入岁出总概算书，连同签呈意见，缴请转呈核定施行。

四、财政厅呈复，核议关于广东国民军事训练委员会，拟将女生军事看护训练班经费，移为超额军训教官薪俸之用一案，似可照准，请核示施行。

五、卸任财政厅长、监盘粤海关监督、现任财政厅长会呈，会核卸厅长区芳浦任内交代表册，请转咨财政部备案。

六、教育厅呈缴本厅办事细则草案，请核定旅行。

七、建设厅呈缴西村士敏土厂雇员蔡初等五名恤金表，请察核备案。

八、建设厅呈，据云浮县呈缴建设局长莫公琦履历表，转请察核任命。

九、广东省会警察局呈，准市工务局函催警察医院拆让马路，经权由职局批交全和公司承办，该款三千余元，拟在职局预备费项下开支，请核准备案。

十、广东省会警察局呈报，迁葬警察坟场旧坟，经权以毫券六百余元批交陈昌记承办，该款拟由职局二十六年一月份预备费项下开支，请察核备案。

十一、广东省会警察局呈报，修理汉民分局，经权交仙记承办，该款二百余元，拟由职局二十六年一月份预备费项下开支，请核准备案。

十二、广东省营工业监理委员会呈缴省营工业各厂处行开投货物工程规则，及开投物料工程概况表，请核示遵。

讨论事项

一、民政厅呈复，第五区行政督察专员请将兼县长薪俸拨作增加课员案，似不宜合并各县行政经费预算案办理，请察核指遵案。

（决议）准流甩在县经费项内。

二、财政厅呈复，核议邓汉华积欠饷款一案，经饬据番禺县查复并无产业，无可着追，可否依照民事诉讼执行规则第七条规定，饬令具结交保释放，请察核指遵。

（决议）准予写立书据"俟有实力时偿还"，交保释放。

三、第八区行政督察专员呈，据防城县呈，拟订防城县东兴市外人租地章程细则，查核尚属完妥，至所称章程细则，似宜改称为暂行细则，以免名目重复，应否转呈行政院备案之处，请察核指遵案。又民政厅呈同前由。

（决议）转呈行政院核准备案。

广东省政府第七届委员会
第四十八次议事录

三月十六日　星期二

出席者　王应榆　邹敏初　李煦寰　岑学吕　刘维炽　许崇清
列席者　董仲鼎
主　席　王应榆（代）
纪　录　（秘书）熊公福　（科长）陈广澧

报告事项

一、行政院佳电，本院第三零三次会议决议，广东省政府委员罗翼群另候任用，应免本职，遗缺以邹敏初继任，仰知照。

二、民政厅呈请核准，凡属本厅职员于派遣视察之时，仍得于额定视察费内开支旅费，俾利督察。

三、民政厅呈，据警察训练所呈报，装修电灯水管及塔〔搭〕盖礼堂购置工作器具等，共用去款三百四十九元一毫，拟在经费节余项下报销等情。经令复照准，请察核备案。

四、财政厅呈报，取录财务人员训练所学员，遵令移送中央陆军军官学校特别班合并训练，将来特别班毕业，即为训练所毕业，请察核指遵。

五、财政厅呈，据普宁县第一区长请免楼上村等虚粮，经该县陈前县长猛孙、现任县长王仁宇查明实在，加具印结，似应准予除免，请察核俯予核免。

六、教育厅呈报，拟在前任移交结存防空设备费项下，拨支派员赴京实习防空旅费，请核准转函审计处查照备案。

七、建设厅呈，据省营工业管理处案呈，据肥田料厂请给故技佐徐志中恤金三百六十元，似应准予所请办理，请察核备案。

八、第九区行政督察专员呈报，在前琼崖防空委员会存款项下，指拨毫洋四百元，为广东防空协会琼山支会开办费，请察核备案。

九、两广盐务稽核分所兼盐运使鱼日代电，奉财部歌电，拟加征盐税，发行广梅铁路公债一案，饬照改征税率，一律实行等因，自应遵办，除分行外，请查照。

十、广东全省保安处呈报，于三月一日成立广东全省保安经费总经理处，并委叶公武为主任，请鉴核备案。

十一、广东省会警察局呈报，定购小钢甲车六辆，经运省接收清楚，尚应补付价款一万八千九百九十元零三角六分，拟在职局二月份预备费项下列支，请察核备案。

十二、广东省会警察局呈报，惩教场囚犯挤拥，爰于本年三月十三日以前，将在押烟赌案及其他违警案犯人酌予开释，以谋疏通，请察核备案。

十三、广东省地政局呈，拟准予各测量队每月所需租金在该队节存经费项下开支，请备案，并转财厅知照。

十四、广东省银行呈报，与翁源县长改订借款收回工金支票合约，将省毫券一十五万元，继续借付，请察核备案。

讨论事项

一、民政厅呈，据合浦县呈，以北海公安分局经费不敷甚巨，请准将北海市政局裁撤，原有收入全数拨归分局等情。查核似属必要，请核示遵案。

（决议）准予裁撤。

二、设计委员会呈复，审查调节民食委员会所拟严禁谷米出省办法，拟具意见，请察核指遵案。

（决议）照审查意见修正通过。

三、民政厅、教育厅会呈，拟就公葬广东省第一区行政督察专员范其务办法草案，请察核指遵案。

（决议）通过。

四、黄埔开埠督办公署呈，拟订收用土地及附着物暂行登记评价各项章则草案，请核定指遵案。

（决议）交财政、建设两厅长会同史院长审查。

广东省政府第七届委员会
第四十九次议事录

三月十九日　星期五

出席者　王应榆　许崇清　岑学吕　邹敏初　李煦寰　刘维炽
列席者　董仲鼎
主　席　王应榆（代）
纪　录　（秘书）熊公福　（科长）陈广澧

报告事项

一、民政厅呈，依照广东省地方自治改进大纲实施办法规定，拟具各县联乡办事处办事细则，请察核备案。

二、财政厅呈，为契税减征由二十六年三月十六日起至九月十五日止，全省各县市一律再行继续展限六个月，请察核备案。

三、财政厅呈复，广东国民军事训练委员会改定各学校军训教官薪俸，核与预算定额既无出入，似可准予变更支配，请核示施行。

四、财政厅呈，拟嗣后各县征收捐费，无论用何名义，概由本厅审核准驳，请准通饬遵照。

五、教育厅呈，拟在国省两库义务经费节存项下，拨支本省各区义教视察办事处经临各费，连同预算书，请察核备案。

六、教育厅呈，据省立庚戌中学呈缴开井工程预算，经派技士勘明有重新开井必要，似应准予照办；所需工料费二千五百元，拟在教育临时费项下拨支，请核准令行财厅拨发。

七、建设厅呈，据水利局呈，拟办本年旱季工程计划，连同预算请核等情，查所拟各节尚属实情，预算亦无不合，自可照准，请察核备案。

八、广东省银行呈报变通存款给息办法，请重申前令通行各机关一体遵照。

九、广东省会警察局呈报修理警察训练所学警寝室，工料费以全和公司取价二千五百余元为最廉，经权交该商承办，该款拟由职局二十六年二月份预备费项下开支，请察核备案。

十、广东省地政局呈，拟购手摇石印机，估价以公盛分行一千六百四十九元为较廉，连同估价单，请核准照购。

十一、广东省营工业监理委员会呈，拟将本会于成立后添置各项办公用品，计共九百八十元列为开办费，在本会二十五年度十二月份经常费节余项下动支，不另请款，请核示遵。

十二、广东农村合作委员会呈复办理番禺县虾窝村业佃纠纷案调解经过情形，拟具规定租值办法草案，请饬县分饬业佃遵办。

十三、广东省立勷勤大学呈报，开投水泵房及水塘工程，以张庭记取价最廉，拟交承办，请察核备案。

讨论事项

一、广东省调节民食委员会呈复，将广东省调节民食委员会分会章程修改完竣，请察核；至分会经费拟定额支毫券一千元，详细预算俟该会成立自行编造，转呈核定案。

（决议）照前决议案准在汕头市设立分会，章程交秘书处修改。

二、黄埔开埠督办公署呈，拟将收用土地评价委员会组织章程第三条重行修正，请察核备案。

（决议）准再修正备案。

三、财政厅呈复，东莞县建筑白沙机场，收用民地需款四千二百零六元七毫八仙，似可援案照支；惟事属临时支出，请提会决议在预备费项下拨支付，以符手续案。

（决议）准在预备费项下拨付。

四、教育厅呈，据广东省体育委员会呈，请发给第八届环市赛跑冠军何明祥奖金三百元等情。应否援案发给之处，请核示遵案。

（决议）准援案发给。

广东省政府第七届委员会
第五十次议事录

三月二十六日　星期五

出席者　王应榆　邹敏初　许崇清　刘维炽　岑学吕　李煦寰
列席者　董仲鼎
主　席　王应榆（代）
纪　录　（秘书）熊公福　（科长）陈广澧

报告事项

一、民、财政厅会呈，核议第二区行政督察专员请示，所属化育班毕业学员津贴费应否继续领发一案，似应暂照原案办理，所需津贴费，拟即由本年度预备金项下拨支，俟期满体察情形分别裁留。

二、民政厅呈，据警训所呈报修理损坏步枪刺刀等件，约共需费一百八十七元，拟请准在经费节余项下开支等情，查属可行，经令复照准，请察核备案。

三、民政厅呈复，惠阳东莞县属铜湖防潦委员会借款契约草案，经咨准财厅核复，所拟契约草案尚属允协，似可准予照办，请察核。又财政厅呈同前情。

四、财政厅呈报，奉财政部令，查明汕市各商店欠缴二十三年四月十五日以前油豆税款，及分别核定减免各情形，请察核备案。

五、建设厅呈，据督理南路公路专员兼管南路省道行车事务办事处呈缴追加二十五年度营业会计第二款岁入经常费概算书类，查核大致尚无不合，请察核分别存转。

六、建设厅呈缴省银行代高要、高明两县十三围防潦委员会、垫汇中英庚款会收还第二期借款合约，请察核备案。又广东省银行呈同前情。

七、广东国民军事训练委员会呈，为本会盖搭葵棚，制发士兵冬服，及举办军训教官寒假训练班，省会军训学生春季大检阅等，经费共一千六百零七毫四仙，拟在二十五年九月至十一月份本会经费节存项下开支，请核示遵。

八、广东国民军事训练委员会呈，拟在未经动用二十五年十月份军训人员薪俸项下，拨支添置汽车一辆，及四月至六月汽油费工食之用，请核示遵。

九、广东省会警察局呈缴所属员警储蓄薪饷办法，请察核。

十、广东省地政局呈报，调图根员返局工作，所需旅费，在完成五县土地整理预备费项下开支，请察核备案，并转饬财政厅知照。

十一、财政厅呈复，核议第六区行政公署请于二十六年度概算，增加囚粮一千九百四十四元，似可照准，请察核施行。

十二、财政厅呈缴各县提回保安队经费比额表，及各县解保安经费暂行办法，请察核备案。

十三、建设厅呈缴修正广东省各江基围围董会组织大纲，请察核公布施行。

十四、广东省国民军事训练委员会呈报，学生集训营房地址测量费共三百九十二元余，拟准予作正开支，请核示遵。

十五、第四区行政督察专员公署呈缴购置收音机预算表，计共一百七十八元，请核准在职署经常费结存项下开支，请核指遵。

讨论事项

一、广东国民军事训练委员会、教育厅会呈，关于本省学生集训经费，拟请将二十五年度省行应解省库之净利四十万元，悉数拨用，不敷之三十万余元，请转电部补足案。

（决议）照准。

二、西南航空公司筹备委员会呈，为从速召集董事会议，请派定监察一员下会共策进行案。

（决议）推邹委员担任。

三、广东省会警察局呈缴征收龙津大巷等民屋计划图说，恳迅赐转饬广州市政府早日估定产价，俾便转知缴款具领案。

（决议）交民政、财政、教育三厅，广州市政府，邹委员审查。

广东省政府第七届委员会
第五十一次议事录

四月二日　星期五

出席者　王应榆　刘维炽　李煦寰　邹敏初　岑学吕　许崇清
列席者　董仲鼎
主　席　王应榆（代）
纪　录　（秘书）熊公福

报告事项

一、财政厅呈缴广东省营业税暂行减征税率表，请察核转咨财政部备案。

二、广东省银行呈报，奉宋委员长电，承认华南米业公司股份拾万元，并经提出职行董事会议决照认，请察核备案。

三、广东省银行呈缴二十五年度总决算各种书表，请察核备案。

四、建设厅呈，拟就本厅何前任移交潮梅冥镪捐六万五千余元，原拨筑路费款项转拨五万元，为名胜区临时费，请察核备案。

讨论事项

一、广东省银行呈缴本行章程，请核定公布，并转咨财政部注册备案。

（决议）照转。

二、广东省银行呈缴储蓄部及信托部章程，请核定转咨财政部注册备案。

（决议）照转。

三、民政厅、教育厅会呈，拟就公葬李海云同志办法，请察核指遵案。

（决议）通过。

广东省政府第七届委员会
第五十二次议事录

四月十六日　星期五

出席者　吴铁城　王应榆　刘维炽　许崇清　李煦寰
　　　　邹敏初　欧阳驹

列席者　欧阳驹　曾养甫　邹　洪

主　席　吴铁城

纪　录　熊公福　杨子立

讨论事项

一、主席提议，查本省粮食问题关系甚大，所有调节民食委员会最近办理情形应如何整理案。

（决议）推王厅长、曾代厅长、欧阳委员、邹委员、李委员前往调查具报，以凭整理，由曾代厅长召集。

广东省政府第七届委员会
第五十三次议事录①

出席者　吴铁城　王应榆　曾养甫　刘维炽　许崇清　李煦寰
　　　　邹敏初　欧阳驹

列席者　史延程　欧阳驹

主　席　吴铁城

纪　录　（秘书）熊公福　杨子立

---

①　原文无刊时间。

报告事项

一、行政院令，据各主管部会署报告审查广东省二十五年度概算意见，经提出本院第三零一次会议决议通过，抄发原审查意见仰遵照。

二、财政厅呈缴核定各县市编制地方预算暂行办法、总预算科目及格式，请察核备案。

三、教育厅呈，拟在本年度教育文化费临时费项下，拨支补助广东省会庆祝儿童节大会经费二百元，请核准令行财政厅拨付。

四、广东省地政局呈，为设组补测未完图幅，造具经费概算表，缴请鉴核备案，转饬财政厅知照。

五、黄主席治丧委员会函，为本会第三次全体委员会议，议决函请省攻府先行垫拨公葬费国币二万元，录案请查照办理。

讨论事项

一、孙逸仙博士医学院筹备委员会函，请拨助医院建设费式拾伍万元，常年费伍万元，列入二十六年度省预算，依时发给案。

（决议）交财政、教育两厅核复。

二、建设厅、民政厅会呈，奉令议复汕头市商会呈请劝种二麦以裕生产一案，据农林局拟具督种杂粮管理办法，查尚可行，请察核办理案。

（决议）修正通过。

三、广东省银行呈，为职行韶州支行拟建筑行址，经董事会议决以省券陆万元为底价开投，连同建筑图则章程预算，请核准开投案。

（决议）通过。

四、广东农村合作委员会呈，为事业扩充经费不敷，恳请准予增加二十六年三月至六月份事业费，共壹万式千元，在上年七月至十月份经费，及开办费建筑费存款项下拨补案。

（决议）交民、财两厅核复。

五、广东高等法院，函复会同审查新会县民妇刘胡××，为强占屋产损害业权一案意见书，请查照案。又新会县民刘焕状，为陈明刘胡××请求发还本市××街第×号屋业，呈词不检冒犯情形，恳恩准将屋业发还案。（并案讨论）

（决议）照审查意见通过。

六、教育厅呈缴高等及普通检定考试委员会秘书处组织大纲，暨检定考试经费预算表，请察核备案，并令行财政厅照拨案。

（决议）通过。

广东省政府第七届委员会
第五十四次议事录

四月二十三日　星期五

出席者　吴铁城　王应榆　刘维炽　曾养甫　许崇清　欧阳驹
　　　　李煦寰

列席者　史延程

主　席　吴铁城

纪　录　（秘书）熊公福　杨子立

报告事项

一、国民政府军事委员会委员长广州行营令，据转呈广州市地方二十五年度岁入岁出经临费概算书，准予照列，仰转饬知照。

二、民政厅呈，据汕头市呈，拟由本年一月份起，每月支给警察局长特别办公费二百五十元等情，经核准每月支二百元，由奉令核准之日起计在案，请鉴核备案。

三、财政厅呈缴核定本省报馆用只〔纸〕退税办法，请察核备案。

四、财政厅呈报，广东省裁废苛捐什税审议委员会结束，及照案执行裁废各项税捐情形，请备案转呈察核。

五、广东省地政局呈报，测量员张桂林因公积劳病故，拟援案准予一次过发给恤金三个月，在测量队节存经费项下开支，请察核指导〔遵〕。

六、广东省银行呈报，增设仓库损益科目条文细目，请察核备案。

七、广东省会警察局呈，据保安总队呈，拟在河南小港及东山梅花村两处，增搭中队部葵棚一座，共需毫券七百元，该款在职局二十六年三月份预备费项下开支，请核准备案。

讨论事项

一、（略）

二、邹委员、王厅长、曾厅长、许厅长、曾市长会复，审查省会警察局拟征收龙津大巷等民屋一案意见，检同原送计划图说，请查照办理案。

（决议）照审查案通过。

三、教育厅呈，拟在二十五年度教育文化费，补助师范职业学校增加设备费项下，拨支高级水产职业学校购置图书仪器等费三千元，请核准令行财政厅照拨案。

（决议）通过。

四、广州市政府呈，准全国经济委员会蚕丝改良委员会华南蚕丝改良场函，请代为收用市区内大小崩冈等处荒山荒地等由，应否准照公用征收土地办法代为收用之处，请核夺示遵案。

（决议）通过。

五、广东农村合作委员会呈缴协订土烟生产合作社贷款暂行办法，请察核备案。

（决议）交民政、财政、建设三厅长，李委员，会同审查，由李委员召集。

六、广州市攻府呈，拟改定补偿河南洲头咀海坦产价办法，请察核备案。

（决议）通过。

广东省政府第七届委员会
第五十五次议事录

四月二十七日　星期二

出席者　吴铁城　王应榆　曾养甫　许崇清　刘维炽　李煦寰
　　　　　欧阳驹

列席者　史延程

主　席　吴铁城

纪　录　（秘书）熊公福　杨子立

报告事项

一、财政厅呈，拟修建本厅后墙，共需工料费柒千余元，在预备费项下动支，是否可行，请核指遵。

二、（略）

三、广州市政府呈，据无轨电车筹备委员会呈缴通用公司承办本市无轨电车合约中英文正本，转请察核备案。

四、广州市政府呈报，与英商马尔康洋行，签订广州市新自来水厂建筑工程合同情形，连同英文合同副本及译本，请鉴核备案。

五、黄埔开埠督办公署呈报，组织收用土地评价委员会经过及成立日期，连同委员名单，请察核备案。

六、广东全省保安处呈复，召集第一次保安会议，垫支用费共约二千元，拟请在本处二十五年度各月份结存节余经费项下动支，不另追加预算，请察核备案。

七、广东省地政局呈，为本局第一第二两测量队补测图幅，所需经费拟在二十五年十一月份节存项下开支，请察核备案，转行财政厅知照。

讨论事项

一、主席提议宣布治粤方针案。

（决议）通过，通饬各厅处遵办。

二、民政厅、财政厅会呈，审议广东省地政局所拟各县地政处组织暂行规则，核与本厅等前拟审查意见尚属相符，似可照办，请察核案。

（决议）照审查案通过。

三、财政厅呈复，黄主席公葬经费国币二万元已遵照拨付，仍请将该款提交委员会决议在预备费项下开支案。

（决议）通过。

四、建设厅呈，据农林局呈，关于办理实施垦荒事项，拟组织调查组八组，并拟具调查经费预算，请核准由省库拨给案。

（决议）缓议。

五、建设厅呈，据蚕丝改良局呈，为与省银行商议举办茧丝贷款协约，各丝厂须履行登记，特草拟全省缫丝厂登记条例、申请登记表及登记证草稿，请转呈备案公布施行等情，请察核办理案。

（决议）准予备案。

六、财政厅呈，据南海县，请发还前解厅保管之三万七千八百零五元一毫五仙，以为先建监所之用等情，应如何办理，请核示遵案。

（决议）交欧阳委员、曾厅长、王厅长会同史院长审查，由欧阳委员召集。

七、广东绥靖主任公署函，为防空演习筹备会决议，筹备处经常费约共需毫洋一万二千五百九十五元，由省市两府摊任，请查照将该项经费拨交本署转发案。又防空演习筹备处函同前由。

（决议）照拨。

八、建设厅提议，设立广东全省公路处整理路政，连同组织规程经费预算表，请公决案。

（决议）通过。

九、宋居仁治丧委员会函请从优发给宋居仁同志丧葬费案。又前兴中会会员黄明堂等呈，请援照夏百子、宋少东先例，优予发给宋居仁同志治丧费案。（并案讨论）

（决议）拨给丧葬费一千元。

十、民、财、教三厅长，邹委员，报告审查财政厅提议整理沙田办法案意见，请公决案。

（决议）照审查案通过。

十一、民、财、教三厅长，史院长，李委员，报告审查财政厅提议整理各县地方财政办法案意见，请公决案。

（决议）照审查案通过。

十二、教育厅提议，拟设广东教育厅会计室，连同组织规程及人员工作分配表，请公决案。

（决议）交曾厅长、李委员会同原提案人审查。

十三、财政厅提议，拟具广东省地方会计规程草案，请公决案。

（决议）通过。

十四、财政厅提议，拟将本省二十三年份以前积欠旧粮一律豁免，请公决案。

（决议）通过。

广东省政府第七届委员会
第五十六次议事录

四月三十日　星期五

出席者　吴铁城　许崇清　李煦寰　欧阳驹

列席者　史延程　桂竞秋（财厅）　汤澄波（建厅）
　　　　　李郁焜（民厅）

主　席　吴铁城

纪　录　（秘书）熊公福　杨子立

报告事项

一、行政院令，发民国二十六年辟浚广东省港河工程美金公债条例，及还本付息表，仰知照。

二、财政厅呈报，建造本厅特务队部饭堂工程费六百四十八元，拟在本年度财政各项杂费项下开支，请核准备案。

三、财政厅呈报，农林税局印刷申报单，印刷费共一万八千一百元，拟在本年度七、八、九、十等月份票照费结存款项下支拨，请核准备案。

四、建设厅呈缴甘竹滩派出所开办费及经常费概算书，请核转财厅照数拨付。

五、建设厅呈，据水利局，增加阮涌水闸新堤工程预算约四百五十元，增加秀丽围苏村段工程预算约一千八百五十元，查所拟尚属实在，自可照准，请察核备案。

六、广东省会警察局呈，为派员组织考察团赴上海北平各处考察警政，计需费用毫券四千五百元，拟在职局二十六年四月份预备费项下开支，请核准备案。

七、广东省会警察局呈报，设立预备警察训练班，所需建筑课堂寝室等工程费共六千余元，拟在职局二十六年三月份预备费开支，请核准备案。

八、广东省银行呈报，于四月三日提出毫银一百五十万元，移送发行准备管理委员会广州分会，换领大洋券一百五十万元，转发汕头分行领用，请察核备案。

九、广东省地政局呈，据测量队第十八队呈报，测量员彭日华因公积劳病故，请予抚恤等情，拟援案准予发给该员薪俸三个月作为恤金，此款拟在本局结存经费项下开支，请核示遵。

十、本府卸秘书长岑学吕呈报，遵令在建设厅缴存各项什款项下，拨支黄故主席医药费五千五百七十三元零三仙，请察核备案。

十一、民政厅长呈报，定于本月二十七日启程晋京述职，期内职务暂由主任秘书李郁焜代拆代行，请察核备案。

讨论事项

一、罗委员、刘厅长、宋厅长会复，审查广州市恢复举报市产一案，似以不恢复举报为宜，如必须恢复举报，亦应将章程酌加修改，连同修正章程，请察核办理案。

（决议）缓议。

二、财政厅呈，据中山县呈，请将省库应拨陆先烈皓东坟场建筑费，省券二千一百二十三元三毫三仙，核发前来，查所请数目与原案估定由省库拨付三千余元尚无超逾，似可照准，惟未列本年度预算，可否在本年度预备费项下拨支之处，请鉴核指遵案。

（决议）照准。

三、财政厅呈复，查明广州云南公会董事请免祀田地税一案，核与土地赋税减免规程未甚适合，惟事关祭祀云南在粤阵亡诸先烈，应否准予免缴地税之处，请察核指遵案。

（决议）照准。

四、广东国民军事训练委员会呈，为本会修缮房屋、印发丛书及士兵夏季服装等费，共需毫银一千一百二十八元二毫六仙，拟请准在本会节余经费项下开支案。

（决议）照准。

五、广东省调节民食委员会呈，拟具管理商民购运免税进口洋米谷办法，请察核公布施行案。

（决议）修正通过。

六、主席提议，修正广东省政府设计委员会组织大纲草案，请公决案。

（决议）修正通过。

七、曾代厅长、李委员、许厅长，报告审查教育厅提议组设会计室以利设施案意见，请公决案。

（决议）照审查案通过。

八、主席提议，关于省营产物经理处舞弊案，前任未经办结，拟将案移送法院依法办理案。

（决议）所有被控之李博泉案及与其有关之桔水案、酒精案、士敏土案，并揭阳糖厂案，其已经建设厅查复或嫌疑重大者，先送法院侦查，余俟饬查得复后再办。

广东省政府第七届委员会
第五十七次议事录

五月四日　星期二

出席者　吴铁城　欧阳驹　李煦寰　邹敏初　许崇清
列席者　桂竞秋（财厅）　汤澄波（建厅）　李郁焜（民厅）
主　席　吴铁城
纪　录　（秘书）熊公福　杨子立

报告事项

一、财政厅呈，拟定各县市二十五年度，县市地方款岁入岁出概算书颁布后补充办法，请察核备案。

二、教育厅呈报，省立庚戌中学开井一案，经广东审计处派员监投，结果以源记公司取价二千五百元为最廉，经签订合约兴工，合将章程合约图则等件缴请察核备案。

三、教育厅呈，拟在本年度教育临时费项下，拨支广川女子中学体育馆设备费四千七百九十五元，请核准令行财政厅照数拨给。

四、建设厅呈，为蚕业实施总区本年增置蚕村教育用具费，约一百五十元，拟准在顺德云路等分区节存经费项下拨支，连同原缴预算书，请察核。

五、广东国民军事训练委员会呈报，职会教官林英祥等八员，兼理广益中学等八校军训职务，照部章应支津贴，每员每月计毫洋二十二元五角，拟在军训教官薪俸节余项下正式开支，请核准备案。

六、南山管理局呈，拟将历月节存经费项下拨出一百七十二元五毫，为修理局所之资，造具支付预算书，请核示遵。

七、财政部盐务署函，奉部令盐务署改组为盐政司等因，本署遵于本年四月七日撤销，请查照。

八、广东省银行呈报，于四月十四日以法币五百万元、港纸二百万元，移送发行准备管理委员会广州分会接收，换领者〔省〕毫券一千零五十六万元，请察核备案。

九、广东省银行呈报，于四月十五日将美金六十万元、英金七万镑，移送发行准备管理委员会广州分会接收，换领省毫券四百七十七万四千元，请察核备案。

十、教育厅呈，拟在本年度教育临时费项下，拨支庚戌中学结砌石坝及加装窗口铁版工程费，毫券二千五百元，请核准令行财政厅查照拨给案。

讨论事项

一、教育厅呈，拟筹设广东省文献保存所，将广东省立编印局改组归并办理，每月经费预算二千四百七十六元，除将编印局原有经费移拨外，余拟由教育预备费项下开支，连同组织大纲预算书，请察核指遵案。

（决议）交李委员、欧阳委员、许厅长审查（由许厅长召集）。

二、教育厅呈，拟在本年教育文化费项下，拨支岭东商业职业学校购置英文中文打字机费六千五百元，请察核令行财政厅照拨案。

（决议）照拨。

三、陆军大学校特别班第二期学员林廷华等十人呈，为今年秋季毕业，请援例发给服装及旅费国币各二百元案。

（决议）照准。

四、秘书处案呈，准民政厅函，据本市城西方便医院呈送节略，以该院募捐困难，请设法筹款补助等情，请提会讨论案。

（决议）交邹委员、民政厅长会同广州市市长妥拟办法（由邹委员召集）。

广东省政府第七届委员会
第五十八次议事录

五月七日　星期五

出席者　吴铁城　许崇清　欧阳驹　邹敏初　李煦寰

列席者　史延程　桂竞秋（财厅）　汤澄波（建厅）

　　　　　李郁焜（民厅）

主　席　吴铁城

纪　录　（秘书）熊公福　杨子立

报告事项

一、财政部文关邮电，粤海关带征浚河辟港关税附捐，经饬关务署准粤海关所请办理，请查照。

二、建设厅呈，据农林局及中国农民银行广州分行会复，协订农村合作社放款办法及合约，经修正完妥，抄同原缴各件，请核准备案。

三、卸广东建设厅长何启澧、现任广东建设厅长刘维炽会呈，本厅经管收支数目现款债券及册据等，经移交接收清楚，请察核备案。

四、广东省地政局呈报，南、番、顺、新、台五县土地测量本月底竣事，各队长员一律结束，择尤〔优〕存记，请鉴核备案。

五、（略）

六、广东省会警察局呈报，德宣分局辖内路街牌，仍照旧案交捷和号承制，共需毫券三百五十一元零五分，乞准在职局二十六年四月份预备费项下开支。

讨论事项

一、民政厅呈复，关于恩、开两县互争牛头山一案，准第一区行政督察专员函复，经派员查勘，拟议办法请查照等由，请核夺令遵案。

（决议）通过。

二、财政厅呈，准中山县训政实施委员会函，关于民人林道请将大小霖沙田坦送充校产一案，请准照办等由，合将划拨办法请核指遵案。

（决议）通过。

三、教育厅呈，拟在本年度教育文化临时费项下，拨给省立韩山师范学校图书设备费五百元，请察核令行财政厅照拨案。

（决议）照拨。

四、广东省公务员资格审查委员会呈报本会组织经过情形，暨应依法组织本省委任职公务员铨叙委托审查委员会各缘由，请核予将本会撤销，迅予组织铨叙委托审查会，以应需求案。

（决议）准予撤销，依法另组铨叙委托审查委员会。

五、主席提议，现据广东省银行董事岑学吕呈请辞职，拟予照准，遗职以欧阳驹接充，请公决案。

（决议）通过。

六、教育厅提议，拟举行徐悲鸿先生作品展览会，以资提倡美术，所需经费三百九十元，拟在本年度教育临时费第二项第一目项下拨支，谨连同预算提请公决案。

（决议）通过。

广东省政府第七届委员会
第五十九次议事录

五月十一日 星期二

出席者 吴铁城 欧阳驹 许崇清 李煦寰 邹敏初

列席者 史延程 桂竞秋（财厅） 汤澄波（建厅）

李郁焜（民厅）

主　席　吴铁城

纪　录　（秘书）熊公福　杨子立

报告事项

一、建设厅厅长刘维炽呈报因公赴京，厅内事务交由主任秘书汤澄波代行，关于省营工业管理处处内事务，交由该处副处长张仲新代行，请察核备案。

二、建设厅呈缴从新翁公路工程处二十五年度岁出经常费概算书，请察核存转。

三、教育厅呈，拟在本年度教育文化临时费项下，拨支省立体育专科学校建筑体育馆增加工程费四千四百六十八元三毫五仙，请核准令行财政厅拨发。

四、广州市政府呈报，市立银行前行长陈中璧经管白银数目及辅币溢额一案，已据该行呈复，已有相当解决，可告结束等情，请察核。

五、广东国民军事训练委员会呈报，收用中华北路六十九号民房辟作出入行路，收用价银一千三百七十三元六毫五仙，及兴建大门等七柱，共银三千六百八十五元四毫，拟请并准在上年十月份军训人员薪俸结存项下开支，请核示遵。

六、广东省调节民食委员会呈报，改订五、六月份免税入口洋米谷分配数量，请察核示遵。

讨论事项

一、财政厅、建设厅地政局会呈，拟具广东省清理荒地办法大纲，连同报告书式及统计表，请察核指遵案。

（决议）照案通过，交地政局负责办理，不必另组委员会。

二、民政、财政、教育三厅会呈，拟将化瑶学校经费，按年继续发给，定为补助瑶境教育专款，其在本年度编列预算之一万二千元，完全拨作瑶境学校建筑设备费，自下年度起照数改作经常费，请核示遵案。

（决议）通过。

三、财政厅呈复，范故专员公葬费国币一万元，经遵照支付，请将该款提交委员会决议在本年度预备费项下拨支，以符手续案。

（决议）准在本年度预备费项下开支。

四、财政厅呈，为根据整理全省沙田办法原案，先行组织广东省政府财政厅沙田整理处，合将组织规程及整理计划方案暨经费概算表，请察核备案。

（决议）交秘书长审查。

五、广州市政府呈缴追加拨支广东全省第十四次运动大会临时费，二十五年度概算书，请核准备案。

（决议）照准。

广东省政府第七届委员会
第六十次议事录

五月十四日　星期五

出席者　吴铁城　欧阳驹　邹敏初　许崇清　李煦寰

列席者　史延程　桂竞秋（财厅）　汤澄波（建厅）

李郁焜（民厅）

主　席　吴铁城

纪　录　（秘书）熊公福　杨子立

报告事项

一、军事委员会委员长广州行营令，据呈，二十五年度省地方普通岁入岁出总概算书，已遵照前令分别修正等情，随令附发应行改正指示各点，仍仰遵办，其余各项姑准照列，仰知照。

二、军事委员会委员长广州行营令，据呈建厅所属各路矿各有营机关二十五年度概算，核计数目尚属相符，姑准照列，惟格式未能尽合，务于下年度切实改善；据呈将盈余留作各工厂机器欠款之用，其保管手续应予审密规定，并仰转饬遵办。

三、民政厅呈，据广东省警察训练所呈，拟在办公厅等处分盖凉棚，共需毫券二百七十五元，请准在本所经费节余项下开支等情，经令复照准，请察核备案。

四、财政厅呈缴广东省财政厅会计室组织暂行章程，请察核指遵。

五、财政厅呈，拟就广东省政府财政厅所属各机关会计人员暂行规程，请察核备案。

六、教育厅呈，拟在厅费搏节项下，拨支增加国语国技教师及会计设计专员并技士、监工等薪水，请核准并函审计处备案。

七、广东国民军事训练委员会呈报，派员赴京出席国民体育会议，及派员赴汉帮运筑城模型等，往返旅费，请准在前奉令拨赴京受训学员旅费节余项下动支。

八、广东省地政局呈缴广东省土地登记施行细则草案，请鉴核转咨内政部核定施行。

讨论事项

一、民政厅、财政厅、保安处会呈，关于中山县请减轻农民负担改善征费手续，统一县属军队一案，谨将历办情形及统办分办利弊逐一陈明，对于中顺沙田事宜仍由财厅统一办理，请核示遵案。

（决议）照审查意见通过。

二、建设厅呈，据私立总理故乡纪念中学呈，请将中山经济作物蕃殖场，委托本校代为办理等情，似属可行，请提会核议指遵案。

（决议）通过。

三、建设厅呈，据省营工业管理处呈报，向西门子洋行订购西村土厂磨机所用各种钢弹情形，连同合约，请察核备案。

（决议）准予备案。

四、广州市政府呈复，关于省党部收用黄花岗烈士坟场附近民地一案，饬据财政局遵办情形，连同产价表，请察核指遵案。

（决议）通过。

五、李委员、刘厅长、曾厅长，会复审查土烟生产合作社贷款暂行办法意见，请公决案。又王厅长审查意见。（并案讨论）

（决议）准予备案，并将审查意见发交原呈机关，为将来修正办法时之参考。

六、主席提议，查故主席陵墓警卫事宜，向由番禺县代募一小队警兵担任，所有经费二百元，应由省府发给，提请公决案。

（决议）暂准由番禺县地方款作正报销，俟陵墓工竣后移交陵墓管委会办理。

七、主席提议，拟由省库在预备费项下，给予本省公路处开办费二万元，请公决案。

（决议）通过。

八、史院长、欧阳委员、曾厅长、王厅长会复，审查南海县请发还保管款三万元建筑监狱一案，拟请令行财政厅将此款先予酌还一万五千元，其余俟库储稍裕再行清发案。

（决议）通过。

九、秘书长报告，奉交修正广东省财政厅沙田整理处组织规程草案，谨将修正条文提出报告，敬请公决案。

（决议）照修正案通过。

广东省政府第七届委员会
第六十一次议事录

五月十八日　星期二

出席者　吴铁城　欧阳驹　邹敏初　许崇清　李煦寰

列席者　史延程　桂竞秋（财厅）　汤澄波（建厅）
　　　　　李郁焜（民厅）

主　席　吴铁城

纪　录　（秘书）熊公福　杨子立

报告事项

一、财政厅长、保安司令呈报，会饬撤销四邑古兜治安经费管理委员会及其所收船捐情形，请察核备案。

二、财政厅呈复，核议乐东县请拨支二十六年更换警士服装费一案，查本年度预算，该县建设费已奉审定删除，自属无款可拨，拟请在本年度省地方款预算预备费项下，拨支毫币四百零四元，俾资制发，请鉴核施行。

三、教育厅呈缴二十五年度二十六年秋季毕业会考经费支付预算书，请核准令行财政厅，将本年度未领之会考经费一万三千五百元照拨，俾资领用。

四、教育厅呈缴省立高级水产职业学校续订建校工程合约，请察核备案，并转审计处备案。

五、广州市政府呈缴市立银行二十五年度经常费预算月份分配表，请察核备案。

六、黄埔开埠督办公署呈，拟将"收用土地评价委员会"名称，改为"黄埔开埠收用土地评价委员会"，以符名实，请核准备案。

七、广东省会警察局呈报，职局暨所属各机关盖搭暑期凉棚，经召商估价，以新福昌取价毫券五千九百五十元为最廉，已权交承办，连同估价单，请核予备案并准免投。

八、广东省营工业监理委员会呈，拟具本会驻外稽核办事员及雇员发给加工补薪暂行办法，请鉴核施行。

讨论事项

一、财政厅、教育厅会呈，学生集训经费预算，拟请饬军训会迅速编具预算，列入二十六年度教育文化费，呈候发交财厅补列概算案。又呈，拟议建筑学生集训营舍，缴具经费概算表，请设法分期酌拨案。又广东国民军训会呈，拟具筹备会组织大纲，请核示遵案（并案讨论）。

（决议）第一项照财、教两厅意见，饬会编造预算呈核；第二项俟下次会议再行讨论；第三项照案通过。

二、广东全省保安处呈，拟设立军医院及修械所，缴具编制表及经费预算书表，计共月支六千零四十四元九毫一仙，请核准从本年四月份起追加预算案。

（决议）交李委员、欧阳委员、财政厅审查。

三、广东国民军事训练委员会呈，请令饬番禺县政府收用江村旧飞机场附近民地，计约一千二百七十余市亩，以作集训营地案。

（决议）准予收用，惟亩数须缩小，以适敷建筑之用为度，令行番禺县依法拟具办法呈核。

四、主席提议，据秘书处案呈，查广东糖业商人检私会组织大纲内规定，"本会经费由糖商按照每糖一担附缴五角"，拟请提会核饬不得每担抽银五角以作会费等情，请公决案。

（决议）准予取销。

广东省政府第七届委员会
第六十二次议事录

五月二十一日　星期五

出席者　吴铁城　欧阳驹　邹敏初　许崇清　李煦寰

列席者　史延程　桂竞秋（财厅）　汤澄波（建厅）
　　　　　李郁焜（民厅）

主　席　吴铁城

纪　录　（秘书）熊公福　杨子立

报告事项

一、财政厅呈，为职厅本年四月二十九日分电各县税契委员，饬知豁免民欠旧粮，支过电报费毫券七百零一元五毫九仙，拟援照成案，在本年度省地方预算财政各杂费项下支拨，连同预算书，请核准备案。

二、教育厅呈缴广州女子中学建筑科学馆及家事室图则章程预算，请核准令行财政厅，将本年度所列该校第二期建筑费，余款七万八千七百六十六元七毫四仙拨发。

三、教育厅呈，编造二十六年份小学教员暑期讲习会经费支付预算表，请令行财政厅，将该会本年度经费五千元照拨，俾便举办。

四、广东全省保安处呈，拟于本年五月一日起，成立卫士排一排，月需经费六百零一元，拟暂由本处预备费项下开支，不另增加预算，缴具暂行编制表及经费预算表，请鉴核备案。

讨论事项

一、广东绥靖主任公署、第四路军总司令部函，为本署与贵府合资建筑头门门楼工程一案，共需毫券八千二百五十九元五毫，半数为四千一百二十九元七毫五仙，核与原定预算略有增加，请查照如数拨付案。

（决议）准在第一预备费项下动支。

二、民政厅呈，拟具广东省编办保甲章程草案及其实施办法，请察核施行案。

（决议）照秘书处签注意见修正通过。

三、广东省银行呈报，承购海珠新填地五段建筑行址，总计地价毫券三十一万六千二百四十三元五毫六仙，请察核备案。

（决议）准予备案。

四、广东省营工业监理委员会呈，为本会第十七次常会议决取销士敏土厂董事会一案，请核示遵案。

（决议）通过。

五、主席提议，此次编造民国二十六年度预算案，拟推李、邹、欧阳三委员主持，根据二十五年度预算额办理，请公决案。

（决议）通过。

广东省政府第七届委员会
第六十三次议事录

五月二十五日　星期二

出席者　吴铁城　欧阳驹　邹敏初　许崇清　李煦寰
列席者　史延程　桂竞秋（财厅）　汤澄波（建厅）
　　　　　　李郁焜（民厅）
主　席　吴铁城
纪　录　（秘书）熊公福　杨子立

报告事项

一、广东省防空协会函，拟由二十五年十一月份起，将本会办公费一百七十五元范围内，所有文具电话消耗什支等费互相流用，实报实销，请查照转审计处备案。

二、财政厅、保安处呈报，会饬广宁县将石狗收缴处及所收税捐，并保安队经管会，均限截至五月十日止裁撤，请察核备案。

三、财政厅呈复，遵令将本省二十三年以前积欠旧粮，于五月一日实行豁免，请察核。

四、财政厅呈缴广东各机关解领款项暂行规则及表式，请察核备案。

五、财政厅呈复，遵令拨给宋居仁同志丧葬费一千元，请核准列入本年度预备经费项下开支，以完手续。

六、教育厅呈，拟在本年度教育文化临时费项下，拨支省立庚戌中学建筑课室等增加工料费三千六百四十九元二毫四仙，请核准令行财政厅拨发。

七、建设厅呈缴琼崖公路专员办事处修理东文路临时修路队工程费支付预算书，请察核存转。

八、广东省调节民食委员会呈，请通令各市县，严切执行本会规定之洋米价格，并将抬高米价处罚规程即日明令公布施行。

讨论事项

一、财政厅呈复，第七、第八区行政专员，请将县长兼薪移拨通讯主任经费及添员薪俸一案，与第五区所请流用情形相同，请仍照职厅前呈意见提会并案核定案。

（决议）查明如广州湾有设立通讯员必要，应另案呈候核办。

二、财政厅呈复，廉洋水师部月支经费二千七百九十七元，拟由本年度预备费项下拨支，下年度列入预算，请提交委员会决议饬遵案。

（决议）交秘书长会同财政厅、缉私总处审查，如该部无存在必要应予裁撤。

三、建设厅呈，据农林局呈缴徐闻垦殖场二十五年度现行耕种民有地亩一览表，拟组织评价委员会评定价格，收用民地等情，应否准予照办，请核指遵案。

（决议）准予照办。

四、教育厅呈，据市民王寿民等状，为关于女中增收小北民地案，请照时值给价等情，经派员议复，拟每井给价一百元，查核尚无不合，似可准照办理，请察核指遵案。

（决议）通过。

五、财政厅呈复，审核广东省会警察局呈缴二十五年度下半年及二十六年一月至三月追加岁入岁出预算书，查核收支比较尚属相符，似可准予照数核定，请核示遵由。

（决议）通过。

六、广州市政府呈报，改建东濠下游工程费，二十五年度预算拟增加一十四万元，检同追加概算书，请察核备案。

（决议）通过。

七、广东省银行呈报，准粤海关税务司函，将职行在前中央银行时期缴存收受中纸按金，港纸一万五千元没收，抵拨停兑中纸损失等由，应如何办理，请察核指遵案。

（决议）准予抵拨。

八、广东全省第十四次运动大会函，为本次运动大会因增搭棚座各项，共计不敷二千元，请核示办法案。

（决议）照发，在本年度预备费项下动支。

九、主席提议，接何部长巧电，据黔省政府暨地方父老报告，黔省本年旱灾情形惨重，请广为务募筹赈等由，请公决案。

（决议）以本府名义捐助毫券二万元，在救济金项下动支。

十、主席提议，关于李××等因与陈××争承水坦，不服台山县政府所为之处分，提起诉愿一案，经派员审查作成决定书，请公决案。

（决议）交财政厅各委员会同史院长审查，由史院长召集。

十一、广州市政府呈缴广州市土地估价委员会组织章程，暨办事细则，请核准备案。

（决议）交民、财两厅，史院长审查，由财厅召集。

广东省政府第七届委员会
第六十四次议事录

五月二十八日　星期五

出席者　吴铁城　欧阳驹　邹敏初　许崇清　李煦寰
列席者　史延程　桂竞秋（财厅）　汤澄波（建厅）
主　席　吴铁城
纪　录　（秘书）熊公福　杨子立

报告事项

一、民政厅呈，据广东省警察训练所呈，为修理电动机汽车及购买汽车呔等，共需省券四百五十元一毫九仙，请准在该所经费节余项下支给等情，经令复照准，请察核备案。

二、财政厅呈复，核议中山县请将沙田征收之保安队费，改为行政建设专款，减半征收一案，所请碍难照准，经指复知照，请察核。

三、财政厅呈，拟具广东省各机关处理簿记暂行通则，请察核备案。

四、教育厅呈，拟在本年度教育文化费内，民众教育师资训练班经费项下，拨支派赴南京民众教育干部人员讲习班受训人员，川资制服等费，计共毫券一千一百二十五元，请核准令行财厅照发。

五、建设厅呈缴水利局添购测量仪器临时费预算书，请察核存转。

六、建设厅呈缴农林局购置汽车临时费预算，及计算书表，请察核存转。

七、建设厅呈缴农林局二十五年度举办农村合作事业专款，及举办高要县农事表证事业区专款预算书，请察核存转。

八、广州市政府呈报修理旧人力车开投不成，改为交商承办缘由，请鉴核备案。

九、广东省会警察局呈报添设水厕化粪池，招商估价，以全和建筑公司取价毫券八百五十三元一角为最廉，业交承建，该款请准在职局二十六年五月份预备费项下开支，请察核示遵。

讨论事项

一、财政厅、建设厅呈复，会同审查黄埔开埠督办公署呈拟改用土地章则一案，拟具意见书，请察核案。

（决议）照审查意见修正通过。

二、财政厅呈复，甘竹滩派出所开办费及经常费，本年度省地方预算既未列入，似可在总预备费项下拨支，请提会核定饬遵案。

（决议）通过。

三、财政厅呈，为二十六年度保甲经费概算为数甚巨，无法编入，应如何办理，请提会核定案。

（决议）交民、财两厅会同查明自治经费之来源及用途，切实拟具整理办法呈核。

四、建设厅呈复，拟议蚕业改良实施区筹设顺德县第三、四、五、九等分区，加具意见，连同组织计划大纲暨经临两费预算书，请察核办理案。

（决议）交预算委员会。

五、建设厅呈缴广东燃料厂筹备经常费岁出预算书，计全年度四个半月共八千八百一十一元，拟援案仍在该厂存油售价项下拨支，请核指遵案。

（决议）通过。

六、广州市新生活运动促进会函，请负担本会夏令卫生运动委员会经费三千元案。

（决议）由秘书处派员询明该会性质后再议。

七、主席提议，关于何时英等因琼山县政府核准陆国清等将神山岭东北之外沙坡地一段，赠与第十一区区立第一初小学校为校产，不服教育厅决定，提起再诉愿一案，经派员审查作成决定书，请公决案。

（决议）通过。

八、主席提议，关于郑××与蔡××因承领斥则田坦争执事件，不服潮阳澄普惠沙田局征收处之处分，提起诉愿一案，经派员审查作成决定书，请公决案。

（决议）送交史院长审查。

九、教育厅提议，拟在本年度教育文化费预算经常门，补助师范及职业学校增加设备费项下，拨支私立仲恺农工学校增建蚕室，及必要工具等费万五千元，请公决案。

（决议）照拨。

十、广东省银行呈，为新委省行副行长张兹阊久未到行，兹经董事会议决，以李振五补充，检同旅〔履〕历，请察核任命案。

（决议）通过。

广东省政府第八届委员会会议录

（1937 年 6 月 1 日—1938 年 12 月 13 日）

广东省政府第八届委员会
第一次会议议事录

民国二十六年六月一日　星期二

出席者　吴铁城　欧阳驹　曾养甫　李煦寰　邹敏初　许崇清
　　　　　徐景唐　胡继贤

列席者　史延程

主　席　吴铁城

纪　录　（秘书）熊公福　杨子立

报告事项

一、财政部咨，据所得税广东办事处呈，为广东乳源县县长许济化协助办理所得税调查事项，不遗余力等情，请令行嘉奖，以资鼓励。

二、民政厅呈，据南海县呈，拟将废烂汽车一架作废铁变卖等情，事属可行，应准照办，请鉴核备案。

三、财政厅呈复，遵令将本厅提议整理各县地方财政办法案各项章程，照审查报告修正公布，令县施行，请察核备案。

四、财政厅呈复，核议市立银行向勷勤大学承购教育学院旧址请免纳契税一节，似可援案照准，请核指遵。

五、财政厅呈，据始兴县呈，以地方各捐承商包缴尚未满期，请准照旧征收至期满日止，应予备案；至概算实行期拟由本年五月一日起，碍难照准，请察核备案。

六、教育厅呈，拟采购基士得耶公司七十七号复印手摇机一具，机价伸合毫券约二千七百七十七元，拟在本年度本厅经费，及高普检定考试经费节存项下，各半开支，请察核备案。

七、广州市政府呈，据购料委员会呈报，代市立医院订购太阳灯三种，共价国币二千四百九十二元七角五分，系独家经理，请准免投等情，抄同订购单，请核准备案。

八、广东省会警察局呈报，靖海分局警察外勤需用岗亭办公台巡逻箱，召商估价，以全和公司取价三千二百三十一元为最廉，经权交承办，该款由职局四月份预备费项下开支，请核准备案，并免予开投。

九、广东省会警察局呈报，消防总队需用各种帆布水喉一万五千呎，以天祥洋行质料较佳，经权交承办，共价二万四千九百零八元五角，拟由职局收入火险附加费项下开支，连同估价单，请核予备案，并准免开投。

十、广东省会警察局呈，拟购电单车三十架，召商估价，以香港东方汽车公司取价最廉，经权交承办，价款港币四万五千二百一十元，由职局汽车购置费项下开支，检具估价单，请察核备案并准免开投。

十一、秘书处签呈，拟准本府原有较新之一九三六年式雪佛兰牌蓬车及皮谋富房车各一部，订定国币三千元，卖与省营监委会；又将威拉士房车一部，订定国币三百元，卖与地政局备用。

讨论事项

一、财政厅呈复，缉私总处四、五、六月份临时费每月三万四千元，似应仍由省库本年度预备费项下拨付，请提会决议饬遵案。

（决议）通过。

二、建设厅呈，为厅长于本年二月因公晋京，共支过旅费毫券三千八百七十六元，拟援案仍在船务管理局解存加三船钞项下拨支，请察核备案。

（决议）照准。

三、广东省会警察局呈，请准将职局历任流存停兑中纸按照时值沽兑，俾资挹注案。

（决议）准予按照时价沽出呈报备案。

四、中国公学复兴委员会邮电，请设法拨给本校基金，俾谋复兴案。

（决议）交财、教两厅议复。

五、主席提议，关于岑华因私运白银被判没收，不服财政厅处分提起诉愿一案，经派员审查作成决定书，请公决案。

（决议）通过。

六、主席提议，据秘书处案呈，查本府黄故主席及前秘书长所用之轿车，因行驶日久，机件损坏，不堪长途驾驶，应另购新车两部，估价共需国币一万六千元，此款拟在二十五年度预备费项下拨支，请提会核定等情，请公决案。

（决议）通过。

七、（略）

广东省政府第八届委员会
第二次会议议事录

六月四日　星期五

出席者　吴铁城　欧阳驹　许崇清　徐景唐　邹敏初　李煦寰
　　　　　胡继贤　曾养甫

列席者　史延程

主　席　吴铁城

纪　录　（秘书）熊公福　杨子立

报告事项

一、财政厅呈复，核议博茂场务管理处转据漏户顾敬堂等联呈，请豁免盐田地税案，似应准予援办，请察核。

二、财政厅呈复，第四区行政会议经费四百五十元，二十五年度概算既未编列，无从拨发，究应如何办理，请核示施行。

三、教育厅呈报，核准发给省立雷州师范学校书记宋振菁养老年金，请察核备案，并令行财政厅按期支付。

四、建设厅刘厅长呈报，遵令派本厅技士李康宁晋京研究防空，所给旅费伸毫券四百五十元，拟在本厅二十五年度公路费项下开支归垫，请察核备案。

五、广州市政府呈，据工务局呈报，兴筑平民宿舍等渠道工程急要，拟交建南公司承建等情，经指复权准照办，请鉴核备案。

六、广东省银行呈报，职行向市立银行定购海珠新填地，经将地价毫券三十一万六千二百四十三元五毫六仙，送市行核收正式交易，请察核备案。

七、广东省银行呈缴修订生金银损益科目条文细目，请察核备案。

八、广东省地政局呈，拟由本年六月一日起，陆续将原各县市临时土地登记处改组为地政处，所需经费仍在南海等五县土地登记费及全省地籍整理费项下开支，请察核备案。

九、广东省地政局呈，拟委任南、番、顺、台、新及汕头等六县市长兼任地政处处长，请备案，将广东省各县地政处组织暂行规则，检发各该县市长知照，并令克日组织成立。

十、本府设计委员会签呈，奉交审查民政厅拟订本省各县联乡办事处联乡会议规则，及乡镇公所办事通则，查核大致尚妥，似可准予备案，请察核。

讨论事项

一、李委员、邹委员、欧阳委员报告，会同审查广东二十六年度省地方普通岁入岁出概算案结果，至不敷之数应如何设法筹拨抵补，仍候会议决定案。

（决议）交财政厅再行参加意见。

二、第四路军总司令部函，为翁连路第一、二期工程运输材料及工程办事处经常等费，共毫券一十万零九千四百零五元，请查照如数补拨过部，以应支用案。

（决议）由二十六年度公路经费项下拨支。

三、广东名胜区建设委员会函，为本会组织规定，"委员长"名称未妥，已改称为"会长""副会长"，并将本会名义加一"区"字，请转饬所属一体查照案。

（决议）查该会为指导建议机关，其建设及保管职责，除本省最著名之名胜区应由该会计划建设或补助外，其余均应由所在地各市县府负责办理，本案拟送吴会长会同香副会长商榷后，再行提会核定。

四、主席提议，关于文华制棉厂因不服广州市政府所为之决定，提起再诉愿一案，经派员审查作成决定书，请公决案。

（决议）通过。

五、主席提议，关于霍焜桓等与伍时芬等因负担南子围围料义务不服高要县政府所为之处分，提起上诉一案，经派员审查作成决定书，请公决案。

（决议）通过。

六、教育厅提议，拟在本年度经常预算内国医学院改组后节存经费项下，及临时预算内中等学校理数教员暑期讲习会经费，并检定全省小学教员经费项下，分别拨支省立高州农业职业学校刘前校长挪用学生保证金，及二十六年广东区中学及师范教员暑期讲习班补助费，请公决案。

（决议）通过。

七、民政、财政两厅，高等法院会报，审查广州市土地估价委员会组织规程及办事细则案意见，请公决案。

（决议）照审查意见通过。

广东省政府第八届委员会
第三次会议议事录

六月八日　星期二

出席者　吴铁城　欧阳驹　许崇清　徐景唐　邹敏初　胡继贤
　　　　　李煦寰
列席者　史延程
主　席　吴铁城
纪　录　（秘书）熊公福　杨子立

报告事项

一、财政厅呈，拟具各机关填送征收省款报告暂行办法，定于本年六月一日起实行，请察核备案。

二、财政厅呈复，核议省地政局制图组经费概算一案，原指定在地籍整理费及土地登记费两项预算开支，尚属有余，似可准予照办，请察夺施行。

三、财政厅呈缴农产税第五分局增设验货厂及缉私船经费二十六年四月份概算书，请存转备案。

四、建设厅呈，据云浮县呈缴该县建设局长黄鸿宁履历及证件，转请察核加委。

五、广州市政府呈，据电力管理处呈，拟实施电气事业人处理窃电规则，并废止惩罚违章驳电章程缘由，似可照办，检同原缴规章，请令行省会警察局查照办理。

六、第四区行政督察专员呈复，关于东江水源林苗圃二十六年春间临时造林费，拟请即在该苗圃管理员二十五年度薪俸结存移用，请核示遵。

七、广东省地政局呈，准航测第三队函送租用飞机代办航测合约，照抄原件，请鉴核备案。

八、广东陆地测量局、西南航空公司会呈，拟请核准令行财政厅先行借拨国币五万元与航空公司，该款即在测量局应领航测队经常费项下，由七月份起每月扣除五千元，分十个月扣完，以清款目。

九、广东省银行呈缴修正职行储蓄部信托部章程，请转咨财政部核准注册备案。

讨论事项

一、财政厅呈复，关于陈佛船务管理所安设沙湾九斗石等处灯杆费一案，拟由省地方预备费项下开支，仍由航税收入项下坐支抵解，请提会决议施行案。

（决议）照准。

二、建设厅呈，据水利局呈缴清远潖江流域防潦围董会章程借款草约、工程计划，及本局向庚款会借约及还本付息表各件，查核大致尚属允协，请核准饬遵案。

（决议）通过。

三、广州市政府呈，据工务局编缴建筑黄埔大道工程费二十五年度追加临时费概算书，转请察核备案。

（决议）通过。

四、广东高等法院函复，关于增建汕头、茂名两新盐商拨建筑费案，财厅所拟与法令事实两有未洽，请详加查核，再予提议公决案。

（决议）交财政厅再行核议。

五、汉民学院筹备员梁寒操等函，请概〔慨〕助汉民学院建筑经费二万元案。

（决议）捐助毫币二万元，令财厅照拨。

六、秘书处案呈，关于广州市新生活运动促进会函，请本府负担经费三千元一案，查系专为广州市夏令卫生灭蚊蝇及清洁沟渠水塘之用，此举确属急切需要之事，拟请于省地方预备费项下照拨，以利进行案。

（决议）照拨。

七、教育厅提议，为广州女子中学建筑科学馆及家事室，收地给价及上盖青苗补价共需三万四千余元，拟准由该校征存学费及前任移交停兑中纸兑现款，并二十五年度积存预备费各款项下，分别移拨案。

（决议）通过。

八、欧阳委员【提】议，拟设广东省政府审查诉愿案办公室，拟具暂行办法草案，请公决案。

（决议）交秘书处另拟临时清理办法呈核。

九、民厅提【议】，东莞县县长王垚辞职，拟照准，遗缺拟以黄启光代理案。

（决议）通过。

广东省政府第八届委员会
第四次会议议事录

六月十一日　星期五

出席者　吴铁城　欧阳驹　许崇清　胡继贤　徐景唐　李煦寰
　　　　　曾养甫（桂竞秋代）

列席者　史延程

主　席　吴铁城

纪　录　（秘书）熊公福　杨子立

报告事项

一、民政厅呈，关于核定广东省县政府组织暂行规程及经费预算表一案，拟于二十六年七月一日起实行，请核指遵。

二、民政厅王厅长呈报，本年四月二十七日至五月二十八日赴京述职，支出旅费经在本厅历月视察经费项下开支，请察核备案。

三、财政厅呈缴平远县原缴第四区黄田等五乡、第五区韩善等四乡水冲田亩总册切结，请俯予核转。

四、第一区行政督察专员呈缴职署委任研究员技士署员事务员等履历，请核准备案。

五、第二区行政督察专员呈报，依照条例规定召开第一次行政会议，各县长局长出席，来往舟车旅费拟准在地方款预备金项下报销，请察核备案。

六、广东省地政局呈缴三角测量队及测量队结束搬运费预算总表，计不敷二千八百三十七元六角，拟在完成五县土地整理预备费项下开支，请核准转行财政厅知照。

七、广东省银行呈报，职行章程经照财部指正各节修改，惟"省内外地方"及"生金银"两句仍拟保留，详叙理由，请转咨核准。

八、广东省银行呈缴与黄埔开埠督办公署签订向行借用国币三百万元合约，请察核备案。又呈，黄埔开埠督办公署现拟将前与职行签订合约第四条，酌予修改，审核尚属可行，似应准予照办，请察核备案。

九、广东省公路处呈缴南区公路专员购置夏季服装二十六年度临时费支付预算书，请察核分别存转。

讨论事项

一、财政厅呈，查去年秋间桂省异动，丘师南侵，灵山县长宋德培被逼离境，县政无人主持，由地方机关推举卸县长邓业汉暂行权理，未经钧府加委，所有任内支过经费应否准予核销，请核指遵案。

（决议）交财政厅准予核销。

二、广东省银行呈，拟订广东省银行悬赏查缉伪币暂行简章及收回残毁券规则，请核准公布施行案。

（决议）交设计委员会照各委员意见修正再行提会。

三、筹修潮州北堤委员会东日代电，请将修筑北堤借款国币二十万元从速拨付，并转财部饬关凡属修堤材料概予免税放行案。

（决议）交建设厅核议具复。

四、主席提议，关于黄友安因不服蕉岭县政府将黄福谦备价承买之神产拨归志同学校管业之处分，提起诉愿一案，经审核作成决定书，请公决案。

（决议）修正通过。

五、主席提议，关于马鸿光报承中山县属第五区土名猪母咀广盛围外水坦，不服广东财政厅所为注销承案之处分，提起诉愿一案，经审核作成决定书，请公决案。

（决议）通过。

六、主席提议，关于张××等与邓××等因筑陂争执，不服惠阳县政府之处分，提起诉愿一案，经审核作成决定书，请公决案。

（决议）交建设厅派员前往就地查勘，具报后送由史院长审查再行提会。

广东省政府第八届委员会
第五次会议议事录

六月十五日　星期二

出席者　吴铁城　欧阳驹　许崇清　徐景唐　胡继贤　李煦寰
列席者　史延程　桂竞秋（财厅）
主　席　吴铁城
纪　录　（秘书）熊公福　杨子立

报告事项

一、建设厅呈，据水利局呈缴广东省各县区乡水利委员会暂行组织大纲，查核大致尚无不合，似可准予照办，请察核指遵。

二、广东省会警察局呈报，交徐国深号制造灭火筒二十六具，分发各分局备用，共需毫券一千零二十九元六角，拟由职局二十六年五月份设备费项下开支，缴同估价单，请核准免投。

三、广东省地政局呈报，前由财厅转托中央信托局代购之航测仪器第一、二两批，经由港运到，应纳税款及搬运费已由职局垫缴，请饬财厅如数拨付归垫。

四、广东省地政局呈报，职局前购之旧汽车经交两广汽车行修理，计工料费港币二百八十四元八毫五仙，拟在职局每月行政费节余项下开支，请核准备案。

五、设计委员会呈复，审查财政厅所拟各县财政指导员经费概算书一案，似可准予备案，请鉴核。

六、秘书处案呈，设计委员会每月追加预算九百五十元一案，经奉核准照办，计由四月份下半月起，拟即在黄前任移交该会历月节存款内动拨，不另追加预算，请分函审计处查照令行财厅知照。

讨论事项

一、财政厅呈复，欧阳绍二十五年份养老金业已清发，关于恤金应否援案办理，请核指遵案。

（决议）照案发给。

二、主席提议，关于中山县第五区桂涌乡乡立初级小学校校长郑维功等，与东华乡上颖小学校因学谷争执，不服中山县政府所为之处分，提起诉愿一案，经审核作成决定书，请公决案。

（决议）通过。

三、主席提议，关于台山县民黄伟因无照私带白银事件，不服广东财政厅所为没收充公之处分，提起诉愿一案，经审核作成决定书，请公决案。

（决议）通过。

四、主席提议，关于电白县属龙华寺僧善缘因不服电白县政府所为将寺产提充办学之处分，提起诉愿一案，经审核作成决定书，请公决案。

（决议）通过。

广东省政府第八届委员会
第六次会议议事录

六月十八日　星期五

出席者　吴铁城　胡继贤　许崇清　李煦寰　曾养甫

列席者　史延程

主　席　吴铁城

纪　录　（秘书）熊公福　杨子立

报告事项

一、建设厅呈，据广东全省蚕业改良实施区总区呈缴官山分区添置蚕病消毒用具临时费支付预算书，计共二百四十六元七毫八仙，拟在该分区二十四年度经常费节余项下拨支等情，查核各数总散相符，请察核存转。

二、建设厅呈，据水利局呈，拟高要、高明两县十三围防潦会征收田亩建设费偿还借用庚款一案，改由县政府代收代解等情，事属可行，拟准予照办，请察核指遵。

三、广东省保安处呈，拟将各县保安科员役俸给，一律从本年六月份起，改照保安队官兵给与待遇，其增列经费，并按照增加保安部队官兵薪饷办法，就额定保安经费搏节挹注，不另追加预算，请核准备案。

四、广东省银行呈报，第二次开投建筑韶州支行四标底价，至第二标源记成公司现允减为六万元，可否发交承建，请核指遵。

五、设计委员会呈，奉交审查警察局所缴修正户口调查规程，及办理户口人事登记施行细则一案，查核大致尚妥，似可准其备案，请鉴核。

六、设计委员会签呈，奉交审查财政厅所缴财政指道〔导〕专员办法纲要，请通令各县接洽一案，查核大致尚无不合，似可准予备案，并通令各县知照，当否请核示。

讨论事项

一、财政厅呈，据台山县转据刘希锦等，请依照和解办法准予缴价给照管业一案，应否照准，请察核指遵案。

（决议）照财政厅意见办理。

二、财政厅呈，据广州市区营业税局，转请核发营业税研究税制会及评议委员会经费，查为事实所需，似应照准，并在二十五年度推办全省营业税节余项下开支，请察核备案。

（决议）照准。

三、财政厅民政厅会呈，核议广东农村合作委员会拟将上年七月至十月尚余未支经费，及各月份经费结存，移拨为二十六年三月至六月份增加事业费一案，似可准予照办，请察核指遵案。

（决议）照核议意见通过。

四、广东高等法院函送会同不管厅各委员审查台山公益埠李××与陈××争承水坦不服台山县政府所为处分，提起诉愿一案意见书，请查核办理案。

（决议）照审查意见通过。

五、广东省地政局呈，拟具广东省各县市地价估计暂行规则、土地公断委员会组织暂行则，暨土地覆丈暂行规则、地政处登记问事处规则、地政处区登记处组织暂行规则、区登记处代书人员服务规则，及广东省县政府所属机关人员协助办理土地登记规则、考绩规则，请核准施行案。

（决议）送交史院长，民、财两厅，胡委员，会同再行审查，由胡委员召集并通知地政局列席。

六、主席提议，关于赖李氏因赖××屋业被封变抵，不服建设厅处分提起诉愿一案，经审核作成决定书，请公决案。

（决议）通过。

七、主席提议，关于麦××等因与麦××争认鹤山县第八区榕亭乡×××岗，不服财政厅决定提起诉愿一案，经审查作成决定书，请公决案。

（决议）通过。

八、教育厅提议，拟将本年度电化教育区二十六年三、四、五等月份节存经费，拨为购置教育影片、幻灯及木箱之用，请予公决案。

（决议）通过。

九、教育厅提议，拟托崔载扬教授赴丹麦、苏俄等国考察农村教育，所需川旅费国币一千五百元，拟在本年度留学经费项下拨支，请公决案。

（决议）通过。

广东省政府第八届委员会
第七次会议议事录

六月二十二日　星期二

出席者　吴铁城　曾养甫　欧阳驹　李煦寰　徐景唐　胡继贤　许崇清

列席者　史延程

主　席　吴铁城

纪　录　杨子立　张百川

报告事项

一、行政院蒋院长艳院八电知，假满销假视事，在未回京前院务由外交部王部长宠惠代拆代行。

二、民政厅、财政厅呈复，会同核议防城县请增拨交涉经费一案情形，请察核指遵。

三、财政厅呈复，关于海丰县民黎有益等请令行撤销加三水脚捐一案，拟俟编审二十六年度地方概算时即行裁撤，以恤商艰，请察核指遵。

四、财政厅呈复，核议地政局呈，拟节省业务费十万元，为建筑办公及作业室房舍之用一案，该局如能于本年度核定预算范围内节存拨支，自可准予照办，请察夺施行。

五、财政厅呈，关于新兴防务大德公司欠饷案，拟将新华酒店先行查封，以儆刁顽，请核示遵。

六、建设厅呈，据博罗县长呈缴建设局长王铭勋履历证件，转请察核加委。

七、建设厅呈缴蚕业改良实施区总区购置爽秋普及教育车临时费支付预算书表，请分别存转。

八、广东省会警察局呈报，制发水上各分局二十六年度船艇牌照，附缴估价单，请察核备案，并准免开投。

讨论事项

一、中国国民党中央执行委员会秘书处函，据潘陈玮庄请追念伊夫潘达微革命劳绩，准迁葬黄花岗公园内，优给迁葬费用，并转行政院照拨孤儿院助款，将该款改组定名为达微纪念孤儿院等情，奉批函达查照办理案。

（决议）迁葬案通过，葬费照拨，函请省市党部办理；孤儿院更名改组案，俟行政院令到日再行酌办。

二、（略）

三、教育厅呈缴本省参加第七届全国运动大会经费预算书，因汇水较前增高，共需五万零八百一十九元，请追加预算，并在二十六年度本省新预算未实行前，提前拨支案。

（决议）照二十四年度第六届数目支付，撙节开支。

四、财政厅呈，拟具整理本省各项税捐步骤方案，请察核备案。

（决议）照案通过。

五、国民大会广东省代表选举事务所函，拟本所及各区事务所经费，每月追加法币三千一百六十元，临时费追加法币五千一百零六元六毫七仙，均以两个月计算，连同追加预算书，请查照提会公决案。

（决议）照准在二十五年度预备费开支。

六、设计委员会呈复，奉交审核民政厅所拟广东省县警察机关组织暂行规程、实施办法，暨编制预算表，经遵照审拟，请鉴核案。

（决议）照办，转行民厅。

七、财政厅呈，为使金库工作增进效率及减省手续起见，拟以金库为出纳主要机关，至各项分户分类之账项登记，统由本厅办理，在二十六年度开始实行，检同本省金库会计制度，请察核审定施行案。

（决议）通过。

八、（略）

九、广东高等法院函送审查郑××与蔡××争承田坦事件，不服潮阳澄普惠沙田征收处所为之处分，提起诉愿一案意见书，请查照办理案。

（决议）照审查意见通过。

十、主席提议，关于电白县渔会常务理事杨冠璋等因不服电白县政府所为解散渔会之处分，提起诉愿一案，经审核作成决定书，请公决案。

（决议）通过。

十一、主席提议，拟订广东省各公务机关员役取保办法，请公决案。

（决议）通过。

十二、秘书处签复，奉交审查各区专员请将兼县长薪俸援案流用，俾增加课员及添设员役一案，拟具意见，请提会核定案。

（决议）照准，以二十五年度为止。

十三、教育厅提议，拟请在本年度留学经费节余项下，拨支童子军理事会总会派员出国考察川旅费，本省分担国币二千元，请公决案。

（决议）通过。

十四、教育厅提议，为拟将二十五年度教育文化费节存项下，拨支法科学院附中补助费，及自然科教学研究所建筑费等项案。

（决议）交财政厅审查。

十五、主席提议，关于审查二十六年度预算，拟请援照上年度办法组织预算审查委员会，以欧阳、李、胡三委员，曾厅长为委员，请公决案。

（决议）通过。

广东省政府第八届委员会
第八次会议议事录

六月二十五日　星期五

出席者　吴铁城　曾养甫　徐景唐　胡继贤　欧阳驹　许崇清
　　　　李煦寰

列席者　史延程

主　席　吴铁城

纪　录　杨子立　黄　华

报告事项

一、财政厅呈报，各县市局地方支出各费，在二十六年度县市地方概算未奉核定通行以前，暂照二十五年度核定预算数目撙节开支，请察核备案。

二、财政厅呈报办理收回深圳又生公司家具情形，并拟组织拍卖又生公司家具委员会，请准备案并派员监办。

三、广东农村合作委员会呈，据顺德县蚕丝合作事业辅导委员会呈缴该会章程草案等情，拟修正准予备案，请核示遵。

四、广东省银行呈报，于六月十二日，将国币八百万元，移送发行准备管理委员会广州分会，换领省大洋券五百五十万元、省毫券五百四十万元应用，请察核备案。

五、秘书处签呈，查前准广东各界欢迎林主席莅粤大会筹备委员会函，以经费不敷，请本府负担三千五百元一案，本府以此项支出系临时性质，应在本府预备费项下拨支，经函财政厅拨还归垫在案，请察核并函审计处查照。

六、南京行政院电达任命陈耀祖为广东省政府委员由。

讨论事项

一、财政厅报告，遵将本省二十六年度省地方岁入岁出概算书提要重行修正，请提会决定施行案。

（决议）本案撤回。

二、财政厅呈复，奉令关于本厅设置技正，应依照省府组织法规定提会议定等因，查本厅因办理田亩及沙田技术事项，设置技正一员，月支荐任第八级俸，请提会决定呈院核转备案。

（决议）通过。

三、教育厅呈，拟在本年度教育文化费临时门各校设备费项下，拨支省立体育专科学校体育馆设备费五千五百元，请核准令行财政厅照发案。

（决议）由秘书处将原件送财政厅核对签复，下次再提会。

四、广东省地政局呈，拟就广东省地政局调查组组织暂行规则、土地调查暂行规则、调查组办事细则、造册组组织暂行规则、造册暂行规则、造册组办事细则，请核示施行案。

（决议）交胡委员，民、财两厅长，会同审查，由胡委员召集。

五、广东省委任职公务员铨叙委托审查委员会函，送本会办事细则及二十六年度经费预算书，请提会核定施行案。

（决议）办事细则通过，经费预算书交财政厅核复。

六、略。

七、（略）

八、设计委员会呈复，奉交审查西南航空公司筹备会呈，拟广东省内交通循环支线计划预算请补助经费一案，拟具意见，请鉴核案。

（决议）缓办。

九、秘书处案呈，遵饬令拟广东省政府审查诉愿案件办公室临时清理办法草案，并附六个月支付预算书，提会核定案。

（决议）照案通过，经费在二十六年度预备费项下开支。

十、主席提议，关于李××等与黄姓争承台山县属×××山、××山、××山、××山等山场，不服广东财政厅之处分，提起诉愿一案，经审核作成决定书，请公决案。

（决议）交史院长审查。

十一、主席提议，关于陈政等因潮安县政府制止潮汕护堤公路丰乐行车公司汽车入城事件，不服广东建设厅所为决定，提起再诉愿一案，经审查核作成决定书，请公决案。

（决议）通过。

十二、教育厅提议，为拟在二十五年度教育文化费预算项下，拨支省立江村师范学校仪器购置费四千元，当否，请公决案。

（决议）由秘书处将原件送财政厅核对签复，下次再提会。

十三、（略）

十四、中央【陆】军军官学校特别班呈，为本班成立师生互励会，推定贵府分担开办费国币一千元，六月份经费国币二百元，检送分配表，请查照拨付案。

（决议）补助开办费国币一千元，常年费每年币二千四百元。

十五、民政厅呈，现任开建县长李勉成因案停职，遗缺拟请委韩继中暂行代理一案，请提会公决案。

（决议）通过。

广东省政府第八届委员会
第九次会议议事录

六月二十九日　星期二

出席者　吴铁城　许崇清　曾养甫　徐景唐　欧阳驹　胡继贤
列席者　史延程
主　席　吴铁城
纪　录　（秘书）熊公福

报告事项

一、卸、新任民政厅长会呈，于本年六月一日，将本厅印信金钱物品案卷图书药品等项，分别移交接收清楚，请察核备案。

二、财政厅呈复，核议省会公务人员军训总队部追加临时费一案，似可一并准在预备费项下开支，请鉴核施行。

三、建设厅呈，据蚕丝改良局呈缴招待全省制种家会议出席代表费用预算书，查核总散数目尚属相符，请察核存转。

四、广州市政府呈报会商接收南番两县旧管市区事务，及订定接收日期，请令县局查照办理。

五、儋县呈报定期裁撤县属各处税费情形，缴呈税费表，请察核备案。

六、广东省地政局呈，拟再添购半新旧汽车一辆，约需法币一千九百元，此款请准在本局行政费节余项下并案开支。

七、广东省营工业监理委员会呈，为省营营蔗场职员黄季、蔡翼明、刘定海等三员因公毙命，身后萧条，拟准由本会捐助三百元，此款在本会节余项下动支，请核示遵。

讨论事项

一、关于拟修正广东省县政府组织暂行规程第八条条文，提会请决定，转咨内政部再行公布，通饬遵照案。

（决议）通过。

二、拟通令各县于实行裁局设科后，规定设置督学及指定科员，专办义务教育行政，并酌设人员办理学校教育及社会教育事项，请核定施行案。

（决议）通过。

三、关于捐助汉民学院建筑毫币二万元，经财厅饬库拨汇，提会请决议准在本年度预备费项下动支案。

（决议）照准。

四、关于拟订省银行增设各县办事处代理省县金库办法，请察核指遵案。

（决议）通过（设计委员会意见由秘书处抄送财厅、省行参考）。

五、主席提议，关于邓铨与唐桂生因争田事件，不服东莞县政府所为发还唐桂生按照管业之处分，提起诉愿一案，经审核作成决定书，请公决案。

（决议）通过。

六、主席提议，关于李锐等因不服广东省会警察局勒令荣栈、福泰等店迁出郊外营业之处分，提起诉愿一案，经审核作成决定书，请公决案。

（决议）通过。

七、主席提议，关于李公禹等因地租发生争执，不服广东民政厅所为之决定，提起再诉愿一案，经审核作成决定书，请公决案。

（决议）通过。

八、主席提议，据地政局长折呈，各县地政处长由县长兼任，责重事繁恐难兼顾等情，应否准增设副处长之处，请公决案。

（决议）交秘书处再行审查。

九、拟具处理汕头市商库证办法，请公决案。

（决议）通过。

十、主席提议，拟将广东全省公路处仍交由建厅主管案。

（决议）通过。

广东省政府第八届委员会
第十次会议议事录

七月二日　星期五

出席者　吴铁城　欧阳驹　徐景唐　许崇清　陈耀祖　曾养甫
　　　　　胡继贤

列席者　史延程

主　席　吴铁城

纪　录　（秘书）熊公福　杨子立

报告事项

一、行政院令发黄埔开埠督办公署组织暂行条例，仰知照并转饬所属一体知照。

二、民政厅呈，拟具厅务会议规则请察核备案。

三、民政厅呈报，举行检定警察专门人才考试所有支出临时各费，约计毫券二百三十八元，拟在本厅节余经费项下开支，请察核备案。

四、广东省地政局呈复，职局增设汕头及南、番、顺、台、新六县市测绘员经费，均在预算范围以内，并无逾越，请核转财厅知照。

讨论事项

一、财政厅呈复，核议广东军训学生集中训练营房建筑委员会三个月经费四千零四十一元，似应俟二十六年度建筑费审定后再行支付，请核示施行案。

（决议）交教育厅核办。

二、建设厅呈，据蚕丝改良局呈，拟举办全省蚕种家登记，并缴登记章程书表，请转呈核准公布施行等情，核与本省第二期三年计划相符，请察核办理案。

（决议）通过。

三、财政厅呈复，核议广东农村合作委员会呈，拟将开办费公费不敷之数及特别办公费，一并由事业费项下流用一案，核与定章似有未合，但所陈流用需要情形尚属实在，可否准予变通办理，请提会议决饬遵案。

（决议）通过。

四、主席提议，据广东省营工业监理委员会呈，据经理处拟具士敏土代理推销简章及附表，经分别予以修正，请察核令行建设厅转饬遵照施行等语，请公决案。

（决议）修正通过。

五、广东钢铁厂筹备委员会呈，请令行广东实业银行再拨付活支费一万元，在本会二十六年度概算未奉核定以前，并准暂照上年度预算办理，照额十足支付，以便应付币制变更之需要案。

（决议）照准。

六、主席提议，据新会县呈，拟收用民地为改建消防总所地址，谨将经过情形连同略图，请察核备案等语，请公决案。

（决议）通过。

七、主席提议，关于省银行呈缴悬赏查缉伪币暂行简章，及收回残毁券规则一案，饬据设计会依照各委员意见修正，呈核前来，请公决案。

（决议）照审查意见通过。

八、财政厅呈复，广州市夏令卫生运动经费三千元，已遵令拨付，仍请准予在预备费项下开支案。

（决议）通过。

九、广东省银行呈报董事会议决，关于改用国币支付存汇款，按照比率折合职行资本额，及储蓄、信托两部资本额三点录案，请察核施行案。

（决议）通过。

十、财政厅提议，二十六年度第一级概算书，应由各机关按照核定国币总数重行改编，送财政厅汇转案。

（决议）通过。

十一、财政厅提议，二十六年度预算未核准公布以前，各机关经费应照二十五年度预算开支，如有增减应专案呈准，以资救济案。

（决议）通过。

十二、主席提议，拟请补助黄故主席之侄黄维炎学费二千元案。

（决议）通过。

十三、主席提议，广东省银行董事王应榆辞职，遗缺请以吴子祥充任案。

（决议）通过。

广东省政府第八届委员会
第十一次会议议事录

七月六日　星期二

出席者　许崇清　欧阳驹　李煦寰　胡继贤　徐景唐　陈耀祖
　　　　　曾养甫

主　席　欧阳驹（代）

纪　录　（秘书）熊公福　杨子立

报告事项

一、财政厅呈报，通饬各县限于本年六月底组织成立县地方财务委员会，连同经费等级表，请察核备案。

二、财政厅呈报，中央陆军军官学校特别班组织师生互励舍〔会〕，摊派本厅开办费国币六百元，经常费每月国币一百元，此系临时支出，拟在二十五年度预算财政各项杂费项下拨支，请察核备案。

三、广东省银行呈报，职行为贯彻统一币政起见，经董事会议决，自六月三十日决算日止，改以国币为记账本位币，录案检同变更记账本位币及收付转账办法，请察核备案。

四、广东省银行呈报，办理上期决算整理账目，于七月一日休业一天，请察核备案。

五、广东省会警察局呈报，制发各分局警报大铜钟二十二个，召商估价，以李崑隆号取价最廉，经权交承制，请察核备案并准免开投。

六、广东农村合作委员会呈，据江广材等五名请求发给考察旅费每名国币一百元，拟于二十五年度节存经费项下拨支；又郑敬存一名擅自入所，拟于该员毕业后察看能否任用，请核转实业部转行讲习所知照。

七、广东农村合作委员会呈，为本会第五次委员会议决，在本会事业费项下拨支三百元，为扩大宣传之用，请察核备案。

讨论事项

一、民政厅呈复办理汕市破获高台星槟船票犯吴柏生案经过情形，请察核案。又呈据汕头市长呈报，拟处南兴客栈司理吴柏生罚金五万元，拨充地方公用等情，请察核指遵案。又广东绥靖主任公署函，据汕市长呈同前情请查照。（并案讨论）

（决议）依照二十四年颁布罚则办理。

二、财政厅民政厅会呈，核议广东省会警察局所拟，催收旧欠警捐扣厘减免各办法一案，查所拟各办法系为整理旧欠以维警费起见，似可照准，请察核办理案。

（决议）修正通过。

三、建设厅呈，据第一制丝场呈报该场困难情形，请迅拨活动资金接济等情，经将该场改隶工业管理处，以期划一事权，统筹接济，请察核备案。

（决议）通过。

四、民政厅呈，拟具建仓积谷实施方案意见书，及各县乡镇仓募集积谷暂行办法、各级谷仓设置程序，暨各级谷仓保管委员会组织规程各草案，请察夺指遵案。

（决议）发回民厅，参酌各省办法审察本省地方情形，重拟有效方案，再行提会。

五、主席提议，准广东省国货运动促进会函，为本会举办全国国货展览，预算经费支出国币四万元，收入可得国币二万五千元，不敷之数约一万五千元，拟请钧府筹拨，并请先行借拨国币四万元，以后收入陆续解归省库，请提会裁夺等由，请公决案。

（决议）交建设厅会同市政府另拟办法呈核。

六、主席提议，准广东省国货运动促进会函，请按月拨助本会经费六百五十元等由，请公决案。

（决议）每月补助国币四百元。

七、主席提议，关于大华理发店司理陈贤等因行规与东莞县城理发业工会发生争执，不服县政府处分提起诉愿一案，经审核作成决定书，请公决案。

（决议）通过。

八、秘书处案呈，关于教育厅提议拨支江村师范学校仪器购置费四千元一案，经将原件送财政厅核对，现准函复似可照办等由，请提会公决案。

（决议）原案通过。

广东省政府第八届委员会
第十二次会议议事录

七月九日　星期五

出席者　欧阳驹　李煦寰　许崇清　胡继贤　陈耀祖　徐景唐
　　　　曾养甫
列席者　史延程
主　席　欧阳驹（代）
纪　录　（秘书）熊公福　杨子立

报告事项

一、民政厅呈，据顺德县呈报，改组县政府，拟具改订地方款补助行政经费预算支配表等情，查核各数并未超过原额，自应准予备案，请核转审计处备案。

二、财政厅呈报，拟定各县地方财务委员会选举委员各项办法，请察核备案。

三、财政厅呈缴修正广东省各机关解领款项暂行规则第五条、第十二条、第十三条条文，请查核备案。

四、财政厅呈，为促进币制统一起见，规定办法三项，请察核备案，并分令建设、教育两厅，市政府，转饬省市所营工业机关及各学校团体，迅予改用国币以利推行。

五、财政厅呈，据信宜县呈，为二十五年度预算不敷，请追加预算，并请准予续征公益捐等情，经分项指复，请察核备案。

六、教育厅呈，据省立第一国语传习所呈缴二十六年暑期国语班办法预算表等件，请查核，办法大致尚合，预算全期经费毫券五百六十元，亦属实在，拟在二十五年度社会教育实验区经费节存项下拨支，请察核备案。

七、广州市政府呈报，遵令饬据本市地政局修正广州市土地估价委员会组织章程，及办事细则，请察核备案。

八、广东省会警察局呈报，缩编水陆各分局，及扩充警界接收瑶头沙河新洲等分局情形，附具图说，请察核备案。

九、广东省地政局呈，为土地登记公告期限据请缩短为三个月，请转咨内政部核定。

十、揭阳县呈报办理田亩复查大概情形，连同本县各区乡镇复查田亩段号、面积、价值及税额统计表，请察核备案。

讨论事项

一、主席提议，据秘书处签呈，关于省地政局折呈所拟改善县地政机关组织一节，经遵令再行审查，似可准予照办等情，请公决案。

（决议）照审查意见办理。

二、财政厅呈复，广东省新生活运动促进会派赴庐山受训人员旅费，经如数照拨，仍请提会决议在预备费项下拨支，以符手续案。

（决议）准在预备费项下动支。

三、教育厅呈，拟举办所属机关学校会计人员讲习班，及拟在二十六年度临时费拨支经费，连同办法，请察核指遵案。

（决议）通过。

四、财政厅呈复，遵令修正本省取缔铜元运输暂行办法，请察核指遵案。

（决议）准予备案。

五、民政厅呈复，核议第四区行政督察专员呈报，会勘河源博罗两县争界一案情形，应如何办理，请核夺案。又广东省地政局，呈报派员会勘河博两县争界情形，抄呈报告书，请察核办理案。（并案讨论）

（决议）照案通过。

六、胡委员函复，会同史院长，民、财两厅长，审查广东地政局先后呈缴各县市土地复文〔丈〕等各规则审查结果，请提会公决案。

（决议）照审查意见通过。

七、主席提议，关于荣兴盛号代表李记泉因申报营业事件，不服广州市区营业税局，所为将铺屋产价并入原报资额课税之处分，提起诉愿一案，经审核作成决定书，请公决案。

（决议）交史院长、陈委员审查（一面由府派员查报候核）。

八、建设厅呈缴公路处组织规程及经常费预算表，请察核指遵案。

（决议）通过。

九、建设厅呈，为公路处副处长一职，查有原任该处工程科技正兼设计股主任黄肇翔堪以代理，请核准先行派代案。

（决议）通过。

广东省政府第八届委员会
第十三次会议议事录

七月十三日　星期二

出席者　许崇清　陈耀祖　欧阳驹　胡继贤　曾养甫　徐景唐　李煦寰

列席者　史延程

主　席　欧阳驹（代）

纪　录　（秘书）熊公福　杨子立

报告事项

一、财政厅呈报，关于本省前订内地运银办法两项应予取销，嗣后内地输运银币银类得暂免备具证明书及查验之拘束，请核备案。

二、财政厅呈，据沙田整理处呈缴月份支出概算书，查核与原概算数相符，似可准予照数核定，至该处及各分处系本年五、六两月间成立，所有应支经费，拟请准在二十五年度预算财政各杂费项下开支，请核转备案。

三、财政厅呈复，核议南海县请将保安费减半提解，田亩调查借费厅县分担一案，保安费准减半提解，田亩借费仍应饬县在地方款分年抵纳偿还，请察核指遵案。

四、财政厅呈，为赤溪等十五县督征处拟改组七级督征员，连同月支经费表，请察核备案。

五、教育厅呈报，拟在本年度本厅经费节余项下，拨支招待海外侨校职教员来粤考察经费，及军校特别班师生互励会补助费，并购置加数机等费，请核准指遵。

六、秘书处案呈，现接广州"七九"纪念公祭及宴慰革命军人筹备会函，请本府担任经费七百元等由，该款拟在本府二十六年度预备费项下动支，请察核。

讨论事项

一、欧阳委员、李委员、徐厅长，会复将第四第五两行政区附设情报股并案审查情形，请查照办理案。

（决议）照审查意见通过。

二、欧阳委员签复，会同胡委员、曾厅长、史院长等，开会审查广州市土地局呈拟广州市土地局新税率一案审查结果，照秘书处原签意见通过，请提会公决案。

（决议）照审查意见通过。

三、民政厅呈，拟具广东省各县政务警察服务暂行规则草案，请察核指遵案。

（决议）修正通过。

四、财政厅呈复，奉饬补助军校特别班师生互励会经常开办费一案，此款系属临时支出，应在何项开支，请核明指遵案。

（决议）准在二十六年度预备费项下开支。

五、财政厅呈，据沙田整理处拟具广东省沙田登记规则，查核似属可行，请察核备案。

（决议）交史院长、胡委员、陈委员审查，由胡委员召集并通告高处长列席。

六、（略）

七、主席提议，关于商××因运输铜元，不服广东财政厅所为没收之处分，提起诉愿一案，经审查作成决定书，请公决案。

（决议）通过。

八、主席提议，关于梁×因宝华七间第×号墙壁争执，不服广州市政府决定，提起再诉愿一案，经审核作成决定书，请公决案。

（决议）通过。

九、教厅提议，拟将县长考试日期及普通考试日期改日举行，请公决案。

（决议）通过。

广东省政府第八届委员会
第十四次会议议事录

七月十六日　星期五

出席者　欧阳驹　许崇清　胡继贤　徐景唐　曾养甫
列席者　史延程
主　席　欧阳驹（代）
纪　录　（秘书）熊公福　杨子立

报告事项

一、民政厅长呈报本年七月三日晋京述职，假期内所有兼厅长职务，派主任秘书孙璞代拆代行，请鉴核备案。

二、广东省调节民食委员会呈复，陈明派驻各区民食调查员暂行办法，对于办公费系属按月支给，仍在本会预算内临时费项下开支，请察核。

讨论事项

一、主席提议，据广东省银行呈，拟将收买毫银减低价值，改为加一一五收买，自本年九月一日起实行等情，请公决案。

（决议）通过。惟实行期改自本年十月一日起。

二、主席提议，准史院长函复，关于台山香头坟村李姓与南就村黄姓争承山场诉愿案，已审查完毕，检同原附各件请查照等由，请公决案。

（决议）照审查意见通过。

三、教育厅呈复，关于汕头市立女子中学拟征收民地筹建校舍一案，经饬据督学查复与土地法相符等情，似可准予照办，请察核指遵案。

（决议）准予依法征收。

四、建设厅呈复，奉令筹设汕头等五测候所一案，经饬据工业管理处呈复无款可拨等情，请察核令行财厅照案拨付案。

（决议）准列入二十六年度预算。

五、财政厅呈，据汕头市长艳、陷两电，关于该市及警察局二十六年度新编制预算，请照准或特准该局自本年七月一日起先行实施等情，事关变更定案，可否照准，请察核指遵案。

（决议）照财政厅意见办理。

六、财政厅呈复，审查教育厅拟将二十五年度教育费节存项下，拨支法科学院附中等经费，似可准予照办，请察核指遵案。

（决议）照审查意见办理。

七、财政厅呈复，核议本省委任职公务员铨叙委托审查会经费预算案，似可照准，惟该会经费二十六年度概算未列，拟请由预备费项下开支，请鉴核施行案。

（决议）照办。

八、财政厅呈复，李海云同志公葬费国币一万元经遵令拨付，仍请将该款提会决议，准在二十五年度预备费项下开支，以完手续案。

（决议）照办。

九、主席提议，关于徐胐因不服蕉岭县政府限制新市场营业，及收用地段建筑南市场之处分，提起诉愿一案，经审核作成决定书，请公决案。

（决议）交史院长、许厅长审查。

十、财政厅提议，拟具广东省各县市会计主任暂行规则，是否可行，请公决案。

（决议）通过。

十一、胡委员函复，会同审查关于财厅所拟广东沙田登记规则一案审查结果，请提会公决案。

（决议）除第五十四条酌予修改外，余照审查意见修正通过。

广东省政府第八届委员会
第十五次会议议事录

七月二十日　星期二

出席者　许崇清　欧阳驹　徐景唐　胡继贤　陈耀祖　曾养甫
列席者　史延程
主　席　欧阳驹（代）
纪　录　（秘书）熊公福　杨子立
报告事项

一、建设厅呈，据德庆县呈报，照章遴定第四科长梁以毅，取具履历请核转委任等情，请察核办理。

二、建设厅呈，据工业管理处呈缴秘书张兹垳履历，请转荐加委等情，请察核办理。

三、广东省地政局呈，为第三批航测仪器入口税关金连同搬运汽车夫力等费，共计毫券二万五千零五十九元二毫，业经先行垫付，除函财政厅饬拨归垫，并函航测第三队查照外，请鉴核备案。

讨论事项

一、主席提议，据秘书处案呈，关于教育厅拟在二十五年度教育文化费，拨支省立体育专科各项设备工程费五千五百元一案，经将原件送财厅核对与定额尚无超越，似可准予照办等情，请公决案。

（决议）准予照办。

二、主席提议，据广州市政府转据自来水管理处呈，送新水厂收用民地计划书及图说，查核尚无不合，似可准予照办等情，请公决案。

（决议）准予照办。

三、主席提议，据广东省银行呈报，借款二十二万元与高要县新兴江下游东岸水利委员会，抄录合约请备案等情，请公决案。

（决议）准予备案。

四、教育厅、财政厅会呈，核议关于中国公学请拨给基金一案，似可由二十五年度省地方岁出概算预备费项下，捐助国币一万元，请提会决议施行案。

（决议）通过。

五、财政厅呈复，潘达微迁葬费省券二千元已送省党部查收，仍请将该款提会决议，准在二十五年度预备费项下开支，以完手续案。

（决议）通过。

六、财政厅呈，据南海县转据监所呈，请自二十六年七月一日起，每月增加经费八十二元一案，事关变更定案，可否照准，请察核指遵案。

（决议）在二十六年度预算未奉核定以前，仍应照二十五年度预算办理。

七、主席提议，关于李子经等与业主九如堂刘国藩因业佃纠纷，不服广东省财政厅二十五年十二月五日所定办法第二项之处分，提起诉愿一案，经审核作成决定书，请公决案。

（决议）交史院长、胡委员审查。

八、建设厅提议，拟修正广东省营工业管理处组织规程，连同修正规程，请公决案。

（决议）交胡委员、陈委员、欧阳委员审查。

广东省政府第八届委员会
第十六次会议议事录

七月二十三日　星期五

出席者　欧阳驹　许崇清　徐景唐　胡继贤　陈耀祖　曾养甫
列席者　史延程
主　席　欧阳驹（代）
纪　录　（秘书）熊公福　杨子立

报告事项

一、财政厅呈，遵令统筹二十六年度各县保安经费划一办法，连同提解二十六年度各县保安经费数目表，请察核指遵。

二、关于财政厅呈复，奉饬按月拨给广东省国货运动促进会经费国币四百元，惟此款尚未列入二十六年度预算，应在何项拨付及何月起支，请核指遵一案，现经本府核定，自本年七月份起在二十六年度预备费项下拨支。

三、财政厅呈缴核定各县市筵席捐拨回各县办法，及各县市筵席捐承商饷额期限，及缴存饷款数目表，请察核备案。

四、广州市政府呈报，关于华南银行与元旦公司等因租地欠租发生纠纷一案办理经过情形，请察核备案。

讨论事项

一、教育厅提议，拟就省立梅州农业职业学校地址，为添设省立梅州师范学校地址，并加委省立梅州农业学校现任校长黄遵庚，为省立梅州师范学校校长，附缴履历表，请公决案。

（决议）添设梅州师范学校通过，惟农业职业学校仍应继续开办。

二、建设厅呈，据广东省营工业管理处，呈报召开第一次处务会议议决各项情形，查核似尚可行，请察核备案。

（决议）除议案第二项俟统筹决定外，余照准备案。

三、建设厅呈，为硫酸苏打厂苏打部亟应开工制造，拟由本年七月起先照预算救济办法，暂准该厂提前开支二十六年度概算，请察核备案。

（决议）通过。

四、教育厅呈，为本厅第三科科长邓章兴因公积劳病故，身后萧条，除由其家属依法请恤外，兹拟在本厅经费项下给与治丧费国币五百元，请核指遵案。

（决议）特予照准。

五、主席提议，关于鹤山县土木建筑业公会主席夏杞因不服广东财政厅照课营业税，提起诉愿一案，经审核作成决定书，请公决案。

（决议）通过。

六、主席提议，关于周在谦等因不服开平县政府，对于波罗乡拨尝办学所为处分之一部分，提起诉愿一案，经审核作成决定书，请公决案。

（决议）通过。

七、主席提议，关于谭紫垣因积欠司祝捐，不服新会县政府指令分三份填缴之处分，提起诉愿一案，经审核作成决定书，请公决案。

（决议）交史院长、胡委员审查。

八、（略）

九、财政厅提议，拟办各县市会计主任登记及设班训练，以便委充各县市会计主任及会计员，请审核施行案。

（决议）通过。

广东省政府第八届委员会
第十七次会议议事录

七月二十七日　星期二

出席者　欧阳驹　许崇清　胡继贤　陈耀祖　曾养甫
主　席　欧阳驹（代）
纪　录　（秘书）熊公福　杨子立

报告事项

一、教育厅呈缴广东省立中等以上学校经费稽核委员会组织章程，请察核示遵。

二、广东省银行呈缴建筑韶州支行行址工程合约章程图则，请察核备案。

三、连平县呈报，向广东省银行押借现款三万六千元，收回筑路工金支票情形，抄同合约，请察核备案。

四、整理汕头市商库证委员会呈报组织成立情形及日期，请察核备案。

讨论事项

一、财政厅呈复，核议第三区行政专员拟将该署经费第二项办公费各目流用，既具正当理由，似可准予通融办理，请察核施行案。

（决议）通过。

二、财政厅呈，拟具改进临时地税设计委员会组织规程草案，请察核备案。

（决议）通过。

三、主席提议，据秘书处案呈，关于公路处组织规程及预算案，经由建厅分别修正送府，再由本处依照院令指示标准酌予修正，请提会决定后转呈行政院备案，并令建厅遵照等情，请公决案。

（决议）通过。

四、主席提议，关于李××等因与谢××等争博罗县属源头乡××禅院寺产拨充第五小学经费，不服教育厅平均分拨之决定，提起诉愿一案，经审核作成决定书，请公决案。

（决议）交史院长、胡委员、陈委员审查后再提。

五、主席提议，关于朱××等因与陈××等争承××山山坦，不服台山县处分提起诉愿一案，经审核作成决定书，请公决案。

（决议）交史院长、胡委员、陈委员审查后再提。

六、主席提议，秘书处案呈，据本处第四科签呈，本府不敷经费拟在已领之驻京办事处经费项下流用，又五月间招待司法院覃副院长等来粤费用，拟请在二十五年度预备费项下动支，转请核示等情，请公决案。

（决议）通过。

七、教育厅提议，省立金山中学校长谭维汉另有任用，遗缺请以陈钟毓接充；又省立庚戌中学校长魏贤祥拟饬另候任用，遗缺拟请以黄求实核任，检同履历，请公决案。

（决议）通过。

广东省政府第八届委员会
第十八次会议议事录

七月三十日　星期五

出席者　欧阳驹　许崇清　陈耀祖　胡继贤　徐景唐　曾养甫

主　席　欧阳驹（代）

纪　录　（秘书）熊公福　杨子立

报告事项

一、建设厅呈，据省营工业管理处呈，为营蔗场职员刘定海、黄季、蔡翼明三人，在河清地方调查蔗务被匪杀害，拟援例发给黄季恤金六百元，蔡翼明、刘定海各三百六十元，在该场预备费项下动支等情，查核尚无不合，似应准予备案，除指复外请察核备案。

二、广东省调节民食委员会呈报，严禁米谷出省办法已届期满，默察情形实有继续禁止必要，请察核将严禁谷米出省办法展续施行一案，本府经指复照准，并分别电令暨布告遵照。

三、广东全省保安处呈缴本处历月节余经费支出册据，请察核准予于历月结存节余经费项下核销。

四、第六区行政督察专员呈缴本署科长漆贤域、傅绥、陈载睿等任用审查表，及证件，请核办。

讨论事项

一、关于财政金融设计委员会组织大纲一案，提会请鉴核备案。

（决议）准予备案。

二、关于核议第二区行政督察专员，请将修筑第一移垦区水利费、修茸办事处费，饬库并在预备费项下拨支一案，拟请在二十六年度预备费项下准予追加，请核夺案。

（决议）交秘书处查案签复。

三、关于核议第九区行政督察专员呈，拟琼崖造林垦殖意见一案情形，请察核指遵案。

（决议）照核议意见通过。

四、主席提议，据广东省体育委员会广州水上体育会呈，拟举办第十次水上运动大会，请准照去年成案拨款一千元，藉充经费等情，请公决案。

（决议）查案照发。

五、主席提议，据琼东县呈报，天主教堂现购受属县酉坡山岭民地，有违条约，应否予以撤销，及应如何办理之处，请核示等情，请公决案。

（决议）依照土地法办理。

六、据博罗县呈，为本县城墙崩塌，亟须从速修复，所需工料费四百八十七元八毫，可否准在库款作正开销，请核等情，应否准予照办或应如何指拨修复之处，请核示遵案。

（决议）准予照办。

七、关于审查广东省地政局所缴该局调查组组织暂行规则、调查暂行规则、调查组办事细则、造册组组织暂行规则、造册暂行规则、造册组办事细则一案意见，请公决案。

（决议）照审查意见通过。

广东省政府第八届委员会
第十九次会议议事录

八月三日　星期二

出席者　吴铁城　曾养甫　许崇清　徐景唐　欧阳驹　陈耀祖
胡继贤

主　席　吴铁城

纪　录　（秘书）熊公福　杨子立

报告事项

一、民政厅呈，准军校特别班函，为组织师生互励会，请本厅负担该会开办费国币一百元，每月经常费国币五十元，经照拨付拟在本厅节余经费项下动支，请察核备案。

二、财政厅呈缴所属机关暂行会计制度甲乙两种，请察核备案。

三、财政厅呈报，定自本年八月一日起裁并改设各属沙田征收处，请察核备案。

四、第六区行政督察专员呈，据韩江水源林苗圃呈称，林场抚育费一百元无从挪拨，拟将前管理员薪俸结存项下五十六元七角，及其他结余项下移拨等情，似可照准，检同原送预算书，请鉴核示遵。

五、第八区行政督察专员呈，为本署视察孔昭度辞职，遗职拟请以合浦县建设局长张深调充，填具任用表并检同证件，请核转给委。

六、广东省地政局呈，为委任蓝之章等六人为南、番、顺、台、新、汕六县市地政处副处长，连同该员履历简表，请察核准予加委。

七、卸广东省公路处长呈报，二十六年七月份一日起至七日交卸前一日止，六天经费毫券三千六百一十五元四角八分，经在本处五、六月份经费节存项下拨支，不再向省库请领，请核备案令行财政厅知照。

八、广东省营工业监理委员会呈报，会同工业管理处暨纺织厂派员北上采购羊毛，所需旅费国币四百元，拟请准在本会二十六年度预算旅费项下实报实销，仍候示遵。

九、中国国民党广东省党部、广州特别市党部函，为成立广东民众御侮救亡大会，请补助国币五百元，此款现由本府先行垫付，拟令财厅在二十六年度预备费项下拨还归垫。

讨论事项

一、关于二十五年及二十六年一月，支过购置汽车费毫券三万一千九百七十元零八毫一案，准卸前秘书长岑学吕函，知系为不兼厅各委员办公之用，当时只由黄故主席批准手续，未臻完善，请补提会等由，查本案既系事实，拟请补行提议等情，请公决案。

（决议）通过。

二、拟具清理交代积案办法，请公决案。

（决议）通过。

三、关于编定广东省各县市地方会计暂行规程，请审核施行案。

（决议）交胡委员、陈委员审查。

四、关于广东高等法院函，据第四分院呈，拟修建后进房屋，所需工程费不敷三千八百余元，请由该分院历年滚存经费盈余项下开支等情，似可照准，除令切实核减照结存总数兴修外，请查核办理等由，请公决案。

（决议）通过。

五、据广州市政府转据工务局呈，请准自二十七年一月起延长征收宅地税附加费两年，应否准予延期续征，请核示等情，请公决案。

（决议）通过。

六、关于黄故主席子女教育费一次过发给二万元一案，拟请在二十五年度预备费项下动支，请公决案。

（决议）通过。

临时动议

徐厅长提议，拟将前奉核准之士敏土推销简章第三条，酌加修正以期适用，请公决案。

（决议）准照修正。

广东省政府第八届委员会
第二十次会议议事录

八月六日　星期五

出席者　　吴铁城　欧阳驹　许崇清　陈耀祖　胡继贤　徐景唐
　　　　　曾养甫
列席者　　史延程（病假）
主　席　　吴铁城
纪　录　　（秘书）熊公福　杨子立

报告事项

一、本府奉行政院令，关于调查统计事宜，应于省府秘书处内设置统计室，毋庸另行设局办理等因，遵于本年八月一日成立本府秘书处统计室，原日广东调查统计局于七月底裁撤归并办理，请察核。

二、内政部咨，奉行政院令，土地登记施行细则施行后，广东省政府二十四年九月间，呈准之修正广东各县市土地登记及征税条例施行细则，应即废止等因，〈请〉查照。

三、广州市政府呈缴内港建设借款合约，请察核备案。

讨论事项

一、财政厅呈，为本厅内部组织略有变更，经将办事细则从新改订，抄录细则，请鉴核备案。

（决议）照秘书处签拟意见修正通过。

二、财政厅呈复，核议省会警察局原拟修正取缔投保火险规则，大致尚无不合，惟细查所拟各条，间有意义不甚明了之处，拟酌予重加修正，请察核案。

（决议）交秘书处审查。

三、财政厅呈复，关于建厅筹设汕头等五测候所开办费二万五千元一案，似应仍饬行建厅转饬工业管理处，在应解库之营业溢利项下拨支抵解，毋庸再列本年度概算，请察核饬遵案。

（决议）交建设厅查案呈复核办。

四、财政厅呈复，遵令将留德技士黄维炎留学津贴国费〔币〕二千元拨付，并请将款提会决议，准在二十六年度预备费项下开支，以完手续案。

（决议）照准。

五、主席提议，据西南航空公司筹备委员会呈，为改善广河各线及开办粤桂滇线，请查照成案拨款等情，请公决案。

（决议）通过，由二十六年度预备费拨付，并咨交通部备案。

六、主席提议，据秘书处案呈，准财政厅函复，查明二十五年度教育文化费各校图书设备费，尚余存款七千五百六十三元，教厅提议在该款项下，拨支琼崖师范等图书费二千零六十三元，似可准照办理等情，请公决案。

（决议）通过。

七、主席提议，拟就广东卫生处暂行组织条例，及开办费经常费预算表，请公决案。

（决议）通过，并即先行筹备，及在现在非常时期负责办理战时卫生救护事宜。

八、财政厅呈复，关于高等法院拟增建汕头、茂名两新监建筑费国币九万元，既为改善狱政所必需，但二十六年度省地方预算尚未列入，究应在何项开支之处，请察核指遵案。

（决议）缓办。

九、胡委员、陈委员会复，审查财政厅核议编定广东各县市地方会计暂行规程一案，拟具意见，请公决案。

（决议）修正通过。

广东省政府第八届委员会
第二十一次会议议事录

八月十日　星期二

出席者　吴铁城　欧阳驹　胡继贤　陈耀祖　徐景唐　曾养甫
　　　　　许崇清
列席者　史延程　邹　洪
主　席　吴铁城
纪　录　（秘书）熊公福　杨子立

报告事项

一、第五区行政督察专员呈，为职署遵令依照甲等编制于七月一日实行改组，但各科长、视察等各员任职迄今半载，尚著劳绩，未便中途减薪，计共超额薪俸一百八十元，拟根据奉颁经费分等表说明，即在准备费项下支拨，请察核指遵。

二、广东省地政局呈报，遵照任免规定填具请免职人员名单、请任命人员名单，暨拟派荐委雇各员简历清单，请准备案分别派委。

三、广东省保安处呈报，奉准由财厅拨给本处车辆购置费，遵经择要购置，缴同单据并附属册，请核销拨还归垫。

讨论事项

一、教育厅呈复，核议本省军训会选派医药学生赴京集训，请求补助津贴每名国币五十元一案，尚属适当，请察核备案。

（决议）照准，在教育厅二十六年度预备费项下支给。

二、主席提议，准财政部咨，请从速拟具民国二十四年广东建设公债基金保管委员会组织规程，呈报行政院核定等由，现经由广州市立银行拟就，请公决案。

（决议）交胡委员、曾厅长、徐厅长审查，由胡委员召集。

三、主席提议，准革命纪【念】会函复，查明罗锌等各同志均早年致力革命，著有功勋，现在生活困难，所请给予养老金自属需要等由，应如何给予养老金，请公决案。

（决议）交秘书长审查。

四、主席提议，据省地政局呈复，审核云浮阳春两县互争陂面圩、双滘圩等处一案报告，请察核等情，请公决案。

（决议）交史院长、陈委员审查，由史院长召集。

五、主席提议，据秘书处案呈，关于第二区行政督察专员公署，请将修筑第一移垦区水利费、修葺办事处费、饬库并在预备费项下拨支一案，合将本府办理经过情形签请察核，拟将该款列入二十六年度预算等情，请公决案。

（决议）交建设厅与总部接洽，归并总部附近林场办理。

六、主席提议，据省地政局呈，为编印广东地政季刊，估计印刷费约年需国币二千元，请准在前五县测量队结余经费九千余元项下动支，按期实报实销等情，请公决案。

（决议）通过。

七、教育厅呈，准驻德大使馆函送本省留德学生陈伯齐呈，请延长公费期限两年，查核似应照准，至归国川资一节，似可照章办理，请察核指遵案。

（决议）照准。

广东省政府第八届委员会
第二十二次会议议事录

八月十三日　星期五

出席者　吴铁城　欧阳驹　徐景唐　陈耀祖　李煦寰　胡继贤
　　　　　　许崇清

列席者　史延程　桂竞秋（财厅）　邹　洪

主　席　吴铁城

纪　录　（秘书）熊公福　杨子立

报告事项

一、民政厅呈复，核议关于广州特别市党部，及广州特别市各区分部，请令省会警察局豁免警费一案，拟查明如租民房作办公用者，在未确定经费前准免，如系住眷附设者，拟准照使用水电办法减半征收，当否，请察夺施行。

二、财政厅呈报，定期由本年八月一日起开始办理各属沙田登记，请察核备案。

三、建设厅呈缴广东全省长途电话管理委员会防空演习设备费支付预算书，请察核存转。

四、第五区行政督察专员呈缴职署请加委及备案各员职别姓名履历简表，请察核准予分别加委并予备案。

五、广东省银行呈报，职行储、信两部筹备就绪，定期本年八月十日开幕，依照章程规定经营各种业务，请察核备案。

六、军事委员会灰、执二电，现值非常时期，各省市政府应节省其他经费，多拨款项为后方勤务建设经费，仰遵照。

七、军政部何部长真储电，现值军糈供应万急，禁米出省事仍请变通，准予验放。

讨论事项

一、胡委员函复，审查修正广东省政府财政厅沙田征收处组织章程、办事细则、征收沙田捐章程、征收护耕费章程四种，均属暂行性质，似可暂准备案，请提会公决案。

（决议）照审查意见通过。

二、胡委员函复，审查广东财政厅沙田整理处各属沙田整理分处沙田复丈规则草案，暨附书表收据六种，均属妥善可行，拟请准予备案，请提会公决案。

（决议）照审查意见通过。

三、财政厅呈复，核议广东省救护委员会请发开办费国币一千元，实报实销，尚属可行，拟准先借支，并在二十六年度预备费项下拨付案。

（决议）照准。

四、主席提议，据汕头市政府呈复，关于处罚汕头市南兴客栈司理吴柏生罚金一案，应否仍照原议酌罚五万元，抑须照章执行等情，请公决案。

（决议）仍应遵照本府第十一次决议案办理，准共科罚金一千元。

五、主席提议，据黄专员强等鱼电，请先饬海口分行将前存琼崖赈款大洋八万一千七百余元，暂挪为储粮之用，将来所得粮价仍照粮拨还整路之需等情，请公决案。

（决议）饬令拟具购储粮食办法呈核再议。

六、建设厅呈，据农林局，拟具广东非常时期促进粮食生产委员会各种章程细则，查核大致尚无不合，惟各章程内"建设厅"及"总会"等字样，均拟改为"广东省政府"字样，连同原缴章则，请察核指遵案。

（决议）非常时期促进粮食生产原则通过，办法由府令建设厅，责成农林局督促各县建设科负责进行，无庸组会，并由府通令各县遵照。

七、财政厅呈复，核议省地政局拟修正宅地测量队组织暂行规则，暨编制及概算表说明书一案，查修正经费概算表比较原额尚无出入，似可准予照办，请察夺施行案。

（决议）通过。

八、财政厅呈复，核议省地政局呈报，先行成立佛山、江村等六个区登记处，拟具经临概算预算书表一案，查与该局所列二十六年度概算原案尚属符合，似可准予照办，请察夺施行案。

（决议）通过，但在非常时期暂缓成立。

九、财政厅呈复，核议民政厅增设委任视察员追加预算一案，似可照办，拟暂在二十六年度预备费项下支拨，请鉴核施行案。

（决议）照准。

十、胡委员、史院长会复，审查李子经与九如堂刘国藩业佃租项争执诉愿案意见书，请提会公决案。

（决议）照审查意见通过。

十一、主席提议，现在非常时期，应将办公时间延长以赴事机，拟自八月十五日起，定上午八时至十二时，下午二时至六时为办公时间案。

（决议）通过。

广东省政府第八届委员会
第二十三次会议议事录

八月十七日　星期二

出席者　　吴铁城　曾养甫　许崇清　徐景唐　欧阳驹　胡继贤
　　　　　李煦寰　陈耀祖
列席者　　史延程　邹　洪
主　席　　吴铁城
纪　录　　（秘书）熊公福　杨子立

报告事项

一、行政院令，关于抚恤广东省政府故主席黄慕松一案，议恤部分已奉指令照准，至拟由省库拨给子女教养费二万元，自无不可，所请由中央特赐四万元一节，既经考试院铨叙部核议，法无规定，又无先例，未便准行，仰知照。

二、民政厅呈缴修正广东省编办保甲章程草案及其施行办法，请鉴核指遵。

三、财政厅呈缴广东省财政厅清理沙田登记旧案办法，请核准备案。

四、财政厅呈，奉财政部指令，修改整理各县地方财政办法大纲情形，请察核备案。

五、教育厅呈，据省立民众教育馆呈，拟将本馆结存款项购置电化教育仪器等情，查核尚无不合，请察核备案转行审计处查照。

六、广东省防空协会呈，据广州市防护团请将办公费准予流用等情，请核准备案。

七、第三区行政督察专员呈，请自本年七月份起，本署第一科长李仲谋，第二科长邓公烈，仍旧各照支薪毫券二百四十元，不足之数在职署特别费项下开支，请核准照办。

八、广东省营工业监理委员会，呈报本会改善办法关于组织及人事两项，请察核备案。

讨论事项

一、关于审查蕉岭县民徐胐不服蕉岭县政府限制新市场营业，及收用地段建筑南市场之处分提起诉愿一案意见书，请提会公决案。

（决议）照审查意见修正通过。

二、关于各区行政督察专员请照新编制预算发给一案，查新预算比上年度数目有增，似以暂照上年度预算开支较为妥合，请核示遵案。又各区行政专员佳电，联请饬厅自七月份起照新颁预算核发经费案。（并案讨论）

（决议）预算照新编制开列，但在二十六年度概算未核定公布以前，仍应照二十五年度预算开支。

三、关于教育厅黄卸厅长麟书任内，垫支省立中山中学经费三万元一案情形，究应如何拨还归垫，请核明指复荐行办理案。

（决议）交财政厅在二十六年度预备费项下拨还。

四、为赶速完成各属沙田清丈业务，拟将原日各测丈队重行改组，关于经费，原日年支经临费国币一十二万五千一百四十五元，改组后年支一十二万四千八百一十四元，比较有减无增，此项经费拟由各队改组成立日起实行，请察核备案。

（决议）准予备案。

五、据粤籍陆大学员曾则生等七人蒸电，请援例发给川资等情，请公决案。

（决议）准在二十六年度预备费项下支给。

六、据广东省卫生处筹备主任呈报，于八月十四日成立，设处办公，并请委任各职员等情，查该处经费每月共支一千二百六十元，拟在二十六年度预备费项下支付，请公决案。

（决议）通过。

七、民政厅提议，拟请分别任免琼东、佛冈、乐昌三县县长及安化局长，检同各员履历，提请公决案。

（决议）通过。

八、据广东民众御侮救亡会拟订募集救国捐实施办法前来，经由欧阳委员召集有关人员将该办法商定分别办理，是否可行，请公决案。

（决议）通过。

广东省政府第八届委员会
第二十四次会议议事录

八月二十日　星期五

出席者　吴铁城　欧阳驹　陈耀祖　徐景唐　李煦寰　曾养甫
　　　　许崇清　胡继贤
列席者　史延程　邹　洪
主　席　吴铁城
纪　录　（秘书）熊公福　杨子立

报告事项

一、建设厅呈报再投从新翁电话材料及与波弥文洋行订立合约各情形，附呈合约副本，请察核备案。

二、第七区行政督察专员呈，请加委梁大年等，填具请任命人员名单，请察核备案加给委任。

三、广东省民食调节委员会呈，为与米粮借款银团所订合约业已到期，经会议议决修正合约性质，商请展期，连同合约草案请察核指遵，以凭商请银团签订。

四、民政厅教育厅会呈，拟就公葬李是男同志办法及公葬费用预算书，请察核办理。

五、财政厅呈报，修正取缔沙夫章程暨规定沙夫抽收工食，请察核备案。

讨论事项

一、民政厅呈，为接管前任移交各项专款内，有停兑各券及废双毫废毫券等项，兹拟委托广东省银行代为变卖，造具清册，请察核示遵案。

（决议）准予照办。

二、教育厅呈，据汕头市政府呈，为市立各小学校拟收用民地建筑校舍，并缴面积图请核转等情，查各校多系租用民房，现拟征收民地建筑校舍，似可准予照办，请察核示遵案。

（决议）准予依法收用。

三、财政厅、民政厅会呈，拟将昌江、感恩两县合并，节余经费指拨为新设白沙等三县增加经费之用，请察核办理案。

（决议）保留，俟非常时期度过再议。

四、主席提议，据陆军大学校第十三期毕业粤籍学员唐云山等七人，请各发给旅费二百元等情，请公决案。

（决议）查案发给，在二十六年度预备费项下支给。

五、陈委员、史院长会复，审【查】×××号不服广州市营业税局所为将铺屋产价并入原报资额课税之处分，提起诉愿一案意见书，请公决案。

（决议）通过。

六、主席提议，准广东绥靖主任公署函送广东省防空教练所计划草案，请从速拨款开办等由，请公决案。

（决议）交曾厅长、徐厅长、欧阳秘书长并案审查。

七、财政厅提议，拟具非常时期节减经费，俾得多集款项为后方勤务建设办法四项，请公决案。

（决议）原则通过，详细办法交许厅长、徐厅长、欧阳秘书长会同财厅拟订呈核。

八、主席提议，拟拨给中央通讯社广东分社非常时期设备费国币一万元，每月补助经常费四千元，以六个月为期，请公决案。

（决议）通过，在二十六年度预备费项下支给。

九、民政厅提议，翁源县长张××办理烟赌案件违法失职被控，饬查属实，应予撤职查办，遗缺拟以曾国光代理，敬候公决。

（决议）通过。

广东省政府第八届委员会
第二十五次会议议事录

八月二十四日　星期二

出席者　吴铁城　欧阳驹　陈耀祖　许崇清　曾养甫　李煦寰
　　　　　徐景唐　胡继贤
列席者　史延程　邹　洪
主　席　吴铁城
纪　录　（秘书）杨子立　　（科长）黄　华

报告事项

一、建设厅呈缴广东省营工业管理处营蔗场蕃殖股临时测量队预算书，请察核存转。

二、建设厅呈，据广东省营工业管理处呈缴该处购料组组长伍琚华履历，转请察核加委。

讨论事项

一、胡委员函复，审查财政厅呈缴修正沙田登记规则一案，似可照拟修正，请公决案。

（决议）照修正通过。

二、胡委员函复，审查财政厅呈缴广东省各属沙田整理分处土地估价委员会暂行规则一案，拟具意见，请公决案。

（决议）照修正通过。

三、主席提议，据秘书处签复，审查省会警察局所拟修正取缔投保火险规则一案，关于商民购买保险后放火图利一事，可归警察局侦查，其余似均应归财政厅主管等情，请公决案。

（决议）通过，照准征收，应由该局将所收登记费按月造册报核。

四、建设厅呈，据公路处呈报二十六年度应筑各公路预算表，及奉令增筑各路概算表，请转呈将增筑各路不敷之款另案发给等情，请令财厅将该费大洋一百九十万余元拨付转给案。

（决议）交欧阳秘书长、徐厅长、曾厅长会商具复再行提会。

五、主席提议，据省会警察局呈，为现值非常时期，本市消防用具亟应补充，经权向各洋行定购，计需国币五万九千六百八十三元一角九分，连同预算表数量表，请如数给领等情，请公决案。

（决议）通过，所需价款由财政厅先行垫付，将来由省会警察局及防空协会所呈准会办之街坊消防捐款，拨还三分之二，其三分之一由政府补助。

六、主席提议，准邵部长力子梗电，现值非常时期，纸张来源减少，请严令各报社缩少篇幅，以示同赴国难一案，提请公决案。

（决议）函省市党部查照办理，并令民政厅广州市政府通令遵照，同时由市府通知香港各报照办。

广东省政府第八届委员会
第二十六次会议议事录

八月二十七日　星期五

出席者　吴铁城　欧阳驹　曾养甫　许崇清　徐景唐　李煦寰
　　　　　　胡继贤　陈耀祖
列席者　史延程　邹　洪
主　席　吴铁城
纪　录　（秘书）杨子立　（科长）黄　华

报告事项

一、广东省银行呈缴翁源银库图则章程合约，请察核备案。

讨论事项

一、胡委员函复，关于汕头市府拟取缔高台星槟轮船新客票价办法一案，兹拟具办法四项，请提会公决案。

（决议）依修正通过，并由本府函中央侨务委员会请令汕头侨务局办理。

二、胡委员函复，审查汕头沿岸坦地业权登记暂行简章，暨汕头沿岸坦地业权清理委员会审查契照施行细则一案，拟具意见书，请公决案。

（决议）照审查意见通过缓办。

三、教育厅呈复，关于本省军训会选派医药学生赴京集训旅费，奉饬在职厅二十六年度预备费项下支给一案，查职厅并无预备费一项，拟请仍由国民军事训练委员会设法拨给案。

（决议）由国民军事训练委员会拨给。

四、主席提议，据建设厅卸前厅长刘维炽呈缴前出巡东区公路旅费单据，该款拟援案在何前任移交公路余款项下开支等情，请公决案。

（决议）照准。

五、主席提议，据秘书处签呈，本府办公厅修缮等费共二万三千七百七十八元七毫五仙，拟由本省二十六年度地方预备费项下动支等情，请公决案。

（决议）通过（二十五年度改二十六年度）。

六、主席提议，据广州市长呈，拟定广州市市营营业机关员工恤养章程，请察核备案等情，请公决案。

（决议）交胡委员、陈委员审查。

七、主席提议，关于编列二十六年度预算案拟办如下，提请公决案。

（决议）（一）二十六年度普通预算，依照第二十三次省务会议修正原则通过，呈报行政院。1. 公路经费三百万元移入建设专款。2. 国防经费三百万元列入普通预算。3. 建设厅工业盈利四百余万元列入二十六年度收入项下。（二）二十六年度建设专款预算（农村建设及公路建设专款）亦同时造报行政院。

八、主席提议，拟将此次各县水灾分别灾情轻重，列为三等给予赈款，并编列简表提请公决案。

（决议）通过，共需赈款毫券一万四千元，在二十六年度赈款项下拨付。

广东省政府第八届委员会
第二十八次会议议事录①

九月三日　星期五

出席者　吴铁城　欧阳驹　许崇清　李煦寰　曾养甫　徐景唐
　　　　　陈耀祖　胡继贤
列席者　史延程　邹　洪
主　席　吴铁城
纪　录　（秘书）杨子立　（科长）黄　华

报告事项

一、财政、建设、教育三厅会呈，核议第五区行政督察专员呈缴戏厘捐分配数目表，列各项似可准予照办，请察夺。

二、教育厅呈，为本厅原有汽车不敷应用，拟添置半新汽车一辆，计需国币一千八百零二元，拟在本厅经费节存项下动支，请察核备案。

三、建设厅呈复，关于广东省国货运动促进会筹开国货展览会一案，值兹非常时期，此事可否暂从缓议，请核准转饬广州市政府知照。

四、秘书处签呈，按照中央法规暨参酌本省需要，拟定广东省编组义勇壮丁队实施办法，暨编组义勇壮丁任务联队筹拨经费办法，请察核。

五、广东省党政军联席会议欧阳秘书长驹函，本会议常务委员会第七次会议，关于本市各报馆迄未遵照中央每日出纸一张半之规定，决议

---

① 馆藏缺第二十七次会议议事录。

经省政府令广州市政府强制执行，如有违背即将报馆封闭，函请察照办理。

讨论事项

一、财政厅呈复，核议惠福公司李鸿安状请将投承产价发还一案，拟议意见，请察核指遵案。

（决议）交史院长、陈委员审查。

二、教育厅呈，据省立老隆师范学校呈，为本年度增加两班，校舍不敷，拟建搭葵棚课室宿舍等情，查核尚属需要，但估价过高，经本厅核减为国币一千一百元，此款拟准在各机关学校临时费项下拨给，请察核指遵案。

（决议）通过。

三、胡委员、陈委员、史院长会复，审查关于陈次准等与何寿存等因埠权之争，提起再诉愿一案，高等法院代拟决定书，所拟原诉愿决定及原处分均予撤销，理由正当，本案再诉愿似可照拟办理，请公决案。

（决议）照审查意见通过。

四、胡委员、陈委员、史院长会复，审查关于博罗县民冯富江等，因与竹园乡争仙山陂或名先生陂水利，不服博罗县处分提起诉愿一案，查所拟决定书尚无不合，本案诉愿拟照拟驳回，请公决案。

（决议）照审查意见通过。

五、胡委员、陈委员、史院长会复，审查关于谭紫垣因积欠司祝捐，不服新会县政府指令分三份填缴之处分，提起诉愿一案，本案诉愿拟照拟驳回，请公决案。

（决议）照审查意见通过。

六、胡委员函复，审查财政厅呈缴广东省各县公务人员协助整理沙田规则草案，大致妥善，似可照准，请提会公决案。

（决议）照审查意见通过。

七、主席提议，据广东省银行呈复，中航机浙江号沉没，国币十五万元并无号码可查情形，请鉴核指遵案。

（决议）列作省银行损失准备案。

八、主席提议，准上海市俞市长艳电，此次暴日侵沪，抗战半月，被灾难民十余万人，多属江苏、广东、浙江等省籍，资遣收容，俱仰厚助，用谨遥呼将伯祈惠予捐助等由，请公决案。

（决议）由本府拨助毫券二万元，由二十六年度救济费项下支付。

九、主席提议，查新任第九区行政督察专员张达，拟毋庸兼任琼山县县长，遗缺并拟请派陈炜章代理，请公决案。

（决议）通过。

十、主席提议，据卫生处筹备处案呈，核议关于非常时期取缔本市医生一案，拟具办法四项，请察核等情，提请公决案。

（决议）交广州市政府拟具办法呈候核定。

十一、主席提议，准广东省党政军联席会议欧阳秘书长驹函，本会常务委员会议第七次决议，增强本省防空监视哨，一次过给付省券五十万元，为购置器材及设备费用，另每月发给经常费二万元，暂由省政府筹拨一案，函请查照等由，提会公决案。

（决议）通过，并呈请中央准在救国公债内拨付。

十二、主席提议，现奉中央颁行救国公债，为划一起见，所有本省前次决议募集之救国捐应予废止，改为推销公债，其已募之款由银行换领救国公债案。

（决议）通过。

广东省政府第八届委员会
第二十九次会议议事录①

出席者 吴铁城　欧阳驹　曾养甫　许崇清　徐景唐　李煦寰
　　　　　胡继贤　陈耀祖
列席者 史延程　邹　洪
主　席 吴铁城
纪　录 （秘书）杨子立　（科长）黄　华

---

① 原文无刊时间，估计在九月七日召开。

报告事项

一、行政院宥八电，敬日院会议决，更换广东省第四、六、九各区行政督察专员，仰知照。

二、建设厅呈，据工业管理处呈报，西村士敏土厂需用电力起重机一副，已与谦信洋行立约订购，缴同合约请备案等情，转请察核备案。

三、教育厅呈报，现以时局关系，本省广州、汕头两处各级学校，一律展期至九月二十日开课，并在开课前完成避难设备，请察核备案。

四、民政厅呈，请派委丘誉兼代惠阳县县长，李郁焜兼代兴宁县县长，经由本府先行令委请察核。

讨论事项

一、财政厅呈，关于化县奉饬办理公祭公宴历次阵亡残废受伤革命军人，费用省券二百六十三元零六仙一案，查历次阵亡残废受伤革命军人特别优恤办法，本有明文规定此费应在各县市地方款项作正开销，抑准拨用省款，请察核指遵案。

（决议）准予作正开销。

二、教育厅呈，拟具广东省各县市教育科长及督学资格，请核示遵案。

（决议）交胡委员、陈委员、史院长审查。

三、胡委员函复，会同审查省会警察局征收广州市龙津路，及龙津六巷民业价格及搬迁费一案结果，请提会公决案。

（决议）照审查意见通过。

四、胡委员、陈委员、史院长会复，审查关于陈星如等与陈君德等争拨塘租办学，不服兴宁县所为处分提起诉愿一案，查陈星如等诉愿逾越法定期间，依法应予驳回，当否仍候公决案。

（决议）照审查意见通过。

五、胡委员、陈委员、史院长会复，审查关于黄树操等与周梓村等，争拨圩头崩川口横水渡租，不服教育厅所为决定，提起再诉愿一案，本案再诉愿拟照拟驳回，请公决案。

（决议）照审查意见通过。

六、主席提议，准第四路军总司令部函复，陆大参谋班第二期学员曾匪石等七员回粤川资，各给国币七十元，业由敝部汇发，至单列薛仲

168

述一员，非由敝部选送，请查照办理案。

（决议）曾匪石等八员均准照给旅费各二百元，在二十六年度预备费项下拨付。

广东省政府第八届委员会
第三十次会议议事录

九月十日　星期五

出席者　吴铁城　欧阳驹　曾养甫　许崇清　徐景唐　李煦寰
　　　　　胡继贤　陈耀祖
列席者　史延程　邹　洪
主　席　吴铁城
纪　录　（秘书）杨子立　（科长）黄　华

报告事项

一、军事委员会委员长广州行营粤政二江电，据本会别动队长电称，在渝市发现中央等行伪钞票，特电注意并转饬所属一体注意。

二、建设厅呈，据封川、万宁县长呈缴第四科长任用审查表，请转呈委任，至证件已缴民政厅审查等情，请察核办理。

三、建设厅呈，据仁化县呈缴第四科长任用审查表，请转呈委任，至证件已缴民政厅审查等情，请察核办理。

四、教育厅呈，为参照教育部迭次电令，拟订广东各级学校处理校务临时办法，请察核备案。

讨论事项

一、财政厅呈复，核议教育厅整理历任积存各项公款办法三项，除第二项拟请饬令悉数解回本厅分别存毁外，其余大致妥协，似均可照办，请察转饬遵照案。

（决议）通过照办。

二、财政厅呈送各区税务局组织章程，及各区局处组所卡经费表，请察核备案。

169

（决议）交胡委员、陈委员审查。

三、建设厅呈，据省营工业管理处呈，为制纸厂定期九月一日成立，经权委原任该厂筹备处主任刘宝琛为该厂厂长，连同该员履历请转荐加委等情，请察核办理案。

（决议）通过。

四、主席提议，据广东各界招待旅沪同乡回粤委员会呈，请拨支该会经费一千元等情，请公决案。

（决议）通过，由二十六年度预算抚恤费项下拨付。

五、主席提议，据广东省保安处呈，拟就广东全省保安人员抚恤规程及附属各项书表，请核示等情，请公决案。

（决议）照秘书处审查意见通过。

六、主席提议，准程参谋部长潜江测电，转据粤测量局呈，以本年七、八两月份基本及航测经费尚未发给，拟请饬照发。又该项经费如能按照委座批准原案编列预算，尤为盼祷等由，请公决案。

（决议）七、八两月份经费令财政厅核发，以后经费归并战时预算案内一并讨论。

七、主席提议，据广东省地政局呈，拟于局内筑一地下室，所需经费约计国币二千元，拟在本局二十五年度经常费节余项下动支等情，请公决案。

（决议）通过照准。

八、主席提议，准救国公债劝募委员会广东分会函送会议录、推销救国公债办法，及各县市镇商会摊销公债表，请饬省会警察局、各县市政府、各商会遵照办理等由，请公决案。

（决议）通过，由省政府通令遵办。

九、主席提议，据代理广东省政府会计长杜之英呈，请准予一次过发给筹备费若干元，或借支开办费若干元，俾应支需等情，请公决案。

（决议）每月发给经常费千元。

十、主席提议，据军训会呈，请准予一次过拨给各学员赴县办理壮丁训练旅费八千元，暨自九月起，按月发给旅费四千元等情，请公决案。

（决议）交保安处审查。

广东省政府第八届委员会
第三十一次会议议事录

九月十四日　星期二

出席者　吴铁城　欧阳驹　曾养甫　许崇清　徐景唐　李煦寰
　　　　　胡继贤　陈耀祖
列席者　史延程　邹　洪
主　席　吴铁城
纪　录　（秘书）杨子立　（科长）黄　华

报告事项

一、全国经济委员会秘书处元代电，查广东省水利局经办水利工程，在在须由本会统筹规划指导进行，该局经费系由中央国库支出，该局应直隶本会，仍随时受粤省府指挥，请查照办理。

二、民政厅呈，拟订广东省各县乡镇自治改进办法草案，请察核备案。

三、财政厅呈，为关于潮州钦廉及宝安各属沙田，在未设整理分处以前，暂行援照本厅清理沙田旧案办法办理升科登记事宜，请察核备案。

四、建设厅呈，据郁南、封川县呈缴第四科长任用审查表证件，请转呈委任等情，请察核办理。

五、救国公债劝募委员会广东分会函，请将各市县镇应销救国公债数额从新修正，比之原定派额略有增加，抄送修正摊销数目表，请察照转饬各县市政府遵办。

讨论事项

一、财政厅呈复，核议南山管理局呈缴二十六年八月份临时修缮费支付预算书，所估价款五百八十四元六毫亦尚核实，似可准在二十六年度省地方普通预算预备费项下开支，请察核施行案。

（决议）通过。

二、民政厅呈，据德庆县代电续报该县水灾情形，请拨款施赈等情，可否准予统筹列入三等灾并予拨赈之处，请核指遵案。

（决议）通过，应发赈款一千元，在二十六年度赈款项下拨付。

三、主席提议，准第四路军总部函复，已无林场设在第二行政督察区，无从归并办理等由，请公决案。

（决议）该移垦区交英德县政府办理。

四、主席提议，据秘书处案呈，本府最近因公购置机器脚踏车二辆，连关税运费共计需国币四千二百九十四元九毫五仙，拟在二十六年度本省地方预备费项下动支，请提会表决后令行财厅拨还归垫等情，请公决案。

（决议）通过。

五、陈委员、胡委员会复，审查关于麦×等因与××堂争承屋业事件，不服财政厅所为诉愿之决定，提起再诉愿一案，本案再诉愿可照拟驳回，请公决案。

（决议）照审查意见通过。

六、胡委员、陈委员、史院长会复，审查关于李有成对于前办广东全省丝类特税奉裁，请照收数作税，不服财政厅处分提起诉愿一案，查本案诉愿既乏理由，亦不合法，拟请照拟驳回，请公决案。

（决议）照审查意见通过。

七、胡委员、陈委员、史院长会复，审查关于新会县民吕××等因宅地税事件，不服新会县政府所为征收之处分，提起诉愿一案，查本案诉愿似应照拟驳回，请公决案。

（决议）照审查意见通过。

八、胡委员、陈委员、史院长会复，审查关于朱锦锡等因与陈蕃光等争承土狗山山坦一案，不服台山县政府处分提起诉愿一案，似可照拟将民国二十六年第一一三号原处分撤销之，维持二十一年实字第一一九七号原处分，其补行勘划坦界部分，应根据实字第一一九七号处分执行，请公决案。

（决议）照审查意见通过。

九、主席提议，准第四路军政训处函，奉幄公交办沪广东同乡会来电，请拨款救济同乡，兹查本省日前筹赈川黔各省旱灾会尚存有一万四千元，似可移用，如荷赞同，即由省府主办会同绥署饬会讨论进行等由，请公决案。

（决议）通过。

十、徐厅长、欧阳秘书长、陈委员会复，审查西南航空公司筹备委员会招股章程一案，拟具意见请公决案。

（决议）照修正通过。

十一、主席提议，据民政厅呈，南雄县县长杨德隆拟与代理始兴县县长谭适互相对调，请公决案。

（决议）通过。

十二、主席提议，据民政厅呈，宝安县县长阎楷模调省另候任用，遗缺拟以黄仲榆代理，请公决案。

（决议）通过。

广东省政府第八届委员会
第三十二次会议议事录

九月十七日　星期五

出席者　吴铁城　欧阳驹　曾养甫　许崇清　徐景唐　李煦寰
　　　　胡继贤　陈耀祖
列席者　史延程　邹　洪
主　席　吴铁城
纪　录　（秘书）杨子立　（科长）黄　华

报告事项

一、财政厅呈报组织成立救国公债劝募委员会广州分会日期，请察核。

二、建设厅呈缴广东全省长途电话管理委员会防空工程队编制，暨增添各所查线工人二〔工〕资、预备机所租项预算表，请察核备案。

三、建设厅呈，据增城县呈缴第四科长任用审查表，至证件已缴民政厅，请察核办理。

四、广东省地政局呈缴请任免人员名单，暨拟派荐委各员简历清单，【请】核准备案分别派委任用。

讨论事项

一、财政厅呈复，核议高等法院请增加各县监狱医药等费，年共九千八百二十八元一案，似属可行，前项医药费似应照额在司法囚粮盈余项下拨支，不必增列预算，亦毋庸由总预备费项下增拨，请鉴核施行案。

（决议）暂时由囚粮盈余项下设法弥补。

二、建设厅呈，据水利局呈，拟在前治河会移交节存经费，拨支前治河会停购金东金西围闸门材料补偿费，英金一百一十五镑，查属可行，除指复照准外，请察核备案。

（决议）通过。

三、建设厅呈复，奉令采办之木杆大小共二千三百九十八根，预算杆价及搬运等费约需国币一万三千八百九十元，经由厅转行垫支，请令行财厅拨付归垫，至此费由何款项下开支报销，应否另编预算呈核，请一并指示以便遵办案。

（决议）通过，准在二十六年度预备费项下垫支，将来在本府应交电报费项下扣回。

四、建设厅呈，据工业管理处呈，请将硫酸苏打厂"主任"名称改为"厂长"，以符编制等情，查该主任原派黄炳芳代理，现呈所称尚属实情，拟予照准，请赐核委案。

（决议）照准。

五、陈委员、史院长会复，审查云浮、阳春两县争界案意见书，请公决案。

（决议）照审查意见通过。

六、主席提议，据省地政局呈报，非常时期拟办不急之测量业务暂时停止，紧缩开支，共计每月节省十二万一千六百五十六元，请鉴核示遵等情，请公决案。

（决议）照准。

七、陈委员、胡委员会复，审查瑶天酒家陈珣等因被罚瞒报筵席捐事件，不服财政厅决定提起诉愿一案，经广东高等法院代拟决定，审查其内容，理由极其充分，本案诉愿似可照拟驳回，请公决案。

（决议）照审查意见通过。

八、胡委员、陈委员、史院长会复，审查关于陈××等对于财政厅将其河南赤沙岗等处管业地开投，不服处分提起诉愿一案，经饬拟具决定书，将原处分撤销，理由正当，似可照办，请公决案。

（决议）照审查意见通过。

九、陈委员、胡委员、史院长会复，审查关于梁××等因筑坝事件，不服县府拆毁之处分提起诉愿一案，经饬审查完竣作成决定书，拟将诉愿驳回，理由当属公允，似可照拟核定，请公决案。

（决议）照审查意见通过。

十、陈委员、胡委员会复，审查广州市政府呈送广州市市营营业机关员工恤养章程一案，似可准予备案，请公决案。

（决议）通过，准予备案。

广东省政府第八届委员会
第三十三次会议议事录

九月二十四日　星期五

出席者　吴铁城　欧阳驹　曾养甫　许崇清　徐景唐　李煦寰
　　　　　　胡继贤　陈耀祖

列席者　邹　洪

主　席　吴铁城

纪　录　（秘书）杨子立　（科长）黄　华

报告事项

一、财政厅、建设厅会呈，核议儋县准备电信材料及架设电话，需费国币三千三百余元，似可准在二十五年度地方款盈余项下拨支，请察核指遵。

二、财政厅呈，据省金库呈缴清理各种券票雇用散工临时费预算书，垦准支领等情，查核散总数目尚符，转请察核备案。

三、财政厅呈，据高要县电报风水为灾，由县库提拨一千元散赈等情，拟准在二十六年度救灾准备金项下开支，请察核备案。

四、财政厅呈，据沙田整理处呈，拟在各分处经费节存项下酌增各分处开办费一百五十元，似可准予照办，请察核备案。

五、建设厅呈，据工业管理处转据西村土厂呈，拟将供给省营各工厂电费定期改收，每千瓦特国币二分三厘一节，经核大致尚属可行等情，请察核备案。

六、建设厅呈，准广东省交通统制委员会函送拟办无线电收音机登记提案规则等，请察核转饬办理。

讨论事项

一、财政厅、民政厅会呈，据增城县呈，以前任移交仓捐存款内，有历任流存停兑中纸五千七百五十四元二毫零二文，现拟将此项中纸变价购谷存仓等情，应否照准，请察夺指遵案。

（决议）通过。

二、建设厅呈，据省营工业管理处呈，拟添购汽车一辆，计需国币一千七百二十六元四角，在该处二十五年度经常费节余项下开支，不另追加预算等情，经准照办，连同价单，请察核备案。

（决议）通过。

三、主席提议，据第九区行政督察专员呈报，饬据各界维持粮食委员会拟据购储粮食办法五项，查属可行，转呈核议饬遵等情，请公决案。

（决议）准予借用，将来应负责筹还。

四、主席提议，奉行政院电，决议免广东省第四、六、九各区行政督察专员等职，派丘誉为第四区，李郁焜为第六区，张达为第九区行政督察专员兼区保安司令等因，查现值非常时期，经着各该专员兼司令先行赴任接印视事，请提会追认案。

（决议）通过。

五、民政厅呈复，遵令重拟建仓积谷各方案缘由，连同各县市分期建仓积谷计划，及各级谷仓保管委员会组织规程各草案，缴请察夺施行案。

（决议）交胡委员、陈委员审查。

六、陈委员、胡委员、史院长会复，审查关于马俊因不服连县县政府撤销其承办第一、四区屠牛捐原案之处分，提起诉愿一案，经本府秘书处审查完毕作成决定书，所持理由尚属充分，似可照拟核定，请公决案。

（决议）照审查意见通过。

七、陈委员、胡委员、史院长会复，审查谭××等因南坑村邝××等领荒案内，对于×山又名×山一部分发生争执，不服台山县政府处分提起诉愿一案，经饬拟就决定书，将诉愿驳回，查所持理由尚属平允，本案诉愿似可照拟驳回，请公决案。

（决议）照审查意见通过。

八、胡委员、陈委员、史院长会复，审查关于朱少初，因不服广州市区营业税局新加资额及处以逾期申报罚款之处分，提起诉愿一案，似可照拟驳回，请公决案。

（决议）照审查意见通过。

九、陈委员、胡委员、史院长会复，审查关于汕头出口纸锱捐泰利公司因币制饷额等问题，不服财政厅处分提起诉愿一案，经饬拟就决定书奉交复审，兹查本案诉愿似可照拟驳回，请公决案。

（决议）照审查意见通过。

十、胡委员、陈委员、史院长会复，审查关于廉江县民吴国均等因圩租事件，不服民国二十五年十一月二十一日县府所为征收圩亭租金之处分，提起诉愿一案，经饬拟就决定书，其理由颇为公允，似可照拟办理，请公决案。

（决议）照审查意见通过。

十一、陈委员、胡委员、史院长会复，审查关于陈维汉因瞒捐事件，不服省会警察局罚金及补捐处分提起诉愿一案，经饬作成决定书拟将诉愿驳回，查所持理由尚属充分，似可照拟办理，请公决案。

（决议）照审查意见通过。

十二、建设厅呈，拟在本厅东南隅建筑地下室一座，计需费省券一万六千零二十四元五毫，请核准照办令饬财厅如数拨付案。

（决议）照准。

十三、教育厅提议，将二十六年度补助各县市义务教育经费，照大洋三十五万元十足支付，请公决案。

（决议）候省库充裕时再行支付。

广东省政府第八届委员会
第三十四次会议议事录

九月二十四日^①　星期五

出席者　吴铁城　欧阳驹　曾养甫　许崇清　徐景唐　李煦寰
　　　　　胡继贤　陈耀祖

列席者　邹　洪

主　席　吴铁城

纪　录　（秘书）杨子立　　（科长）黄　华

报告事项

一、民政厅呈，据海丰县呈缴秘书吴润泉、第一科长丘卓民任用审查表及证明文件，请转呈给委等情，请察核办理。

二、财政厅呈报各县省行办事处拟定九月起实行代理省县金库，请察核备案。

三、财政厅呈复，核议埔梅、埔和、埔坑公路工程处二十五年度开办费一千四百五十三元，监理费四千六百五十元，大致尚无不合，似可准予照办，请察核施行。

四、建设厅呈，据阳山县呈缴第四科长梁慧忠、技士黄祥征，海丰县呈缴第四科长廖伟青公务员任用审查表及证件，请转呈核委等情，请察核办理。

五、广州市政府呈，据工务局呈，为赶办建筑各地下室工程，请转呈省政府备案免予开投等情，经权准照办，请察核备案。

六、广东省地政局呈缴汕头市地政处开办费单据，此款共计省券二百四十三元六毫，拟在二十六年度七月份地籍整理经费节余项下开支，

---

① 此日期与第三十三次会议日期相同。

请鉴核备案。

讨论事项

一、主席提议，准军事委员会委员长广州行营函，据建设厅转据水利局，呈复派员测勘蛇头湾水道拟具疏浚工程计划经过，查所拟计划尚属可行，希即照办等由，请公决案。

（决议）计划通过，候省库充裕时拨款兴办。

二、胡委员、陈委员、史院长会复，审查教育厅拟具广东省各县市教育科长资格六项、督学资格七项，呈请核夺，奉交审查，兹查所拟各项大致尚属可行，似可照准，仍候公决案。

（决议）照审查意见通过。

三、胡委员、陈委员、史院长会复，审查关于黄嵩山不服乐会县政府整理中原小学校处分，提起诉愿一案，经饬作成决定书将诉愿驳回，所持理由公允，本案诉愿似可照拟驳回，请公决案。

（决议）照审查意见通过。

四、陈委员、胡委员、史院长会复，审查关于梁耀荣对于财政厅缉获私贩煤油，不服处分提起诉愿一案，经饬拟具决定书将诉愿驳回，理由平允，本案诉愿似可照拟驳回，请公决案。

（决议）照审查意见通过。

五、主席提议，据秘书处签呈，关于梁××等与陈××等互争牧场事件，不服高明县政府所为之处分提起诉愿一案，经遵照陈、胡两委员，史院长复审意见，将原拟决定书再行改拟等情，请公决案。

（决议）照复审意见通过。

六、主席提议，奉行政院密令，为令发国难时期各项支出紧缩办法，仰遵办并饬属一体遵办等因，应如何遵照实施，请公决案。

（决议）照案通过，俟省库充裕再补发，并将广东实际情形呈报中央。

七、主席提议，始兴县长谭适免予调任；遂溪县长王湘辞职照准，遗缺拟以南雄县县长杨德隆调充，所遗南雄县县长缺，拟以曾绳点代理；海康县县长赵濂辞职照准，遗缺拟以许济代理案。

（决议）通过。

八、主席提议，关于国民兵义勇壮丁任务联队改组壮丁常备队，及保安队增设预备兵办法，提请公决案。

（决议）通过。

广东省政府第八届委员会
第三十五次会议议事录

十月五日　星期二

出席者　吴铁城　欧阳驹　曾养甫　许崇清　徐景唐　胡继贤
　　　　　陈耀祖
列席者　史延程　邹　洪
主　席　吴铁城
纪　录　（秘书）杨子立　　（科长）黄　华

报告事项

一、财政厅呈报，派员订购钢铁燃煤汽油等项需款甚巨，经暂向广州市中、中、交、农四行商借二百万元，请察核备案。

二、民政厅呈复，中央警官学校代电请抽调各省市现任警官受训一案，拟于每期选送八名前往受训，每名津贴旅费毫券一百元，请准在省库预备费项下开支。

三、广东省银行呈，准发行准备管理委员会广州分会函，以所存香港九龙均益仓白银，依案应会同职行副署方能提取，现奉移交汇丰银行，特送均益仓单嘱照副署送还办理一案，经照办妥，请察核备案。

讨论事项

一、财政厅呈复，关于陈佛船务管理所修理濠滘四方甘竹等处灯杆费，省券八十一元七毫，似可准在二十六年度省地方岁出预备费项下拨支，由船税收入项下坐支抵解，请察核饬遵案。

（决议）通过照准。

二、建设厅呈，现值非常时期，公路交通关系重要，全省公路交通会议建设厅科长陈国机提议，修筑工程及购贮物料拟不必照普通手续进行案，系为变通办理，转请核示指遵案。

（决议）现值非常时期，准予变通办理，但事后须从速呈核。

三、主席提议，准救国公债劝募委员会广州分会函，拟定推行公务人员购债办法，请察照酌核办理等由，请公决案。

（决议）通过。凡雇员薪额在四十一元以上者，照公务员办法折半认销；薪额在四十元以下者自由认销。

四、主席提议，据救国公债劝募委员会广州分会呈，请颁定各县市政府长官募集救国公债奖惩办法，请核定通饬施行等由，请公决案。

（决议）通过。

广东省政府第八届委员会
第三十六次会议议事录

十月五日① 星期二

出席者 吴铁城 欧阳驹 曾养甫 许崇清 徐景唐 胡继贤
陈耀祖

列席者 史延程 邹 洪

主 席 吴铁城

纪 录 （秘书）杨子立 （科长）黄 华

报告事项

一、广东省银行呈报办理财政厅向中央信托局借款，应付国防需要，由行签字担保情形，抄录合同，请察核备案。

二、广东省银行呈，准农林局函，借国币五万元办理农贷，声明由四行贴放，会如数划还，经奉核准，请察核备案。

三、全国经济委员会函，为统筹珠江流域水利起见，将广东省水利局改称为珠江水利局，并派杨华日为该局局长，抄附该局暂行组织规程，请查照并转行遵照移交。

四、民政厅呈，准救国公债劝募委员会广州分会函，关于本市店户

---

① 此日期与第三十五次会议日期相同。

码头照租额两个月派销救国公债一案，应由省会警察局照案征收等由，并据李局长请示到厅，抄同原办法，请鉴核备案。

五、财政厅呈，为应付非常时期，拟将各属沙田征收处经费节缩，检同预算表，请察核备案。

六、建设厅呈缴广东全省长途电话管理委员会修理广惠线临时费预算书，所请在二十五年度临时费项下拨支，似尚可行，请察核存转。

七、广东省银行呈报，职行于本月二十日起举办小额信托金代购救国公债事务，抄录办法，请察核备案。

讨论事项

一、财政厅呈复，梅菉机场收用民地价款四百五十元，似可援案在二十六年度预备费项下拨支，请察核指遵案。

（决议）通过。

二、财政厅呈复，北海扩充机场收用民地价款一千五百一十四元，似可援案在二十六年度预备费项下拨支，请察核指遵案。

（决议）通过。

三、财政厅呈，据始兴县呈，奉饬成立防空监视哨，拟具预算，请准在地税解库五成项下拨支抵解等情，查此项设置费毫券三百五十三元，应准照办，拟在二十六年度预备费开支，请察核备案。

（决议）通过。

四、主席提议，准广东绥靖主任三十秘电，准甘师长丽初等函，关于东莞太平及潮汕海陆丰等处救济渔民一案；又据第五区行政督察专员有电请示，奉准南澳县向华南米业公会记账购米三万元平粜一案，现据县称，渔民生活已失，无钱购米，拟饬失业渔民改垦山荒栽种杂粮，即将平粜米充渔民粮食等情，请公决案。

（决议）前次通过购米平粜三万元，内一万元作为省政府拨款购米救济，其余二万元仍照案购米平粜，由该县长负责筹还；又太平方面由省政府拨毫券五千元救济。以上两款均在二十六年度救灾准备金项下拨支，另由民政厅负责组织战时难民救济委员会募款救济。

五、主席提议，据设计委员会呈缴提议统制碾谷方法以减米粮消耗一案，连同原呈提案及办法细则，请公决案。

（决议）通过。

182

六、主席提议，电白县长翟瑞元辞职，遗缺拟以陈励吾代理，请公决案。

（决议）通过。

广东省政府第八届委员会
第三十七次会议议事录

十月十三日　星期三

出席者　吴铁城　欧阳驹　许崇清　徐景唐　胡继贤
列席者　史延程　邹　洪
主　席　吴铁城
纪　录　（秘书）杨子立　（科长）黄　华

报告事项

一、财政厅呈缴审拟东莞等二十县二十六年度县地方款岁入岁出概算书，请察核备案。

二、财政厅呈，据沙田整理总处呈报，缩减总分各处经费由九月十六日起实行，转请察核备案。

三、财政厅呈，关于契税减征办法由二十六年九月十六日起废止，不再减税，同时将带征之中资捐附捐缴销，并在税款项下照数拨还抵补，请察核备案。

四、财政部俭电，奉核准，凡民船铁路公路及轮船或航空运输之货物，一律由海关征收转口税一次后，通行全国，不再重征，已由部电令海关定期于十月一日实行，请查照。

讨论事项

一、财政厅建设厅会呈，核议关于广州市无轨电车征收土地一案情形，请察核案。

（决议）通过。

二、教育厅呈缴垫支遣送留日归国生谢爽秋等十二名赴湖北省车旅费数目清单，共国币二百七十六元，请察核，并乞在省预备费项下将该款即予赐还归垫案。

（决议）通过。

三、主席提议，据本府卫生处呈，拟请通饬各县政府组设卫生事务所，抄同组织规程请核示等由，请公决案。

（决议）通过，规程修正。

四、主席提议，准广东各界非常时期救济难民委员会函，请慨予捐助经费等由，拟在本省救济金项下拨二千元，请公决案。

（决议）通过。

广东省政府第八届委员会
第三十八次会议议事录

十月十三日　星期三

出席者　吴铁城　欧阳驹　许崇清　徐景唐　胡继贤
列席者　史延程　邹　洪
主　席　吴铁城
纪　录　（秘书）杨子立　（科长）黄　华

报告事项

一、建设厅呈，据清远县呈缴第四科长等各员任用审查表及证件，转请察核办理。

二、广东省银行呈，为奉令收回建设公债一案，谨将职行酌定与建设厅改订借款偿还保证办法具报，请察核令建厅查照办理。

讨论事项

一、民政厅呈，准广州市政府函，据财政局呈，关于省会警察局拟收用白云路口空地一案办理情形，似可准予依照土地法征收，抄同原呈，请察核示遵案。

（决议）通过。

二、胡委员函复，关于邹东、潘牛不服广东省会警察局勒令荣栈等店迁出郊外营业之处分，提起诉愿一案，经饬审查完毕，拟具决定书，将诉愿驳回，理由正当，似可照拟办理，请公决案。

（决议）照审查意见通过。

三、胡委员函复，关于吴苏、罗钊等因私制煤油案件，不服财政厅所为之处分，提起诉愿一案，经秘书处审查作成决定书，将诉愿驳回，并将原处分关于罚款部分变更之，吴苏、罗钊共同私制煤油处以罚金国币二百五十五元，理由公允，似可照拟办理，请公决案。

（决议）照审查意见通过。

四、胡委员、陈委员会复，审查财厅所缴各区税务局组织章程，及各区局处组所卡经费表，大致尚属可行，惟章程第十八条拟酌改正，至各经费表数目既经财厅负责拟就，似可照准，请公决案。

（决议）照修正通过。

广东省政府第八届委员会
第三十九次会议议事录

十月十三日①　星期三

出席者　吴铁城　欧阳驹　许崇清　徐景唐　胡继贤

列席者　史延程　邹　洪

主　席　吴铁城

纪　录　（秘书）杨子立　（科长）黄　华

报告事项

一、财政部咨，据中央造币厂呈送该厂镍币与市上发现之伪镍币不同点之说明，查核尚属详晰，检同原送说明，请查照饬属一体知照。

二、财政部三十电，兹由部制定金类兑换法币办法七条，提经行政院会议决议通过，请查照饬属一体知照并布告周知。

三、民政厅呈，据广东省会警察局呈报，定期开征救国公债租捐暨增加人员情形，转请鉴核备案。

---

① 原文所刊第三十七、三十八、三十九次会议日期相同。

讨论事项

一、财政厅、民政厅会呈，奉抄发各县市政府办理兵役暂行办法，仰会商拟呈核夺等因，谨会同拟订办法四项，请察核指遵案。

（决议）通过。

二、建设厅呈，据纺织厂请转呈令行省行恢复省营工厂抵押放款等情，请察核办理案。

（决议）交广东省银行核议。

三、胡委员、陈委员会复，审查关于防城县民陈菊圃等不服财厅查封陈园产业，提起诉愿一案，经秘书处审查拟成决定书，将诉愿驳回，理由可采，似可照拟办理，请公决案。

（决议）照审查意见通过。

四、主席提议，据海丰县长鱼电，县属支夜飓风，灾情奇重，请迅赐款救济等情，请公决案。

（决议）拨毫券三千元交海丰县政府妥为发赈，该款由二十六年度救灾金项下拨付。

五、主席提议，据秘书处案呈，本省战时缩减预算各项办法经本府决议通行在案，现据各机关以公费支销在先奉令在后请予救济等情，现拟本年九月份一个月内所有各机关办公费一律准以八成发给，其余薪饷概照通令原案办理，请公决案。

（决议）通过。

六、主席提议，中山县县长杨子毅调充本府参议，遗缺拟以中山县训政实施委员会委员张惠长代理，请公决案。

（决议）通过。

七、主席提议，云浮县县长莫铠拟调省，遗缺以潘歌雅代理；博罗县县长萧××怯懦无能，办理要政殊欠努力，拟予撤职，遗缺调宝安县县长黄仲榆代理，递遗宝安县县长缺拟以梁宝仁代理，请公决案。

（决议）通过。

广东省政府第八届委员会
第四十次会议议事录^①

出席者　吴铁城　欧阳驹　曾养甫　许崇清　徐景唐　胡继贤
　　　　　陈耀祖
列席者　史延程　邹　洪
主　席　吴铁城
纪　录　（秘书）杨子立　（科长）黄　华

报告事项

一、民政厅呈，据三水县呈缴秘书戴邃根任用审查表，转请察核办理。

二、民政厅呈，据龙门县呈缴秘书兼第一科长钟宝干任用审查表，转请察核办理。

三、民政厅呈，据阳春县呈缴秘书林士新任用审查表，转请察核办理。

四、广州市政府呈，据水电两管理处呈报，本市各区分部请免费一案，拟仍照限额用电每月由市党部包缴电费一百八十元，限至本年底止，二十七年应一律照表行度数暂收五折计费，如系党部职员住所不得援用该办法等情，似可照办，请核转查照。

讨论事项

一、主席提议，据第三区行政督察专员签呈，本年西江各县基围迭受潦水与飓风侵袭，纷告崩缺，灾情奇重，亟须修补，估计至少需补助毫券一十二万元，方能恢复原状，请如数赐发，以便转饬动工并乞派员会同监发等情，请公决案。

（决议）交建设厅、珠江水利局会同议复。

---

① 原文无刊时间。

广东省政府第八届委员会
第四十一次会议议事录

十月十九日　星期二

出席者　吴铁城　欧阳驹　曾养甫　许崇清　徐景唐　胡继贤
　　　　陈耀祖
列席者　史延程　邹　洪
主　席　吴铁城
纪　录　（秘书）杨子立　（科长）黄　华

报告事项

一、行政院令发修正国难时期各项支出紧缩办法第四第六两条全文，仰遵照并转饬所属一体遵照。

二、行政院令，查水银可作制造起爆药原料，在此非常时期应予以紧急处置，禁止出口，除分行并呈报外，仰遵照并转饬所属一体遵照。

三、财政部蒸电，兹制定金类兑换法币办法，请饬属知照布告周知；又电，此项办法以金易币，非但为效忠于国家，亦且有利于自身，冀地方长官剀切劝导，务使家喻户晓乐于遵从，俾得利用死藏无用之金，助成国家经济动员之大计，请查照转饬所属一体遵照办理。

四、广东省国民军事训练委员会呈，订定各县市局社训总队部编制表及经费分配表，令行各县市局自本年十月一日起实行，请察核备案。

五、高要县呈，拟在职县专款项下挪拨毫券六千元，择要分贷各围，以为购买围料之用，请察核备案。

讨论事项

一、主席提议，准广东高等法院史院长函复，审查张斗南与邓泽生因筑坡争执，不服惠阳县政府处分提起诉愿一案意见书等由，请公决案。

（决议）照审查意见通过。

188

广东省政府第八届委员会
第四十二次会议议事录

十月二十六日　星期二

出席者　吴铁城　欧阳驹　许崇清　徐景唐　胡继贤　陈耀祖
　　　　　李煦寰
列席者　邹　洪
主　席　吴铁城
纪　录　（秘书）杨子立　（科长）黄　华

报告事项

一、财政厅呈，据平远县呈缴第四、五两区黄田、韩善等乡赋税减免简明表，查核尚属相符，转请察核存转。

二、民政厅呈，据化县呈缴秘书缪鸿卓、第一科科长李超阳公务员任用审查表及证件，转请察核办理。

三、建设厅呈，据郁南县呈缴技士钟菊如，茂名县呈缴第四科长罗承烈，阳春县呈缴第四科长黄云杨各员任用审查表及证件，转请察核办理。

四、建设厅呈，据三水县呈缴第四科长杜卓儒、科员陆涛公务员任用审查表及证件，转请察核办理。

五、农林局签呈，拟具战时增加食粮生产贷款办法，请公布施行。

六、农林局签呈，关于粮食生产贷款合约，经与贴放委员会接洽妥订，呈奉核准在案，兹谨将合约缮正，请鉴核签字后发还存案。

讨论事项

一、主席提议，据卫生处拟订广东省立血清疫苗制造所暂行简章，及开办经常两费预算书，计开办费共二万八千七百五十元，经常费六万七千八百元，请公决案。

（决议）交李委员、胡委员审查。

二、主席提议，接厦门市政府元电，请汇二千元接济粤籍旅台归侨

189

回原籍等由，拟予照拨，请公决案。

（决议）通过，照汇国币二千元，由二十六年度救济金项下拨付。

三、胡委员、陈委员会复，审查民政厅所拟广东省各县市分期建仓积谷计划，及广东省各级谷仓保管委员会组织规程各草案，拟具意见，请公决案。

（决议）规程草案通过，并将审查意见交民政厅参考。

四、胡委员函复，审查财政厅所拟发行官印草契纸办法及契纸式样，请核准公布施行一案意见书，请公决案。

（决议）办法修正通过。

广东省政府第八届委员会
第四十三次会议议事录

十月二十六日① 星期二

出席者　吴铁城　欧阳驹　许崇清　徐景唐　胡继贤　李煦寰
　　　　陈耀祖
列席者　邹　洪
主　席　吴铁城
纪　录　（秘书）杨子立　（科长）黄　华

报告事项

一、行政院令发人民捐赠金银物品收受及保管办法，附收据格式，仰遵照并转饬所属一体遵照。

二、财政部东会电，本省治河补助费及中山县补助费与广州市教育补助费，均照原案发给七成，自本年九月份起实行。

三、财政厅呈，拟具划一各县归户征税册等式样、简章，请察核备案。

四、财政厅呈，据新会县呈报基围崩缺，请款赈济，拟准将所提库

---

① 此日期与第四十二次会议日期相同。

款四百元，在二十六年度救灾准备金项下拨支，请察核备案。

五、建设厅呈缴广东全省长途电话管委会恢复南岗支所开办费预算书，暨二十六年八月至二十七年六月份南岗支所经常费预算书，请核存转。

六、广东农村合作委员会呈，为陈明二十六年七、八、九等月份经费已照六月前预算支出，请准在二十五年度经费节余项下支付等情，兹拟七、八两月份姑准照办，九月份仍饬遵照本府决议案办理。

讨论事项

一、曾厅长、欧阳秘书长会呈，遵令编具二十六年度省地方普通岁入岁出概算书，及建设专款岁入岁出概算书，请核转备案。

（决议）通过。

二、胡委员函复，审查广东省地政局呈缴广东省县地政处处理逾期未登记土地暂管办法，大致尚无不合，惟第七条及第十一条拟酌修正，是否有当，仍候提会公决案。

（决议）照修正案通过。

三、胡委员函复，审查黄埔开埠督办公署呈缴黄埔中部评价报告书，查评定价格可称公允，似可准予备案。

（决议）通过。

四、胡委员函复，审查汕头市政府请酌予更正取缔高台船票价格办法，并准予从缓执行一案，拟具意见，请公决案。

（决议）照修正通过。

五、主席提议，据省地政局呈，职局因修理房屋及增辟办公室，计支用临时费共国币四百二十八元三角六分，此款拟在二十五年度本局经常费节余项下开支，请赐备案等情，请公决案。

（决议）通过。

六、主席提议，据第八区行政督察专员呈缴二十六年七月一日开全区行政会议临时费支出计算书表，计国币二百七十七元七角八分，请核准存转核销等情，请公决案。

（决议）通过。

广东省政府第八届委员会
第四十四次会议议事录^①

出席者　吴铁城　欧阳驹　许崇清　徐景唐　胡继贤　李煦寰
　　　　　陈耀祖

列席者　史延程　邹　洪

主　席　吴铁城

纪　录　（秘书）杨子立　（科长）黄　华

报告事项

一、财政部咨送非常时期征收印花税暂行办法，请查照转饬各市县政府暨检查印花税人员一体知照。

二、民政厅呈，为非常时期经费困难，拟自本年十月底止将徐闻山医务所撤销，以节縻费，请察核备案。

三、建设厅呈缴广东全省长途电话管理委员会接驳广石线临时费预算书，请核存转。

四、建设厅呈，据度量衡检定所呈，请准予将该所九月份经费十足支付，以便结束，似可照准，请核指遵等情，查该所既系奉令结束，且经费为数无多，拟姑准十足支付。

五、卸第五区行政督察专员真电，请准将本任九月份十天经费仍照二十五年度预算支付。

讨论事项

一、民政厅呈，为关于中央警官学校电请保送人员限期报到一案，谨将不及办理情形呈复，拟俟下期选送，至请由省库预备费项下拨给旅费一节，仍请迅赐示遵案。

（决议）通过。

---

① 第四十四、四十五、四十六、四十七次会议议事录原文均无刊时间。

二、建设厅呈，据广东公路处呈缴开办费支付预算书，计省券一万零五百九十一元六毫八仙等情，请察核拨给转发且〔具〕领案。

（决议）通过。

三、主席提议，据广州市政府呈，准孙逸仙博士医院筹委会函，请收用潮音街第二十七号铺业一案，检同原送计划书及图说，请核准办理等情，请公决案。

（决议）通过。

三〔四〕、主席提议，据广东各界非常时期救济难民委员会呈，请照案拨支本会经费一千元等情，请公决案。

（决议）通过照发毫券一千元，在二十六年度救济金项下拨付。

四〔五〕、主席提议，据本府会计处签呈，请令财厅将所属岁计会计及县预决算股等办事人员开列名单，连同档案簿籍，自十一月一日起拨由本处管辖等情，请公决案。

（决议）通过。

广东省政府第八届委员会
第四十五次会议议事录

出席者　吴铁城　欧阳驹　许崇清　徐景唐　胡继贤　李煦寰
　　　　　陈耀祖
列席者　史延程　邹　洪
主　席　吴铁城
纪　录　（秘书）杨子立　　（科长）黄　华

报告事项

一、行政院令，奉国府明令公布购募救国公债奖励条例，抄发该条例，仰知照并转饬知照。

二、行政院令，据河南省政府呈，以军委会规定统一收受捐款办法，与中央民众训练部颁行之统一募捐及慰劳工作纲要，似有出入等情，经交军政、财政、内政三部审查，据报告办法二项前来，应准照办，抄发原件，仰遵照。

三、财政部删代电，准浙江省政府电，请以支票购买救国公债，经由当地救国公债劝募委员会总支会之证明者，其提存得不受安定金融办法第一条之限制一节，应准照办，除分行外，请查照转饬所属一体遵照。

四、财政部咨送救国公债条例，请查照通饬遵照办理。

五、建设厅呈，据连山县呈缴第四科长李其祯，感恩县呈缴第四科长凌洪照公务员任用审查表，请察核办理。

讨论事项

一、胡委员、陈委员、史院长会复，审查陈有仁与何碧泉因争承官地事件，不服琼山县政府处分提起诉愿一案，经广东高等法院审查完竣，作成决定书，理由充分，似可照拟办理，请公决案。

（决议）照审查意见通过。

广东省政府第八届委员会
第四十六次会议议事录

出席者　　吴铁城　欧阳驹　许崇清　徐景唐　胡继贤　李煦寰
　　　　　　陈耀祖
列席者　　史延程　邹　洪
主　席　　吴铁城
纪　录　　（秘书）杨子立　　（科长）黄　华

报告事项

一、内政部咨，奉行政院令公布修正土地测量实施规则，抄同修正条文，请查照转饬知照。

二、内政部咨送非常时期奖恤警察暂行办法，请查照转饬所属一体知照。

三、民政厅呈，据阳春县呈缴第一科科长周浚权任用审查表及证件，转请察核办理。

四、财政厅呈报，分别将各县临时地税督征处裁并办理情形，连同经费预算表，请察核备案。

五、财政厅呈报，核定台山、赤溪两县沙田整理分处在未恢复以前，暂照潮州、钦廉及宝安各属沙田援用清理旧案办法，办理升科登记，请核准备案。

六、救国公债劝募委员会广州分会函，关于公务人员捐薪购债一案，合将畸零数扣缴办法，请察核备案。

讨论事项

一、民政厅呈复，遵令核议财厅原缴广东省各县县长经征临时地税考成章程草案，大致尚可适用，为求便利催征临时地税起见，似可如拟施行，惟"章程草案"四字似应改为"办法"二字较为妥适，请鉴核办理案。

（决议）通过。

二、建设厅呈，据公路处呈，从新翁公路工程处技士钟鸿勋病故，拟给予丧葬费薪资两个月省券三百六十元等情，似可援案照准，由该处经费节余项下支销，请察核指遵案。

（决议）通过。

三、主席提议，据广州市政府呈，据电力管理处呈，拟收用民业为设置配电所之用，查系为兴办公用事业起见，核与土地法规定相符，似可照准等情，请公决案。

（决议）通过。

四、主席提议，准广东高等法院函，据第二分院呈，拟将解犯旅费毫券七十六元一角，及建筑避难壕工料费毫券五十一元一角五分，在结余经费项下开支等情，事属可行，请查核办理等由，请公决案。

（决议）通过。

五、主席提议，准广东财政特派员公署函，印花烟酒税局拟停止种烟一年，改植粮稻，查系有益民生，税收无碍，似属可行等由，请公决案。

（决议）交建厅审查。

广东省政府第八届委员会
第四十七次会议议事录

出席者 吴铁城 欧阳驹 许崇清 徐景唐 李煦寰 胡继贤
        陈耀祖
列席者 史延程 邹 洪
主 席 吴铁城
纪 录 （秘书）杨子立 （科长）黄 华

报告事项

一、建设厅呈，据省营工业管理处呈缴制纸厂总务课长潘子京、技正兼工务课长陈丕扬、技正蒋昭元、谭鸿禧、技正兼工务课机械股长李青相等五员履历，转请察核办理。

讨论事项

一、民政厅呈，准第一区行政专员查复，新会县天河围崩决，灾情颇重，应否酌予补发赈款之处，请察夺饬遵案。

（决议）交建设厅、珠江水利局会同审查。

二、财政厅呈复，关于南路公路专员兼行车事务处二十六年夏季服装临时费预算一案，究应如何办理，请提会决定施行案。

（决议）不准。

三、胡委员函复，审查财政厅呈缴改订各县临时地税督征处规程应行修正各点，是否有当，仍请提会公决案。

（决议）交胡委员会同财政厅再审查。

四、胡委员函复，复审广东省各县市地政处调处委员会组织暂行章程意见，请公决案。

（决议）照修正通过。

五、胡委员函复，关于梁××等与李××互争×山，不服鹤山县政府处分提起诉愿一案，经饬审查拟具决定书，兹查所拟决定尚属公允，似可照拟将原处分撤销，是否有当，仍候核定案。

（决议）照审查意见通过。

六、主席提议，据秘书处拟就广东省管理开业中医规则，请公决案。

（决议）交卫生处筹备处审查。

广东省政府第八届委员会
第四十八次会议议事录

十一月十九日　星期五

出席者　吴铁城　欧阳驹　曾养甫　徐景唐　胡继贤　陈耀祖
列席者　邹　洪
主　席　吴铁城
纪　录　（秘书）杨子立　（科长）黄　华

报告事项

一、行政院令，为中央核定主计处呈拟办理二十七年度预算意见一案，仰遵照并转饬所属一体遵照。

二、财政厅呈，续送潮安等二十县二十六年度县地方款岁入岁出概算书，请察核示遵。

三、建设厅呈，据陈佛船务所呈，以奉令缩减经费请准予变通办理一案，查关于燃点灯塔经费所请照旧支付，似可照准办理，请核准备案，分行财政厅暨审计处知照。

四、救国公债劝募委员会广州分会呈复，核议新会陈、谭两君献产购债，拟请先行传谕嘉奖，俟本会将产价评定拍卖得款，再行核议汇请奖励，当否请示。

讨论事项

一、主席提议，据卸第六区行政专员呈报，前因出巡各县视察，购置旧车一辆，计毫券六百元，又续修理费一百九十七元八角六分，系在节余经费挪拨，检同单据请鉴核备案等情，请公决案。

（决议）通过照准。

二、财政厅呈复核议保安处接管军乐队经费一案情形，请鉴核施行案。

（决议）由保安处在经常费项下设法撙节开支。

三、胡委员、陈委员函复，关于庞××因担保筑路事件，不服钦县政府所为拍卖铺屋之处分，提起诉愿，经广东高等法院审查，拟成决定书，将诉愿驳回，理由公允，本案诉愿似可照拟驳回，请公决案。

（决议）照审查通过。

四、胡委员、陈委员函复，关于丁财良等因公路争执事件，不服广东建设厅之决定提请诉愿一案，经广东高等法院审查作成决定书，兹查所拟决定尚无不合，似可照拟办理，请公决案。

（决议）照审查通过。

五、胡委员、陈委员函复，关于方××等因与谭××等争承山地，不服开平县处分提起一部分诉愿，经广东省高等法院代拟决定书，兹复查所拟决定极为公允，本案诉愿似可照拟驳回，请公决案。

（决议）照审查通过。

六、胡委员、陈委员函复，关于刘×、张××与陈××、余××等因争承官地，不服台山县政府处分提起诉愿，经广东高等法院代拟决定书，以案属司法范围，拟将原处分撤销，由刘×、张××依法向该管法院诉请受理审判，所见甚合，委员等亦表赞同，仍请提会公决案。

（决议）照审查通过。

广东省政府第八届委员会
第四十九次会议议事录①

出席者　吴铁城　欧阳驹　曾养甫　徐景唐　胡继贤　陈耀祖

列席者　邹　洪

主　席　吴铁城

纪　录　（秘书）杨子立　（科长）黄　华

报告事项

一、教育厅呈，据河源县呈缴第三科科长刘庭瑞甄别审查表等及证件，请察核准予加委。

二、教育厅呈，据琼山县呈缴第三科科长李志健任用人员名单，请察核准予委用。

三、教育厅呈，据澄海县呈缴第三科科长周英耀履历表，请察核准予改委。

四、教育厅呈，据梅县呈，请仍委教育局长李蔚霞为该县第三科科长，转请察核准予改委。

五、教育厅呈，据定安县呈缴第三科科长李日章任用审查表，请察核办理。

六、教育厅呈，据临高县呈缴第三科科长云倬章履历证书及证件，请察核准予加委。

七、财政厅呈报，清理沙田登记旧案办法展期至本年十二月底止仍予继续有效，请察核备案。

讨论事项

一、财政厅呈，据番禺县请示恤金养老费是否十足支付等情，查第三十二次会议决议案未将恤金及养老金二项列入，请提会补充后赐令祗遵，以资转饬办理案。

（决议）交秘书处会同财政厅审查。

二、财政厅呈复，核议中央陆军军官学校特别班非常时期服务团临时费，月支国币一万三千元，为二十六年度预算所未列，应否准予照支，抑由何项支付，请提会决定施行案。

（决议）在特别班经费项下开支。

三、建设厅呈，准实业部南华蚕丝改良场函，请本年度予以相当资助等由，兹拟在本厅蚕丝改良费收入项下拨助毫券二万元，请察核指遵案。

（决议）通过。

四、主席提议，准广东高等法院函，据第二分院呈，拟在结存经费项下，拨支解灵山寄押人犯二十一名旅费四十九元七毫五仙，似属可行，请查核办理等由，请公决案。

（决议）通过。

五、胡委员、陈委员函复，关于练烘高等因请求修复水圳事件，不服兴宁县政府处分提起诉愿，经广东法院审查代拟决定书，以事关私权之争执，应隶司法范围，拟将原处分撤销，并将练烘高等在兴宁县府呈诉驳回，于法尚无不合，似可照拟办理，请公决案。

（决议）照审查通过。

六、陈委员、胡委员函复，关于陈邦鲁等因拟创办灵山县第四区区立小学请拨会租，不服教育厅决定提起再诉愿一案，经高等法院审查代拟决定书，将再诉愿驳回，理由至当，本案再诉愿似可照拟驳回，请公决案。

（决议）照审查通过。

七、主席提议，惠州筹建中山纪念堂用款三万四千余元，均系由地方筹募，尚差款约八千余元方能完工，兹拟由省府捐助国币一千元，提会通过后令财政厅照付，请公决案。

（决议）通过，由本府拨助国币一千元，在二十六年预备费项下支付。

广东省政府第八届委员会
第五十次会议议事录

出席者　吴铁城　欧阳驹　曾养甫　徐景唐　胡继贤　陈耀祖

列席者　邹　洪

主　席　吴铁城

纪　录　（秘书）杨子立　（科长）黄　华

报告事项

一、徐厅长、曾厅长、现任曾市长、卸任刘市长会呈，奉令监盘广州市长交代一案，经遵章办理并经盘查分别接收清楚，合将交代清册交代清结证明书件报请察核备案。

二、民政厅呈，据南海县呈缴第一科科长岑涤群、科员沈本咸任用审查表，转请察核办理。

三、财政厅呈缴揭阳等二十县二十六年度县地方款岁入岁出概算书，请察核备案。

四、建设厅呈缴广东全省长途电话管理委员会消极防空设置费临时费预算书，请察核存转。

五、建设厅呈，据乐会县呈缴第四科科长陈纪芳任用审查表及证明文件，转请察核办理。

六、建设厅呈，据化县、龙川、海丰等县呈缴各该县第四科科长、技佐、科员任用审查表，转请察核办理。

七、建设厅呈，据廉江、感恩两县呈缴第四科科长陈耕云等任用审查表件，转请察核办理。

八、教育厅呈，据徐闻县呈缴第三科科长何冠文履历表，转请察核准予加委。

九、教育厅呈，据三水县呈缴第三科科长梁骚平履历表，转请察核准予加委。

十、教育厅呈，据罗定县呈缴第三科科长李家超任用审查表及证件，转该〔请〕察核准予加委。

十一、教育厅呈，据龙川县呈缴第三科科长黄维梅、科员陈明海履历表，转请察核加委。

十二、教育厅呈，据从化县呈缴第三科科长何荫琨履历表，转请察核准予加委。

十三、教育厅呈，据花县呈缴第三科科长邓锡荣履历表，转请察核准予加委。

十四、教育厅呈，据遂溪县呈缴第三科科长周礼昌暨督学卢震、许守经等甄别审查表及证件，转请察核准予分别加委。

讨论事项

一、李委员、胡委员会复，审查关于卫生处呈拟广东省立血清疫苗制造所暂行简章、概算表等一案意见，请公决案。

（决议）照审查意见通过暂缓设立。

二、财政厅呈，为委任职公务员薪津未及雇员待遇，其认购救国公债应如何扣解，请察核指遵案。

（决议）委任职公务员或雇员，其薪额在四十一元以上者折半认销，薪额在四十元以下者自由认销。

三、主席提议，据省地政局呈，为佛山、江村等六个区登记处业经成立，开始办理登记未及令饬停止，即就战时税收政策而言，其成立尤不容缓，请提会复议仍准设立等情，请公决案。

（决议）通过。

四、主席提议，据省银行呈，前奉令饬职行垫拨国币五万元，以广东民众御侮救亡会名义，电汇中央党部收转前敌慰劳将士一案，该款应由何处拨还归垫，抑如何办法请示等情，请公决案。

（决议）通过，在本省代募救国公债留用部分项下拨还。

五、胡委员函复，关于萧铨因与何合成堂何希圣为阻拆众墙争执，对于广州市政府决定提起再诉愿一案，广东高等法院代拟决定书，拟将诉愿驳回，甚表赞同，似可照拟办理，请公决案。

（决议）照审查通过。

六、胡委员、陈委员、史院长会复，审查关于钟澍廷因更换广福乡乡立小学校校长事件，不服蕉岭县政府所为撤销校董会之处分，提起诉愿一案，经饬审查拟具决定书，所持理由尚无不合，本案诉愿似可照拟驳回，请公决案。

（决议）照审查通过。

七、兼代财政厅曾厅长养甫提议，通饬各县关于抗战工作动支地方款项变更支报手续，以应机宜，请公决案。

（决议）通过。

八、主席提议，廉江县县长赖武辞职拟予照准，遗缺拟委梁麟代理，请公决案。

（决议）通过。

九、主席提议，乐东县县长尹××劝募救国公债不力，拟予撤职，提付惩戒，遗缺拟委王鸣亚代理，请公决案。

（决议）通过。

广东省政府第八届委员会
第五十二次会议议事录^①

出席者 吴铁城 欧阳驹 曾养甫 许崇清 徐景唐 李煦寰
胡继贤

列席者 邹 洪

主 席 吴铁城

纪 录 （秘书）杨子立 （科长）黄 华

报告事项

一、财政厅呈，奉财政部令，据呈办理裁废省县税捐及督促整理各情形，分项指示遵照等因，合将遵办情形呈报察核备案。

二、财政厅呈复，查核地政局增给测量五县土地制图组监制员薪水，及增加勤事工资，每月二百七十六元，在各月节余经费项下开支，似可准予照办，惟应先编预算呈候核准追加，向库领抵，请察核指遵。

三、财政厅呈，据各县政府请委第二科科长、科员，查核履历、证件与任用条例相符，开列名单请察核委用，至未缴证件而资历相符者应否准予并委，候令祗遵。

四、教育厅呈，据开平县呈缴第三科科长刘兴序名单，转请察核准予加委。

五、教育厅呈，据德庆县呈缴第三科科长钟麟履历表，转请察核准予加委。

六、教育厅呈，据茂名县呈缴第三科科长陈椿龄履历证书及证件，转请察核准予加委。

七、教育厅呈，据仁化县呈缴第三科科长劳炳云任用审查表、履历证书、证件，转请察核准予加委。

---

① 馆藏缺第五十一次会议议事录。第五十二、五十三、五十四次会议议事录均载于一九三七年十二月十日的《广东省政府公报》。

八、教育厅呈，据增城呈缴第三科科长黄志文履历表、任用审查表及证件，转请察核加委。

九、教育厅呈，据灵山县呈缴第三科科长王渊远任用审查表，转请察核准予加委。

十、教育厅呈，据廉江县呈缴第三科科长高允泽、科员全植华、督学梁经邦、全光亚等四名任用审查表暨证件，转请察核准予加委。

十一、教育厅呈，据清远县呈缴第三科科长何雪亚、督学邓兆兰、周尔杰、科员陈伟强、黎养高等五人任用审查表，转请察核准予加委。

讨论事项

一、民政厅、财政厅会呈，据视察麦健生等呈复会勘台、恩两县争界案办理经过情形，请察核指遵案。

（决议）交胡委员、史院长审查。

二、财政厅、民政厅会呈，准第五区行政督察专员函复，派员查明潮阳旅汕同乡会，请拨回原有戏厘捐一案，解决办法等由，应否准予照办，请察核指遵案。

（决议）交胡委员、许厅长审查。

三、民政厅呈，据澄海、潮安、潮阳、普宁等县呈报风水为灾情形，请予拨赈各等情，应否由省库分别酌予拨款赈济，请察夺指遵案。又珠江水利局第五区行政督察专员呈缴普宁水灾调查表，请拨款施赈案。（并案讨论）

（决议）通过。由秘书处查明其他各县救灾成例，酌拟给赈数目呈报再议。

四、建设厅呈，据广州船务管理局补缴修理电船估价单等情，转请察核指遵案。

（决议）通过。

五、主席提议，据民、财、建、教四厅，本府秘书长会呈，关于国难时期各项支出缩减办法及裁并各机关办法一案，奉交会同审查，经召集开会，并由财政厅拟具裁并各机关经费，及附签保留暨实减各数意见逐项提出审核，决议裁撤各机关停止经费原则及拟议决保留减支办法，开列简表，签呈察核请提会核定案。

（决议）本案经四厅长及秘书长会同审查拟议签复，除缉私总处经费三十八万一千三百四十元，派往各县市军训视察员旅费一万零七百五十二元，缉私总处临时费国币二十八万三千三百元，陆军军校特别班县政人员训练费每月一万六千三百七十元，均应另案讨论外，其余各机关经费照裁减办法修正通过。

主席提议，据财政厅呈，为沥陈非常时期财政困难情形，拟具救济办法，请察核等情，请公决案。

（决议）三原则通过。

六、主席提议，据财政厅呈拟非常时期典业及烟酒店户课税暂行办法，请察核等情，请公决案。

（决议）通过。

七、主席提议，据财政厅呈拟责令各县市政府督促白契依限投税，以增加税收，请察核等情，请公决案。

（决议）通过。

广东省政府第八届委员会
第五十三次会议议事录

出席者　吴铁城　欧阳驹　许崇清　胡继贤　陈耀祖
列席者　邹　洪
主　席　吴铁城
纪　录　（秘书）杨子立　（科长）黄　华

讨论事项

一、财政厅、民政厅会呈，奉令再行核议关于广东省整理各县自治经费办法章则等因，谨将核复意见请察核指遵案。

（决议）通过。

二、教育厅呈，关于本厅支过补价互换汽车及补助社会教育通讯月刊费，并捐助川黔等省旱灾及惠州中山纪念堂建筑费等款，共毫券一千四百二十四元二毫，拟一并在本厅节存经费项下开支，请察核照准指遵案。

（决议）通过。

三、主席提议，据卫生处签复审查广东省政府管理开业中医规则一案，拟具意见，请核示等情，请公决案。

（决议）照修正通过。

四、主席提议，据卫生处签呈前奉垫借六百一十五元，为职处购置家具各项，此款拟请提会追加，准作属处开办费，饬厅照拨归垫等情，请公决案。

（决议）通过。在二十六年度预备费项下拨付。

五、胡委员、陈委员、史院长会复，关于梁××、李××等争涌口门康公庙前沙田，不服财政厅处分提起诉愿一案，经本府秘书处审查完竣作成决定书，奉交会同复审，兹查所拟决定尚无不合，本案诉愿似可照拟办理，请公决案。

（决议）照审查通过。

六、胡委员、陈委员、史院长会复，关于谭礼耕因土地移转登记事件，不服广州市政府所为之处分提起诉愿一案，经秘书处审查作成决定书，将诉愿驳回，理由颇为公允，本案诉愿似可照拟驳回，请公决案。

（决议）照审查通过。

广东省政府第八届委员会
第五十四次会议议事录

出席者　吴铁城　欧阳驹　许崇清　胡继贤　陈耀祖
列席者　邹　洪
主　席　吴铁城
纪　录　（秘书）杨子立　（科长）黄　华

报告事项

一、民政厅呈，为增进乡镇保甲长之工作效能及充实基层组织力量起见，经拟订定本省各县乡镇保甲长训练纲要，通饬所属遵行，请察核备案。

二、民政厅呈，为依照广东省各县乡镇自治改进办法，拟订修正广东省各县乡镇公所办事通则一种，公布施行，请察核备案。

三、财政厅呈报，遵照五折支付原案及职员薪俸折扣办法，将各沙田征收处经费酌量分配，重行拟具经费预算表，以资因应，请核准备案。

四、财政厅呈报，将发行官印草契纸办法及断卖典按契纸式样遵照更正，请察核公布施行。

五、第二区行政督察专员呈报，遵饬将第一移垦区交英德县政府接办情形，连同移交文巷〔卷〕清册，请察核备案。

讨论事项

一、建设厅呈，据省营工业管理处呈，请俯念特殊情形，准将所属各机关管理费照原日领支实数七折，编列制造费核实开支等情，查所称各节尚属实情，请察核指遵案。

（决议）除工业管理处仍照通案办理外，其与战时有关之生产机关管理费，概照原日实支数七折编列，其制造费核实开支，仍将该生产机关名称及生产数量另案呈候核办。

二、胡委员、陈委员会复，关于李润生等及华城建筑公司代表陈铁华因与李朗星等为筑堤争执，对于建设厅诉愿决定提起再诉愿一案，经送请广东高等法院代为审查，拟具决定书，奉交复审，兹查所拟决定书尚无不合，似可照拟办理，请公决案。

（决议）照审查通过。

广东省政府第八届委员会
第五十五次会议议事录①

出席者 吴铁城　欧阳驹　曾养甫　许崇清　徐景唐　李煦寰

---

① 第五十五、五十六、五十七、五十八次会议议事录均载于一九三七年十二月二十日的《广东省政府公报》。

胡继贤　陈耀祖

列席者　邹　洪

主　席　吴铁城

纪　录　（秘书）杨子立　（科长）黄　华

报告事项

一、民政厅呈，依据修正广东省编办保甲章程实施办法规定，订定广东省各县户口异动查报暂行办法，及各款附件等，请察核备案。

二、财政厅呈，准第六区行政督察傅卸专员函，请将九月上半月经费照预算列支补发等由，请察核指遵。

讨论事项

一、民政厅呈，据旅港海陆丰同乡会呈，为海陆丰两县叠遭奇灾，情势惨重，请拨款施赈等情，查海丰县既奉拨赈，陆丰县被灾情形相同，应否一并酌予拨款急赈，请察核指遵案。

（决议）照海丰县例拨毫券三千元，交县妥为给赈，在二十六年度救灾费项下拨付。

二、财政厅呈，为订定各县地方款拨支临时地税征收经费标准额比较表，及调整办法，请察核备案等情，请公决案。

（决议）通过。

三、建设厅呈复，审查广东印花烟酒局拟停止种烟一年，改植粮稻一案，似可请由钧府会同财特署会函布告暂禁栽植，其指导烟农改植食粮作物工作，则饬由农林主管机关负责办理，请察核案。

（决议）通过。

四、主席提议，据广东省银行呈，拟定收买低伪毫银办法，请察核备案等情，请公决案。

（决议）通过。

五、主席提议，据广东省船舶总队部呈，请由本年九月二十日成立起至月底止，计十一天，应领经费国币七十三元三角二分，及十月份全月经费二百元，拨给下部，并请按月提前给领等情，请公决案。又据呈缴所属各级队部二十六年十一月份经费支付预算书，计国币一千一百二十元，及二十六年度临时费预算书，计国币一万三千五百八十元，请转行财政厅照拨等情，请公决案。并案讨论。

（决议）经常费通过，在国防费项下开支；临时费交秘书处会同财政厅核议。

广东省政府第八届委员会
第五十六次会议议事录

出席者　吴铁城　欧阳驹　曾养甫　许崇清　徐景唐　李煦寰
　　　　　胡继贤　陈耀祖

列席者　邹　洪

主　席　吴铁城

纪　录　（秘书）杨子立　（科长）黄　华

报告事项

一、中山县训政实施委员会函复，准函调现任中山县县长杨子毅为本府参议，遗缺以张惠长代理等由，自应照案追认，请查照。

二、财政厅呈复，遵令将本厅岁计会计及县预决算等股事务人员档案，拨归会计处管辖，请察核备案。

三、财政厅呈缴南海等十六县及梅菉局二十六年度岁入岁出预算书，请察核备案。

四、教育厅呈，据乐会县呈缴第三科科长陈赞烜任用审查表及证件，转请察核加委。

五、教育厅呈，据南海县呈缴第三科科长李景宗、科员何家恺审查表，请察核准予转送审查。

六、建设厅呈，据省营工业管理处呈缴第一制丝场保管人员姓名表、保管经费预算表，计每月共支国币一百六十七元零三分，拟仍就该厂场管理费预算项下拨支等情，请察核指遵。

七、建设厅呈，拟将本厅历任移交废烂汽车电单车四辆变卖，招商估价，以诚兴合记总共出价省券二百四十五元一单为最高，应否准予变卖，由该号承受之处，请察核指遵。

八、广州市政府呈，准中国国民党广州特别市党部函，该部每月经费除照案五成拨付外，请加拨国币二千五百元等由，拟勉由本年十一月起每月加拨毫券二千元，请察核备案。

九、广东省地政局呈，为职局制图员米士凯因公积劳病故，拟请援照成案，给予该员薪额三个月，共毫币一百三十八元作为恤金，并拟在测量队节余经费项下支给，请鉴核示遵。

讨论事项

一、财政厅呈复，核议第八区行政专员修理公署工程费三百三十九元零二仙，应改由该署八月份经费流存项下开支，不另拨发，请鉴核施行案。

（决议）通过。

二、主席提议，据全国经济委员会珠江水利局呈，据各江测量队查勘完竣，计西北两江岁修工程，需款总数国币二十八万六千余元，核与前呈请拨之数计，尚不敷国币四万元左右，此款拟由本局暂行垫支，俟钧府指拨专款，即行派员分区监督指导等情，请公决案。

（决议）仍照原案办理，除由该局能垫之数外，其不足之国币一十七万元，由该局向广东省银行借用，并由省库自二十七年度起分两年归还，令知财政厅、省银行。

三、主席提议，据广州城西方便医院呈，为经费困难维持无力，恩赐按月拨助经费五千元等情，请公决案。

（决议）省库支绌，每月拨助毫券一千元，在二十六年救济金项下拨支。

四、胡委员、陈委员、史院长会复，奉交复审谭凤仪等不服兴宁县政府为凹下低垄水利之处分，提起诉愿一案，拟具审查意见，请公决案。

（决议）照审查通过。

五、胡委员、陈委员、史院长会复，关于荣兴盛代理人李文世，因申报营业事件，不服广州市区营业税局，所为将铺屋产价并入原报资额课税之处分，提起诉愿一案，经秘书处审查完竣，拟具决定书，其主文为，原处分关于并入铺屋产价计算课税之部分撤销，所持理由甚为正当，本案诉愿似可照拟办理，请公决案。

（决议）照审查通过。

六、主席提议，据财政厅报告，拟修正广东省沙田登记规则第十条第二项，及第十四条第二项各条条文等情，请公决由。

（决议）通过。

广东省政府第八届委员会
第五十七次会议议事录

出席者 吴铁城　许崇清　徐景唐　李煦寰　胡继贤　陈耀祖
列席者 邹　洪　桂竞秋
主　席 吴铁城
纪　录 （秘书）杨子立　（科长）黄　华

报告事项

一、财政厅呈，为增进当前库收，充实战时粮食起见，拟定奖励人民报承新生水坦办法，布告通行，请察核准予备案。

二、财政厅呈，为订定地税督催专员服务规则、督催分区及专员名单，请察核备案。

三、教育厅呈，据大埔县呈缴第三科科长何德让履历证件，转请察核准予委充代理。

四、教育厅呈，据阳春县呈缴第三科科长陈集梧履历表、任用审查表及证件，转请察核准予委充代理。

五、教育厅呈，据连县呈缴督学林国铨、吴云章、罗彰善履历证书及证件，转请察核准予加委。

六、教育厅呈，据龙门县呈缴督学邓畋初任用审查表及证件，转请察核准予代理。

七、教育厅呈，据灵山县呈缴督学区曼履历表，转请察核准予加委。

讨论事项

一、民政厅呈，据河源县呈，为县属风灾水患，损失惨重，请设法赈济等情，似应酌予拨款散赈，请察核饬遵案。又据紫金县呈报风雨为

灾情形，应否准予汇案酌拨赈款之处，请察核饬遵案。（并案讨论）

（决议）河源、紫金两县各拨毫券五百元，交县妥为给赈，在二十六年度救济费项下拨付。

二、主席提议，秘书处签呈，本府审查诉愿案件办公室，预算月支省券一千七百五十元，系在本省二十六年度预备费项下开支，并规定以六个月为限，由本年七月份起至十二月底上〔止〕，现在为期已满，查积存诉愿案件未经决定者尚属繁赜，似有继续必要等情，请公决案。

（决议）通过展期六个月。

三、胡委员、曾厅长会呈，审查关于改订各县临时地税督征处规程一案，缴同修正规程，请察核案。

（决议）通过。

四、胡委员、史院长会复，审查台山、恩平两县互争员山大享等乡地界案意见书，请公决案。

（决议）照审查通过。

广东省政府第八届委员会
第五十八次会议议事录

出席者 吴铁城　许崇清　徐景唐　李煦寰　胡继贤　陈耀祖
列席者 邹　洪　桂竞秋
主　席 吴铁城
纪　录 （秘书）杨子立　　（科长）黄　华

报告事项

一、财政厅呈，据汕头市及东莞稍潭麻疯院请月支补助费，省券共二千九百二十元，照因粮十足支给等情，似可准予照办，请察核备案。

二、建设厅呈缴广东全省长途电话管理委员会主任委员沈子良奉令晋京，出差旅费临时费预算书，计共支一千九百七十元零八分，请察核存转。

讨论事项

一、建设厅呈，据广州船务管理局转据甘竹滩派出所呈，以特殊情形请准予十足给领经费等情，转请稍予变通办理，准将该派出所经费九成给领，俾资维持案。

（决议）通过。

二、主席提议，据广州市政府、南海县政府会呈，前定市县界址，按诸实际状况，似宜酌予变通等情，请公决案。

（决议）交胡委员、陈委员审查。

广东省政府第八届委员会
第五十九次会议议事录①

出席者 吴铁城　欧阳驹　曾养甫　许崇清　陈耀祖　李煦寰
列席者 邹　洪
主　席 吴铁城
纪　录 黄　华

报告事项

一、军事委员会委员长行营令，为剿匪军抚恤事宜归并京会统一办理，嗣后关于恤案应径呈京会核办，仰遵照并转饬所属一体遵照。

二、广东省委任职公务员铨叙委托审查委员会函，为本会经费月支六百一十元，其中员役薪工月支二百六十元，自本年九月份起仅五折支领经费，对于各员役薪工虽减成给发，尚感不敷支配，现拟由九月份起所有不敷之数，由本会办公及购置两费节余项下移项流用，请赐照办。

三、民政厅呈，转澄海、潮安、潮阳、普宁各县风水为灾请予拨赈一案，查各该县灾情尚非甚重，经饬财厅共给毫券二千元，交由第五区行政督察专员核明酌给办赈。

四、财政厅呈复，核议省地政局呈，顺德县卸土地局长钟德猷欠缴影契，请依法究治一案，查该卸局长卸任逾年，欠缴影契计银四千余

---

① 第五十九、六十、六十一次会议议事录均载于一九三七年十二月三十日的《广东省政府公报》。

元，仍未移交清楚，显违定例，似应予以停止任用处分，并由省地政局限期严追，以重交案，请核示遵。

五、教育厅呈，据饶平县呈缴第三科科长李芳园任用审查表及证件，转请察核准予加委。

讨论事项

一、建设厅呈，据公路处琼崖公路专员呈，为第一试验农场历史已久，仍拟继续办理，将经费极度缩减等情，似应准予照办，惟应剔除电话费，核计每月实支省券六百四十二元，请令饬财政厅自本年十月份起按月拨给案。

（决议）仍照原案办理。

二、主席提议，准广东高等法院函复，审查防范汉奸盗卖琼崖国土暂行办法草案意见书，连同拟改条文，请查照办理等由，请公决案。

（决议）照修正案通过。

三、主席提议，据秘书处财政厅会呈，审查非常时期节减经费办法内，恤金养老两项仍照十足支付等情，请公决案。

（决议）通过。

四、胡委员、陈委员会复，关于陈三才等因不服广东省会公安局限于废除卜筮星相巫觋堪舆之处分，提起诉愿一案，经广东高等法院审查完竣，拟将诉愿驳回，理由正当，本案诉愿似可照拟拨回，请公决案。

（决议）照审查通过。

五、胡委员、陈委员会复，关于余晋棠因承垦山场造林事件不服梅县县政府所为之处分，提起诉愿一案，经秘书处审查完竣作成决定书，拟将诉愿驳回，所拟尚属有理，似可照办，是否有当仍候公决案。

（决议）照审查通过。

六、胡委员、陈委员、史院长会复，关于李××等因×××产业事件，不服河源县政府所为移交第一区立小学校接管之处分，提起诉愿一案，经秘书处审查完竣，拟具决定书，将原处分一部分变更，所拟颇为平允，本案诉愿似可照拟办理，请公决案。

（决议）照审查通过。

七、胡委员、陈委员会复，关于黄××因与黄××等争承山坦事件，对于财政厅批示提起诉愿一案，经广东高等法院审查完竣代拟决定书，以案属司法范围，拟将原批示及原处分撤销，所拟尚无不合，是否有当，仍请公决案。

（决议）照审查通过。

广东省政府第八届委员会
第六十次会议议事录

出席者　吴铁城　欧阳驹　曾养甫　许崇清　徐景唐　胡继贤
　　　　　李煦寰
列席者　史延程　邹　洪
主　席　吴铁城
纪　录　（秘书）杨子立　（科长）黄　华

报告事项

一、财政厅呈缴澄海县二十六年度县地方款岁入岁出概算书，请察核备案。

二、财政厅呈报，定于二十七年一月一日起，宝安县属沙田，准由宝安沙田征收处兼办升科登记事宜，请察核备案。

三、民政厅呈，据郁南县呈，为代理秘书兼第一科科长张天淦久未奉委，请转呈委任等情，请察核办理。

四、广东省政府〔银行〕呈，拟具本行董事会议事规程，及本行总分支行处组织规程，请察核备案。

讨论事项

一、财政厅呈复，广州市政府呈，转据地政局请变更预算科目利便报销一案，本厅无案可稽，无从核议，请察核指遵案。

（决议）照准。

二、财政厅呈复，沙田整理处所属各分处办理复丈所需旅费，每月约需国币八百元，似可准在复丈费收入项下核实动支，请察核指遵案。

（决议）通过。

三、胡委员、陈委员会复，审查黄远孙、陈东生等控陈楚池等填塞药棘塘，不服兴宁县政府处分，提起诉愿一案，拟具意见，请公决案。

（决议）照审查通过。

四、胡委员、陈委员会复，关于胡持湘等为开平县政府处分承领该县第四区内荒山造林事件，不服建设厅所为诉愿之决定，提起再诉愿；又关崇赞等不服上述决定，提起一部分再诉愿，经广东高等法院代为审查完竣，并拟成决定书，将两造再诉愿均予驳回，理由尚属平允，似可照拟办理，请公决案。

（决议）照审查通过。

五、胡委员、陈委员会复，关于余××等因争认山坦事件，对于财政厅所为诉愿之决定，提起再诉愿，经广东高等法院代为审查完竣，拟成决定书，理由正当，本案再诉愿似可照拟办理，请公决案。

（决议）照审查通过。

六、胡委员、陈委员会复，审查黄××因钦县政府将××庙××会产业拨充县立第十一小学校经费，不服广东教育厅所为之决定，提起再诉愿一案，经本府审查完竣，作成决定书，拟将再诉愿驳回，尚无不合，似可照拟办理，请公决案。

（决议）照审查通过。

七、主席提议，兼合浦县长吴飞呈请辞去兼职，经予照准，遗缺委丘桂兴代理，提会补请追认案。

（决议）通过。

八、主席提议，查北海麻疯病院系英国教会所办，颇具成绩，近因经费支绌，疯人增加，接香港主教何明华来函历述经过情形，请求拨款一万元，俾补充两年内不足之经费等情，到府，查麻疯救济颇属重要，拟准照拨一万元，在二十六年度省地方预算救济费项下拨支，是否可行，请公决案。

（决议）由本府补助毫券一万元，分两次支给，在救济费项下拨付。

九、主席提议，奉行政院训令，现值抗战时期，所有兼任团管区司令之行政督察专员，一律免兼驻在县县长等因。除第八、九两区行政专员，已经免去合浦、琼山县长兼职并遴员代理外，所有第一区行政督察专员邓彦华，着免去南海县长兼职，拟以黄华代理；第二区行政督察专员林友松，着免去曲江县长兼职，拟以叶震东代理；第三区行政督察专员李磊夫，着免去高要县长兼职，拟以信宜县长王铎声调任，遗缺以李思辕代理；第四区行政督察专员丘誉，着免去惠阳县长兼职，拟以蓝逊代理；第五区行政督察专员胡铭藻，着免去潮安县长兼职，拟以曾则生代理；第六区行政督察专员李郁焜，着免去兴宁县长兼职，拟以汪大燧代理；第七区行政督察专员周景臻，着免去茂名县长兼职，拟以沈毅代理。是否有当，请公决案。

（决议）通过。

广东省政府第八届委员会
第六十一次会议议事录

出席者　吴铁城　欧阳驹　曾养甫　许崇清　徐景唐　李煦寰
　　　　　胡继贤
列席者　史延程　邹　洪
主　席　吴铁城
纪　录　（秘书）杨子立　（科长）黄　华

报告事项

一、广东高等法院函送海丰地方法院修葺院舍临时支付预算书，共需毫券一百九十八元五角，拟在该院经费节余项下拨支，请察核办理。

二、财政厅呈复，核议第六第九区卸行政督察专员请将九月份卸任期内经费，仍照预算列支补发一案，可否姑念交卸在前，奉令在后，一律准予仍照二十五年度预算列支补发，请察核指遵。

三、财政厅呈，据沙田整理处呈，拟在节余项下开支南海分处结束搬迁费，毫券一百六十五元二毫等情，经予照准，请察核备案。

四、教育厅呈，据龙门县呈缴第三科科长陈元彬履历、任用审查表及证件收据，转请察核准予加委。

五、广东省政府会计处呈，为与财政厅商定划分权责办法，请通令各机关自二十七年一月一日起，将收支计算书径送本处核转办理。

讨论事项

一、财政厅、建设厅、省银行会呈，核议中英庚款董事会函送水利局重建清远县水利工程借款契约草案，尚无不当，请察核办理案。

（决议）通过。

二、财政厅呈，为本年十二月十五日起，每煤油一箱，即两罐，征收国币二元，至各洋商在应缴煤油税款项下扣还借款国币五角，除分别布告令行外，请察核备案。

（决议）通过。

三、财政厅呈缴设查定组县份营业税征收办法，及收税组组织经费表，请察核备案。

（决议）通过。

四、财政厅呈，拟定各区税务局兼办京果海味捐增加经费，连同支配数目表，请察核备案。

（决议）通过。

六①、主席提议，据本府会计处呈，拟定广东省地方各机关会计室组织通则，请核定公布施行等情，请公决案。

（决议）通过。

七、许委员、胡委员会复，审查旅汕潮阳公会呈，请拨回原有戏厘捐办理私立潮阳旅汕小学一案，拟具意见，请公决案。

（决议）照审查通过。

八、胡委员、陈委员会复，审查吴浩英因阳春防务彩票成利公司欠饷事件，不服财政厅处分提起诉愿一案，经秘书处审查完竣作成决定书，拟将诉愿驳回，尚无不合，本案诉愿似可照拟驳回，请公决案。

（决议）照审查通过。

九、胡委员、陈委员会复，关于黄立绩因台新公路董事会临时办事处选派股东代表事件，对于建设厅决定提起再诉愿一案，经广东高等法院审查完竣，代拟决定书，将再诉愿驳回，复审所拟尚无不合，本案再诉愿似可照拟办理，请公决案。

---

① 原文缺第五项。

（决议）照审查通过。

十、胡委员、陈委员会复，审查振华公司郑××因广州市提倡国货委员会收用土地事件，对于广州市政府决定提起再诉愿一案，经广东高等法院审查完竣，代拟决定书，将再诉愿驳回，理由充分，本案再诉愿似可照拟办理，请公决案。

（决议）照审查通过。

十一、胡委员、陈委员会复，审查兴德公司谭德因投租铺业事件，不服广州市政府所为诉愿之决定，提起再诉愿一案，经广东高等法院代为审查，拟成决定书，理由尚属正当，本案再诉愿似可照拟驳回，请公决案。

（决议）照审查通过。

十二、主席提议，据本府会计处签呈，请准予于二十七年七月一日正式成立，并请暂按本处前呈预算数目，折发二成五之数国币四千零五十元，饬财厅由一月份起，在本省二十六年度总概算预备金项下拨给等情，请公决案。

（决议）交秘书处会同财政厅审查。

十三、主席提议，和平县县长韩甲光调省另候任用，遗缺拟以李则谋代理；蕉岭县县长陈培琛调省另候任用，遗缺拟以邓染原代理；儋县县长何承天调省另候任用，遗缺拟以陈宗舜代理，请公决案。

（决议）通过。

十四、主席提议，阳江县县长何治伟呈请辞职，应予照准，遗缺拟以苏理平代理；开平县县长叶洁芸呈请辞职，应予照准，遗缺拟以欧阳濂代理；龙门县县长吕灿铭呈请辞职，应予照准，遗缺拟以汤灿华代理；新丰县县长欧钟瑞呈请辞职，应予照准，遗缺拟以朱海珊代理；钦县县长邓衍芬呈请辞职，应予照准，遗缺拟以钟韶代理；梅菉市管理局局长陈元泳呈请辞职，应予照准，遗缺拟以萧组代理，请公决案。

（决议）通过。

广东省政府第八届委员会
第六十二次会议议事录^①

出席者 吴铁城 欧阳驹 许崇清 李煦寰 胡继贤 陈耀祖
列席者 邹 洪
主 席 吴铁城
纪 录 （秘书）杨子立

报告事项

一、教育厅呈，据四会县呈缴第三科科长余兰楚履历及证件，转请察核准予委充代理。

二、广州市政府呈，为所属各机关药殓口粮等费，拟请援照成案十足支付，开具清表请察核准予备案，并函广东省审计处查照。

三、广州市政府呈，据电力管理处呈，以收回前电力公司股票第三、第四期期票付款，拟各延六个月再行支付等情，经权准如拟办理，请察核备案。

四、珠江水利局呈报，关于前治河会修理金东、金西基围借款担保案，前呈漏列市立银行，请更正并转行省市两银行，继续担保以符原案。

讨论事项

一、民政厅呈，据揭阳县呈缴灾害损失报告表，请予拨款救济等情，应否汇案准予补拨赈款之处，请察核饬遵案。

（决议）本府拨毫券五百元，交县发赈，在二十六年度救济费项下拨付。

二、财政厅呈，据沙田整理处呈缴临时费支付预算书，拟将二十六年度预算支配余款，省券一万二千三百六十元，拨为临时费用，于预算

---

① 第六十二、六十三次会议议事录均载于一九三八年一月十日的《广东省政府公报》。

并未增加，似可准予照办，惟仍应实报实销，请察核备案。

（决议）通过。

三、财政厅呈复，遵令拨付农林局办理生产贷款督种杂粮费，每月四千元，惟此款系属临时支出，拟请在二十六年度预备费项下开支，并请决定拨款期限以完手续案。

（决议）通过，其拨款期限交粮食委员会审查。

四、主席提议，据秘书处签复，查明关于珠江水利局所缴修筑各江干基及患围调查表，并未将新会县天河围患基列入，应否拨款修筑，请提会再议等情，请公决案。

（决议）由珠江水利局经费项下垫付，将来由本府拨还。

五、胡委员、陈委员会复，审查谭锡鸿与潘祥光因争承宝安大岚坑花山矿区，不服建厅批准潘祥光继续开采之处分，提起诉愿一案，经广东高等法院代为审查，拟成决定书，将诉愿驳回，理由充分，似可照拟决定，请公决案。

（决议）照审查通过。

六、胡委员、陈委员会复，审查钟武光因番禺县政府将萝安公路罗冈暹冈两段合并管理行车事件，不服建设厅所为诉愿之决定，提起再诉愿一案，经广东高等法院审查完竣，代拟决定书，将再诉愿驳回，所拟尚属平允，似可照办，请公决案。

（决议）照审查通过。

七、胡委员、陈委员会复，审查李××与陈××等因开复水沟事件，对于民政厅决定提起再诉愿，经广东高等法院审查完竣代拟决定书，将再诉愿驳回，尚属平允，本案再诉愿似可照拟办理，请公决案。

（决议）照审查通过。

八、胡委员、陈委员会复，审查张××等因开辟马路市场及山场所有权事件，不服建设厅所为诉愿之决定，提起再诉愿一案，经广东高等法院代为审查完竣，拟具决定书，所拟尚属妥洽，似可照办，请公决案。

（决议）照审查通过。

广东省政府第八届委员会
第六十三次会议议事录

出席者 吴铁城　欧阳驹　曾养甫　许崇清　徐景唐　李煦寰
　　　　　胡继赞
列席者 邹　洪　史延程
主　席 吴铁城
纪　录 （秘书）杨子立　汪绩熙

报告事项

一、民政厅呈，据感恩县呈缴秘书兼第一科科长廖景程任用审查表，转请察核办理。

二、财政厅呈，据紫金、饶平、昌江、英德、开建、阳春、化县、合浦八县请委第二科长，暨清远、澄海、饶平、徐闻、英德、阳春、阳山、海丰、化县、防城、高要十一县请委第二科员，查各该长员资历均尚符合，请一并委用。

三、财政厅呈，奉核准照办典商及烟酒店户课税暂行办法，兹拟定预征典商税款一年，至烟酒营业牌照税，则将明年份春夏两季税款同时并征，请察核备案。

四、财政厅呈，据琼崖麻疯院，请将疯人伙食补助费自二十六年九月份起十足支付，查该补助费月支省券一百六十元，似可准照囚粮十足支付，请察核备案。

五、财政厅梗代电，本省临时地税改征国币，现展迟一月，至明年二月一日起实行，请察核备案。

六、财政厅祸代电，查各区查定组系属流动性质，其公费大部为舟车住宿费用，所有各区查定组经费由九月份起，除薪俸仍照通案办理外，其公旅等费准照额八成折支，请察核备案。

七、建设厅呈，据高要县呈缴第四科科长林弼夫任用审查表，转请察核办理。

讨论事项

一、财政厅呈，汕头、顺德两县宅地税二十六年度开征，所有该县市督征处经费，计汕头年支原额毫券五千三百四十五元，顺德县年支原额毫券四千三百八十元，二十五年度预算内均未列入该两处经费，应请追加预算以应支付，请察核备案。

（决议）通过。

二、民政、财政、教育、建设四厅长，本府秘书长会呈，审查教育厅批将各县市义务教育经费十足支发一案，拟具意见，请公决案。

（决议）通过。

三、主席提议，据第四区行政督察专员呈复，属区第二次行政会议经费四百三十元，拟在本年度各月份本署经费节余项下开支，请行厅照案核支归垫等情，请公决案。

（决议）通过。

四、胡委员函复，奉交审查财政厅呈缴广东省各县田亩补报章程一案，拟具意见，请公决案。

（决议）交财政厅再议。

五、胡委员、陈委员会复，审查王梁氏与连义堂戴献因发还一德路铺业案，不服广州市政府之决定，提起再诉愿，经广东高等法院代为审查完竣，拟成决定书，将再诉愿驳回，揆之法理尚无不合，似可照拟办理，请公决案。

（决议）照审查通过。

六、胡委员、陈委员会复，审查××堂、××堂等因承领东沙住宅区第×及第××等号地段，违章逾限兴筑，不服广州市政府财政局收回处分及市政府决定，提起诉愿一案，经秘书处审查，拟具决定书，理由正当，本案诉愿似可照拟驳回，请公决案。

（决议）照审查通过。

七、胡委员、陈委员会复，审查李栋云因堵塞街巷事件，不服广州市政府所为诉愿之决定，提起再诉愿，经广东高等法院审查完竣，代为拟成决定书，将再诉愿驳回，所拟尚属有理，似可照办，【请】公决案。

（决议）照审查通过。

八、胡委员、陈委员会复，审查黄××、黄××等因与××公司黄××等争承水坦事件，对于财政厅【所】为诉愿之决定，提起再诉愿一案，经广东高等法院代为审查，拟具决定书，其主文为，原诉愿决定及原处分，除黄多济部分外，均撤销。引用法规尚属适合，本案再诉愿似可照拟办理，请公决案。

（决议）照审查通过。

九、主席提议，据秘书处、财政厅会呈，审查本府会计处请求增加经费，月共四千零五十元一案，比较原额预算增加三千余元，为数过巨，未便准予照增拨。拟将该处经费，除原领六百余元及职厅月拨三百余元外，每月准予增拨五百元，合共月领国币一千五百元等情，请公决案。

（决议）通过。

广东省政府第八届委员会
第六十四次会议议事录①

出席者 吴铁城　欧阳驹　曾养甫　许崇清　徐景唐　李煦寰
　　　　　胡继贤　陈耀祖

列席者 史延程　邹　洪

主　席 吴铁城

纪　录 （秘书）杨子立　汪绩熙

报告事项

一、民政厅呈复，查明龙门县办理关于邬早三舞弊一案，并无舞弊证据，该县长实属异常疏忽，似应予以记过处分；至于卸龙门县清理旧粮委员张环阶、县财政局长秦剑魂二员，有滥权渎职之重大嫌疑，似应饬县将案移送法院究办，并饬将邬早三通缉令撤销，前封铺产并予发还，请察夺。

---

① 第六十四、六十五、六十六次会议议事录均载于一九三八年一月二十日的《广东省政府公报》。

二、民政厅呈，据高要县呈缴秘书梁清平、第一科科长郭基扬任用审查表，转请察核办理。

三、民政厅呈，据罗定县呈缴秘书陈元焕、第一科科长黄沅江任用审查表，转请察核加委。

四、广东省银行呈报，承中、中、交、农四行委托本行协同收换金类录案，连同办法，请察核备案。

讨论事项

一、财政厅、建设厅会呈，核议惠来县改良隆江市政府各项工程计划一案意【见】，请察核案。

（决议）照核议意见通过。

二、建设厅呈，据卸琼崖实业局【长】呈，请准将该局九月份办公施业各费十足开支，不敷之数由结存项下拨支抵解等情，拟予援案照准，请察核指遵案。

（决议）通过。

三、主席提议，据广州市政府呈缴电力管理处收回第二期附股经费追加二十六年度概算书，计国币四千七百五十七元，请察核备案等情，请公决案。

（决议）通过。

四、主席提议，准广东高等法院函，请令饬财政厅，对于各级法院监所每月不敷经费，约计毫券二万零五百余元，如数照拨等由，请公决案。

（决议）函复史院长，请另拟办法适合预算。

五、主席提议，据广东农村合作委员会呈，关于本会业务，拟请准予延至二十六年十二月底止结束，移交广东省粮食委员会接管办理；至十二月下半月经费国币一千余元，并请准在本会二十五年度存余经费项下提拨支销等情，请公决案。

（决议）通过。

六、胡委员、陈委员会复，审查梁超因瞒税私制煤油事件，不服财政厅所为没收煤油之处分，提起诉愿一案，经秘书处审查完竣拟具决定书，主文诉愿驳回，理由充分，似可照拟办理，请公决案。

（决议）照审查通过。

七、胡委员、陈委员会复，审查马××与周××因发还第三甫水脚屋业案，不服广州市政府之决定提起再诉愿一案，经广东高等法院代为审查拟具决定书，理由正当，似可照拟办理，请公决案。

（决议）照审查通过。

八、主席提议，紫金县县长江锦兴调省另候任用，遗缺拟调德庆县县长钟歧代理；递遗德庆县县长缺，拟委梁汉耀代理，请公决案。

（决议）通过。

广东省政府第八届委员会
第六十五次会议议事录

出席者　吴铁城　欧阳驹　曾养甫　许崇清　徐景唐　李煦寰
　　　　　陈耀祖
列席者　史延程
主　席　吴铁城
纪　录　（秘书）杨子立　汪绩熙

报告事项

一、民政厅呈，据东莞县呈缴秘书王凤洲、第一科科长朱秋荣任用审查表，转请察核办理。

二、建设厅呈，据阳春县呈缴第四科科长蔡士亮任用审查表，转请察核办理。

三、建设厅呈，准省银行函，将本厅借欠行款拟全部调整改订合约等由，抄录合约及附表，请察核备案。

讨论事项

一、主席提议，据广州市政府呈缴市营业机关月支经费数目表，请准备案等情，请公决案。

（决议）通过。

二、胡委员、陈委员会复，关于广州市政府、南海县政府会呈，拟具变更前定市县界址办法，奉交会同审查，兹查所拟变通办法对于实际情形尚属适合，且经市县双方同意，似可准予照办，是否有当仍候公决案。

（决议）通过。

三、胡委员、史院长会复，审查罗跃衢等与林衡开等因填塘作田妨害水利争执事件，不服兴宁县政府所为之处分，提起诉愿一案，经秘书处审查完竣拟具决定书，将诉愿驳回，所拟尚属平允，似可照办，请公决案。

（决议）照审查通过。

四、胡委员、史院长会复，审查南海××堂代表人曾××等因承领广州市米埠第××、××两号官地及上盖事件，不服财政厅所为之处分，提起诉愿一案，经广东高等法院代为审查完竣，拟具决定书，将诉愿驳回，按诸法理尚无不合，似可照拟办理，请公决案。

（决议）照审查通过。

五、胡委员、史院长会复，审查陈景周等不服财政厅缓发同福围溢坦案缴过花息等费之处分，提起诉愿一案，经秘书处审查完竣，拟具决定书，奉交会同审查，兹查所拟尚属平允，似可照办，请公决案。

（决议）照审查通过。

六、胡委员、陈委员会复，审查汕头市中央戏院代表人陈振华因娱乐捐纠纷事件，不服汕头市政府所为之处分，提起诉愿一案，经秘书处审查完竣拟具决定书，将诉愿驳回，似可照办，请公决案。

（决议）照审查通过。

七、主席提议，海康县县长许济调任本府谘议，遗缺拟委邓定远代理，请公决案。

（决议）通过。

广东省政府第八届委员会
第六十六次会议议事录

出席者　吴铁城　欧阳驹　曾养甫　许崇清　徐景唐　李煦寰

　　　　　　陈耀祖

列席者　史延程　邹　洪

主　席　吴铁城

纪　录　（秘书）杨子立　汪绩熙

报告事项

一、财政厅呈报，核定将清理旧案办法延长有效期间六个月，至二十七年六月底截止，以便业户而裕库收，请察核备案。

二、财政厅呈，据第八区税务局呈，请照案将雷州稽征所增加经费，每月毫券六十二元，由二十六年八月份起，按月给发具领等情，查案相符，自应照准，并在第九区税务局预备费项下挪支，请察核备案。

三、财政厅呈报，修正广州市水陆筵席捐征收章程，连同原章及新章，请察核备案。

四、财政厅呈，为订定沙佚违章苛抽工食办法，请察核备案。

五、财政厅呈报，委派刘康硕等七十五员为各县市会计员，连同名册，请察核备案。

六、教育厅呈，据和平县呈缴第三科科长黄其鉴履历证书及证件，转请察核准予加委。

讨论事项

一、民政厅呈，为二十六年九月份，本厅经费及办理赈务办公费、视察员经费等不敷支之数，共国币三千七百七十八元二角七分，经分别在结存历月经费项下流用，请察核准予备案。

（决议）通过。

二、民政厅呈，据博罗县呈复勘得县属女湖等乡灾情，填绘灾情表暨被灾乡村地图，请拨款急赈等情，应否酌予拨款赈济，请察核饬遵案。

（决议）交秘书处核议复夺。

三、财政厅呈，为重拟各县财政指导专员经费概算书，及往返旅费概算书，请鉴核备案。

（决议）通过。

四、主席提议，准国立中山大学法学院函，为本院经济调查处全体助教分赴各县调查田租实际状况，以为政府将来编制减租方案之参考资

228

料，关于旅费津贴不敷之国币三百元，请一次过予以补助等由，请公决案。

（决议）通过，令财政厅筹拨。

五、胡委员、史院长会复，关于李××因查封铺业，不服财政厅所为之处分提起诉愿一案，经秘书处审查完竣，拟具决定书，兹查本案争执之点系该铺业所有权之谁属，此乃私法问题，似宜归法院办理为当，请公决案。

（决议）照审查通过。

六、胡委员、史院长会复，审查四和堂再记代表人林吉长等，不服前潮梅官产处投变汕头澄海路华坞沟内坦地之处分，提起诉愿一案，经广东高等法院代为审查，拟具决定书，所拟尚无不合，似可照办，请公决案。

（决议）照审查通过。

七、胡委员、史院长会复，审查吴耀卿反对建设厅划定营沥公路线在兴贤之北，不服原处分提起诉愿一案，经秘书处审查完竣，拟具决定书，所拟尚无不合，似可照办，请公决案。

（决议）照审查通过。

八、胡委员、陈委员会复，审查戴××与李××争承广州××路铺业，不服前官市产审查委员会所定竞投之处分，提起诉愿，经广东高等法院代为审查，拟具决定书，所拟尚属公允，似可照办，请公决案。

（决议）照审查通过。

九、胡委员、陈委员会复，审查黄能振等与孔树民因发还云泉山馆案，不服广州市政府训令财政局执行之处分，提起诉愿一案，经广东高等法院代为审查完竣，拟具决定书，将诉愿驳回，所拟尚属平允，似可照办，请公决案。

（决议）照审查通过。

十、主席提议，吴川县县长梁昌汉调省另候任用，遗缺拟委刘应时代理，请公决案。

（决议）通过。

广东省政府第八届委员会
第六十七次会议议事录^①

出席者　吴铁城　欧阳驹　曾养甫　许崇清　徐景唐　胡继贤
　　　　　李煦寰　陈耀祖
列席者　史延程　邹　洪
主　席　吴铁城
纪　录　（秘书）杨子立　汪绩熙

报告事项

一、财政厅呈复，奉饬补助北海麻疯院经费毫券一万元，在救济费项下拨付等，查二十六年度预算协助费有各麻疯院补助费一项，该院补助费似可改在该项拨支，俾符事实，请察核指遵。

二、教育厅呈，据儋县呈缴第三科科长何济勋任用审查表及证件，转请察核准予加委。

三、教育厅呈，据东莞县呈缴第三科科长邓柱燊履历、任用审查表及证件，转请察核准予加委。

四、建设厅呈，据罗定县呈缴第四科科长何铿任用审查表，转请察核加委。

讨论事项

一、教育厅呈复，核议卫生处拟组本省健康教育委员会一案，拟将原缴组织规程酌为修改，并指定省立广雅、庚戌、女中、女师等四校先行试办，俟有成效再行逐渐推广，请察核示遵案。

（决议）通过。

二、主席提议，据第八区行政督察专员呈缴领运子弹临时费支付计算书，计国币三百二十元零二毫一仙，此款经由本署经常费项下准备金

---

① 第六十七、六十八、六十九次会议议事录均载于一九三八年一月三十日的《广东省政府公报》。

内先行拨支，请准存转核销等情，请公决案。

（决议）通过。

三、陈委员、胡委员会复，审查黄瑞昌堂、万镒堂、李远昭堂、伍吉庆堂、孙永福堂等各别诉愿一案，经秘书处审查完竣，拟具决定书，所拟尚无不合，本案诉愿似可照拟办理，请公决案。

（决议）照审查通过。

四、胡委员、陈委员会复，审查张××与雷×××因争承田坦事件，对于财政厅所为之处分提起诉愿，经广东高等法院代为审查，拟具决定书，将原处分撤销，于法尚无不合，似可照拟〔办〕，请公决案。

（决议）照审查通过。

五、胡委员、史院长会复，审查邓××等因不服高明县政府将××、××两围并入××围之处分，提起诉愿一案，经秘书处审查完竣，拟具决定书将诉愿驳回，所拟尚属合理，似可照办，请公决案。

（决议）照审查通过。

六、胡委员、陈委员、史院长会复，审查潮安县民许官如等因修筑北堤工程事件，不服建设厅水利局之处分提起诉愿一案，经秘书处审查完竣，拟具决定书，所拟尚属可行，似可照拟办理，请公决案。

（决议）照审查通过。

七、胡委员、陈委员、史院长会复，审查丘士衡等与徐兆棠等因蕉武公路利成有限公司选举事件，不服蕉岭县所为处分，提起诉愿，经秘书处审查完竣，拟具决定书，将诉愿驳回，理由尚属充分，似可照拟办理，请公决案。

（决议）照审查通过。

八、胡委员、陈委员会复，审查李××等因与李××等为承领××堡、××山等处山场，不服财政厅之决定提起再诉愿一案，经广东高等法院代为审查，拟具决定书，所拟尚属平允，似可照办，请公决案。

（决议）照审查通过。

广东省政府第八届委员会
第六十八次会议议事录

出席者 吴铁城　欧阳驹　曾养甫　许崇清　徐景唐　李煦寰
　　　　　胡继贤　陈耀祖
列席者 史延程　邹　洪
主　席 吴铁城
纪　录（秘书）杨子立　汪绩熙

报告事项

一、财政厅呈，为依照本省规定币制，拟修正保险业按保金额，连同章则，请察核备案。

二、教育厅呈，据兴宁县呈缴第三科科长袁荫庭任用审查表及证件收据，转请察核准予加委。

三、教育厅呈，据阳江县呈缴第三科科长梁维展履历证书及表件，转请察核准予加委。

讨论事项

一、财政厅呈，关于预征典税一案，据广州市按押业同业公会呈，请照原额预缴一年，免加半缴纳及照准九成纳缴，并由会代缴提扣奖金各等情，经分别饬遵，请察核备案。

（决议）通过。

二、建设厅呈缴琼崖公路专员办事处东文路养路队二十六年度经常费预算书，计共毫券一千二百九十元，拟由路款收入项下按月如数拨支，请察核分别存转案。

（决议）通过。

三、建设厅呈，据工业试验所呈，拟印年刊一千册，该项经费，在职所节存项下提支毫券约一千元开支等情，似应照准，请察核备案。

（决议）照秘书处签拟意见通过。

四、主席提议，准广东高等法院函，据钦县地方法院呈，请修葺院舍及挖防空沟，所需工料费共毫券二百八十元零六毫，拟请在该院二十五年度经费盈余项下动支等由，请公决案。

（决议）该院二十五年度节余经费应扫数解库，所需防空沟工料费毫券二百八十元零六毫，应在该院二十六年度节余项下支付。

五、主席提议，据广州市政府呈，据卫生、财政两局会呈，医务机关药料费、殡葬费、留医病人伙食、护生值夜等费，及补助贫民生产医院经费、补助石龙稍潭疯院经费，均拟照成案十足发给，请察核备案等情，请公决案。

（决议）通过。

六、主席提议，据秘书处签复，核议博罗县勘复县属女湖等乡灾情，请拨款急赈一案，查前据河源、紫金两县因风水为灾，请赈到府，经第五十七次会议决议，各拨毫券五百元，交县妥为给赈在案，本案拟按照此项成例，拨给赈款五百元等情，请公决案。

（决议）由本府拨给赈款毫券五百元，交该县妥为发赈，此项赈款在二十六年度救济费项下拨付。

七、陈委员、胡委员会复，审查×××堂代表人黄××因×××堂投承××街旗产案，不服广州市政府财政局之处分，提起诉愿一案，经广东高等法院代为审查完竣，拟具决定书，尚属允协，似可照拟决定，请公决案。

（决议）照审查通过。

八、胡委员、陈委员会复，审查陵水县第三区下园乡立第一初级小学校校长江心明等因与第一区中普初级小学互争下园渡款，不服广东教育厅决定，提起再诉愿一案，经本府秘书处审查完竣，拟将再诉愿驳回，所拟尚属有理，似可照办，请公决案。

（决议）照审查通过。

九、陈委员、胡委员会复，审查××堂代表谢××、××堂代表王××、×××代表谢×因报承水坦一案，不服潮阳澄普惠沙田征收处所为之处分，提起诉愿一案，经秘书处审查完竣作成决定书，所拟尚属公允，似可照拟决定，请公决案。

（决议）照审查通过。

广东省政府第八届委员会
第六十九次会议议事录

出席者 吴铁城 欧阳驹 许崇清 徐景唐 胡继贤 陈耀祖
主　席 吴铁城
纪　录 （秘书）杨子立 汪绩熙

报告事项

一、财政厅呈，为库存无案可稽之金库券、印花税票、烟酒印花税票、军政府粤省财部筹饷局收据等，计共三十余箱，拟定期遗毁，列具清册粘同样本，请核示遵。

二、财政厅呈报，将花县等十一县增加警察经费，核准在预备费项下支，缴同数目表，请察核备案。

三、财政厅呈，据卸宝安县长阎模楷呈复，支过九月十七天经费，系未奉折减明令前清发等情，应否准按原额报销，请核示遵。

讨论事项

一、民政厅呈复，各县警察局所办公费及政务警察饷项，似应十足支付，请察核指遵案。

主席提议，据番禺县呈，拟由二十六年十月份起，县属政务警察经费，援照县警察机关经费支付办法办理等情，请公决案。并案讨论。

（决议）通过。

二、建设厅呈，据南海县呈，请转呈核准令饬广州市政府，将佛山市电话划回本县管辖等情，请察核办理案。

（决议）通过。

三、主席提议，据本府会计长签呈，拟订广东省地方岁计会计规程草案，请核定公布，明定自二十七年二月一日起施行，并将现行广东省地方会计暂行规程同时废止等情，请公决案。

（决议）交胡委员会同会计长审查，并邀同本府第一科陈科长列席。

234

四、陈委员函复，审查改正黄达孙等控陈楚池等填塞药棘塘，不服兴宁县处分提起诉愿案，决定书系照决议通过审查意见办理，尚无不合，当否，请公决案。

（决议）照审查通过。

五、陈委员、胡委员、史院长会复，审查积兆堂代理人赵才因报承草坦事件，不服财政厅所为之处分提起诉愿一案，经本府秘书处审查，拟具决定书。兹查香山农业公司持有咸丰六年之垦单，而诉愿人所持则为咸丰七年之斥卤照，是诉愿人承领系争坦显在农业公司之后，自应以农业公司取得承领权为优先，原处分准该农业公司领照管业，将诉愿人承案撤销，尚无不合，本件诉愿为无理由，予以驳回，自属允当，仍请公决案。

（决议）照审查通过。

六、民政、财政、教育、建设四厅长，本府秘书长会呈，审查本省地方各机关经费改为八成折发一案，似应改由二十七年一月份起；各县政府、各专员公署经费仍照八成折发；其他各机关经费拟请另定办法。请鉴核案。

（决议）通过。

七、主席提议，赤溪县县长王季子一再呈请辞职，应即照准，遗缺拟委姚毓琛代理；从化县县长黄维玉一再呈请辞职，应即照准，遗缺拟委郑丰代理，请公决案。

（决议）通过。

广东省政府第八届委员会
第七十次会议议事录①

出席者　吴铁城　欧阳驹　曾养甫　许崇清　徐景唐　胡继贤

———————

① 第七十、七十一、七十二次会议议事录均载于一九三八年二月十日的《广东省政府公报》。

陈耀祖

列席者 史延程 邹 洪

主 席 吴铁城

纪 录 （秘书）杨子立 汪绩熙

报告事项

一、民政厅呈，为订定广东民政厅委任视察服务暂行规则，分发遵照察核备案。

二、教育厅呈，拟将前国医学院缴存建校设备费余款，毫银九千八百零四元一毫二仙，及由二十六年度教育临时费项下，拨毫银二万八千九百六十二元六毫二仙，以便结束广州女子中学科学馆等建筑工程费尾数，请核准并令财政厅拨发。

三、建设厅呈，据农林局呈复，遵于本年一月起，将肥田料配制费改照国币九角定额征收等情，请查核备案。

四、建设厅、珠江水利局会呈，将广东省二十六年冬季东西北三江围基水闸，岁修工款分配表重新更订情形，检同附表，请鉴核备案。

讨论事项

一、主席提议，据省地政局呈，拟将保留建筑局址存款，及广东省银行往来活期利息，国币九百余元，拨出国币二百元作为会计人员额外工作奖金之用，其余转入正账滚存等情，请公决案。

（决议）不准给奖，应将存款及利息国币九百余元扫数解库。

二、教育厅呈，据私立世德初级农业职业学校呈，请继续发给补助费等情。查该校自二十六年九月份起照通案五成支付，每月由省库补助五百六十九元八毫八仙，十二月份起照案本应停发，应否准予援照私立执信、仲恺等校成例，十二月以后仍继续给予补助费之处，请察核指遵案。

（决议）通过。

三、胡委员函复，审查合浦县第十一区区立第四小学校代表人陈世芬等为请求共享北塞圩市场权利，对于教育厅决定提起再诉愿一案，经广东高等法院代为审查完竣，拟具决定书，所拟尚属允当，似可照拟驳回，请公决案。

（决议）照审查通过。

四、胡委员函复，审查黄××等因××××社产拨充小学经费，不服教育厅决定提起诉愿一案，经广东高等法院代为审查完竣，拟具决定书，所拟尚属允当，似可照拟决定，请公决案。

（决议）照审查通过。

五、陈委员、胡委员会复，审查龚××等因与张发兴等争承荒山，不服开平县政府处分提出诉愿一案，经广东高等法院代为审查，似〔拟〕具决定书，所拟尚属平允，似可照拟决定，请公决案。

（决议）照审查通过。

六、主席提议，顺德县县长许廷杰再呈请辞职，应即照准，遗缺拟调代理阳江县县长苏理平代理；递遗阳江县县长缺，拟调代理乐昌县县长黄逸民代理；递遗乐昌县县长缺，拟调代理遂溪县县长杨德隆代理；递遗遂溪县县长缺，拟委余斌代理；白沙县县长黄鸿光调省另候任用，遗缺拟委丘海云代理；定安县县长苏萍生调省另候任用，遗缺拟委吴雄代理。请公决案。

（决议）通过。

广东省政府第八届委员会
第七十一次会议议事录

出席者　吴铁城　欧阳驹　曾养甫　许崇清　徐景唐　李熙寰
　　　　　　胡继贤　陈耀祖

列席者　史延程　邹洪

主　席　吴铁城

纪　录　（秘书）杨子立　汪绩熙

报告事项

一、民政厅呈，为各县市局均经编组保甲，保长、甲长亦已分别选委，所有原日之里邻及坊等组织自应一体撤销，请察核备案。

二、广东省银行呈报，钦县办事处主任温福田被吴相熙呈控私擅逮捕一案，经法院判决，关于刑事部分主文开：吴相熙、符佐臣共同意图，为自己不法之所为而侵占自己持有他人之物，各处有期徒刑二月。关于附带民事诉讼部分，主文开：被告等应连带偿原告省券七百四十四元。抄白判决书，请察核。

三、广东省银行呈报，梧州办事处展期改订一月二十四日开业，请察核备案。

讨论事项

一、财政厅呈，据乳源县请示瑶盐费是否十足支付，查该县绥瑶经费二十五年度预算列支省券三百三十二元，尚有安化瑶饷年支省券二千元，连山瑶饷年支省券九百二十二元，事同一律，应否准照十足支付，并请察核指遵案。

（决议）通过，均照十足支付。

二、陈委员、胡委员会复，审查黄××等因与黄××等争承山坦事件，不服财政厅所为诉愿决定，提起再诉愿一案，经广东高等法院代为审查，拟具决定书，将诉愿决定及原处分均撤销，尚属适法，本案再诉愿似可照拟决定，请公决案。

（决议）照审查通过。

三、陈委员、胡委员会复，审查关荫福为请求核定税额及豁免税罚事件，不服广东财政厅批示提起诉愿一案，经广东高等法院代为审查完竣，拟具决定书，将诉愿驳回，尚无不合，似可照拟核定，请公决案。

（决议）照审查通过。

广东省政府第八届委员会
第七十二次会议议事录

出席者　吴铁城　欧阳驹　曾养甫　许崇清　徐景唐　李煦寰
　　　　胡继贤　陈耀祖
列席者　史延程
主　席　吴铁城
纪　录　（秘书）杨子立　汪绩熙

报告事项

一、民政厅呈，据增城县呈缴第一科科长黄畴五任用审查表，请察核加委。

二、建设厅呈报，琼崖公路专员办事处征收各项汽车牌照等费，数目经酌予修正，检同修正数目表，请察核备案。

讨论事项

一、财政厅呈，为一区税务局请增加临时职员及拨发不敷抄录费，统拟援照核发查定组办公费成案，以该局预备费照八折全数拨付，以利稽征，请察核备案。

（决议）通过。

二、财政厅呈，据沙田户地测量第一、二、三队呈，请将员役薪工照薪给拆支办法，在节余经费项下拨足等情，似可准如所请办理，仍以节余经费项下匀支为限，不另给款，以示撙节，请察核备案。

（决议）通过。惟事前未据呈报核准，该厅遽予核准指复既〔暨〕函审计处查照，手续殊有未合，下次不准。

三、财政厅呈缴沙田整理处中顺西海分处，及新会番禺东莞中顺东海分处，临时留用登记人员经费支付预算书，计各月支省券二百元，该款在节余项下拨支，请察核遵案。

（决议）通过。

四、陈委员、胡委员会复，审查林××以其××××公司被财政厅查封，勒缴货价，不服处分提起诉愿一案，经秘书处审查完竣，拟具决定书，主文为原处分撤销，封存各物揭封发还。所持理由尚无不合，似可照拟，请公决案。

（决议）照审查通过。

五、胡委员、陈委员会复，审查李杰文等因与李履仁控争尝款办学，对于教育厅批示提起诉愿一案，经广东高等法院代为审查，拟具决定书将诉愿驳回，理由尚属允协，似可照拟决定，请公决案。

（决议）照审查通过。

广东省政府第八届委员会
第七十三次会议议事录①

出席者 吴铁城 欧阳驹 曾养甫 许崇清 徐景唐 李煦寰
　　　　　胡继贤 陈耀祖
列席者 史延程
主　席 吴铁城
纪　录 （秘书）杨子立 汪绩熙

报告事项

一、财政部皓汉钱电，国币与粤币依照法定比率行使办法，应准自二十七年一月一日起展期一年，以便民用，请查照转饬所属一体知照。

二、财政厅呈，为促进税收起见，拟订各级征收机关考成暂行办法，由本年份起施行，请察核指遵。

三、珠江水利局呈，准第三区行政专员函，关于订定属内各围修筑工款补助额数，有已经发放在先者请略变更一案，自应略事变更，检同修正二十六年各江基围水闸岁修工款分配表，请察核备案。

讨论事项

一、主席提议，据本府会计处签呈，核议农林局请追加二十五年度岁入临时门预算五千元一案，拟请准照追加等情，请公决案。

（决议）通过。

（一）照审查意见通过。（二）本案届密查密报日期时，须再呈本府核准后施行。

二、胡委员、陈委员会后〔复〕，审查台山县中医公会代表人谭道五等，为对于台山县政府取缔中医兼用西械西药事件，不服民政厅决定，提起再诉愿一案，经广东高等法院代为审查完竣，拟具决定书，将

---

① 第七十三、七十四、七十五次会议议事录均载于一九三八年二月二十日的《广东省政府公报》。

再诉愿驳回，理由充分，似可照拟决定，请公决案。

（决议）照审查通过。

三、胡委员、陈委员会复，审查殷仲铭等因请求撤销河源县抽收松香出口捐事件，不服财政厅所为之处分提起再诉愿一案，经秘书处审查完竣，拟具决定书，将诉愿驳回充分，似可照拟决定，请公决案。

（决议）照审查通过。

广东省政府第八届委员会
第七十四次会议议事录

出席者 吴铁城　欧阳驹　曾养甫　许崇清　李煦寰　胡继贤
　　　　　陈耀祖
列席者 史延程　邹　洪
主　席 吴铁城
纪　录 （秘书）杨子立　汪绩熙

报告事项

一、行政院令，奉国民政府明令，公布民国二十六年整理广西金融公债条例及还本付息表，抄发原件仰知照，并转饬所属一体知照。

二、教育厅呈，据连县呈缴第三科科长黄福熙任用审查表及证件，转请察核准予加委。

三、财政厅、建设厅、省银行会呈，遵查管理中英庚款委员会现送水利局重建清远县水利工程借款契约，比较前送草案不同之点，仅系第四及第五两条字句略有变更，惟核语意大致无甚差异，似尚允当，请察核。

讨论事项

一、民政厅呈，据省会警察局呈，拟将本市铺屋码头租额，及自业自用产价分别捐率，折合国币或照国币征收警捐等情，查所拟办法，第一、三两项拟准照办，惟第二项似仍应照法定比率折合国币征收，以示体恤，请察核示遵案。广州市商会整理委员会呈，请转饬省会警察局维持定章，仍照原订租额，准照法定比率折合国币缴纳，以轻商民担负

案。（并案讨论）

（决议）照民政厅及秘书处所拟意见通过，市商会来呈行民厅照案批复。

二、财政厅呈，拟议裁减各税收机关人员，分别归并改组，及酌予补助各处经费缘由，检同附表，请察核备案案。

（决议）通过。

三、财政厅呈，为拨助广州市红十字会国币二万元，似可准在二十六年度预算协助费项下拨支，请察核备案案。

（决议）通过。

四、主席提议，潮阳县县长缪任仁与澄海县县长张虞韶对调；郁南县县长陈弼尧调省另候任用，遗缺拟调万宁县县长黄文鹄代理，递遗万宁县县长缺，拟调河源县县长杜清代理，递遗河源县县长缺，拟调梅县县长梁翰昭代理，递遗梅县县长缺，拟委杨幼敏代理；新委从化县县长郑丰呈请辞职，应予照准，遗缺拟委赵超代理，请公决案。

（决议）通过。

五、主席提议，连县县长萧越调省另候任用，遗缺拟委何春帆代理，【请】公决案。

（决议）通过。

广东省政府第八届委员会
第七十五次会议议事录

出席者　吴铁城　欧阳驹　曾养甫　许崇清　徐景唐　李煦寰
　　　　　陈耀祖
列席者　史延程　邹　洪
主　席　吴铁城
纪　录　（秘书）杨子立　汪绩熙
报告事项

一、行政院令，奉国民政府明令，公布民国二十七年江西省建设公债条例及还本付息表，仰知照，并转饬所属一体知照。

二、民政厅呈复，第七区专员查复，吴川县长梁××被控率兵枪杀余陈氏一案，虽经查明该县长并无率兵下乡，惟警兵竟敢擅自开枪伤人，足见平日疏于诫饬，自难卸责，现该县长业已去职，拟予以申诫处分，以示惩儆，请察夺令遵。

三、民政厅呈，为划一各县区署办事程序起见，订定广东各县区署办事通则十八条，通令施行，请察核。

四、民政厅呈，据饶平县呈缴秘书王仁佳、第一科科长吴秉亮任用审查表件，转请察核加委。

讨论事项

一、主席提议，准广东高等法院函，据广州地方法院呈，请核准院内警丁自二十六年九月份起，援照士兵政警成例，一律十足发饷，转请查照将各法院法警工饷一律十足支付等由，请公决案。

（决议）通过。

二、主席提议，据省地政局呈报，前往博罗等县视察荒地，途次因汽车互撞，员役受伤，将来医药费及现在修理汽车工料费毫券一百六十五元，并拟在本局二十五年度节余行政费项下开支，请准备案等情，请公决案。

（决议）照秘书处签拟意见通过。

三、胡委员函复，审查邓以栋因开采阳山县属竹子坪山等处铅锌矿区事件，不服广东建设厅处分提起诉愿一案，经秘书处审查完竣，拟具决定书，将诉愿驳回，尚属适法，似可照拟决定，请公决案。

（决议）照审查通过。

四、胡委员、陈委员会复，审查陈鉴波、欧阳庸等因不服河源县政府追缴振〔赈〕款及处罚罚金之处分，各别提起诉愿，经秘书处审查完竣，拟具决定书，尚属允协，似可照拟决定，是否有当，仍请公决案。

（决议）照审查通过。

五、主席提议，增城县县长黄炳坤拟与饶平县县长周东对调；龙川县县长林振德拟调省另候任用，遗缺拟委黎贯代理，请公决案。

（决议）通过。

广东省政府第八届委员会
第七十六次会议议事录①

出席者　吴铁城　欧阳驹　曾养甫　徐景唐　许崇清　李煦寰
　　　　　陈耀祖
列席者　史延程　邹　洪
主　席　吴铁城
纪　录　（秘书）杨子立　汪绩熙

报告事项

一、行政院令，准军事委员会秘书厅函，奉交陈部长立夫签呈各省县劝募救国公债情形，及拟议纠正办法，抄发原件，仰严令所属切实遵照办理具报。

二、财政厅呈复，钦县县政府抽收石膏捐，既与部章抵触，断难保留，似应自本年三月份起即行裁撤，以符定章，请鉴核转函令遵。

三、建设厅呈，据汕头市呈缴维护市电话凭函合同契约抄稿一件，请察核备案。

四、中、中、交、农联合办事处广州分处函，为印有省市地名之国币暨更改行名纸币，概与法币同样行使，请察照通令各县布告周知，对于上项钞票不得拒收或折扣，以维币制。

讨论事项

一、民政厅呈，据台山县呈，为警士简卓球等三名因公受伤，请照非常时期奖恤警察暂行办法予以奖恤等情，请察核办理案。

（决议）通过。

二、财政厅呈报，地税改征国币一案，拟具分别展限征收办法，请察核备案案。

---

① 第七十六、七十七、七十八次会议议事录均载于一九三八年二月三十日（原文如此）的《广东省政府公报》。

244

（决议）通过。

三、主席提议，据本府会计处签呈，拟订各县市政府会计室设置员额职级月薪公费表，以备各县市设置会计室有所准据等情，请公决案。

（决议）交秘书处、财政厅会同审查。

四、胡委员、陈委员会复，审查刘泗华等因与惠潮嘉私立育英初级小学校，争拨公正和社田租，不服仁化县政府所为处分，提起诉愿一案，经秘书处审查完竣，拟将诉愿驳回，尚属允协，似可照拟决定，请公决案。

（决议）照审查意见通过。

五、胡委员、陈委员会复，审查李仁寿、李锐期等因承台山县属牛尾山浅水渔场事件，不服建设厅所为之决定，提起再诉愿一案，经秘书处审查完竣，拟具决定书，理由尚无不合，似可照拟决定，是否有当，仍请公决案。

（决议）照审查意见通过。

六、胡委员、陈委员会复，审查光德堂翁友光、曙光堂林忠等与新馥里业主代表林立吾等因阻塞巷道交通事件，不服汕头市政府所为处分，分别提起诉愿，经秘书处审查，拟具决定书，将诉愿驳回，尚属公允，似可照拟决定，请公决案。

（决议）照审查意见通过。

七、胡委员、陈委员会复，审查吴嘉浦等为改组新会冈州中学事件，不服新会县政府处分提起诉愿一案，经广东高等法院代为审查完竣，拟具决定书，将诉愿驳回，理由允协，似可照拟决定，是否有当，仍请公决案。

（决议）照审查意见通过。

广东省政府第八届委员会
第七十七次会议议事录

出席者 吴铁城　曾养甫　欧阳驹　徐景唐　许崇清　李煦寰

245

　　　　　　陈耀祖　　胡继贤

列席者　史延程　邹　洪

主　席　吴铁城

纪　录　（秘书）熊公福

报告事项

　　一、财政部艳关渝代电，为便利各地方团体报运慰劳品，前往各地慰劳抗敌将士起见，规定办法请查照，并饬属遵照。

　　二、财政厅呈复，核议广东省救护委员会请将补助该会每月经费三百二十元，以国币十足支给，并由七月十九日起照案补支一案，似可准予十足支付，仍应以省券为限，俾符预算，请察核指遵。

　　三、教育厅呈，据化县呈缴第三科科长梅健南证书证件及任用审查表，转请核准以代理委用。

　　四、教育厅呈，据万宁县呈缴第三科科长李镇田任用审查表，转请察核准以代理委用。

讨论事项

　　一、财政厅呈复，核议建设厅拟以各路行车管理处经费，及营业费等工业机关援照省营工厂办法办理，尚属可行，惟其他公路处经费并无营业性质，仍应照通案五成折支。至养路队经费多属工人工资，似可准予十足支付，请察核指遵案。

　　（决议）通过。

　　二、财政厅呈复，拟议改善限制当事人依期引勘沙田办法，请察核俯准施行案。

　　（决议）通过。

　　三、建设厅呈，为奉准派员会同复测复算东山皮革厂地段一案，现据各派员测算完竣，会呈前来，谨将办理本案经过并拟处理办法，请察核指遵案。

　　（决议）照审查意见通过。

　　四、主席提议，查各县政府及各区行政督察专员公署行政经费，经决议由二十七年一月份起改为八成折发在案，所有各县地方机关经费，及由县地方款拨助之各项经费，似应同时改为八成折发，请公决案。

　　（决议）通过。

246

五、教育厅提议，省立梅州中学校长林国棠迭请辞职，拟照准，遗缺拟以李时可接充，敬请公决案。

（决议）通过。

六、主席提议，案查调任万宁县县长杜×，在河源县长任内发觉有贪污不法情弊，经予扣留查办，所调万宁县长应予撤职，遗缺拟以委李懋曾代理，请公决案。

（决议）通过。

广东省政府第八届委员会
第七十八次会议议事录

出席者 吴铁城　欧阳驹　曾养甫　许崇清　徐景唐　胡继贤
　　　　　李煦寰　陈耀祖
列席者 史延程　邹　洪
主　席 吴铁城
纪　录（秘书）熊公福

报告事项

一、广东绥靖主任公署函，据第五区保安司令呈报，通泰航业公司拟设立韩江护航特务队，附缴预算，请核示等情。查核所请尚属需要，经指复准如所请办理，由该部直接指挥，并着改称为"广东省第五区保安司令部韩江护航特务队"，请查照。

二、财政厅呈复，奉饬将国立中山大学法学院经济调查处旅费，国币三百元筹拨等因，自应遵办，所有该款拟请在二十六年预算预备费项下拨支，请察核备案。

三、财政厅呈，为高明县防空监视哨队经费，该县以地方无款可拨，尚属实情，似可援照曲江、海口、岭东防空部队哨经费成案，准予改由省库国防费项下拨付，由该县收入税款支抵，惟仍应照减定月额开支，请察核指遵。

四、财政厅呈，准陆军第一五七师司令部函，以潮安至丰顺公路关系国防军运，尚未完成，请准由县继续挪支税款，以竟前功等由，应否照办，请察核指遵。

五、财政厅呈报，订购钢铁二千九百七十吨，价款及关税为数甚巨，经暂向广东省银行商借五十万元，藉资应付，请察核备案。

六、建设厅呈，据公路处呈复，按照广州市交通管理处与港方继续洽商原则三点，修正粤港公路交通暂行简章、行车事项、细则等情，检同原缴修正简章、细则，请察核。

七、广东省地政局呈，为本局前各测量队结束时存放各县之家具，拟饬令各乡公所就近投变，得款悉行解局，其被借者开列清册报局核存，请核示遵。

八、卸第九区行政督察专员黄强呈缴任内经管文卷公物及管收支存一切款项数目交代总散各册，请察核。

讨论事项

一、财政厅呈，拟议照额支付各征收处经费缘由，缴同修正裁并各局所卡改设征收处名称、经费补助数目表、各区征收处补助经费表，请察核备案案。

（决议）通过。

二、财政厅呈报，支过中央军分校特别班第三中队毕业学员津贴费，共国币九千九百四十元，及财政系毕业学员津贴费，共国币五千九百二十元。以上两款拟请准在二十六年度军事教育费项下开支，请察核指遵案。

（决议）通过。

三、财政厅呈报，支过广东警察训练所学生官长参加市防护工作费，共国币一千八百一十九元四毫四仙，拟请准在二十六年度军事教育费项下开支，请察核指遵案。

（决议）通过。

四、建设厅呈，为广东省营麻织厂厂长黄景孙呈请辞职，业经照准，遗缺已派本厅技正罗听余调充，请察核备案案。

（决议）通过。

五、主席提议，据海丰县呈报，县府房舍因风毁塌，为求安全计，经权先修葺，该费毫券六百二十元零一毫，请准在本县二十五年度地方款预备费项下照数核销，附缴预算书单，请派员诣勘等情，请公决案。

（决议）交财政厅审查。

广东省政府第八届委员会
第七十九次会议议事录①

出席者　吴铁城　曾养甫　徐景唐　许崇清　欧阳驹　李煦寰
　　　　　　胡继贤　陈耀祖（假）

列席者　史延程　邹　洪

主　席　吴铁城

纪　录　（秘书）熊公福　汪绩熙

报告事项

一、广东绥靖主任公署函，据新会县呈复，架设南路广廉段电话专线材料费不敷省券九百零九元六毫，请准列入二十六年度县地方款各项五成折余经费项下，作正开支等情，请查照转饬财政厅准予备案。

二、民政厅呈，据合浦县呈缴第一科科长卓荦任用审查表及证件，转请察核办理。

三、民政厅呈，据三水县呈缴第一科科长黄煦云任用审查表及证件，转请察核办理。

四、财政厅呈，拟由本年春季起，各税务局处经征烟酒牌照税，准照原日印花烟酒稽征所代征办理成案，酌给手续费，并将提给成数定为百分之三，请核准备案。

五、财政厅呈复，梅箓、安化、南山三管理局经费拟并予八成折支，请察核备案。

六、财政厅呈复，核议合浦林业同人劳谦五等请免松林地税一案，似可援案准自二十六年度起，照原缴地税一律五折征收，前欠地税仍应

---

① 第七十九、八十、八十一次会议议事录均载于一九三八年三月十日的《广东省政府公报》。

照章缴纳，请核夺饬遵。

七、粤海关监督函，奉财政部密令，嗣后各关验放军用品，其属于免税者，仍应候本部核定饬遵。至本部先后核定军政部所属各厂报运物料，准凭加盖本部印信护照免税验放，及兵工署各厂报运物料，准予保证先放两案，应仍各照定案办理等因，请查照转饬所属遵照。

八、广东省地政局呈，为职局第一科科长陆树屏呈请辞职，业奉照准，遗缺经遴委朱维瑶接充，请核准加委。

讨论事项

一、民政厅灰代电，据德庆县长电称，本县壮丁队及柴船榜人击落敌机一架，请示该机应解省或暂存县城，及柴船壮丁队应如何抚恤奖叙等情，转请核示饬遵案。

主席提议，准广州警备司令函，并据悦城民众魏尚忠等代电称，德庆县击落敌机查确系柴船上由土炮击下。又据德庆县长巧代电称，职县击落敌机，奖恤款应由壮丁队及受难柴船榜人承领各等情，请并案公决案。并案讨论。

（决议）准给奖金一千元，以八百元给予柴船，二百元给予壮丁队。

二、财政厅、本府秘书处会呈，审查省地政局非常时期临时特别费国币五千元，拟在二十五年度土地登记费节余项下开支，实报实销一案，核议情形，请鉴核施行案。

（决议）通过。

三、财政厅呈，拟由二十六年七月份起，按月将职厅俸给费节余款拨充职员薪水，开具清表，请察核备案。

（决议）通过。

四、财政厅呈，请分行阳江、惠阳两县，嗣后拨支党员抚助金，仍须依照本厅历办成案暂按额以毫券拨支，以归一律，请察核令遵案。

主席提议，据卸惠阳县长丘誉呈，为故党员李觉抚恤金，系奉钧府令准照国币四百元拨给，县长已奉令交卸，多给之款难以追回，应如何办理，请察核指遵案。并案讨论。

（决议）照秘书处签拟意见通过。

五、建设厅呈，据琼崖公路专员呈报接管琼崖实业局，拟具处置该局及第一农事试验场办法，暨暂时保管月支数目表，计每月需国币二百一十元零七角五分等情。查核保管费尚无浮滥，拟请准由琼崖专员办事处临时费项下开支；至处置办法，均拟采用原办法甲第一项办理，请察核指遵案。

（决议）通过。

六、主席提议，准广东省党部函，以各县市党部经费五成支付势难维持，请援例八成折发经费等由，请公决案。

（决议）由二月份起照七成支付。

七、主席提议，准高等法院函，据琼乐地方法院呈，拟建筑地下室一所，估价须款毫洋六十七元七毫，拟将该院积存旷薪毫券六十七元六毫六仙拨付，请查核见复等由，请公决案。

（决议）通过。

八、主席提议，据第四区行政督察专员呈复，遵令兼任军法官后，其军法助理人员之设置，及县府已收未结之军法案件，应如何办理，请示等情，请公决案。

（决议）通过。

广东省政府第八届委员会
第八十次会议议事录

出席者 吴铁城　欧阳驹　徐景唐　曾养甫　李煦寰　胡继贤
　　　　 许崇清
列席者 史延程　邹　洪
主　席 吴铁城
纪　录 （秘书）熊公福　汪绩熙

报告事项

一、行政院令，奉国府令饬各机关严切注意，公务员不得支领兼薪，倘有违犯，一经查明，即予严处，等因，仰遵照，并转饬所属一体遵照。

二、民政厅呈，据四会县呈缴秘书兼第一科科长李海生履历表件，转请察核办理。

三、财政厅呈，准广东绥靖公署代电，请将大中轮先行估价封用，交江防司令部接管，经准照以前估价毫券二万五千元封用，并声明该项轮价拟在国防费内支拨，请察核备案。

四、财政厅呈报，核办惠阳县平海鱼捐及杂货捐一案，据县电，该项鱼捐拟请保留，其余杂货捐一律撤销。经本厅饬该项鱼捐应遵令裁撤，如确因筹抵为难，姑准保留至自治户捐开征之日即行裁撤，仍由该县先行布告周知，以释群疑，请察核备案。

五、财政厅呈复，核议海丰县长请豁免全县本年份地税一年一案，核与定章不符，似难照准，请察夺。

六、教育厅呈，据高要县呈缴第三科科长彭炜棠证书影片及证件，转请察核准予加委。

七、广东国民军事训练委员会呈，为处置集训学生逃亡起见，特参照中央军校广州分校学生逃亡损失赔偿办法，并依照本届集训所需经费数目标准，拟订集训学生逃亡损失赔偿规则，请察核备案。

讨论事项

一、财政厅呈复，关于琼崖麻疯院筹委会增发补助费一案，请将该会补助费增支省券二百四十元一节，追加入二十六年度预算，并将开始增拨日期令饬遵照案。

（决议）通过，由二十七年一月开始增发。

二、建设厅呈，据公路处呈缴非常时期处置公物临时费支付预算书，计支过毫券三百七十一元二毫八仙，请准在二十六年七、八月份经费节存项下拨支等情，请察核分别存转案。

（决议）通过。

三、主席提议，据蕉岭县呈复，关于侨民何维书将祖遗园庐林等产业，概行捐助政府以充国用一案，经派员组会查明估价前来，谨将拟办情形连同清单请核等情，请公决案。

（决议）照秘书处签拟意见通过。

四、主席提议，据本府会计处签呈，奉发建设厅修正各船务机关改组后经费预算表，经核明实共国币一十万六千一百二十三元，比较二十六年度所列计减少国币七百五十八元，似可准予照办，请提会决定后交职处修正，通知财厅照表列数额核发等情，请公决案。

（决议）通过。

五、胡委员函复，审查兴宁县第十区纶绍初级小学校代表人罗德普等与三铭小学因合并及停办事件，不服兴宁县政府所为之处分提起诉愿一案，经秘书处审查完竣，拟具决定书，将原处分撤销，尚属有理，似可照拟决定，请公决案。

（决议）交教育厅长审查。

六、胡委员、陈委员会复，审查陈竹奄等因与镇南中学租赁菜市事件，不服蕉岭县所为之处分提起诉愿一案，经秘书处审查完竣，拟具决定书，将原处分撤销，尚属允协，似可照拟决定，请公决案。

（决议）交教育厅长审查。

七、胡委员、陈委员会复，审查赵经稀继受人赵惠安等因报承新会县第九区胡卢门沙田事件，不服财政厅所为撤销之处分，提起诉愿一案，经秘书处审查完竣，拟具决定书，将诉愿驳回，尚属允协，似可照拟决定，请公决案。

（决议）通过。

八、胡委员、陈委员【会】复，审查罗象贤等因请免沙田补价升科事件，不服财政厅所为驳斥之批示，提起诉愿一案，经秘书处审查完竣，拟具决定书，将诉愿驳回，尚属适法，似可照拟决定，请公决案。

（决议）通过。

九、主席提议，据广东省国防公债劝募委员呈缴广东全省各县市局摊销国防公债数目表，拟凡劝募机关，规定本年三月底解缴总额五分之一，四月十五日以前解缴总额五分之一，四月底解缴总额五分之一，五月十五日以前解缴总额五分之一，五月底以前悉数清解。请核明分令各县市局遵照，依额募足及按期报解等情，请公决案。

（决议）通过。

十、主席提议，据广东省国防公债劝募委员会呈，拟具推销国防公债办法六项，请察核分别函令施行等情，请公决案。

（决议）通过。

十一、主席提议，关于各县市局长募集国防公债奖惩办法，拟援照救国公债奖惩办法办理案。

（决议）通过。

十二、主席提议，防城县县长陈昌五辞职应照准，遗缺拟以廖道明代理；文昌县县长陆桂芳调省另候任用，遗缺拟以曾文田代理；揭阳县县长马炳乾调省另候任用，遗缺拟调任河源县县长梁翰昭充任，递遗河源县长缺，拟以汕头市市长黄秉□[①]代理，递遗汕头市市长缺，拟以何彤代理，请公决案。

（决议）通过。

十三、主席提议，据广东省国防公债劝募委员会呈，请转饬省会警察局继续征收广州市店铺码头租捐，移购公债等情，请公决案。

（决议）通过。

广东省政府第八届委员会
第八十一次会议议事录

出席者　吴铁城　曾养甫　徐景唐　许崇清　胡继贤　陈耀祖
　　　　　李煦寰　欧阳驹
列席者　史延程　邹　洪
主　席　吴铁城
纪　录　（秘书）熊公福　汪绩熙

报告事项

一、行政院令，奉国民政府明令，废止民国二十六年广东省铁路建设公债条例等因，仰知照并转饬所属一体知照。

二、民政厅呈报，于本年三月一日成立广东省各县区长资格审查委员会，检同简则、各职员姓名表，请察核备案。

三、民政厅呈复，奉令云浮县长对于赌禁奉行不力，用人失察，应停职查办，县长职务派该厅科长麦启霖暂代等因，经遵照办理，请察核。

四、财政厅呈，准财特署函，为盐税正税收入短绌，所征销税已由

---

① 原文空缺一字。

国库汇拨军饷，本已无存，兹既奉委座准拨充增编保安团经临各费，拟自本年一月份起，由国库所征销税项下，按月拨交省库二十万元，以资应付等由。经饬库照收，将国库二十万元如数转付保安处具领在案，请察核备案。

五、财政厅呈，据新丰县呈，请将停支国民经济建设委员会等经费，于十二月份起始行停支等情，姑予照准，请察核备案。

六、财政厅呈报，本厅没收深圳又生公司家私案件拍卖以来，脱售不易，兹为容易倾销出清积货起见，分别酌减价格发售，检同折价表，请察核备案。

七、建设厅呈缴农林局办理配合完全化学肥田料驻香港签证处，附设征收发证事务办公费异项流用细数表，请察核存转。

八、广东省银行函，接财政部徐次长宥电，为粤公债案，本日国防会议已照案通过，转请察阅。

九、广东省保安处呈报，酌捐故营长周一寰一次恤金二百元，请察核备案。

十、增城县呈复，关于黄君谷、黄绍荣互控抗缴救国公债及诬告一案，查该黄君谷等已受开导，缴足名下应认购公债额数，似可免予深究，请察核准予将案注销。

讨论事项

一、民政厅呈，为依照职员薪俸折扣办法，补发本厅一部分职雇员九、十两月份薪俸，计共国币五百六十二元零七分，该款拟在本厅各项节存经费项下开支，请察核备案案。

（决议）通过。

二、财政厅呈缴修正各区税务局暂行组织章程草案，请察核备案案。

（决议）准予备案。

三、财政厅呈，据沙田整理处呈，请援案赓续留用各分处登记人员两个月，仍在节余经费项下开支等情，似可准予照办，请核示饬遵案。

（决议）通过。

四、财政厅呈，为编印各县市局地方款二十六年度概算书五百本，印刷费国币八百六十二元五角八分，拟请准在本厅二十六年度每月节余经费下动支，请察核示遵案。

（决议）通过。

五、建设厅呈缴东区公路专员兼东路省道行车管理处特别工程队，开办费支付预算书，暨二十六年度岁出经常费支付预算书，请察核分别存转案。

（决议）通过。

六、主席提议，准第四路军总司令部函复，关于广东印花烟酒税局拟请撤销禁止酿酒一案意见，请察酌办理等由，请公决案。

（决议）准予弛禁。

七、主席提议，据中央通讯社广州分社函，以前奉核准拨发补助费六个月，每月国币四千元，至本年二月份止业已期满，拟具新预算，计照原额每月增加国币二千元，请自本年三月份起继续拨给等情，请公决案。

（决议）补助费延长六个月，其场〔增〕加部分交秘书处、财政厅审查。

八、主席提议，据秘书处案呈，广州国际协会呈请本府按月酌予补助经费一案，业签奉核准每月补助省券二百元，此款拟请援案提会核定，由本府二十六年度临时费项下动支，令行财厅按月直接拨付等情，请公决案。

（决议）照准。

九、胡委员、邹处长会复，审查财政厅呈复关于抚恤壮丁队兵方顺明一案，拟具意见，请公决案。

（决议）照审查意见通过。

十、胡委员、陈委员会复，审查利群公司代表人赵维因承办人力手车事件，不服新会县政府撤办处分，提起诉愿一案，经秘书处审查完竣，拟具决定书将诉愿驳回，尚属允协，似可照拟决定，请公决案。

（决议）通过。

十一、财政厅提议举办验契减征，以督促白契投税及无契领照，增裕库收案。

（决议）交胡委员、财政厅、史院长审查。

广东省政府第八届委员会
第八十二次会议议事录①

出席者 吴铁城　欧阳驹　曾养甫　徐景唐（假）　许崇清

李煦寰　胡继贤　陈耀祖

列席者 史延程　邹　洪　邓彦华　林友松　李磊夫

丘　誉　胡铭藻　吴　飞　周景臻　李郁焜

张　逵（香棣真代）

主　席 吴铁城

纪　录 （秘书）熊公福　汪绩熙

报告事项

一、民政厅呈，据潮安县呈缴秘书曾繁璞、第一科科长刘植三任用审查表，分别加委等情，转请察核办理。

二、教育厅呈报，拟在本厅二十六年度经费内搏算拨支，补助全省高中以上员生战时乡村服务指导委员会经费，国币三百元，请察核照准备案。

讨论事项

一、财政厅呈，据东莞征收处呈，为职处办公费自二十六年九月份至二十七年一月份，计共不敷毫券一百七十四元九角二分，拟在厅领视察兼职不兼薪八、九月份反纳数，共一百八十七元四角二分项下拨支等情，应否照准，请察核指遵案。

（决议）通过。

二、财政厅呈复，核议白沙县以警察队部茅屋被火焚毁，拟建回警察住室一所，共需建筑费国币二百九十九元七角七分，尚属需要，似可准予照办，在年度预备费项下开支，请鉴核施行案。

（决议）通过。

---

① 第八十二、八十三次会议议事录均载于一九三八年三月二十日的《广东省政府公报》。

三、教育厅提议，据仲恺农工学校，请拨给该校蚕种改良报告书印刷费毫券一千二百元，一次过研究费毫券二千元，设备费毫券五百元，合共毫券三千七百元，似应照准，拟在二十六年本省教育文化费概算，各学校机关临时费项下拨给，请公决案。

（决议）通过。

四、主席提议，据秘书处案呈，拟议各区专署准予增设承审员一名，薪给月支一百二十元，书记员一名，薪给月支六十元，请核定后分令财厅及各区行政专员遵照等情，请公决案。

（决议）通过，由预备费支付。

五、主席提议，据广东省国防公债劝募委员会呈，请分函党政军各机关，将各职员捐薪购债未解款项，由各机关照数解缴本会移购国防公债等情，请公决案。

（决议）通过。

广东省政府第八届委员会
第八十三次会议议事录

出席者　吴铁城　欧阳驹　曾养甫（假）　徐景唐（假）
　　　　　许崇清　李煦寰　胡继贤　陈耀祖
列席者　史延程　邹　洪　桂竞秋（财）　罗　瑶（建）
主　席　吴铁城
纪　录　（秘书）熊公福　汪绩熙

报告事项

一、行政院令，据电呈请发行广东国防公债一千五百万元，经转奉国防最高会议议决通过，该省借拨中央救国公债三百万元，仰遵照于两个月内尽先拨还，以清款目。

二、军事委员会委员长俭办四鄂代电，据财政部拟定制止各军政机关自运盐斤及截夺贱售办法三项，经予照准，仰遵照并转饬所属一体遵照。

三、广东绥靖主任公署函复，第七区请规定征用民工，伙食每天二毫五仙及所需材料器具等费用一案，查本案经第四战区副司令长官核定，为每名每日发给省券一毫半，自应予以改正，请查照转饬知照。

四、财政厅呈缴〔报〕，将花佛征收处改为花县征收处，清远征收处改为清佛征收处，兼办佛冈营业税，并仍旧提成办理，请鉴核办理。

五、财政厅呈，据第七区税务局呈称，信宜县较吴川距离区局更远，税收较多，拟将吴川税务由局兼办，改设信宜征收处一节，尚属可行，经指令照准，请鉴核备案。

六、财政厅呈复，税警团机枪队经费，每月省券一千九百八十五元五毫，奉令另行筹拨，拟请即在二十六年度预算，财务费拨补缉私经费项下拨支，如有不敷，俟年度决算时，由财务费内各目留存经费项下流用，请察核备案。

七、教育厅呈，请准将所有该厅二十六年九月至二十七年六月，不敷经费共国币三万零二百五十五元八角三分，统由教育文化费留存经费项下移拨，请核准并分行审计处及财政厅查照。

八、台山县呈缴上下川岛各村二十六年免赋简明表，请鉴核。

讨论事项

一、民政厅呈，拟各县所存缉匪花红提拨为非常时期购谷专款，连同办法，请察核示遵案。

（决议）交民政厅、财政厅、保安处审查。

二、民政厅呈，请通令各县市局，嗣后赌案罚款及其没收财物，应悉数购谷储仓或拨作救济难民专款，不得移作别用，请察核饬遵案。

（决议）通过。

三、财政厅呈，为拟订增加舶来物专税科目及改订各项税率，连同各表请核准施行案。

（决议）交秘书处、民政厅、胡委员审查。

四、主席提议，据广东省粮食委员会签呈，据南雄县土烟叶生产合作社及本会四会合作指导员呈，请准照旧栽植烟叶。经并案决议，烟苗已种者，拟准免予铲除，烟田如确系本年例应轮植烟苗者，亦拟准予栽植，请鉴核办理等情，请公决案。

（决议）通过。

五、主席提议，据省会警察局呈，拟核发出国护照劝销国防公债办法，请察核准予备案施行等情，请公决案。

（决议）交国防公债委员会审查。

六、主席提议，据保安处呈缴二十六年十二月直属部队节余经费支出计算书表，总计共毫券一万三千零七十九元九毫二分，请予核销，其不敷款项一百零八元四毫七分，并请于本处二十六年度节余经费项下移拨归垫等情，请公决案。

（决议）通过。

广东省政府第八届委员会
第九十九次会议议事录①

出席者　吴铁城　欧阳驹　曾养甫　徐景唐　许崇清　李煦寰
　　　　　胡继贤　陈耀祖
列席者　史延程　邹　洪（刘时亮代）
主　席　吴铁城
纪　录　（秘书）熊公福　杨子立

报告事项

一、行政院令，准国民政府文官处梗电，奉国府令，特任孔祥熙兼振〔赈〕济委员会委员长，仰知照。

二、财政部咨，准侨务委员会函，据菲律宾怡朗广东会馆呈称，旅外粤人返国受戚友托带款回家者，当将姓名、银数注录日记簿或手册中，经各地时遇税务员必以未贴印花税敲诈等情事，请严厉查究等由。经转饬各县严究，并告诫印花税检查人员不得有上项情事。

三、财政部咨，据上海市银业公会呈，拟以后改用汇款便条，请免贴印花前来。查与收据性质之汇款回单不同，应即毋庸印花，请查照饬

---

① 馆藏缺第八十四至九十八次会议议事录。第九十九、一百次会议议事录均载于一九三八年五月二十日的《广东省政府公报》。

260

各县市府转饬各检查员一体知照。

四、财政厅呈，为潭洲办事处拟借用电船，月增经费毫券一百五十元，系为截缉私枭起见，经准照办，由本年五月份起计，在财政各项什费节余项下十足拨付，请察核备案。

五、教育厅呈，据和平县呈缴秘书兼第一科科长陈伟陶任用审查表，转请察核加委。

六、财政部咨，据潮梅学界代表杨其清等电称，粤省前次经募救国公债，强指勒派，一人受数重之负担等情。办法固属未合，但原电所拟按房捐牌照田亩征派，亦仍不免有摊征性质，请转饬所属对于广东省国防公债务须设法劝募，勿加强迫，以祛流弊。

七、建设厅呈，据公路处呈，拟将永航电船交联合栈修理，该修理费国币六百二十一元，在东路车利项下拨支，似尚可行，请察核备案。

八、行政院令，据呈该省国防公债劝募总会呈，拟加聘中、中、交、农四行为本会经收机关，并将公债劝募办法第三条修正，请备案等情。准予备案，并已行知财政部，仰即知照。

九、广东省银行呈报，奉绥署总部函嘱，暂垫付禅臣洋行械弹价款港币六十九万余元，请察核备案。

十、广东省国防公债劝募委员会呈，为关于购募国防公债，为激发人民爱国热诚起见，另制发纪念章证五万枚，制价毫券四百元，拟在劝募经募债款之手续费项下拨支，连同办法、式样，请察核备案。

讨论事项

一、财政厅呈，据第一区税务局呈请增用职员，连同应需各项公费，计月增经费毫洋一千六百二十四元等情，查系事实需要，拟准照办，由本年五月份起计，在财政各项什费节余项下十足拨付，请察核备案。

（决议）通过。

二、财政厅呈复，核议省党部函，请自本年一月份起每月增拨经费一案，查省党部经费五成支付，计每月国币八千六百九十余元，所请按月增拨国币四千元，约照原额增加二成有余，既拟援照钧府核准市党部经费成例办理，应否酌予增拨之处，请察核施行案。

（决议）通过。

三、财政厅呈复，核议民政厅呈，请由省库按月增发白沙、保亭、乐东三县警察经费一案，查每县月增一百六十九元，计三县共增五百零七元，似可准在协助费项下支给，但自何时起增支，应由民政厅核定会咨办理，请鉴核施行案。

（决议）通过。由五月份起支。

四、财政厅呈复，核议建设厅请增加办理船舶交通经费，月支省券二千七百七十八元八毫三仙一案，查原呈拟在度量衡检定所及琼崖实业局经费节余移拨一节，已可毋庸置议；至农矿费一项，亦属不敷，似应改由本年四月份起至六月份止照数增支，此项经费四、五、六三个月共省券八千三百三十六元四毫九仙，拟即在农矿费留存一万余元数中移拨，请察核办理案。

（决议）通过。

五、教育厅呈，为本厅前垫中国童军广东省理事会筹备处选送童军，赴京应考招待旅费毫券一千五百元，拟在二十六年度教育临时费项下拨还归垫，请察核指遵案。

（决议）通过。

六、教育厅呈，为本厅垫支过省立体育专科学校体育设备费，毫银三千五百元，拟在二十六年度教育临时费项下照数拨还，请核准并令财厅查照拨发案。

（决议）通过。

七、民政厅呈，据零〔云〕浮县长潘歌雅呈，因病请准辞职等情，经予照准，请察核备案，并委派麦启霖代理云浮县长案。

（决议）通过。

八、主席提议，据国米营运公司呈，拟请增设副经理一人，派湖南出口商联合会代表胡德彪充任，常川驻扎，俾便指挥调度。关于修改公司章程第四章第九条一节，并恳提出下次□务会议追认以符案例等情，请公决案。

（决议）通过。

广东省政府第八届委员会
第一百次会议议事录

出席者 吴铁城　欧阳驹　曾养甫　徐景唐　许崇清　李煦寰
　　　　　胡继贤　陈耀祖
列席者 史延程　邹　洪（刘时亮代）
主　席 吴铁城
纪　录 （秘书）熊公福　杨子立

报告事项

一、财政厅呈报，五倍子及邻省牛皮运入粤界征税办法行之已久，为维持对外贸易，变通成案，拟定征收办法四项，饬令各征收机关于奉文日起遵照实行等情，经转财政部查照。

二、财政厅呈，据第八区税务局转据廉化征收处，请将志满办事处移设化县，并仍照旧提成办理，其志满一地税务并由征收处就近派员兼办等情，查系便利稽征起见，且无变更预算，拟予照办，请察核备案。

三、财政厅呈报，定期本月十五日起，再将又生公司运厅全部家具物品定价拍卖，缴呈价目表，请察核。

四、教育厅呈报派员筹复"省立西村社会教育实验区"，并易名为"省立大沥社会教育实验区"，暨将该区节存经费拨支国币八百一十四元，为该区开办经费，请察核备案。

五、广东省国防公债劝募委员会呈，为赤溪县长姚毓琛对于此次劝募国防公债，能于短少时间依额募足国币五千元，殊堪嘉尚，请核准明令嘉奖，并通令各县市局一体知照。

六、财政厅呈，为慰劳第四路军出发前方将士，本府应拨慰劳费国币三万元，拟请在本年度救灾准备金项下动支拨还归垫等情，经指复准予备案。

七、中山县呈，据第七区公安分局呈报，二级警察罗寿留三灶化装商民侦查敌兵举动，尽忠职守，不幸遇害，请从优给恤等情到府。兹拟援照非常时期奖恤警察暂行办法，先由县在地方款项下给予恤金一百五十元，作正报销，并着查照公务员恤金条例施行细则规定，造具请恤事实表呈候核办。

八、教育厅呈，奉教育部令发教育通讯刊物清单，计国币一千零五十元，拟由二十三年度本省义教节余款项拨支，请察核备案。

九、广东省国防公债劝募委员会呈复，核议九区张专员提议救济琼崖黎人暂免派销公债一节，系为救济黎人免受敌利用起见，既有特别情形，似可准予照办，请察核指遵。

讨论事项

一、财政厅呈复，查明会计处经费原系在预备费项下支付，现该处据请由本年四月份起每月增拨六百六十元，为数无多，如并在预备费项下先行拨支，俟年度决算时再行分别整理，似于事实及手续尚可兼顾，请察核施行案。

（决议）通过。

二、胡委员函复，会同卫生处审查该处欧阳科长视察安铺鼠疫情形报告书，请核示一案，拟具意见书，请公决案。

（决议）照审查意见通过。所需经费由救济费项下拨支。

三、主席提议，据秘书处签复，根据专署条例第九条及专员意见，拟具广东省各区行政督察专员轮流巡视办法，请察核等情，请公决案。

（决议）通过。

四、财政厅、本府秘书处会呈，审查第七区行政督察专员拟将补发二十六年七、八两月经费七百元，分配同年九月至十二月支销一案，核与预算尚无出入，且同年度各月份例许流用，似可准予照办，请鉴核指遵案。

（决议）准予照办。

广东省政府第八届委员会
第一百四十五次会议议事录①

地　点　省政府所在地

日　期　民国二十七年十一月一日

出席者　吴铁城　欧阳驹　曾养甫（公差）　许崇清

　　　　徐景唐（公差）　李煦寰（公差）　胡继贤（公差）

　　　　陈耀祖（公差）

列席者　桂竞秋　史延程　邹　洪　李　卓　周雍能　沈鹏飞

　　　　云照坤

主　席　吴铁城

纪　录　（秘书）杨子立

报告事项

一、汇集各方情报传观，报告。

讨论事项

一、主席提议，财政厅对于十月以前经费已发支付命令（如各学校经费等），因各行处间有迁移或暂停营业，以致经费无从支领，应如何办理，请公决案。

（决议）由财政厅会同省银行选择适当地点，从新组设各区临时总金库，以资救济。

---

① 馆藏缺第一百零一至一百四十四次会议议事录。

广东省政府第八届委员会
第一百四十六次会议议事录

地　点　省政府所在地

日　期　十一月八日

出席者　吴铁城　欧阳驹　曾养甫（公差）　许崇清

徐景唐（公差）　李煦寰（公差）　胡继贤（公差）

陈耀祖（公差）

列席者　史延程（公差）　邹　洪（公差）桂竞秋　李　卓

周雍能　云照坤

主　席　吴铁城

纪　录　（秘书）杨子立

报告事项

一、民政、财政两厅会呈，审查连县拟具奉准补助行政经费表签具意见，请核前来；核尚可行，经准如拟办理，每月实支该补助行政经费国币一千元，自本年十月份下半月起实行。

二、连山县呈，拟架设由该县×××××，至×××县交界之×××电话线及修筑该段道路，附缴预算书图，计需省券七百元，由县凑得百元，不足之数六百元，请由省库暂行拨借。

三、第×战区副司令长官行营令，转饬省库，克日将本省自卫团抗战费五十万元，拨解转发，并令沿海各县市政府，如奉省统委会动员命令，所需伙食费，准权宜核实拨付，经分别遵办。

四、第四路军总司令部函送总部与本府合资购买中国汽车制造公司之柴油运输汽车五十辆合约等件，请查照签约转饬存转办理，经令财厅遵办具报。

五、财政厅呈，关于本省保安处购买迫击炮，价款尚欠国币三十五万元一案，经向广东省银行商借，检同借约，请察核备案。

六、财政厅呈，关于总部与钧府合资购买军用柴油汽车，应付价款

266

一案，经向广东省银行商借国币一百万元，检同借约，请察核备案。

七、广东省银行呈，据汕头分行电，请拨国币七十万元运济等情。经如数拨足，派员于十月六日运交应用，请鉴核备案。

八、广东民众抗日自卫团统率委员会函，请将省国防公债应拨该会项下余款国币八十万元，平均按月拨发国币二十万元，经予照办，转函广东省国防公债劝募委员会，由九月份起陆续拨付。

讨论事项

一、主席提议，据民政厅周主任秘书签呈，拟具省府移驻××，择××及附近村镇划为一新镇市办法，请核示等情，请公决案。

（决议）原则通过，其名称定为"××第四区乡政建设实施委员会"，详细办法交民、财、教、建四厅会同妥拟呈核，由许厅长召集，并邀何县长列席。

二、（略）

三、（略）

四、（略）

五、（略）

六、（略）

七、（略）

广东省政府第八届委员会
第一百五十次会议议事录①

地　点　省政府所在地

日　期　十一月二十五日

出席者　吴铁城　许崇清　欧阳驹　曾养甫（公差）

徐景唐（公差）　李煦寰（公差）　胡继贤（公差）

陈耀祖（公差）

---

① 馆藏缺第一百四十七至一百四十九次会议议事录。

列席者　史延程　周雍能　桂竞秋　吴乃宪

主　席　吴铁城

记　录　（秘书）汪绩熙

报告事项

一、行政院令，奉国民政府明令公布预算法施行细则，抄发该细则仰知照，并转饬所属一体知照。

二、龙门县呈报，自卫团第十一大队长钟鸿仪、副大队长刘其敬，统率团员及乡民杀敌致果，努力抗战情形，请迅予赐拨械弹及抚恤，暨如何处置所获战利品，指令祗遵。

讨论事项

一、主席提议，据保安处巧经连代电，本处组设处属分站及各旅派出所经费，奉饬由十一月份起在本处节余经费项下支付，窃本处节余经费实无法负担，恳准仍照原案，从十月下半月起饬厅援发，等情，请公决案。

（决议）通过。

二、主席提议，据曲江县呈请于本年十一月份起，由省库每月补助经费国币一千元，由县统筹支配，等情，请公决案。

（决议）由十二月份起，每月补助国币五百元。

三、财政厅厅长曾养甫提议，拟具非常时期各县市局地方财务行政处理办法，请公决案。

（决议）交秘书处、财政厅、民政厅会同审查。

四、财政厅厅长曾养提议，为省库收支不敷，经呈部核准发行金库券，每月国币八十万元，自本年十月份起，先行发行六个月，钞同章程请追认案。

（决议）追认通过。

五、财政厅厅长曾养甫提议，拟具二十八年度县市局地方概算补充办法，请公决案。

（决议）通过。

六、教育厅厅长许崇清提议，拟具收容战区退出之教职员学生办法大纲，收容由战区退出员生经费预算书，停课各省立及省款补助学校保管经费预算书，请公决案。

（决议）办法通过，经费按将来实际情形支付。

七、民、财、教、建四厅会同，拟具广东战时乡政建设委员会组织简章草案，提请公决案。

（决议）通过。

广东省政府第八届委员会
第一百五十一次会议议事录

地　　点　省政府所在地

日　　期　十一月二十九日

出席者　吴铁城　曾养甫　许崇清　欧阳驹

列席者　邹　洪　桂竞秋　李节文　周雍能　李　卓　史延程
　　　　顾翊群

主　　席　吴铁城

纪　　录　汪绩熙

报告事项

一、广东省保安处皓代电报，本月十三日上午八时，敌机三架沿惠樟路侦察，经我第四连之机关枪击中一架，坠落惠樟路吴村站附近，除将检获敌机师符号等件转呈绥署外，请察核。

讨论事项

一、主席提议，据保安处编制野战医院月份经常费及开办费支付预算书，每月经费毫券一万零四百七十九元九角五分，请饬厅从本年十月份下半月起，按月拨发，并一次过付开办费八千零六十一元，等情，请公决案。

（决议）交秘书处、财政厅审查。

二、主席提议，据秘书处签呈，本府非常时期战事关系用费，合计一万三千五百四十八元六角四分，主席招待港督及赴港交际费，合计八千五百五十六元一角七分，购汽车费一万二千一百零二元九角七分，此项临时特别费用，似应请专案提会表决，令厅拨还归垫，等情，请公决案。

（决议）通过。

三、主席提议，拟根据本省战时行政方案之决定，于本年十二月份起，规定战时工作经费每月国币十万元，其支出项目之预算，另行提案，当否，请公决案。

（决议）战时工作预备费自明年一月份起，每月十万元，列入紧缩预算预备费之内。

广东省政府第八届委员会
第一百五十二次会议议事录

地　点　省政府所在地

日　期　十二月二日

出席者　吴铁城　许崇清　欧阳驹　曾养甫（公差）
　　　　徐景唐（公差）　李煦寰（公差）　胡继贤（公差）
　　　　陈耀祖（公差）

列席者　周雍能　史延程　邹　洪　李　卓　桂竞秋

主　席　吴铁城

纪　录　（秘书）汪绩熙

报告事项

一、民政厅呈报，本厅汽车一辆，在乳源公路被敌机轰炸焚毁，及职员受伤各情形，拟由本厅节余经费项下，酌恤受伤及行李被炸毁者，其被炸毁存余公款国币一十四元四角四分，并准报销，合计共支国币一百四十九元四角四分，请察核备案。

二、广东省国防公债劝募委员会呈，为美籍侨商林泽活尧个人承购国防公债一万二千元，自应援照奖励办法，给予一等奖章，可否准予题字褒嘉之处，敬候指遵。

三、行政院令，奉国民政府明令公布抗战期内受免职停止任用处分公务员暂缓执行办法，抄发该项办法，仰知照，并转饬所属一体知照。

讨论事项

一、主席提议，据秘书处签呈，民、财、教、建各厅及本府，二十七年度七月至十二月不敷经费，经遵照汇齐，请再提会核定等情，请公决案。

（决议）通过。

二、教育厅长提议，拟请将前次提出之收容由战区退出员生经费预算，及停课各省立及省款补助学校保管经费预算，即日通过，并请照原案自本年十一月份起支，其在十一月份起尚未动支之收容经常费，一律由本厅领存，拨作此项收容临时经费之用，以免另请省款。当否，请公决案。

（决议）仍照上次议案办理，预算通过，经费按将来实际情形再提会核定。

广东省政府第八届委员会
第一百五十三次会议议事录

地　点　省政府所在地
日　期　十二月九日
出席者　吴铁城　欧阳驹　许崇清　徐景唐（公差）
　　　　李煦寰（公差）　胡继贤（公差）　陈耀祖（公差）
　　　　曾养甫（公差）
列席者　周雍能　李卓　桂竞秋
主　席　吴铁城
纪　录　汪绩熙

报告事项

一、广东省银行呈报，奉第四路军总司令部函，饬先行在发行法币准备金管理委员会广东分会存行毫券项下，提拔本部军费毫券五百万元，以应急要，经如数即日拨付，请察核备案。

二、广东省银行呈报，于十一月二十五日电饬香港办事处，拨发国币三十万元运交汕头分行，二十七日在连拨国币二十万元，分运兴宁及梅县两办事处各十万元，并于本月一日再运国币五十万元，交汕头分行存备调拨应用，请察核备案。

三、秘书处签呈，查架设××电话专线征集杉木案，经邹保安处长以吴兼司令名义电林司令遵办，并奉余副司令长官电，该项杆价由林专员估定，呈请省府发给半价，分屯运费，准在地方款项下作正开销，似可令财厅遵办，请察夺。

讨论事项

一、主席提议，据保安处呈，为奉准组设政治工作队，月需经费四千二百六十五元，及一次过付干训班经费五千元，又开办费一千元，饬在二十七年度保安处经费节余项下开支，惟本处委属再无余款负担此项经常巨额开支，请准予提会复议，准将政治工作队经费饬厅另案拨发等情，请公决案。

（决议）现既无节余经费，预算亦无开列，候政训工作整个计划制订定后，再行核办。

二、主席提议，据北路电讯工程处签复，曲江县架设×××段电话线，所需杆木费用计国币七百七十八元四角五分，所缴书据尚属核实，拟请准予核销及发还归垫等情，请公决案。

（决议）照秘书处签拟意见通过。

三、主席提议，前据广州市政府呈，为应付非常时期万分困难，恳仍照案继续由省库每月拨借毫券二十万元，从九月份起以三个月为限，共六十万元，仍由财厅拨发等情，经予照准，提会补请追认案。

（决议）追认通过。

四、主席提议，查岭南大学教授杨果庵先生为吾粤宿儒，道德文章，均足矜式，此次避难来连，中途病故，殊深愤悼，现据连县县长呈请周恤前来，应如何办理，请公决案。

（决议）交教育厅查例，呈候核办。

五、建设厅长工申感电，为麻厂让售事，买主刘鸿生愿出价国币四十万元，应否让受，仰〔抑〕或将机器暂存广州湾附近保存，乞电示办理案。

（决议）交秘书处、建设厅、财政厅审查。

六、教育厅长提议，拟在信宜县乡间设南路临时中学一间，又在新兴县乡间设西江临时中学一间，拟具简章及筹备员名提会，并请令行财政厅按照原预算发给十一、十二两个月经费，拨作筹备及开办等费之用，将来另编预算实销，是否可行，请公决案。

（决议）通过，按照实际情形报销。

七、主席提议，拟于本府卫生处下在韶关、连山、白石潭四处，分设临时医院四所，每所开办费三百二十元，每月经常费七百三十五元，于曲江、乳源、连县、连山、阳山、白石潭、三江、乐昌八处，各设临时卫生治疗所各一所，每所开办费九十五元，每月经常费一百八十四元，合共需开办费二千零四十元，经常费每月共需四千四百一十二元，统由省库拨支，列具计划预算，请公决案。

（决议）通过，经费在救济费项下开支。

八、主席提议，根据本省战时方案，拟由本府举办战时乡村干部训练团，其经费约月支国币三万二千元，在本府战时工作准备金项内拨付，其开办费另案提出，拟具组织大纲，请公决案。

（决议）通过。

广东省政府第八届委员会
第一百五十四次会议议事录

地　点　省政府所在地
日　期　十二月十三日
出席者　吴铁城　许崇清　欧阳驹　曾养甫（公差）
　　　　徐景唐（公差）　李煦寰（公差）　胡继贤（公差）
　　　　陈耀祖（公差）
列席者　史延程　桂竞秋　李　卓　周雍能
主　席　吴铁城
纪　录　汪绩熙

报告事项

一、行政院令，奉国民政府明令公布非常时期过分利得税条例，抄发该条例，仰知照并转饬所属一体知照。

二、行政院令知公务员非奉准确有任务，不得逗留港、沪及外国等处，违者撤职，仰遵照并转饬所属一体知照。

三、财政部咨，为中央二十五年所造之镍币古钱图案，下刊有英文A字符号，应一律通行，请查照迅饬财政厅暨各县政府，一体遵照，布告周知。

四、教育部咨，奉院令抄同抗战建国时期难童救济教养实施方案，请查照办理。

五、财政厅呈，为提解各县二十八年度保安经费，拟以二十六年提额为标准，请察核示遵。

六、财政厅呈复，关于东莞县宝太、龙太两公路被敌机炸坏桥梁，修筑工料费共毫券五百八十三元二毫，为数有限，拟准在国防费项下如数拨助，以恤商艰，请察核指遵。

七、财政厅呈报，经将宝安县征工伙食费省券五万七千三百八十四元七角，拟即在国防费项下动拨，请察核备案。

八、教育厅呈，据省立老龙师范学校电称，学校被炸，迁龙川鹤市，请发迁移费，拟酌给国币六百五十元，在二十七年度教育文化临时费项下拨支，请核准，令财政厅照数划拨，转发领用。

九、建设厅呈，据省营工业管理处呈，制纸厂于五、六、七月份夜工增供洋员膳费共国币七十九元五角八分，拟列入制造费第二项预备费项下开支，似可照准，请察核指遵。

十、行政院篠一电，战区各省政府委员，应分别巡视各县，安抚民众，并督饬专员、县长切实工作，仰即遵照。

十一、顾行长翊群歌港电，拟日内候同曾厅长赴渝，晋谒孔部长，奉商本省财政大计。

讨论事项

一、财政厅呈，奉令饬发梅光培同志调查工作人员训练及经常费，省券三万八千五百七十元，此项临时费未列入预算，应在二十七年度省地方普通岁出预备费项下开支，请提会追认案。

274

（决议）追认通过。

二、主席提议，据第三区行政督察专员兼保安司令虞电，请将垫支收容及疏散各部散军暨军械军实车船等各项费用，毫券二千八百三十二元七毫六分，如数赐发归垫等情，请公决案。

（决议）通过，在国防费项下开支。

三、民政厅、财政厅、本府秘书处会呈，审查财政厅所拟非常时期各县市局地方财务行政处理办法一案，查原办法第四条原文内，"得就近秉承省府行署主任"之下，拟加入"或该管专员"；及同条末段，"应逐日点存"之下，拟加入"移放安全地带"。又第五条末段拟将全段删去，以免与第四条末段重复，请察核办理案。

（决议）通过。

四、主席提议，查仁化县长薛汉光辞不就职，经予照准，派马剑存代理；茂名县长沈毅辞职，经予照准，派陆耀文代理；澄海县长缪任仁迭请辞职，经予照准，派卞稚珊代理；从化县长赵×撤职查办，派李灵根代理；潮阳县长张虞韶另候任用，派林志见代理，提会补请追认案。

（决议）通过。

五、建设厅、财政厅、本府秘书处会复，审查关于麻织厂出售，买主刘鸿生愿出国币四十万元承受，应否让售，抑运广州湾保存一案，似应准予让售，以免资敌，请察核示遵案。

（决议）照审查意见通过。

广东省政府第九届委员会会议录

（1939 年 1 月 4 日—时间不详）

广东省政府第九届委员会
第一次议事录

日　期　民国二十八年一月四日

地　点　香花坳本府

出席者　李汉魂　胡铭藻　许崇清　朱晖日　何　彤　顾翊群

参加者　吴铁城（余森文代）

列席者　邹　洪　史延程　杜之英　罗　瑶

主　席　李汉魂

纪　录　袁晴晖

报告事项

一、奉委员长筱侍秘电饬，不必多设行署，徒滋纷歧，即加重各地专员职权，负责执行规定任务等因。现已电东江、西江、南路各行署一律撤销。所有由府厅处调往办事各员，分别由原机关核定调回服务或停薪留职，各员准援案由行署发给月薪一月为旅费，调回服务各员，由署按程途远近核实发给旅费。

讨论事项

一、主席提议，查广东省银行董事欧阳驹、吴子祥业经辞职，拟派胡铭藻、郑丰接充，请公决案。

（决议）照案通过。

二、主席提议，据安化管理局呈，请查依前案拨发职局一次过建署费一万元，俾资迁入瑶区建局设治等情，请公决案。

（决议）保留。

三、主席提议，拟将本府迁移韶州办公，是否可行，请公决案。

（决议）原则通过，仍候呈奉核准实行。

四、主席提议，查汕头市市长何彤，业经行政院简派为广东省政府委员，所遗汕头市市长一缺，亟应遴员接充，查有卸潮阳县长张虞韶资历均深，堪以委充，敬提请公决案。

（决议）照案通过。

五、李委员、胡委员、朱委员、何委员提议，拟具广东省战时救济事业纲要，请交由各厅会局各就主管事项分别查明，如大纲所举各项，中央及本省已有法令颁行者，应即切实遵照执行，其尚未规定者，立即妥拟详细办法，呈府提会核夺，是否可行，敬候公决案。

（决议）纲要照案通过，并推何委员彤、顾委员翊群、胡委员铭藻，负责草拟充实省难民救济分会内容办法，健全分会组织，会同各主管机关拟定推行救济计划，并电请孔院长转知马委员超俊，将中央拨定之款，亲携来粤办理，或委托本省分会代办，暨分电马委员。

广东省政府第九届委员会
第二次议事录

日　期　一月十七日

地　点　香花坳本府

出席者　李汉魂　许崇清　顾翊群　胡铭藻　何　彤

列席者　杜之英　史延程　桂竞秋　罗　瑶

主　席　李汉魂

纪　录　袁晴晖

报告事项

一至三、（略）

四、教育厅呈缴省立高增社会教育实验区搬运费预算书，计列国币一百二十五元六角，请准在该区节存经费拨支，经本府会计处查核尚属核实，拟予照准。

五至六、（略）

七、行政院令，奉国民政府明令公布非常时期难民移垦规则，抄发令仰知照，并转饬所属一体知照。

讨论事项

一、主席提议，据省地政局呈缴本局二十七年度临时特别费支出预算书，计共需国币九千八百元，拟在本局节余经费项下开支，实报实销，请核准存转等情，请公决案。

（决议）照会计处意见通过。

二至三、（略）

四、民政厅呈复，核议潮安县长真电请示关于禁赌案件一案，查省府东江行署组织章程第五条第一项，在所辖区域内代表本省执行一切法令之规定，该县处理禁赌案件，似可就近请示东江行署，是否有当，请察核案。

（决议）暂授权专署办理。

五、（略）

六、财政厅长提议，拟结束广东省国防公债总会及分会，拟具办法六项，敬候公决案。

（决议）照案通过。

七、主席提议，据第四区行政督察专员报告，据惠阳县县长蓝报称，本县第二区区长李彦在淡水乡间遇敌殉难，拟请予以褒扬，并赐优恤等情，请公决案。

（决议）照章褒扬优恤。

八、主席提议，现奉行政院令，饬将原设振济①救灾各机关，合并设置省振济会，以期增进效率，抄发各省振济会组织规程，仰知照，等因，应如何办理，请公决案。

（决议）除委员一项，另行遴聘外，余照秘书处意见通过。

九、教育厅长提议，前奉核准二十七年半年度，追加各项经费，迄未照案给领，列表请复议，准予照数拨给，并由二十八年度一月起，继续照案支给案。

（决议）二十七年度应补发各款，交财政厅筹发。二十八年度准列入预算。

十、主席提议，罗定县县长曾樾着仍留原任，德庆县县长缺，调张

---

① "振济"即"赈济"，以下各处同。

百川接充，提会补请追认案。

（决议）照案通过。

十一、（略）

十二、何委员彤提议，据机器总工会代表李德轩节略称，自敌寇南侵，广州沦陷，广东机器总工会机工技术人员，除一部分随同撤退，集中广宁、四会暨四邑外，余多流散各地，殊为可惜。兹谨拟处置广州机工人才办法五项，呈请鉴核，等情，应如何办理，敬候公决案。

（决议）令先行办理登记，再行呈核。

十三、主席提议，汕头市长张虞韶另有任用，遗缺派巫琦代理；化县县长龙思鹤另候任用，遗缺派庞成代理；五华县县长曾友文另候任用，遗缺调惠阳县县长蓝逊代理，递遗惠阳县县长缺，以南山管理局局长刘秉纲代理，递遗南山管理局局长缺，派黄端如代理；梅县县长杨幼敏另候任用，遗缺派梁国材代理。是否有当，仍候公决案。

（决议）照案通过。

十四、财政厅长提议，查本省临时地税，截至二十七年六月底止，各县历年积欠，已达一千一百余万元之巨，应设法加紧清理，兹酌拟清收各县欠地税办法，是否有当，敬候公决案。

（决议）修正通过，仍应慎重执行，无使滋扰。

临时提议

一、财政厅长提议，查现在会计年度，已改行历年制。拟将二十八年份临时地税征收期间，参照新年度制，酌予改订。拟定办法三项，提请公决案。

（决议）照案通过。

广东省政府第九届委员会
第三次议事录

日　期　一月二十日

地 点　香花坳本府

出席者　李汉魂　许崇清　顾翙群　何　彤　朱晖日　胡铭藻

列席者　杜之英　史延程　桂竞秋　罗　瑶　郑　丰　邹　洪

主 席　李汉魂

纪 录　袁晴晖

报告事项

一、行政院令知，京内外各机关，以后举行考试，均须依照考试法规办理，不得擅自举行，以重治权，而明责任，仰遵照并饬属一体遵照。又准考选委员会咨送非常时期特种考试暂行条例，及施行细则，请查照办理。

二、财政厅呈报，核定崖县自动补报田亩展限时间，于原定期间外，再展限一个月，至二十八年一月十五日止，俾漏报田亩得有充分之补报时间，并指定自一月十六日起，至二月十五日止，为密报密查期间，请察核备案。

三、建设厅呈报，将调遣来连之市头糖厂护厂队，改编为本厅特务队。并印发布质证章换给配带，连同证章式样，请察核备案，等情。拟准予将市头糖厂护厂队二班，改编为该厅特务队。惟市头糖厂恢复时，应归还建制，以省开支。

四、曾委员前率领到广宁之广州市壮丁警察团队，其经费每月国币十万元。查本省库收支奇绌，不敷甚巨，亟应极力紧缩，以度难关，除该团应如何调拨，经电呈委员长请另予核定外，并经电财政厅及曾委员，该团队每月给养费国币十万元，自本年二月份起，停止拨发。

五、财政厅呈，关于本年份烟酒营业牌照税，拟请仍照去年原案规定，继续加倍征收，请察核备案。

六、委员长佳川倚参电，第四军在粤，省府每月拨补助费粤币三万元。自广州失陷后，迄未发给，饬省府除补旧欠外，仍按期发给，等因。经饬厅遵办，并电复吴总司令及欧军长。

讨论事项

一、（略）

二、主席提议，据第五区行政督察专员呈，据潮安县请禁止柴炭外运出口以平物价。应否照准，请核示等情，请公决案。

（决议）着第五区专员公署详加考虑，并征询各县市长意见，再呈核办。

三、主席提议，据广东省乡政建设委员会呈，请将本年一月份经费毫券五千元，迅赐颁发等情，请公决案。

（决议）查该项事业费来源，系由各厅处局分摊，颇欠妥善，应即暂停支付。至关于地方建设事宜，另候统筹办理。

四、教育厅长提议，查原省立广雅中学校长黄慎之，堪任为南路临时中学校长；原省立江村师范学校校长谢茂泉，堪任为西江临时中学校长；原省立惠州中学校长黄佩纶，堪任为东江临时中学校长，请核准任用案。

（决议）照案通过。

五、主席提议，请决定省振济委员人选，以资聘任案。

（决议）聘何彤、许崇清等为委员，名单另录。

临时提议

一、财政厅长提议，拟定本省各县抗敌被灾区域，临时地税豁免，及缓征办法，提请公决案。

（决议）照案通过。

二、财政厅长提议，拟定二十八年度省款发放经费办法，提请公决案。

（决议）推胡秘书长铭藻、顾厅长翊群、杜会计长之英、许厅长崇清、朱委员晖日审查。

三、财政厅长提议，拟定广东省地方二十八年度每月经费概算表，提请公决案。

（决议）推胡秘书长铭藻、顾厅长翊群、杜会计长之英、许厅长崇清、朱委员晖日审查。

广东省政府第九届委员会
第四次议事录

日　期　一月二十四日

地　点　香花坳本府

出席者　李汉魂　许崇清　胡铭藻　顾翊群　何　彤　朱晖日

列席者　杜之英　史延程　吴逎宪　罗　瑶　郑　丰

主　席　李汉魂

纪　录　袁晴晖

报告事项

一、中央建教合作委员会函，为本会第三次会议，决议：关于督促各省市实施建教合作初步工作案，经由教育部呈奉行政院予以修正后，通令遵办，检送原则，暨修正决议案，请查照办理。

二、民政厅呈报，派定本厅主任秘书郑丰兼任广东省临时参议会筹备处主任，科长麦健生兼任总干事，助理秘书李泝兼任文书组干事，股长程仲和兼任总务组干事，限期克日成立，请察核备案。

讨论事项

一、主席提议，准广东绥靖主任公署函，据命令传达所转据龙川县呈报将牛背迹及虎川段等处木桥修理完妥，计垫支过工料费毫券一百九十一元四毫，该款请在该县征存省税项下抵销归垫等由，请公决案。

（决议）照会计处意见通过。

二至三、（略）

四、民政厅呈送本厅与教育厅对于交办教育部咨，及振济委员会代电分送抗战建国时期难童教养实施方案两案，拟办意见，请核示案。

（决议）照民政、教育两厅所拟办法通过，并议决儿童教养团归省振济会主办，其关于教育部分，由教育厅主管，至儿童团经费，由本省献金项下开支。

五、主席提议，据广东省警察训练所李国俊呈请准该所继续办理，并准发一月份经费国币五千余元，及二十八年度上半期服装费毫券三千七百元，以便迁移所部来连，及购办冬季服装等情，请公决案。

（决议）准予继续办理，其经费由本年二月一日起，于原预算范围内核实编具预算，在本年度预备费项下开支。至服装费亦应按照实有人数，呈请核发，但以前所领经费，仍应据实造具计算书，呈报核销。

六、主席提议，台山县长黄华辞职照准，遗缺调潮安县长黄启光代理；递遗潮安县长缺，调揭阳县长梁翰昭代理；递遗揭阳县长缺，派陈友云代理；花县县长崔广秀另候任用，遗缺派薛汉光代理，请公决案。

（决议）照案通过。

七、主席提议，据胡秘书长铭藻、顾厅长翊群、杜会计长之英、许厅长崇清、朱委员晖日等审查财厅提议省款发放经费表办法，及经费表两案，拟具审查报告，并附陈实施办法，连同修正二十八年度省款发放经费办法，及省地方二十八年度各项经费表，请公决案。

（决议）实施办法，及省款发放经费办法，暨各项经费表，暨会议录内所定各项，除将下列各项修正外，其余照案通过。附修正各项如左（略）。

八、主席提议，查非常时期难民救济委员会广东省分会经费，由二十六年十一月成立至二十八年一月止，尚有未发经费国币一万九千五百四十九元九角，似应由财政厅拨还归垫。又该会奉令改组为振济会，定二月一日成立，拟仍照案每月由省库拨发国币三千元，是否可行，请公决案。

（决议）该会已挪用之捐款国币一万零五百四十九元九角，由财政厅拨还，并准自本年二月一日起，每月拨发经费国币三千元，均在救灾准备金项下开支。

临时提议

一、（略）

二、教育厅长提议，省立雷州师范学校校长吴炳宋，呈请辞职照准，查有张锡镛堪以充任，是否有当，请公决案。

（决议）照案通过。

广东省政府第九届委员会
第五次议事录

日　期　一月二十七日

地　点　香花坳本府

出席者　李汉魂　胡铭藻　许崇清　顾翊群　朱晖日（假）

何　彤

列席者　史延程　杜之英　郑　丰　罗　瑶　邹　洪

主　席　李汉魂

纪　录　（秘书）熊公福　　（科长）袁晴晖

报告事项

一、教育厅呈报，核准及垫发省立连县社会教育实验区设备费，及建筑费，国币一千一百三十八元八角三分，拟在本厅二十八年度教育文化临时费项下拨支，请饬财政厅如数划拨归垫，等情。经本府会计处核拟，准予饬财厅照拨归垫，仍饬将预算书补呈核转。

二、财政厅呈报，将沙田登记期间延长六个月，自二十八年一月一日起，至二十八年六月底止，免处罚锾，请察核备案。

讨论事项

一、（略）

二、主席提议，增城县县长周东另有任用，遗缺派周天录代理；阳春县县长叶凤生辞职照准，遗缺派董载泰代理；钦县县长余斌久不赴任，着另候任用，遗缺派王公宪代理；普宁县县长王仁宇另有任用，遗缺派杜邦代理，请公决案。

（决议）照案通过。

三至四、（略）

临时动议

一、（略）

广东省政府第九届委员会
第六次议事录

日　期　一月三十一日

地　点　香花坳本府

出席者　许崇清　何　彤　胡铭藻　顾翙群

列席者 史延程 吴迺宪 罗 瑶 杜之英 郑 丰

主 席 胡铭藻（代）

纪·录（秘书）熊公福 （科长）袁晴晖

报告事项

一、财政部咨，为规定监督银楼业办法四项，请查照饬属转饬当地各银楼业，暨金店铺切实遵照办理，并将办理情形随时具报。

二、财政厅呈复，关于制售酒饼商店免征营业税，及未纳过牌照税之酒饼贩卖业，仍按率征收一案，既经财政部核定，自应遵照部定办法办理。除分令各税务局遵照外，谨签复察核。

三、财政厅呈复，核议保安处呈请将潮澄海陆丰守备区特种教导队经临费，在团队节余经费项下开支一案，似可准予备案等情，拟如厅拟准予备案，令保安处、会计处知照，并函审计处查照。

四、财政部咨，为规定限制私运黄金出口，及运往沦陷区域办法五项，请转饬所属遵照办理，并布告周知。

五、（略）

六、财政厅呈复，核议乐昌县奉令搬运后方勤务部小麻袋所需搬运保存等费，国币三十七元五角，拟即在二十七年十二月份国防建设费项下支给，请察核指遵，并分别函令审计处、会计处备案。

讨论事项

一、（略）

二、主席提议，据秘书处签呈，本省铨叙委托审查委员会成立经过，及该会组织情形，请示该会应否改组，并恢复经费等情，请公决案。

（决议）应予恢复，经费定为每月国币三百元，由二月份起支，并先造具概算呈核。

三、主席提议，据秘书处签呈，现据无线电特台请购收发报机零件备用，该批零件全部价值约需港币八百元之谱，拟请提会在预备费项下拨款购置等情，请公决案。

（决议）照案通过。补具临时预算呈核。

四、主席提议，信宜县县长李思辕另候任用，遗缺派张虞韶代理；电白县县长谢崧举另候任用，遗缺派陈任之代理；连县县长何春帆已奉调代理第五区行政督察专员，遗缺派王仁宇代理，请公决案。

（决议）照案通过。

广东省政府第九届委员会
第七次议事录

日　期　二月三日
地　点　香花坳本府
出席者　许崇清　胡铭藻　何　彤　顾翊群
列席者　史延程　杜之英　罗　瑶　郑　丰　吴迺宪
主　席　胡铭藻（代）
纪　录　（秘书）熊公福　（科长）袁晴晖

报告事项

一、广东省银行签呈，职行李副行长振五辞职，甚为坚决，应否准辞，请示等情，经指复照准。

二、秘书处签呈，据无线电特台补具收发报机补充备用器材数目，及价值约数预算表，请察核。

三、查第五区行政督察专员胡铭藻奉调本府委员，第四区行政督察专员丘誉已另有任用，遗缺奉军事委员会委员长蒋养侍秘渝电，着何春帆任五区专员，池中宽任四区专员，并转行政院任命等因，遵经分别函行遵照。

讨论事项

一、主席提议，据广东省银行呈，为职行李副行长辞职，业奉批准，遗职查有曾晓峰堪以胜任，经提出董事会第十八次会议，决议，通过。呈请省府派任，请鉴核等情，请公决案。

（决议）照案通过。

二、主席提议，据第三区行政督察专员呈缴架设区属各县贯通电话专线工料费，支出计算书表图说，计支过毫券二千四百七十五元，请核准照销发还归垫等情，请公决案。

（决议）复饬补具临时预算，暨抄附绥署电令，并将发寄单据时邮局收据，及取得邮局遗失证明书，呈候核办。

三、（略）

四、主席提议，查四会县县长李仲仁另有任用，遗缺以周东代理；兴宁县县长汪大燧另有任用，遗缺以李伯球代理，请公决案。

（决议）照案通过。

五、（略）

广东省政府第九届委员会
第八次议事录

日　　期　二月七日

地　　点　香花坳本府

出席者　胡铭藻　顾翊群　何　彤　许崇清

列席者　史延程（假）　邹　洪（吴逦宪代）　杜之英　郑　丰
　　　　桂竞秋　罗　瑶

主　　席　胡铭藻（代）

纪　　录　（秘书）熊公福　（科长）袁晴晖

报告事项

一、奉军事委员会委员长蒋效侍秘渝电，第一区行政督察专员邓彦华另候任用，遗缺调保安第一旅长古鼎华代理，并转行政院任命，等因，遵经分别函行遵照。

二、卫生处呈请派委陈安良代理防疫科科长，张贤林代理事务科科长，苏六昭代理救护科科长等情，经指复准予照派。

三、第×战区司令长官司令部令布本战区人民请求移运粮食办法，希即遵照，并转饬所属一体遵照。

四、阳山县呈复，奉令架筑黎连公路桥涵，计工程旅杂等费，共垫支毫券五百四十七元，开具垫支数目表，请准拨款归垫等情，拟令财厅在建设事业费项下拨还，并令复。

讨论事项

一、民政厅呈复，奉交核议第四战区战时粮食管理处修正广东严禁粮食出省办法，谨具意见，请核夺案。

（决议）（一）交民政、财政、建设三厅会同审查，提出下次会议。（二）由财政厅召集。

二、主席提议，据秘书处签呈，查各区保安司令部设立修械所一案，关于第一、第四、第五三区，似应裁撤。其余各区，似应暂行保留。该项经费，自本年元月份起，似应饬财政厅拨支，请提会核定，等情，请公决案。

（决议）照案通过，经费准在建设事业费项下动支，但应切实整顿，由保安处随时派员督察办理。

三、主席提议，据卫生处呈，为重新编订二十八年度经临费概算草案，请察核提案饬厅照拨等情，请公决案。

（决议）（一）防疫区署及治疗所经费，准予改列。（二）经常费，准每月列支二千元，按此数目，自行分配，重编预算呈核。（三）处长薪额，在未奉铨叙前，准照简任待遇，按六级折薪办法支简任八级薪；科长薪额，准照各厅处办法列支；技士薪额，应酌减薪额，均以毫券计算。（四）卫生事业费，准月列三千元，照会计处所签意见，于动支此项临时费时，应先编具预算呈候，提会核准，方得动支。

四、委员兼财政厅长提议，保安处增编保安团经费，月支国币二十万元，未准特派员公署续拨，可否自二月份起暂由省库垫付，请公决案。

（决议）二月份增编保安团队，经费二十万元，准由省库垫付。

五、主席提议，阳江县县长黄逸民辞职照准，遗缺派陈修爵代理；东莞县县长王铎声辞职照准，遗缺派张我东代理；南海县县长曾则生业已撤差，遗缺派余仲祺代理，请公决案。

（决议）照案通过。

六、主席提议，据省地方行政干部训练所呈，为职所开办费，计需六万四千元，经常费每月需三万二千余元，临时费每月需五千八百元，请提会在前广东学生集训队节余经费项下拨支等情，请公决案。

（决议）准予照拨开办费，在一月份预备费项下动支。经临各费，由二月份起，在每月预备项下动支，仍应造具概算呈核。

临时动议

一、主席提议，准防空司令部函送预算表，请将新增司令部经费每月九千二百二十七元，及每月补助费二万元，暨拨付防空协会费一千元一案，早予决定等由，请公决案。

（决议）（一）全省防空补助费每月毫券二万元，照原案发足，追加补列，预算表内所有防空司令部暨直属监视哨通讯队经费，以及关于防空各项临时费，均由此数匀支，函复请编造概算呈核。（二）各区防空经费，由财厅直接拨付。（三）各区县防空经费，交财厅会同会计处审查呈复核定，由财厅召集。（四）防空协会经费，由该会自理。

广东省政府第九届委员会
第九次议事录

日　期　二月十日

地　点　香花坳本府

出席者　许崇清　胡铭藻　顾翙群　何　彤

列席者　邹　洪（吴迺宪代）　罗　瑶　杜之英

主　席　胡铭藻（代）

纪　录　（秘书）熊公福

报告事项

一、军事委员会委员长蒋效侍秘渝电，第九区行政督察专员吉章简久不到任，以保安第三旅长吴道南代理，并转行政院任命等因，遵经分别函行查照。

二、行政院令，公布各省市县筹办强民工厂办法，及各省市县禁烟专款管理通则，饬转所属一体遵照等因，拟行民厅暨各专员公署饬属遵照。

讨论事项

一、财政厅沃代电，关于乳源县请救济该县旱灾一案，查该县属第一、二、三等区旱灾，经第二区专署派员勘明，失收成分多在五成以上，似应依据勘报灾歉规程第十条规定，由钧府核拨赈款，请示遵案。

（决议）在救灾准备金项下拨款一千元，交省振济会妥办具报。

二、主席提议，据秘书处签呈，拟再向第四战区司令长官司令部让购电油二万加伦，计共价款国币四万元，该款请提会援案在本省二月份预备费项下拨借等情，请公决案。

（决议）照案通过。

三、主席提议，据秘书处签呈，本府通讯器材缺乏，经派叶参议赴港购办，计价款及汇费共支国币七万二千一百元，拟请提会在本省建设事业费项下支付，令行财政厅如数拨还归垫等情，请公决案。

（决议）照案通过。

四、主席提议，阳山县长陈藻卿另候任用，遗缺以乳源县县长许济化调充；递遗乳源县县长缺，以陈荣魁代理，请公决案。

（决议）照案通过。

广东省政府第九届委员会
第十次议事录

日　期　二月十四日

地　点　香花坳本府

出席者　许崇清　胡铭藻　何　彤　顾翊群

列席者　黄公安　杜之英（毛松年代）　罗　瑶　邹　洪

主　席　胡铭藻（代）

纪　录　（秘书）熊公福　　（科长）袁晴晖

报告事项

一、民政厅呈，据文昌县县长呈缴兵役科兼任科长张慎持、科员赖峻连任用审查表，转请察核加委，等情，经指复准予照委。

二、民政厅呈，据万宁县呈缴兵役科长陈观韶、科员温育林任用审查表，转请察核加委等情，经指复准予照委。

三、民政厅呈，据灵山县呈缴兵役科长童日苏、科员廖廷枢任用审查表，转请察核加委等情，经指复准予照委。

四、民政厅呈，据佛冈县呈缴兵役科长吴坤活、科员周炎任用审查表，转请察核加委等情，经指复准予照委。

五、财政厅签复，核议保安处请发三团士兵征集费，及请增发保安团队战时临时费案，经交本府会计处核称，两案均系去年十一月间，由本府交签者远在二十八年度各项经费核定之前，拟对于原呈所请一次过发给士兵征集费案，如厅拟准在该处二十七年度节余经费的项下匀支。至请至十月份起增发保安团队战时临时费案，似应毋庸议。

讨论事项

一、财政厅呈复，核议龙川县修理龙川大桥，及龙川至灯塔桥梁工料费一案，龙川大桥修理费毫券四千四百四十四元五角二仙，拟在本年度建设事业费项下开支，请察核案。

（决议）照案通过。在本年度建设事业费项下开支。

二、（略）

三、主席提议，据广东省银行呈，为本行先后垫付本省自卫团款省券二百三十万元，拟恳转饬财厅由本省库款项下从速归还归垫，等情，请公决案。

（决议）交财政厅议复，再行提会核定。

四、主席提议，据省地政局呈，请将本局二十八年度行政经费照原额预算八成列支二千五百八十三元三角四分等情，请公决案。

（决议）令饬将支配数目详呈，再行核办。

五、（略）

六、主席提议，据黄明堂夫人欧阳丽文世电称，明堂先生于养日在钦县原籍逝世，查明堂先生早岁致力革命，功在党国，除转电请行政院请予优恤外，经由本府致送治丧费国币一千元，提会补请追认案。

（决议）照案通过。

七、主席提议，文昌县长曾文田另候任用，遗缺派詹学新代理；河源县县长黄秉勋另有任用，遗缺派吴式均代理；饶平县县长黄炳坤另候任用，遗缺派陈暑木代理；暂代丰顺县县长罗克典无庸暂代，遗缺派刘禹轮代理；鹤山县县长谢鹤年辞职照准，遗缺派欧兼代理，请公决案。

（决议）照案通过。

八、主席提议，南雄县县长莫雄另有任用，遗缺调始兴县长谭适代理；递遗始兴县县长缺，派吴种石代理，请公决案。

（决议）照案通过。

九、主席提议，据秘书处签呈，准第×战区战时粮食管理处，函请划拨一、二两月份经费交领等情，请公决案。

（决议）交财政厅、会计处查案议复再办。

广东省政府第九届委员会
第十一次议事录

日　期　二月二十四日

地　点　韶州本府

出席者　李汉魂　胡铭藻　何　彤　朱晖日　林友松

列席者　史延程　余森文　邹　洪　朱　江　杜之英（毛松年代）
　　　　　李云良

主　席　李汉魂

纪　录　（秘书）熊公福　（科长）袁晴晖

报告事项

一、奉行政院庚四电开，本院第四零零次会议，决议，任命林友松为广东省政府委员。又奉齐四电开，本院第四零零次会议，决议，广东第二区专员林友松另有任用，应予免职，派莫雄为广东省第二区专员兼区司令各等因。经分别函行查照。

二、会计处长杜之英呈，为因病请假，处中事务，派科长毛松年代拆代行，并于假期内，每次本府委员会议，恳准由属处派科长列席，以备咨询等情，经指复照准。

三、会计处签呈，为在抗战严重时期，慎重各机关公帑之管理，杜绝侵渔起见，谨拟具办法六点，请察夺迅速施行。

四、秘书处签呈，依照各种规定，本省卫生处似应隶属于民政厅，应否于本府合署办公实行时，明令改隶于民政厅之处，请察核。

讨论事项

一、（略）

二、教育厅呈，拟在二十七年小学教员暑讲会经费节存项下，拨支二十七年七月至九月份各区社教督导员薪俸，请核准指遵案。

（决议）照案通过。

三、建设厅呈，据公路处转呈，拟将韶汕、韶连、韶翁、韶乐四线客车票价增加，以期收支相抵等情，应否照准，请核示遵案。

（决议）保留。

四、主席提议，本省卫生处及警察总队，拟拨归民政厅管辖，以利推行，请公决案。

（决议）照案通过。

五至六、（略）

七、顾委员兼财政厅长提议，拟具整理本厅积欠各银行借款办法，请公决案。

（决议）交林委员、胡委员、会计处审查，由胡委员召集。

八、主席提议，查党员谢维屏，致力革命多年，贤劳素著，兹闻绝食殉国，义烈可嘉，为振起顽懦起见，拟呈请中央党部依例旌恤，并呈国府明令褒扬，一面由省库酌拨治丧费，并派周专员代表致祭，以示鼓励，是否可行，敬候公决案。

（决议）由省库拨给治丧费国币一千元，在预备费项下动支，其余照案通过。

临时动议

一、主席提议，据九区代专员王毅篠辰电称，琼山失陷，云县长振中尚未回任，县政负责无人，经权委琼崖守备副司令杨永仁代理琼山县县长，请予加委等情，请公决案。

（决议）照准。

二、主席提议，据九区代专员王毅篠午电称，琼东县长吴建华能力薄弱，不能策动民众抗敌，拟请他调，遗缺请委何清雅代理等情，请公决案。

（决议）照准。

广东省政府第九届委员会
第十二次议事录

日　期　二月二十八日

地　点　韶关本府

出席者　李汉魂　胡铭藻　何　彤（假）林友松　朱晖日

列席者　史延程　余森文　黄　雯　李云良　郑　丰

　　　　杜之英（毛松年代）　朱宝筠

主　席　李汉魂

纪　录　（秘书）熊公福　　（科长）袁晴晖

报告事项

一、行政院令，战区机关电灯电话等押金，应列入计算书内报销，并列入财产增加表及财产目录。押金收回时，作其他收入列报，仰即知照。

二、财政厅呈复，核议军管区电请对于本省壮丁及新兵被服补给费，准先电县垫支一案，按之实际，尚属需要，所有各费，在未奉军管区汇发之前，似可先在各县提存之特别备用金项下垫支，如有不敷，再次及征存省款暂垫。一俟领到，即行归垫等情，经分电各区专员转饬所属各县遵办。

三、财政厅元会连代电，为会计处二十七年度迁移费国币二千元，业经照付，拟请在本年度预备费项下开支，并函审计处备案。

四、建设厅呈，据公路处呈缴连贺公路征公办法、沿途采伐树木办法、迁坟办法、招工办法，请察核备案等情。经交技术室核签，经审查尚属可行，拟令财政厅知照。

五至六、（略）

七、民政厅呈报，本厅编制，向设五科，嗣以广东省禁烟特派员公署奉令裁撤，将禁烟行政划归本厅办理，遂增设一科，共有六科。自抗战发动以来，本省税收锐减，各机关经费，一再奉令紧缩，自应参酌现时预算，将本厅原有六科，缩为五科，以资适合，请鉴备案。

讨论事项

一、主席提议，查第×战区战时粮食管理处经费，经第×战区司令长官司令部电请中央自三月份起发给，其一、二月份经费，自应查照前案继续支付，由本府秘书处代领转发，除令财政厅照拨外，提会补请追认案。

（决议）照案通过。款在预备项下动支。

二、主席提议，准广东高等法院函送失陷县市法院监所经费数目表，请查照令饬财政厅迅予照拨等由，请公决案。

（决议）照会计处审议意见办理。

三、主席提议，据卫生处呈，为职处经费确属短绌，拟请维持原案，准照前呈预算，每月列支国币四千四百元，以资应付等情，请公决案。

（决议）照会计处签拟意见通过。

四、主席提议，请推派朱委员晖日出巡各地督导地方政治案。

（决议）（一）照案通过。（二）由本府授予特权，在本府职权内，得径行处理。

五、主席提议，据省地政局呈，编造本局二十八年度行政经费月份预算表，请鉴核存转等情，请公决案。

（决议）照会计处签拟意见通过。

六、主席提议，郁南县县长黄文鹄另候任用，遗缺调曲江县长邹志奋代理；递遗曲江县长缺，以原派代理花县县长薛汉光调充；大埔县县长梁若谷辞职照准，遗缺派李善余代理，请公决案。

（决议）照案通过。

七、主席提议，据卫生处呈，拟组织临时救护队，于二月一日成立，预算月支经费五百六十元，由卫生事业费项下开支等情，请公决案。

（决议）照会计处签拟意见通过。

八、胡委员、林委员、杜会计长会复审查财厅整理债款案意见，请核夺施行案。

（决议）保留。

广东省政府第九届委员会
第十三次议事录

日　　期　三月三日

地　　点　韶关本府

出席者　李汉魂　胡铭藻　朱晖日　林友松

列席者　史延程　余森文　杜之英（毛松年代）

　　　　邹　洪（吴遒宪代）　郑　丰　李云良　朱宝筠

主　　席　李汉魂

纪　　录　（秘书）熊公福　（科长）袁晴晖

报告事项

一、教育厅呈，拟具本省二十八年失学民众补习教育实施计划，请察核备案。

二、行政院令发审计法施行细则，审计部稽察证式样，及使用规则，各机关送审报表，详细表各件，仰知照，并饬属一体知照等因，拟通饬知照。

三、教育厅呈缴省立高级水产职业学校迁移费预算书，经会计处查核，列支临时费一百九十一元，尚属需要，拟照准在该校节余经费项下开支。

讨论事项

一、民政厅呈，拟具本省各县区署警察机构调整办法，请察夺施行案。

（决议）交胡委员、林委员、何厅长审查，由胡委员召集。

二、（略）

三、主席提议，据卸专员兼一区游击副司令邓彦华篠电，请将发过收编省警费用伙食等项国币一万六千八百二十二元赐发，俾得归还各县垫款等情，请公决案。

（决议）令该卸专员兼游击副司令将任内经手数目，造具计算书，暨四柱清册，呈复核办。

四、主席提议，据广东安化管理局呈，为局址远离瑶区，仍请依照原案拨还建署及开辟墟市费，共国币一万三千八百八十八元八角八分，等情，请公决案。

（决议）令饬将全案专送来府，再行核办。

五、（略）

六、主席提议，拟发给第×战区及本府慰劳代表文乃武、陈哲、严访武等赴琼州慰劳抗敌将士旅费国币五千元，在预备费项下开支，请公决案。

（决议）照案通过。

七、主席提议，奉第×战区司令长官代电，饬拨发西江行署教育团经费国币伍万元等因，查该款因待支孔亟，已由本府先行拨付，提会补请追认案。

（决议）照追认，由预备费项下动支。

八至十、（略）

十一、主席提议，新委琼东县县长何清雅因辞不就职，遗缺改委符传钵代理，请公决案。

（决议）照案通过。

广东省政府第九届委员会
第十四次议事录

日　期　三月十日
地　点　韶关本府
出席者　李汉魂　胡铭藻　林友松
列席者　余森文　杜之英（毛松年代）　邹　洪（吴逎宪代）

郑　丰　桂竞秋　黄希声　朱宝筠

主　席　李汉魂

纪　录　（秘书）熊公福　（科长）袁晴晖

报告事项

一、委员长养侍秘渝电复，所请开去王委员应榆一缺，以八区专员吴飞调补，并以邓世增递补八区专员；另调六区专员谭葆寿为省府参议，遗缺以七区专员周景臻调充，递遗之缺，以张炎接充各节，应照办。已电行政院分别任免，仍希径电行政院呈请为要，等因。经电呈行政院，奉东四电及先四电复，分别任免，遵即函行查照。

二、本府为褒恤忠烈，惩办汉奸起见，特训令各区行政督察专员，转饬各该县市长，分别褒扬节义，以作〔振〕抗战士气，并通缉汉奸，依法惩治，以儆其余。

三、秘书处拟具广东省政府座谈会简则，及广东省政府会报简则，连同出席名单，请察核施行。

讨论事项

一、财政厅呈，为宝安沙田征收处经费，拟根据二十八年度省款发放经费办法第三条之规定，补入经费表内，按月支付，请察核指遵案。

（决议）照会计处审查意见通过。

二、民政厅呈复，龙川县长黎贯奉令交卸，暨令派邓鸿芹接充一案经过情形，请鉴核案。

（决议）照追认。

三、（略）

四、主席提议，据陆军大学十六期，及参谋班第三期粤籍学员薛仲述等十五员，呈请援照第四期粤籍学员郑彬等成例，将员等治装费每员二百元，提前发给等情，请公决案。

（决议）准先发给半数，每人国币一百元。

五、（略）

六、主席提议，据秘书处签呈，本府现准朱秘书长家骅电，请照案按月十足拨付粤省党部经费，等由。查省党部经费二十八年度，每月经费表内核定，照原实支数，每月一万五千元，八成支付在案。应否查案电复，抑提会核定，请夺等情，请公决案。

（决议）由三月下半月起，每月补助省党部事业费二千五百元，款在建设事业费项下开支。

七、主席提议，万宁县县长李懋曾另候任用，遗缺调补保亭县长蔡笃慎代理，递遗保亭县县长缺，派李之炎代理；陵水县县长林鸿邵另候任用，遗缺派梁拱汉代理；澄迈县县长詹国群另候任用，遗缺调白沙县长丘海云代理，递遗白沙县缺，派陈伯良代理，请公决案。

（决议）照案通过。

八、委员兼秘书长胡铭藻提议，编造本府一、二、三月份临时费预算书，每月列支国币七千二百八十四元，请核准支付案。

（决议）照案通过。

广东省政府第九届委员会
第十五次议事录

日　　期　三月十四日
地　　点　韶关本府
出席者　李汉魂　胡铭藻　林友松
列席者　余森文　吴逎宪　杜之英（毛松年代）　郑　丰
　　　　桂竞秋　朱　江　黄希声
主　　席　李汉魂
纪　　录　（秘书）熊公福　（科长）袁晴晖

报告事项

一至二、（略）

三、财政厅呈缴非常时期整理营业税办法补充办法，请核备案，等情，拟准备案。

四、教育厅长许崇清呈报，于本年二月十七日，由连启程赴重庆，出席全国教育会议，厅务交由主任秘书黄希声代拆代行，请察核。

五、（略）

讨论事项

一、主席提议，第二区行政督察专员呈转乐昌县架设联话线临时费支付预算书，计共国币一万二千九百零六元六角，请分别存转，并拨款建设，等情，请公决案。

（决议）交建设厅核议具复。

二、（略）

三、主席提议，准省党部函开：按中央颁布修正县执行委员会组织条例第五条，有县执行委员会书记长，得兼任县地方自治指导员之规定。兹当二期抗战开始，党政联系，益须密切，拟请将现任各县党部书记长分期抽调来韶，在党政军干部训练团训练后，由本会函请省府民政厅任命等由，请公决案。

（决议）原则通过。惟现在各县尚无自治指导员之规定，应候呈请行政院核示。

广东省政府第九届委员会
第十六次议事录

日　期　三月十七日

地　点　韶关本府

出席者　李汉魂　胡铭藻　何　彤　林友松

列席者　史延程　余森文　高　信　吴逎宪　杜之英（毛松年代）
　　　　桂竞秋　黄希声　张尔超　朱　江

主　席　李汉魂

纪　录　（秘书）熊公福　（科长）袁晴晖

报告事项

一、财政厅呈，拟自本年三月十六日起，按照军用品免税成案，凡本省省内各机关采办公用舶来物品，经本省最高主管机关证明，如属于省外机关，经该省省政府证明确实者，一律免征舶来物品专税，以利公用。又查煤油电油检验费一项，内销每罐收费一分，外销每罐收费五分，所得有限，迹近繁琐，拟一并取销，以利商运，请察核备案。

二、财政厅呈报，依期于本年二月底，将本厅验税契总处及各县验税契处，一律结束，及裁撤验税契委员，嗣后税契事宜，仍照前颁修正广东省单行划一契税章程办理。惟税率一项，暂照二十一年七月减征成案征收，断卖契征产价百分之四，请领补税契纸及无契执照，亦同典按契征典价百分之二，补税上盖征产价百分之二，减征期间，由本年三月一日起至八月底止，以六个月为限，期满不予再展，请察核备案。

三、财政厅长顾翊群呈报，奉召赴渝出席全国金融会议，定于二月二十六日首途前往，离省约需要两星期，请鉴核备案。

讨论事项

一、主席提议，据第二区行政督察专员鱼建代电，请将建筑曲江桥渡车船码头工程费，国币一千一百零九元七角五分，如数发给，以便转发归垫等情，请公决案。

（决议）照案通过，款在建设事业费项下开支。

二、主席提议，据卫生处呈准卫生署函，请将前购吗啡五磅，国币三千八百九十四元八角，汇寄清账等由，可否由钧府认购应用，该款在预备费项下追加拨付，抑转请第×战区司令部备具原价来处购用，请核示等情，请公决案。

（决议）由本府认购，款在救灾准备金项下拨支。

三、（略）

四、主席提议，据卫生处呈，拟举办扩大全省预防天花接种运动，抄同计划书，及预算表，计需国币六千四百元，请准在该处本年度临时门卫生事业费项下核销等情，请公决案。

（决议）照案通过。

五、（略）

六、主席提议，据地政局拟就连县土地整理计划草案，附经费概算表，请核示等情，请公决案。

（决议）预算总额通过，限本年内完成，并参照秘书处、会计处审拟意见修正计划，再呈核办。

七、主席提议，新委陵水县县长梁拱汉辞不就职，遗缺改派侯协中代理，请公决案。

（决议）照案通过。

广东省政府第九届委员会
第十七次议事录

日　期　三月二十四日
地　点　韶关本府
出席者　李汉魂　胡铭藻　何　彤　林友松
列席者　史延程　余森文　杜之英（毛松年代）　桂竞秋
　　　　黄希声　陈卓雄　吴迺宪（陈薰代）
主　席　李汉魂
纪　录　（秘书）熊公福　（科长）袁晴晖

报告事项

一、（略）

二、财政厅有会岁代电，据始兴税务局呈，以该局原有各种台椅家具，多已破烂，且不敷用，拟将二十七年一月份结余经费国币三十六元二角九分，拨作购置费用，以资添设等情。经指复照准，并编具预计算书类，呈候核转，请察核备案，并函审计处备案，等情，拟准予备案并分别函行。

三、三水县艳行代电，为县境未尽沦陷，奉令停支行政经费，应如何办理，请示等情。查前项训令，业经撤销，并经核定省地方二十八年度每月经费表，通饬施行在案。前项经费表内列协助费一项，对于各县行政经费，均照十足支付，该县地方既未尽沦陷，行政经费，应准照旧拨发。除令财政厅查案拨发外，经已寒一财电复知照。

四、（略）

五、教育厅元曲计代电，为依照原拟二十八年度教育文化费岁出概算所列科目及数额，编造本厅调整二十八年度教育文化经费表，请令财厅依期填发支付书，等情。经交会计处核签，查各机关经费之发放，原应以每月经费表核定数额为准，但该厅所呈，系基于事实上之需要，且月份分配数，虽略有变更，惟年度总数，则仍符合，似可照准，拟定办法如下：（一）在该厅二十八年度概算未核定以前，除国外及国内留学生经费，督学出发旅费，教职员恤金及养老金，仍照规定时间发给，及各教育机关学校临时费，应俟需要时请领外，其余暂准照该厅拟定之调整二十八年度教育文化经费表列数额发给，并令发财政厅遵照，及送审计处查核。（二）凡已入游击战区各学校及教育机关经费之应停应发，仍应照本府通令办理。

六、行政院令，奉国民政府修正民国二十七年浙江省六厘公债第八条："本公债债票分千元、百元两种"等因。仰知照，并转饬所属一体知照。

七、行政院令，奉国民政府明令公布非常时期人民荣誉奖章奖状颁给条例，仰知照，并转饬所属知照等因，遵经通饬知照。

八、财政厅呈报，订定广东省各县税捐招商承办县地方税捐章程，及各县政府开投县税捐规则，各县政府开投县地方税捐细则，颁行各县市局遵照，请察核备案等情。查所拟章程，大致尚无不合，既经该厅通令各县市局遵照，拟令复准予备案。

讨论事项

一、财政厅呈，准西江行署函称，前据广宁县请贷款利便农民冬耕，业经准予先拨借国币五千元，交由该县长陈湘南具领贷放在案。查此项贷款，应俟冬收完毕，方可收回，本行署已奉令结束，附送收据二纸，请查照，饬收作账等由，该款应如何办理之处，转请察核指遵案。

（决议）由财政厅送省银行核办。

二、主席提议，据广宁县党部等篠电称，广宁县长陈湘南莅任以来，勤劳职务，不幸于铣日暴病逝世，县民感泣，公议设处治丧，恳准核拨治丧费等情，请公决案。

（决议）交民政厅查照公务人员抚恤条例议恤呈核。

三、主席提议，广宁县县长陈湘南出缺，所遗广宁县长缺，经派陈次恺代理，提会补请追认案。

（决议）照追认。

四、财政厅呈，关于防空协会经费案，拟在本年度预备费项下一次过拨给国币五百元，为该会员役去年十一、十二两月份薪饷，自本年一月起，即不再发给，以符原案，请察核转饬知照案。

（决议）保留。

五至六、（略）

七、主席提议，开平县县长萧×，前在梅菉管理局长任内有违法行为，应予撤职查办，遗缺派李锡朋代理，请公决案。

（决议）照案通过。

八、（略）

广东省政府第九届委员会
第十八次议事录

日　期　三月二十八日

地　点　韶关本府

出席者　李汉魂　胡铭藻　何　彤　林友松

列席者　余森文　史延程　杜之英（毛松年代）　桂竞秋
　　　　吴迺宪（陈薰代）　陈卓雄　黄希声

主　席　李汉魂

纪　录　（秘书）熊公福　（科长）袁晴晖

报告事项

一、（略）

二、广东省保安处呈，查自暴敌犯琼，驻防该地之保安第十一、十五两团，抗战辛劳，特由本处发给官兵犒劳赏费，各国币一千元，以资奖励，款由本处团队节余经费项下开支，请察核等情，拟分行财政厅、审计处及会计处知照。

三、行政院令发人民守土伤亡抚恤实施办法，仰知照，并饬属一体知照等因，遵经通饬知照。

四、财政厅呈，为广东省总金库库长黄兆栋，业经辞职照准，遗缺拟派容华绶接充，请准派任等情，经予派委。

五、秘书处案呈，拟就广东省政府政务研究会章程，请察核施行。

讨论事项

一、（略）

二、主席提议，据第三区行政督察专员呈，拟在各县府增设团务股，编具每月经费支付概算书，计共二百九十元，请察核指遵等情，请公决案。

（决议）交秘书处、民政厅、财政厅、会计处会拟统筹办法呈核。

三、主席提议，据第三区行政督察专员呈，奉饬将架设区属各县贯通电话工料费，补具临时预算书，暨抄附绥署电令，并将发寄单据时邮局收据，及取得邮局遗失证明书，呈候核办等因。查前项书表，未寄挂号，无从取得邮局收据，请通融核销，将支过费用毫券二千四百七十五元发还归垫等情，请公决案。

（决议）照会计处签拟意见办理。

四、民政厅呈，据广东省警察队呈缴开办费预算书，计共国币二千八百三十元，请察核案。

（决议）照案通过。

五、教育厅呈，拟在花县乡村教育实验区停支经费节存项下，拨支省立连县社教区开办三排农场费国币五百元，请察核示遵案。

（决议）照会计处签拟意见通过。

六、主席提议，奉第×战区司令长官司令部代电，饬拟定各县应组织民众破坏队办法施行等因，拟将府前所公布之广东各属征集民工破坏公路暂行办法加以修正补充，连同修正办法，请公决案。

（决议）照修正办法通过。

七、主席提议，据秘书处拟就广东省政府设计委员会组织规程，及办事细则，请公决案。

（决议）修正通过。

八、（略）

九、主席提议，据会计处签呈，请核准职处视察查账临时费月需一千二百七十二元，自二十八年四月份起，按月由预备费项下支付等情，请公决案。

（决议）照案通过。款在预备费项下开支。

十、建设厅呈，为农林蚕丝局，关系战时经济至巨，拟请仍将该两局二十八年度经费五成支发，由本厅统筹支配，请察核指遵案。

（决议）照案通过，仍交财厅签复。

广东省政府第九届委员会
第十九次议事录

日　　期	三月三十一日
地　　点	韶关本府
出席者	李汉魂　胡铭藻　何　彤　林友松　顾翊群　许崇清
列席者	余森文　史延程　杜之英（毛松年代）　陈卓雄
	吴迺宪（陈薰代）　桂竞秋
主　　席	李汉魂
纪　　录	（秘书）熊公福　（科长）袁晴晖

报告事项

一、建设厅呈，拟调本厅主任秘书朱宝筠代理工业管理处处长职务，请核准照委等情，已予照派。

二、（略）

讨论事项

一至二、（略）

广东省政府第九届委员会
第二十次议事录

日　　期	四月四日
地　　点	韶关本府

出席者　李汉魂　胡铭藻　何　彤　顾翊群　许崇清　林友松

列席者　史延程　杜之英（毛松年代）　邹　洪（陈薰代）

　　　　桂竞秋　陈卓雄

主　席　李汉魂

纪　录　（秘书）熊公福

报告事项

一、（略）

二、财政厅呈，为自本省入于战时状态以还，各地代理金库机关多有停止收支，或撤退情事，对于省县公款之解领，不无困难，除经拟具布置本省金库纲〔网〕计划暨办法，商洽广东省银行迅速进行，随时呈报外，合将现有各地省县金库列表报请备查。

讨论事项

一、（略）

二、主席提议，据广东省新生活运动促进会妇女工作委员会呈缴本年三月份临时支付预算书，及一月份起至十一月份止全年经费支付预算书，请将临时费如数发给，经常费从一月份起，按月拨发等情，请公决案。

（决议）照秘书处签拟意见通过。

三、财政厅呈复，补呈调整地税征收处经费原案，请核准备案。

（决议）准予备案。

四、（略）

五、委员兼财政厅长提议，拟具整理本厅积欠各银行借款办法，请公决案。

（决议）照原提整理办法通过，但省行钢铁港币借款，以一五折合国币偿还。

广东省政府第九届委员会
第二十一次议事录

日　期　四月七日

地　点　韶关本府

出席者　李汉魂　胡铭藻　何　彤　顾翊群　许崇清　林友松

列席者　缪培基　史延程　杜之英（毛松年代）

　　　　邹　洪（陈薰代）　桂竞秋　陈卓雄

主　席　李汉魂

纪　录　（秘书）熊公福　　（科长）袁晴晖

报告事项

一、财政厅呈，拟订广东省各县市局长交接时应行注意事项，请通令施行等情。经会计处拟具审核意见，及修正各点，请察核前来，拟照指复。

二、财政厅呈缴二十六年度各县市地税改征国币五成留县款增加数目表，请核准追加等情，经指复准予追加，并转行会计处及审计处。

三至五、（略）

讨论事项

一、主席提议，据中山县呈报总理妹倩林喜志因病身故，请饬库停发津贴，并酌予核给一次过安葬费，俾示优恤等情，请公决案。

（决议）准从身故日起，多发津贴一年，并一次过支给，作为安葬费。

二、（略）

三、财政厅呈，准省银行函，为钦廉财委会向北海支行提用省库款计国币二百一十六元九角二分，应否准予照销，请察核指遵案。

（决议）照会计处签拟意见通过。

四、（略）

广东省政府第九届委员会
第二十二次议事录

日　期　四月十一日

地　点　韶关本府

出席者　李汉魂　胡铭藻　何　彤　顾翊群　许崇清　林友松
　　　　吴　飞

列席者　缪培基　史延程　杜之英　邹　洪（陈薰代）
　　　　桂竞秋　朱　江

主　席　李汉魂

纪　录　（秘书）熊公福　（科长）袁晴晖

报告事项

一、（略）

二、民政厅呈，据紫金县呈缴政警队附郑梓添、警兵古郁文、钟焕成请恤清单，请在库款项下给恤共国币一百八十元，核与非常时期奖恤警察暂行办法规定相符，请察核办理等情，经指复准如呈给恤，在预备费项下开支，分别函行遵照。

三、教育厅呈报本厅第二科科长陈良烈因病辞职，业已照准，遗缺调第四科科长刘蓉森接充；又第五科科长巫琦，业经迁任汕头市市长，该科职务尚简，为节省经费起见，拟合并第四科，所遗第四科科长一职，改派秘书黄中廑兼任，请察核备案。

四至五、（略）

讨论事项

一至四、（略）

广东省政府第九届委员会
第二十三次议事录

日　　期　四月十四日

地　　点　韶关本府

出席者　李汉魂　胡铭藻　何　彤　顾翊群　许崇清　林友松
　　　　吴　飞

列席者　缪培基　史延程　杜之英　邹　洪（陈薰代）　桂竞秋
　　　　朱　江

主　　席　李汉魂

纪　　录　（秘书）熊公福

报告事项

一、（略）

二、财政厅艳会岁代电，遵令照拨黄明堂先生治丧费国币一千元，并拟在本年度抚恤费项下开支，请察核。

三、（略）

四、广东省党部函，准中央执委员会秘书处寅俭电开：中央第一一七次常会决议，省党部主任委员兼任省政府主席时，可由书记长列席省府会议等由。查本会余书记长森文，现因赴渝受训，在离职期间，职务交由姚委员伯龙代理，在姚委员未到会前，由缪委员培基暂代，请查照。

五、（略）

讨论事项

一至五、（略）

六、主席提议，据广东省新生活运动促进会妇女工作委员会编具生产组、训练班、识字班、出版刊物等预算书、计划章程，请准由本年三月份起，按月补助事业费国币三千元，另垫借生产事业流动资金国币二万元等情，请公决案。

（决议）照秘书处签拟意见通过。

七、委员兼教育厅长提议，查省立两阳中学校长余兆田辞职，业经照准，亟应派员接充，以维校务。兹查本厅第三科科员黄思汉，堪以充任，检同履历，请公决案。

（决议）照案通过。

八、主席提议，翁源县县长曾国光另候任用，遗缺派陈庸代理；紫金县县长钟岐辞职照准，遗缺派缪叔民代理，请公决案。

（决议）照案通过。

广东省政府第九届委员会
第二十四次议事录

日　期　四月十八日

地　点　韶关本府

出席者　李汉魂　胡铭藻　何　彤　顾翊群　许崇清　林友松

列席者　缪培基　史延程　杜之英　桂竞秋　朱　江
　　　　邹　洪（陈薰代）

主　席　李汉魂

纪　录　（秘书）熊公福　（科长）袁晴晖

报告事项

一、（略）

二、行政院令，奉国民政府明令修正审计法第十条条文，抄发修正条文，仰知照，并转饬所属一体知照。

三至六、（略）

讨论事项

一至三、（略）

四、委员兼财政厅长提议，拟具广东省抗战被灾区域县地方税捐征免办法，请公决案。

（决议）交林委员、吴委员审查。

314

五、主席提议，准高等法院函，据第四分院呈请购置小型汽车一辆，另购新车轮二个，需价共计国币一千三百二十七元，请在原准修理费开支，似属可行。惟事关变更经费用途，请查核办理等由，请公决案。

（决议）照秘书处签拟意见通过。

六、主席提议，据秘书处签呈，查卫生处请拨款购存药品，以备需要案，经决议在救灾准备金项下拨发国币五万元有案，该款经由本府向财厅领到转汇香港，计垫支汇费国币一千五百元，拟请提会追认，在救灾准备金项下补发，俾资归垫等情，请公决案。

（决议）照案通过。

七、（略）

八、主席提议，高要县长覃元超因病辞职，应予照准，遗缺派陈斗宿代理。查花县县长崔广秀，前经第四次会议另候任用，遗缺派薛汉光代理，纪录在案。现查薛汉光经调派代理曲江县县长，花县县长缺，仍着崔广秀留任，请公决案。

（决议）照案通过。

临时提议

一、（略）

广东省政府第九届委员会
第二十五次议事录

日　　期　四月二十一日

地　　点　韶关本府

出席者　李汉魂　胡铭藻　何　彤　顾翊群　许崇清　林友松
　　　　吴　飞

列席者　史延程　杜之英　桂竞秋　邹　洪（王作华代）
　　　　朱　江

主　　席　李汉魂

纪　录　（秘书）熊公福　　（科长）袁晴晖

报告事项

一、（略）

讨论事项

一、（略）

二、财政厅呈，拟改订清理交代积案办法，请察核准予备案。

（决议）照修正案修正通过。

三至八、（略）

九、林委员、吴委员会复，审查广东省抗战被灾区域县地方税捐征免办法，拟修改各点，请公决案。

（决议）照修正案通过。

十、主席提议，顺德县县长苏理平辞职照准，遗缺派刘超常代理，请公决案。

（决议）照案通过。

十一、主席提议，查中山地方重要，且接近战区，拟派本府委员吴飞前往督导，并于本府职权内之事，如时机急迫，得径行处理，所有该县团队，并统归指挥整理，特提请公决案。

（决议）照案通过。

广东省政府第九届委员会
第二十六次议事录

日　期　四月二十五日

地　点　韶关本府

出席者　李汉魂　胡铭藻　何　彤　顾翊群　许崇清　林友松
　　　　吴　飞（公差）

列席者　缪培基　史延程　杜之英　邹　洪（王作华代）
　　　　朱　江

主　席　李汉魂

纪　录　（秘书）熊公福　　（科长）袁晴晖

报告事项

一、（略）

二、行政院删一电复，据呈设置县自治指导员实施办法，现正在中央审议中，应俟办法颁行后，再行设置等因，拟转电省党部查照。

三、建设厅公路处处长陈鸿楷，现调充本府技术室技正，遗缺以本府参议范展鹏委充；并增设副处长一员，以曾宪圣委充。

讨论事项

一至三、（略）

四、财政厅皓会岁代电复，奉饬发还英德县垫支杆价，及运费，共毫券四十八元一案，拟在本年度建设事业费项下开支，请察核指遵案。

（决议）照案通过。

五、委员兼民政厅长提议，据卫生处报告，拟具设立北江沿线救护站实施办法，暨经费概算书，请核办等情。查所报各节尚属切要，是否可行，请公决案。

（决议）照案通过。

六、（略）

七、主席提议，查儋县县长陈××，对于抗战要政奉行不力，应予撤职，遗缺派王鸿饶代理，请公决案。

（决议）照案通过。

广东省政府第九届委员会
第二十七次议事录

日　期　四月二十八日

地　点　韶关本府

出席者　李汉魂　胡铭藻　何　彤　顾翊群　许崇清　林友松

列席者　缪培基　史延程　杜之英　桂竞秋　朱　江
　　　　邹　洪（王作华代）

主　席　李汉魂

纪　录　（秘书）熊公福　（科长）袁晴晖

报告事项

一、教育厅呈缴二十八年份社会教育督导计划，请察核。

二至三、（略）

四、财政厅皓会岁代电复，奉令饬拨还第三区专员公署架设区属各县电话联络专线垫款，毫券二千四百七十五元，遵经在本年度建设事业费项下如数拨付，请察核备案等情。经会计处查核，款项性质尚无不合，应予追认。

讨论事项

一、主席提议，据会计处签拟改良各县经管行政罚款收入办法，请提会决定施行一案，经民政厅参酌意见，及秘书处加具意见，交会计处重新将办法修正呈缴前来，请公决案。

（决议）照修正案通过。

二至四、（略）

五、主席提议，准广东省新生活运动促进会函，请准予拨给本会购置补助费国币一百二十元等由，请公决案。

（决议）照案通过。

六、财政厅寒会岁代电复，侨务委员会广东侨务处请按月发给失业归侨救济费一案，查此项费用，每月省券五百元，前经核拨至上年十月份止，嗣奉核定本省岁出紧缩概算，此款即依十一月起停拨，本年度经费表亦未列支，应如何办理，请核示遵案。

（决议）照秘书处签拟意见通过，款在救灾准备金项下开支，由五月份起发给。

七、（略）

八、财政厅呈，准前二区行政督察专员林友松函，请发本年一月份及二月份上半月战时工作服务团经费，共计省券四百二十元等由，拟予补发，并在预备费项下动支，请核示遵案。

（决议）照案通过。

九、（略）

十、主席提议，据秘书处签呈，查本府增设驻重庆办事处，并增设驻桂林通讯处，经于本年三月初已派员筹备设立，因在筹备时期，故经费支出较少，拟请会追认该两处三月份经费照半数拨发等情，请公决案。

（决议）照案通过。

十一、主席提议，据秘书处拟定广东省战时施政纲要，请提会核定施行等情，请公决案。

（决议）保留。

十二、主席提议，据战时省存粮管委会呈，请先准由会向省行借拨备用金国币五万元等情，请公决案。

（决议）照案通过。

十三、（略）

广东省政府第九届委员会
第二十八次议事录

日　期　五月二日

地　点　韶关本府

出席者　李汉魂　胡铭藻　何　彤　顾翙群　许崇清　林友松
　　　　　朱晖日

列席者　史延程　邹　洪（王作华代）　杜之英　朱　江
　　　　　李云良　桂竞秋

主　席　李汉魂

纪　录　（秘书）熊公福　（科长）袁晴晖

报告事项

一、（略）

二、财政厅宥会岁代电复，遵令拨付×战区粮食管理处三月份经费国币三千零八十六元八角一分，请示该款应在预算内何款项下开支等情。查该处本年一、二月份经费，经提会通过在预备费项下动支有案，三月份经费，拟仍饬在预备费项下开支，分别函令知照。

讨论事项

一至三、（略）

四、财政厅呈，拟具广东省征收机关长官交代规则草案，请核定公布施行案。

（决议）照修正案通过。

五、财政厅梗会岁复代电，奉饬照拨广东省新生活运动促进会妇女工作委员会经费及开办费一案，遵经照案拨付，其开办费一项，亦并在预备费项下动支，请察核案。

（决议）照案通过。

六至十、（略）

十一、主席提议，据秘书处拟具广东省捕杀敌伪组织官员奖惩办法，请提会核定等情，请公决案。

（决议）保留。

十二至十三、（略）

十四、主席提议，云浮县县长郑衡辞职照准，遗缺派刘尚需代理；潮阳县县长林志见辞职照准，遗缺派蔡奋初代理；连山县县长张绍芬另有任用，遗缺派林春荣代理；封川县县长曾粤珍另候任用，遗缺派洗〔洗〕家锐代理，请公决案。

（决议）照案通过。

十五、主席提议，据秘书处拟订广东省战时施政纲要，请提会核定施行等情，请公决案。

（决议）修正通过。

十六、（略）

十七、委员兼财政厅长提议，为适应战时需要起见，特调整本省原有各项税捐，拟定战时税则，请公决案。

（决议）广东舶来物产专税战时税则，广东省煤电油贩卖业营业税战时税则，广东省屠宰税战时税则，均修正通过，其余暂行保留，财政厅于执行上项税则时，仍应按照事实需要，在原定税率以上改订税率，以下酌量妥拟，报府备案。

十八至十九、（略）

320

广东省政府第九届委员会
第二十九次议事录

日　期　五月五日

地　点　韶关本府

出席者　李汉魂（假）　胡铭藻　何　彤　顾翙群　许崇清
　　　　　朱晖日　林友松

列席者　史延程　杜之英　邹　洪（王作华代）　桂竞秋
　　　　　朱　江

主　席　李汉魂（胡铭藻代）

纪　录　（秘书）熊公福　（科长）袁晴晖

报告事项

一、（略）

二、广东省银行呈，为职行董事胡继贤等现时均未在韶，每次召集董事会议，未能全体出席，究应如何充实，俾利行务，请核示等情，经指复该行董事胡继贤缺，以余恺湛接充。

讨论事项

一、（略）

二、民政厅呈，据卫生处呈，拟设置各厅临时诊疗所，所需经费，在各厅节余项下提出支付等情，拟请分行各厅处知照，倘需设置时，与该处商酌办理案。

（决议）照会计处签拟意见通过。

三、（略）

四、财政厅呈复，核议农林局及蚕丝改良局经费，似应照建设厅原议，自本年一月份起，仍照五成支给，请察夺指遵案。

（决议）照案通过。

五至九、（略）

十、财政厅真会岁代电，呈送各县临时地税督征处主任考成办法，及各县县长经征临时地税考成办法,请察核指遵案。

(决议)照秘书处签拟意见通过。

十一、(略)

十二、建设厅呈,据公路处转据北路行车处呈,关于韶翁等四线客车原价,请准照前案每十公里增至国币四角等情,应否照准,请察核指遵案。

(决议)交朱委员、顾委员会同杜会计长审查,由朱委员召集。

十三、主席提议,据第二区行政专员呈复,关于难民救济区办事处经费,在未奉令停支以前,四月份上半月应支经费计国币一百二十五元,仍请准在领存救济费项下拨支,以资归垫等情,请公决案。

(决议)照准,款在救灾准备金项下拨支。

十四至十七、(略)

广东省政府第九届委员会
第三十次议事录

日　期　五月九日

地　点　韶关本府

出席者　李汉魂(假)　胡铭藻　何　彤　顾翊群　许崇清
　　　　朱晖日　林友松

列席者　史延程　杜之英　邹　洪(王作华代)　朱　江
　　　　桂竞秋

主　席　李汉魂(胡铭藻代)

纪　录　(秘书)熊公福　(参议)谢乐文

报告事项

一、教育厅呈,据省立肇庆中学呈缴迁校搬运设备费预算书,列支国币五百元,请核准饬遵等情,经会计处核尚需要,似可照准,在该校经费结余项下拨支,拟指复照准。

二、教育厅呈,据汕尾水产职业学校呈缴迁移校具费支付预算书,列支搬运费国币一百零八元，经会计处审核尚属需要，似可照准在该校经费节余项下拨支，拟指复照准。

三、广东省银行呈缴各年度纯益分配数目表报，暨说明书，请察核示遵等情，拟准备案。

四至六、（略）

讨论事项

一至二、（略）

三、民政厅重行拟订本省各县区署及警察机构调整办法，请提会核定案。

（决议）照案通过。

四、（略）

五、委员兼财政厅长提议，拟将各县市地税督征处暨征收处及税捐征收处合并，改组为县税捐征收处，连同组织章程、办事税则、经费表，请公决案。

（决议）修正通过。

六、主席提议，佛冈县县长周正之辞职照准，遗缺派黄祥光代理；新兴县县长吴景超另候任用，遗缺派陈公佩代理，请公决案。

（决议）照案通过。

七、主席提议，五华县县长蓝逊，前以旧病复发，电请辞职，当以该县长办事努力，予以慰留。惟续据再三电呈，情词恳切，所称旧病复发，查属实情，应予照准，遗缺派刘奋翘代理，请公决案。

（决议）照案通过。

八至十一、（略）

十二、教育厅呈，拟派邓士采筹备恢复仲元中学，迁址北江，至该校原有经费，前因暂时休课，未列入预算，现既恢复，关于筹备开办经常费，自应重行规定，在临时中学经费项下拨充，请察核备案，函行审计处、财政厅知照案。

（决议）照案通过。

十三、建设厅呈，关于本厅迁址办公修缮等费，共国币七千三百二十五元七角，准徐前厅长咨复，二十七年度经费，已无余存等由，请仍饬财厅照数拨发，以便应支案。

（决议）照会计处签拟意见通过。

广东省政府第九届委员会
第三十一次议事录

日　期　五月十三日
地　点　韶关本府
出席者　李汉魂（假）　胡铭藻　何　彤　顾翊群　许崇清
　　　　朱晖日　林友松
列席者　史延程　邹　洪（王作华代）　杜之英　缪培基
主　席　李汉魂（胡铭藻代）
纪　录　（秘书）熊公福　　（科长）袁晴晖

报告事项

一、财政厅呈报，核明二十六年度各县市局经征临时地税考成分数，拟请照章奖惩，分别令遵等情，拟分饬遵照。至请示罚薪一节，拟饬照年俸二十分之一处罚。

二、（略）

三、建设厅呈，奉第×战区司令长官部令，关于管理行驶韶潮公路客车暂行办法，准如所拟办理等因，经饬公路处遵办，并将开办日期及情形报核，请察核备案等情，拟令准备案。

讨论事项

一至八、（略）

九、兼财政厅厅长、兼民政厅厅长提议，拟请确定并增加本省各区署乡镇保甲经费案。

（决议）原则通过，仍交民财两厅统筹办理。

十、（略）

十一、兼民政厅厅长提议，为加强禁政起见，拟筹设省立强民工厂，收容勒戒烟民，俾彻底戒绝后，得有谋生技能，以增加抗战力量案。

（决议）照案通过。

十二、主席提议，据广东省临时参议会筹备处呈，为从新编造省参议会经临各费预算书，请察夺等情，请公决案。

（决议）照案通过，补列概算。

十三、主席提议，据秘书处签呈，拟订广东省政府合署办公施行细则草案，并经邀集各厅处会同审查，详加修正，请核示等情前来，请公决案。

（决议）修正通过。

广东省政府第九届委员会
第三十二次议事录

日　期　五月十九日

地　点　韶关本府

出席者　李汉魂　胡铭藻　何　彤　顾翙群　许崇清　朱晖日
　　　　林友松

列席者　史延程　邹　洪（陈薰代）　杜之英　姚伯龙
　　　　桂竞秋　卓振雄

主　席　李汉魂

纪　录　（秘书）熊公福　（科长）袁晴晖

报告事项

一至三、（略）

四、建设厅呈，据公路处呈，拟将北区工程处东路专员办事处裁撤，改设三工务总段，并以陈正元为第一工务总段长，余谦为第二工务总段长，林冠五为第三工务总段长，请察核备案等情，拟准备案，并分令财政厅，会计处知照，函审计处查照。

五、广东省银行呈送职行与贸易委员会签订委托构〔购〕物产合约，请察核备案等情，拟准予备案。

六、会计处签呈，拟请令饬省营工业监理委员会，迅编十月份以前支出计算书呈核，并将公物账簿送韶点交，以清手续。

七、（略）

讨论事项

一至三、（略）

四、主席提议，据省振济会呈缴救济总队购买服装公物临时支付预算书，计国币四千三百八十一元八角，经由本会财务组垫借，请准在救灾准备金项下拨还归垫等情，请公决案。

（决议）照会计处签拟意见通过。

五、主席提议，准吴前主席江电，在港创办国民日报，请补助每月国币五千元，并请一次过先拨五个月等由，请公决案。

（决议）由六月份起，每月补助国币一千五百元，并追列概算。

六至八、（略）

九、主席提议，据省振济会呈缴二十八年度二月份至十二月份经常费支付预算书，计与原定预算数每月增加国币一千二百四十五元三角一分，请准追加，由二十八年度二月份起，至十二月份止拨发等情，请公决案。

（决议）由四月份起，每月追加经常费国币一千元，仍在救灾准备金项下列支。

十、（略）

十一、兼教育厅长提议，拟请由省库追加本厅年度教育文化费经常门预算民校课本印刷费国币六万元案。

（决议）照案追加，仍应补编概算，以凭追列。

十二、兼教育厅长提议：（一）拟增设战时民众学校一千班。（二）设立社会教育工作团。（三）刊行教育导报。（四）改组电影教育巡回施教区。合计本年度共需经费国币九万元，拟将本厅上年度结存，及本年度列支教育文化经费预算各项挪拨应用，请公决案。

（决议）照案通过。

十三、（略）

十四、主席提议，遂溪县县长钟韶另候任用，遗缺派符麟瑞代理；宝安县县长梁宝仁另候任用，遗缺调连平县县长莫铖代理；递遗连平县长缺，调乐昌县长杨德隆代理，递遗乐昌县长缺，派李国伦代理，请公决案。①

十五、主席提议，据会计处签呈，为本府合署办公施行细则第九条，关于财政厅会计室第二股职掌之规定，未叙范围，恐滋误解，请提会修正等情，说〔请〕公决案。

（决议）照案修正。

广东省政府第九届委员会
第三十三次议事录

日　期　五月二十三日

地　点　韶关本府

出席者　李汉魂（假）　顾翊群　林友松　何　彤　朱晖日
　　　　胡铭藻　许崇清

列席者　邹　洪（陈薰代）　杜之英　史延程

主　席　李汉魂（胡铭藻代）

纪　录　（科长）袁晴晖　（参议）谢乐文

报告事项

一、（略）

二、广东省振济会呈，为本会拨发各县市局散振之款项或物品，为求办理核实起见，业经拟订广东省各县市局散振办法，通令施行，请察核备案，并转饬所属知照等情，经准予备案，并分行民、财、建、教四厅，保安处及各区专员转饬各县市局知照。

三、（略）

四、财政厅呈，准地政局函，请拨发连县土地整理计划第一期应领各费，及四、五、六等月经费，共国币七万二千九百三十元等由，查该局节余经费九万六千八百四十五元四角六分，前经返纳，所请应否照支之处，请察核等情，拟指饬准予饬库先行拨付，并令地政局照案扫解节余经费。

五、广东省银行呈报，广州市立银行以公债票十三万元，向本行押借国币一十万元，以为支付普通存款，及汇丰银行借款利息之用，经提出第十二届第十九次董事会决议，照案追认，呈府备案在案，请察核准予备案。

六、（略）

七、广东省银行呈报，为适应事势起见，拟在职行组织机构内，增设发行部，并派职行储蓄部经理秦镜夫兼任该部经理，经提出第二届第十九次董事会议决照案通过在案，请察核备案等情，拟准予备案，并咨财部查照。

八至九、（略）

十、建设厅呈，据公路处呈缴连贺公路工程处组织修路队经临费概算书，转请存转等情，经会计处核签，概算书所列经常费国币三千九百二十四元，临时费三千零七十六元，该款经核明系在本府核准之连贺公路各项工程总预算内，所列修路队七千元项下开支，似可准予照案。

十一、审计处函，为发给黄明堂治丧费国币一千元，本案究系准在何款开支，应请查明见复等由，经会计处签拟，该费系本府第十次会议通过，惟当时并未指明何款开支，似可准由本年度预备费项下拨付。

十二、广东省振济会呈缴修正广东省各县市局振济会振恤义民办法，请察核示遵等情，查所拟办法，尚属可行，拟通饬遵照并复。

十三、（略）

讨论事项

一、财政厅呈，为清收旧欠地税提支补助费，拟准各县随收随扣，并将清收各县旧欠地税办法修订，请察核指遵案。

（决议）照案通过。

二、（略）

三、主席提议，准广东省新生活运动促进会函，为编印新运刊物，拟就印刷费预算表，计共国币一千六百四十元，请准拨款补助等由，请公决案。

（决议）照会计处签拟意见通过。

四、民政厅灰代电，转缴卫生处举办扩大夏令卫生运动临时费概算书草案，请察核示遵案。

（决议）照会计处签拟意见通过。

五、民政厅呈，据广东省警察总队呈缴二十八年度临时门服装费预算书，计共国币二万六千三百二十三元，转请察核指遵案。

（决议）照案通过，在预备费项下开支。

六至九、（略）

十、教育厅呈，据老隆师范学校呈缴修理校舍添置校具预算书，请准拨发国币八百八十四元零九分等情，查属需要，似可照准，在二十八年度教育文化临时项下拨支存转备案，并令行财政厅照数划拨，俾转发领用案。

（决议）照案通过。

十一至十四、（略）

临时动议

一、顾委员、何委员提议，准广东合作协会请求每月由省府津贴国币一百元等由，拟一次过津贴国币一千元，在预备费项下开支，请公决案。

（决议）照案通过。

广东省政府第九届委员会
第三十四次议事录

日　期　　五月二十六日

地　点　　韶关本府

出席者　　李汉魂　胡铭藻　何　彤　朱晖日　顾翊群　许崇清
　　　　　林友松

列席者　　杜之英（假　毛松年代）　邹　洪（陈薰代）　桂竞秋

主　席　　李汉魂

纪　录　　（科长）袁晴晖　（参议）谢乐文

报告事项

一、行政院令，抄发张参政员润等提议，抗战建国之后方政治，必须选任人才案，仰知照等因，拟行民政厅知照。

二、（略）

三、广东省银行呈，职行为展拓战时业务，沟通国际汇路，活动金融起见，拟在重庆筹设办事处一所，请转咨财政部备案，暨四川省政府查照等情，拟予照转并指复。

四、广东省银行呈，为建设厅及所属机关借欠行款本息甚巨，开列账单，请察核令饬从速筹还，俾资运用等情，经令建厅核明从速筹还具报并指复。

五、广东省振济会呈缴广东省各县市局输送站收容所设置办法，请备案，并转饬知照等情，查所拟办法尚属妥善，经指复准备案，并分行民政厅及各区专员转饬各县市局遵照。

六、会计处签呈，现准广东省保安处函送学生大队经费支付预算书，及国难饷章给与表，计共列支国币六千二百八十九元二角四分，核与该处前呈本府核定之预算额，实减国币一百五十一元二角八分，所列数目，尚无不合，拟由处存转。

七、（略）

讨论事项

一、财政厅真会岁代电复，曲江县拟改建派出所及宿舍，尚为事实上需要，该项用款，共计国币六百三十六元二角，似可准在本年度省预备费项下拨付，请察核示遵案。

（决议）照案通过。

二至三、（略）

四、民政厅呈，准财政厅咨复，关于核减深圳警察局整理费为国币三百元，意见相同，该款拟在本年度省预备费项下开支，请察核指遵案。

（决议）照案通过。

五、教育厅呈，拟在本年度教育文化临时费下，拨支教育学院由藤迁融搬迁费，及购置费，国币二千六百七十六元，请核准函审计处备案，暨令财政厅拨发案。

（决议）照会计处意见通过。

六、教育厅呈报，在二十七年度义教费项下，拨支省立钦州师范附小增班临时设备费，国币一千二百七十九元一角七分，请察核备案指遵案。

（决议）照案通过。

七、（略）

八、主席提议，据兵役协进会呈请每月补助经费国币五十元，一次过开办费五十元等情，请公决案。

（决议）照案通过。

九、建设厅呈，据公路处呈复，请由二十八年一月份起，仍照前紧缩预算每月发给经费国币四千零七十三元六角一分，转请核准等情，请公决案。

（决议）自五月份起，每月发给经费国币四千零七十三元，追列概算，四月底以前经费实支数额，交建厅查核清楚，再呈核办。

十、（略）

广东省政府第九届委员会
第三十五次议事录

日　期　五月三十日

地　点　韶关本府

出席者　李汉魂（假）　胡铭藻　何　彤　许崇清　林友松
　　　　朱晖日

列席者　杜之英　史延程　邹　洪（陈薰代）

主　席　李汉魂（胡铭藻代）

纪　录　（科长）袁晴晖　（秘书）冯介廉

报告事项

一、（略）

二、民政厅、广东省振济会篠代电，会同拟具广东省各县市局收容乞丐游民实施办法，请核转等情，拟分行各区专员转饬各县市局遵照，暨代电振济委员会查照并复。

三、建设厅呈复，龙川县征收大江桥渡车费一案，在统一管理办法未实施前，为维持渡车船修养各费计，拟准该县长暂照减收数目，继续征收等情，拟饬仍将所收渡车费，编具收入预算，依法呈转办理。

四、军事委员会令，为此次对日抗战，纯为求国家民族之独立生存，各级文武官吏，应绝对尊重民意，更应尊重民命，慎用民力，慎取民财，以期获得最后胜利之左券等因，遵经分电所属各机关转饬一体遵照。

五、（略）

讨论事项

一、（略）

二、民政厅呈复，核议防城县壮丁调查办公费，及书表费预算书，尚无不合，似应仍照原案办理，请察核指遵案。

（决议）准在预备费项下开支。

三至十一、（略）

广东省政府第九届委员会
第三十六次议事录

日　　期　六月二日

地　　点　韶关本府会议厅

出席者　李汉魂　胡铭藻　何　彤　顾翊群　朱晖日　许崇清
　　　　　林友松

列席者　余森文　史延程　邹　洪（王作华代）　杜之英
　　　　　桂竞秋

主　　席　李汉魂

纪　　录　（秘书）熊公福　冯介廉

报告事项

一、行政院令，据内政、军政两部会呈，请令行各省政府对于军管区函请惩罚县长时，应依据军管区拟议切实办理，不得任意搁置，并饬各级行政机关，以行政力量推行兵役，如奉行不力，准由各级管区司令咨商该主管机关议请惩处等情，应准照办，仰即遵照等因，遵经电饬民政厅各区专员并由各专员，转饬各县市局长遵照。

二、（略）

三、广东省各界征募慰劳委员会函，为慰劳参加抗战将士，议决组织慰劳抗战将士代表团，出发慰劳，请在献金留存项下，提援国币三万元，请转知省银行照拨等由，经已照办，函复并令省银行遵照。

四、（略）

讨论事项

一、（略）

二、民政厅呈缴修正广东省调整县卫生行政机构暂行办法，及广东省各县卫生事务所暂行组织规程，请察夺示遵案。

（决议）照案通过。

三、民政厅呈，据卫生处呈，拟具二十八年广东卫生出版费概算书，请核转等情，请察核示遵案。

（决议）照案通过。

四至六、（略）

七、民政厅呈，据卫生处拟具本省流行性脑膜炎检疫暂行规则，请公布施行等情。经分别订正，请察核示遵案。

（决议）照秘书处签拟意见通过。

八、主席提议，查从化县县长李××，因案撤职查办，遗缺派林序东代理，请公决案。

（决议）照案通过。

九、主席提议，潮安县县长梁翰昭辞职照准，遗缺调汕头市市长巫琦代理；递遗汕头市市长缺，派罗献祥代理，请公决案。

（决议）照案通过。

十、委员兼财政厅长提议，准本厅曾前兼代厅长养甫咨，以支付过税警总团等储粮费等项共国币二十七万一千元，因值交卸，嘱补备法案，提请追认等由，请公决案。

（决议）照案追认。并饬依法报销。

广东省政府第九届委员会
第三十七次议事录

日　期　六月六日

地　点　韶关本府会议厅

出席者　李汉魂　胡铭藻　何　彤　顾翊群　许崇清　朱晖日
　　　　林友松

列席者　史延程　邹　洪（王作华代）　桂竞秋　杜之英
　　　　王仁宇（连县县长）

主　席　李汉魂

纪　录　（秘书）熊公福　冯介廉

报告事项

一、中国国民党中央执行委员会秘书处函，为自二十八年五月起实施党务经费统筹统支办法，请查照现拨省党部每月经费一万二千六百五十六元，按月提前以中央名义拨存银行备付，并指定付款银行电复等由，经电复指定广东省银行付款，并分行财政厅、省银行遵照。

二、民政厅呈，据卫生处编缴办理本省卫生人员调查登记费概算书，请核示，等情。经会计处核签，查该处卫生人员调查、登记，既系奉准办理，现据呈概算列支五百元，似可照准，在该处事业费项下开支等语，拟如拟办理。

三、（略）

四、广东省军管区国民军训处呈，修正各县市国民自卫总队支付预算书，经会计处核签，现呈所列经费月支五万五千八百五十六元之数，系以原定各县市社训总队经费，暨本府核准财政厅、会计处核议增加各县市社训茶水，视察，旅费各项两数并合编造（计比原案少列十一元五角）等语，此项经费据请由本年六月份起照数列支一节，拟照准。

334

五、陆军第一师莫师长第八区邓专员感午会代电，拟订灵合两县地方团队伙食准备金保管提用条例，请核示等情。经将原条例修正为办法，并将各条文分别修正，代电呈代司令长官并复。

六、（略）

讨论事项

一、民政厅呈，据省卫生处呈，拟广东省鼠疫预防注射暂行规则，查核大致尚属可行，请察夺施行案。

（决议）照秘书处签拟意见通过。

二、（略）

三、主席提议，据会计处案呈，准省振会函送改编儿童教养团开办费，经常费概算预算书表等由。查核预算所列，尚无不合，似可提会核定，照案在本省献金项下开支等情，请公决案。

（决议）开办费由献金项下开支，每月经常费由救灾准备金项下开支。余照会计处签拟意见通过。

四、（略）

五、主席提议，准广东各界征募慰劳委员会函请捐助慰劳物品送会等由，经本府先拨助国币五百元，拟在本年度预备费开支，提会补请追认案。

（决议）照案通过。

六、主席提议，查广东地方行政干部训练所教育长陆宗骐经调充动员委员会秘书长，遗缺委王季子接充；副教育长杨正英调充本府参议，遗缺委民政厅科长陆冠莹接充；并加推王季子、陆冠莹为该所所务委员，提会补请追认案。

（决议）照案追认。

七至八、（略）

九、主席提议，恩平县县长祝秀侠另候任用，遗缺派麦健生代理；南雄县县长谭适另候任用，遗缺派韩源代理，请公决案。

（决议）照案通过。

十、财政厅呈报，本厅办公费不敷，拟在财政各项什费调拨支需，按月签领，免编预算，以资简便，请核准备案。

（决议）照案通过。

十一、民政厅签呈，关于奉令召集审查连县实验县计划大纲一案，遵经召集审查完竣，连同审查意见，请察核办理案。

（决议）照审查意见通过，由六月份起，按月增拨补助费二千元，仍应补具预算，及工作进度表呈核。但县府经费，仍照原额发给，其健全保甲经费，俟调查整理后，再呈核办。

十二、（略）

十三、主席提议，据秘书处签呈，拟向港增购福特式蓬车四辆，共约需港币一万六千元。该款拟请在省库预备费项下拨支，俟电询确价再补具预算呈核，等情，请公决案。

（决议）照案通过。

十四、主席提议，查本府合署办公施行细则第三章第十四条之规定：编译室设主任一人荐任，编译员五人至九人，办事员二人至三人委任，雇员若干人。应改为编译室设主任一人荐任，编译五人至九人荐任或委任，办事员二人至三人委任，雇员若干人，请公决案。

（决议）照案通过。

十五、（略）

十六、民政厅呈缴广东省警察总队二十八年度预算书，计月支国币一万六千零八十元零九角七分，请察核示遵案。

（决议）保留。

广东省政府第九届委员会
第三十八次议事录

日　期　六月九日

地　点　韶关本府

出席者　李汉魂（假）　胡铭藻　何　彤　顾翊群　许崇清
　　　　朱晖日　林友松

列席者　史延程　余森文　邹　洪（王作华代）　杜之英
　　　　桂竞秋

主　席　李汉魂（胡铭藻代）

纪　录　（秘书）熊公福　冯介廉

报告事项

一至二、（略）

讨论事项

一至三、（略）

四、主席提议，据保安处宥经电请照原案从本年七月份起继续发给官兵米津，俾维军食等情，请公决案。

（决议）照案通过。

五、教育厅呈请仍照本厅原奉核定调整二十八年度教育、文化经费表拨发经费，并令行财政厅查照办理案。

（决议）照教育厅原呈办理。

六、民政厅呈缴修正广东省卫生处暂行组织规程，请察核示遵案。

（决议）照案通过。

七、主席提议，准广东省临时参议会函，为大会决议推派参议员分赴各县考察，请先行借垫旅费国币五千元，将来依照规定旅费报销，请查照赐复等由，经如数拨付，提会补请追认案。

（决议）照案追认。

八至九、（略）

十、主席提议，罗定县县长曾越辞职照准，遗缺派林森曾代理，请公决案。

（决议）照案通过。

十一、民政厅呈缴广东省警察总队二十八年度预算书，计月支国币一万六千零八十元九角七分，请察核示遵案。

（决议）照会计处签拟意见通过。

十二至十四、（略）

十五、主席提议，据财政厅转准参议会吴议长鼎新函，请自去岁停发日起，继续补发国民大学、广州大学补助费，以利教育等由，请核示前来，请公决案。

（决议）自二十八年一月份起，照案继续补助，并补列概算。

广东省政府第九届委员会
第三十九次议事录

日　期　六月十三日

地　点　韶关本府

出席者　李汉魂（假）　　胡铭藻　何　彤　顾翊群　许崇清
　　　　　　朱晖日（假）　　林友松

列席者　余森文　史延程　杜之英　邹　洪（王作华代）
　　　　　　桂竞秋　欧树融

主　席　李汉魂（胡铭藻代）

纪　录　（秘书）熊公福　朱葆勤

报告事项

一、财政厅呈，拟将清收旧欠地税施行期间，展期三个月，由本年七月一日起至九月底止，以收入增益，而裕库帑等情，经准予备案。

二、第四战区广东存粮管理委员会呈报，另编二十八年四月份起至十二月份止经费预算书，请察核备案等情，经会计处核签，查所列各节目，尚能依照前令指饬各点更正，拟照存转。

讨论事项

一至二、（略）

三、主席提议，据陆军大学十六期，粤籍学员薛仲述等九员，参谋班第三期，粤籍学员陈崇龄等六员，请将毕业治装费所余半数，每人国币一百元发给等情，请公决案。

（决议）准照发给。

四、（略）

五、兼教育厅长提议，拟将连县县立中学，改为省立，及扩充班额，每月实不敷国币七百二十六元零四分，拟在本年本省教育文化费省立各校增班添补费项下拨足，请公决案。

（决议）照案通过。

六至七、（略）

八、主席提议，据省社会服务处余主任呈报，该处经费困难，事业无法开展，请求补助费国币五千元等情。查社会事业，亟待发展，而该处经费困难，又属实情，拟酌予补助，请公决案。

（决议）补助国币三千元，由预备费项下开支。

广东省政府第九届委员会
第四十次议事录

日　期　六月十六日

地　点　韶关本府

出席者　李汉魂（假）　胡铭藻　何　彤　顾翊群　许崇清
　　　　朱晖日（公差）　林友松

列席者　余森文　史延程　邹　洪（王作华代）　杜之英
　　　　桂竞秋　欧树融

主　席　胡铭藻（代）

纪　录　（秘书）熊公福　朱葆勤

报告事项

一、第四战区司令长官部令修正公布韶关警备司令部组织条例，等因。遵经分饬驻韶本府直属各机关知照。

二、广东省审计处函，定于本年七月份起，各机关送审报表，应照法定报表编造送审，请转饬所属各机关遵照办理，等由。经交会计处核拨，此案既称系依照审计法施行细则办理，自应照办。兹拟：（一）普通各机关应送报表，由本处从速设计，本省普通公务单位会计制度，由府颁发施行，俾资改善。（二）其余主管公库机关，代理公库机关，主管公债机关，经理特种基金机关，应送报表，拟由府转饬财政厅、省银行、国防公债基金保管委员会，及振济会等机关，分别遵照办理。

三、行政院令，奉国民政府明令修正公布主计人员任用条例抄发修正条文，仰知照，并转饬所属一体知照等因，拟通饬各机关知照。

四、建设厅案呈，以据公路处处长范展鹏呈请辞职，应予照准，遗缺派本厅技正陈锦松代理等情，经予照准，并派建厅会计室主任前往监盘。

五、第四战区广东存粮管理委员会呈报，准建设厅函，以前派本会委员罗藜另有任务，已派视察黄剑声接充，转请察核加委等情，经予照准。另派黄剑声为第四战区广东存粮管理委员会委员。

六、关于战区后方三个月及后方总库六个月屯粮案，经由第四战区战时粮食管理处奉令召集有关各机关，于六月东日在韶成立战区购粮委员会，决定广东购屯五万包，广西十八万九千包，江西二万五千包，电呈委员长及张代长官察核在案。

七、会计处签呈，查广东省地方行政干部训练所迁移费国币三万九千五百五十元，经本府委员会第三十八次会议决议照案通过，惟未决定在何款动支。兹拟援照拨付建设厅迁移费成案，在本年度预备费项下拨支等情，似可如拟办理。

讨论事项

一至三、（略）

四、胡委员、林委员、何委员会复，审查卫生处呈拟广东省饮食店卫生管理规则，请分别公布，通饬遵照一案，经会同将原规则分别修正，请公决案。

（决议）照修正案通过。

五、主席提议，准广东省临时参议会函，为韶市物价昂贵，各驻会参议员办公费一百元不敷支销，拟每员增加特别办公费国币五十元，每月总计追加预算国币四百五十元，请查照见复等由，请公决案。

（决议）照案通过。

六、民政厅呈，据卫生处呈，据修正防疫区署暂行组织规程及缴卫生防疫区经费概算书表等情，请迅予核定示遵案。

（决议）照案通过。

七、教育厅签呈，本省小学教员暑期讲习会本年经费预算约为八千五百元，拟在二十七年度九月至十二月份省立勷勤大学经费结余项下拨支，不另追加，请察核案。

（决议）照案通过。

八、兼教育厅长提议，拟在中山县属择地设立中区临时中学一间，并派前广州市社会局第四课课长冯节筹备。至筹备开办以及经常各费概在本年度教育文化费省立临时中学经费项下开支，请公决案。

（决议）照案通过。

广东省政府第九届委员会
第四十一次议事录

日　期　六月二十三日

地　点　韶关本府

出席者　李汉魂（假）　胡铭藻　何　彤　顾翊群　许崇清
　　　　朱晖日（公差）　林友松

列席者　史延程　余森文　杜之英　邹　洪（王作华代）
　　　　桂竞秋　欧树融

主　席　胡铭藻（代）

纪　录　（秘书）熊公福　朱葆勤

报告事项

一、财政厅齐会岁代电复，关于审计处查询深圳警察局长疗养国币三千元案，系在本年度预备费项下开支。至保安处组设政治部队经费案，此项政治部队经费已属公安费项下开支等情，经会计处核签，似可准照办理，报告会议，函复审计处等语，拟如拟办理。

二至三、（略）

四、教育厅呈报，为便利会计记账起见，拟将上年度本省教育文化费预算所列连阳化瑶学校、南山管理局、九龙德明义学、黎境八十五校各月经费，统纳入义务教育经费项下支配等情，经会计处核签，尚无不合，似可照准。

五、行政院令发修正各省市县禁烟委员会组织通则，仰转饬所属一体知照等因，遵经函转省禁烟委员会查照，并饬民政厅暨各区专员转饬所属各县市局遵办。

六、行政院令，国民参政会第三次大会决议：凡训练及铨叙合格之县长，应予任用，勿使闲散；并奉国防最高委员会交本院，尽量采行，仰遵照等因，遵经由秘书处抄知民政厅。

七、教育厅呈缴二十七年度九月至十二月由勷大原有经费拨支各项经费数目表，请察核备案等情，经会计处审核表列数目，尚无超过原定经费，似可准予备案。

讨论事项

一、（略）

二、教育厅呈，拟遵部令拨给广州农职学校二十七年度补助费六千元，并在二十七年度留学经费节存项下拨支，请察核指遵案。

（决议）照会计处签拟意见通过。

三、主席提议，据会计处签呈，准民政厅转送南山管理局办理国民兵役初次施行壮丁调查办公费，及书簿表册费，预算书，查原书所列预算核与规定数额，尚属相符，请核定由预备费项下开支等情，请公决案。

（决议）照案通过。

四至五、（略）

六、主席提议，关于兴宁县第九区私立起图初级小学校董会何蔚文等，不服兴宁县政府解散，何敬如在起图何公祠开设国文补习班之处分，提起诉愿一案，经由法制室作成决定书，送请林许两委员审查，加具意见送复，请公决案。

（决议）照审查意见通过。

七至八、（略）

九、兼教育厅长提议，据仲元中学校呈报择定地址，建筑校舍，约需国币三万零六百零一元零二分等情。查属需要，似可照准，拟请在本省本年度预备费项下如数拨给，请公决案。

（决议）照案通过。

十至十一、（略）

十二、主席提议，拟准各区专员公署增设办事员二人，专责办理自卫团事务案。

（决议）照案通过。

广东省政府第九届委员会
第四十二次议事录

日　期　六月二十七日
地　点　韶关本府
出席者　李汉魂（假）　胡铭藻　何　彤　顾翊群　许崇清
　　　　朱晖日　林友松（公差）
列席者　史延程　邹　洪（王作华代）　杜之英　桂竞秋
主　席　胡铭藻（代）
纪　录　（秘书）熊公福　朱葆勤

报告事项

一、前奉行政院令饬，参照行政院行政效率促进委员会组织规程，于不增加经费及利用现有人员之范围内，组织行政效率促进委员会等因，经电请补发，现已补发到府，似应由政务研究会兼办。

二、财政厅陷会岁代电，核议潮汕船务管理所本年度需支船舶牌照，印刷费国币三百八十元，似可准在牌照收入项下抵领等情，经会计处审核，似可照准。

三、省保安处呈复，奉兼司令李核准各团组设平民治疗所，并从四月份下半月起，按月各发给医药补助费国币五十元；计全省保安团十三团，每团组设一所，合计月需国币六百五十元；该款系由二十八年度保安经费历月节余项下开支等情，经会计处复核预算书列数目总数相符拟准予备案。

四、内政部敬代电，抄送全国各地标准时间推行办法，并规定六月一日起，全国各地一律施行，请查照办理等由，经通饬所属各机关暨令电政管理局遵照。

五、（略）

六、省地政局呈缴连县地政实验区测量队组织规则草案，请察核备案等情，经会计处查核与连县地政实验区土地整理计划案，尚属相符，关于测量总分队各项工作之规则，大致尚无不合，其余各条条文亦尚妥适，拟准予备案。

七、会计处签呈，为先行编就二十八年度本省地方第二级普通岁出概算书，拟送审计处备作概算法案。并令发财政厅备查，请察核。

八、关于八一三献金应解中央三份二之数五十九万五千九百四十元零六角九分，经令省银行提解来府，带渝解缴。

讨论事项

一至二、（略）

三、民政厅呈，拟具二十八年度禁烟实施计划书及禁烟款项收支概算，请逐项审核示遵案。

（决议）照案通过。

四、主席提议，据保安处呈为据古兼司令电，江会抗战官兵奋勇，视死如归，殊深轸悼，似应开会追悼，并酌拨款项等情，经电复照发补助费国币五百元。该款由团队节余经费项下开支等情，请公决案。

（决议）照案通过。并饬查明忠勇官兵姓名事实呈候分别奖恤。

五至八、（略）

九、主席提议，据秘书处签呈第四战区粮食管理处经费，本府只饬财厅拨至三月份，其四、五月份经费，系由本府先行垫发，拟照案提会继续在预备费项下动支，分令财厅继续由四月份起按月具缴来府转发等情，请公决案。

（决议）照案通过。

十至十二、（略）

十三、主席提议，据省振济会呈拟定本会设置难民救济区办法，请察核通饬施行等情，请公决案。

（决议）照案通过。

广东省政府第九届委员会
第四十三次议事录

日　期　七月四日

地　点　韶关本府

出席者　李汉魂（假）　胡铭藻　何　彤　顾翊群　许崇清
　　　　朱晖日　林友松（公差）

列席者　史延程　邹　洪（王作华代）　杜之英　桂竞秋
　　　　余森文

主　席　胡铭藻（代）

纪　录　（秘书）　熊公福　朱葆勤

报告事项

一、民政厅签复，省戒烟医院请发二十七年十二月及本年一、二、三、四月经费一案，已酌发经费一部分，嗣后应如何办理，应请派员会同卫生处先行查察该院员役人数及过去工作成绩再行核办等情，经饬由厅派员会同卫生处查明拟办报核。

二、会计处签呈，拟订广东省设置县模范会计室暂行办法，连同建议实验县县政府应将原有会计室改为模范会计室计划，请核示等情。经交法制室审核，原拟暂行办法及计划尚属可行，惟办法第四条"第一项"三字似可删去等语，拟如拟办理。

三、财政厅签呈，拟具促进各县市局征收临时地税办法及督催专员服务规则，各县市局应征积年度欠税核定数目表，连同府稿，请察核判行等情。查所拟办法及规则大致可行，经准照办。

讨论事项

密一、财政厅报告，关于英德县奉令阻塞河道工料费一案，经在本年度建设事业费项下拨付国币三千元，请察核案。

（决议）照案追认。

密二、主席提议，据第二区行政督察专员虞未一建代电复，英德县

345

奉令征集构筑英翁线阵地杉杆所报价款比较各县估定价格，并按照英德目前环境与需求关系尚不虚浮等情，请公决案。

（决议）照案通过。款由建设事业费项下开支。

密三、主席提议，据本府曾咨议晓峰等报告，据驻港无线电台李台长拟定新编制表，转请察核等情，请公决案。

（决议）照案通过。

四、主席提议，据会计处签呈拟定调任人员支给旅费办法，请核定施行等情，请公决案。

（决议）修正通过。

密五、财政厅签呈，台山县奉令破坏公路所需民工伙食遵经在本年度建设事业费项下拨付国币五千元应支，余拟饬县统先筹垫，补具预计算书类交由县财委会签证，转缴核定，再行拨还，请察核示遵案。

（决议）照会计处签拟意见通过。

密六、主席提议，据会计处案呈，准财政厅片移第二区专署转送曲江县代英德县征集杉木阻塞河道杆价运费案。查原编预计算书表列支杆价及运费国币一千五百五十元，似可准在本年度建设事业费项下开支，饬行财政厅照拨归垫等情，请公决案。

（决议）照案通过。

七、主席提议，据第五区专员公署呈缴生存根据地临时费支付预算书，计共国币四千一百八十五元七角，请饬厅如数拨付给领等情，请公决案。

（决议）照案通过。

广东省政府第九届委员会
第四十四次议事录

日　期　七月四日

地　点　韶关本府

出席者　李汉魂（假）　胡铭藻　何　彤　顾翊群　许崇清

朱晖日　林友松（公差）

列席者　史延程　邹　洪（王作华代）　杜之英　桂竞秋
　　　　　余森文

主　席　胡铭藻（代）

纪　录　（秘书）熊公福　朱葆勤

报告事项

一、建设厅报告，据公路处转缴修复沙田乡水圳图则预算，查核图则大致尚无不合，所列预算国币五百九十元八角三分亦核实，经指复该费准在连贺公路工程费节存项下拨交该乡自行修复，请察收备案等情，经交技术室会计处核明，图则尚无不合，预算亦属核实，拟准予备案。

二、民政、财政、教育三厅会呈，议复关于干训所学员请求带薪或津贴一案，如原有职务托人兼代者，拟准予照常支给原薪，如系留职停薪或义务职及有特殊情形者，拟每月准补助十元，在县地方款预备费项下请款开支，以受训期间为限，如系家庭富裕者，应不得补助，由县政府查明办理等情。经会计处核签，似可照民政、财政、教育三厅会拟办法办理。

三、教育厅报告，拟在二十五年度留学经费节存项下拨支国币三百八十四元，补助部派国语教师李英明等二十八名旅费，请察核备案等情。经会计处查核，尚无不合，拟照准，并饬补编预算书呈核存转。

讨论事项

密一、建设厅签呈，据公路处转缴修筑广播台便路图表，查核大致尚属适合，请核饬财政厅将该项工程费从速照拨过厅转发赶筑案。

（决议）照会计处签拟意见通过。

二、建设厅签呈，据公路处转缴辟阔曲江桥码头及预算表，计列国币一千八百五十四元二角一分，查核大致尚无不合，请核饬财政厅将该项工程费早日照拨过厅转发应用案。

（决议）照会计处签拟意见通过。

三、教育厅签呈，据老隆师范学校呈请拨款增购科学设备用品等情，查表列各种品类均为目前所需要，估计价目亦尚核实，拟准由校照表增购，需款二千六百八十八元四角二分，在二十八年度各教育机关学校临时费项下拨支，请察核示遵案。

（决议）照会计处签拟意见通过。

四、教育厅呈，据省立长沙师范学校呈缴临时支付预算书，计共国币一千零五十九元一角，查核所缴预算与案相符，请察核办理案。

（决议）照会计处签拟意见通过。

密五、财政厅签呈，据卸四会县长李仲仁呈请准予将垫支自卫团两大队经费半数毫券三千零三十九元，由省库拨还归垫等情，拟准在本年度预备费项下开支，请核示遵案。

（决议）准在预备费项下发还归垫。仍饬补具预计算书呈核。

密六、财政厅签呈，奉财部核准发行广东省短期金库券，共需印制费约国币二千元，请核准在本年度预备费项下开支案。

（决议）照会计处签拟意见通过。

七、财政厅报告，罗定县破坏公路民工伙食经在本年度建设事业费项下拨支国币二千元，请察核案。

（决议）照案追认。

密八、主席提议，据会计处签呈，准财政厅片移台山县破坏公路、铁路民工伙食一案，关于机件之拆卸搬运费用，似可并由省库拨支，拟准予提会核定，并在本年度建设事业费项下开支，饬由财政厅核拨等情，请公决案。

（决议）照案通过。

密九、主席提议，据会计处签呈，修正广东省各行政区情报组经费支给标准表，及广东省各县市局情报股经费支给标准表，请提会核定后连同情报组股组织办法一并通饬施行等情，请公决案。

（决议）修正通过。

密十、委员兼秘书长提议，各县自卫团普训队抗战时伙食费应否饬县就地筹备，请公决案。

（决议）照案原则通过，但筹款之先，仍须先呈本府核准方得实行。

十一、兼民政厅长提议，请增加各区行政督察专员旅费，俾得勤到所属督察政务，以期加紧完成抗战建国大计，谨连同每月新增旅费简表，提请公决案。

（决议）照案通过。在预备费项下列支。

广东省政府第九届委员会
第四十五次议事录

日　期　七月七日

地　点　韶关本府

出席者　李汉魂　胡铭藻　何　彤　顾翊群　许崇清　朱晖日
　　　　林友松

列席者　史延程　邹　洪（王作华代）　杜之英　余森文
　　　　桂竞秋

主　席　李汉魂

纪　录　（秘书）熊公福　朱葆勤

报告事项

一、行政院令，准审计部函，审计法暨审计法施行细则经公布施行，所有各机关应送审之会计报告，应依照规定期限按期送审。又本部所发之审核通知，应分别限期声复等由，仰遵照，并转饬所属一体遵照等因，拟通饬知照。

二、行政院令，奉国民政府令，据主计处呈送修正广东省政府会计处组织规程，应由该院分别转饬知照等因，抄发原附规程，仰知照。

三、教育厅呈报，订定广东省中等学校二十八年暑期补习办法大纲，暨广东省小学二十八年暑期补习办法，颁发遵办，请察核。

四、省地政局呈复，遵照会计处原签意见修正连县地政实验区土地整理计划暨土地整理经费预算书表，请察核等情。经会计处核签，所呈预算书内第一款连县土地整理经费十月份分配数应为一万五千三百一十元，原书误列一万四千七百七十元；第一项测量费十月份分配数应为五千一百二十元，原书误列五千一百七十元；均应更正。又第一项第五目测量第四分队经费四月份分配数误列二千零三十五元，应删除，其余所列无讹，拟代为分别更正后令复准予备案。

五、会计处签呈，查省动员会经费案经决议，由五月份起发经费国币四千元，在预备费项下开支，自应照办。惟查该会二十八年度经费原额每月一千元，经列入协助费项下，为免变更预算起见，原额之一千元，似应仍在协助费项下开支，其增加之三千元，则照现决议案在预备费项下开支，经分别函行，请补报会议。

六、财政厅报告，遵令续发陆大学员薛仲述等毕业治装费半数每人一百元，总数国币一千五百元，仍在本年度预备费项下拨付，请察核。

七、兼财政厅长报告，各税务局职员调差、出差旅费，为适应事实上需要，酌在整理税务经费项下支应，请鉴核。

讨论事项

密一、建设厅签呈，奉令会拟迁移清远一带各米机厂办法一案，谨拟就迁移邻近战区生产机器实施办法，请察核，并拟用省政府名义令饬各县切实执行案。

（决议）照原案修正通过。

二、财政厅签呈，核议第二区专署请拨款建造曲江桥码头渡车船用款国币二千三百六十元，事属需要，拟在本年度预备费项下开支，请察核示遵案。

（决议）照案通过。

三、教育厅签呈，据省立梅州中学呈缴二十七年九月因集训借用校舍搬迁临时费支付预算书，计共国币二百五十三元四角四分，拟准在二十八年度教育文化临时费项下拨支，请令财政厅照数划拨过厅转发领用案。

（决议）照会计处签拟意见通过。

四、建设厅签呈，关于所属机关现存公款及公物等限期报核一案，拟具办法，请察核指遵案。

（决议）保留。

五、主席提议，准广东省动员委员会函送二十八年度五月份开办费预算书，计共国币二千元，请查照办理等由，请公决案。

（决议）照案通过。

六、主席提议，据保安处呈转奉军政部令，规定轻伤官兵住院给养及归队费等因，查本省团队尚无规定，遵经通饬遵办，所需款项并拟由团队经费节余项下开支等情，请公决案。

（决议）照案通过。

密七、主席提议，奉第四战区长官司令部马个二代电，据西海区渔盐业视察团电，拟延期五十七天，照原定预算每天膳宿杂费共三十二元，合计须增加国币一千八百二十四元方足支付，希酌办径复等因，请公决案。

（决议）照会计处签拟意见通过。

八、建设厅签呈，拟订广东省营工业清理委员会组织简章，请察夺施行案。

（决议）照修正案通过。

密九、建设厅签呈，据公路处呈缴购买各项汽车零件预算书，计共国币四万五千八百一十三元，查属需要，请转饬财厅拨发专款办理案。

（决议）准照数在该厅应解省库款项下借垫，并呈府备案，由公路处在营业收入项下归还。

密十、主席提议，据第八区行政督察专员呈缴添置家具及迁移防空设备等费支付预算书表单据，计共垫支毫券六百五十三元五角，请存转核销并将垫支各费发还归垫等情，请公决案。

（决议）照会计处签拟意见通过。

十一、财政厅、建设厅呈复会核长途电话管理委员会经费一案，谨将会同提议情形，连同组织规程经费预算等件，请察核示遵案。

（决议）原组织规程草案修正，余照会计处签拟意见通过。

密十二、建设厅签呈，关于公路处由肇运车至韶关费用，拟请准予在该处节存汽车通行费项下开支一案，经饬据呈缴征收营业汽车通行费规则及清表，查核尚属实情，应否准予列支，请核夺指遵案。

（决议）交建设厅复查呈核。

密十三、财政厅签呈，拨付曲江防空指挥部各款经费情形，经会计处签拟，关于曲江区指挥部临时费，自二十七年九月至二十八年一月份共毫券一千元，拟援案在本年度建设事业费项下开支。关于曲江区电话通讯班经费，由二十七年十月至二十八年五月，共国币一千三百八十八元零二分，似可准在本年度建设事业费项下开支。等情。请公决案。

（决议）照会计处签拟意见通过。

密十四、主席提议，据秘书处签呈，准第四战区司令长官司令部副官处函，请发还垫支代购电油等各费等由。关于垫支龙归油库一至三月份经费九百七十四元五角及阳山运油费一千三百元，拟请提会追认，令饬财厅分别在龙归贮油库原有经费及预备费项下动支，照数拨付来府转还。至代购电油旅汇费四百一十八元八角，拟由府垫还，拨入油价计算归垫等情，请公决案。

（决议）照案通过。

十五、主席提议，查前委保亭县长李之炎辞不就职，着将派令缴销，调委万宁县县长蔡笃慎着仍留保亭原任，所遗万宁县县长缺，改派梁拱汉代理，请公决案。

（决议）照案通过。

密十六、民政厅签呈，据卫生处呈，为救护队出发东江，请由府拨出红十字车四辆集中候命开动。至该队之旅费及电油则请由救灾准备金项下先拨二千元，实报实销等情，应否照准，请察夺示遵案。

（决议）照案通过。

十七、建设厅签呈，为按照合署办公规定员额内编具补足员额经费预算书，计共月支国币二千九百二十三元二角一分，此款拟在本厅所属各机关节余经费国币二万二千二百九十四元五角四分项下拨支，并由本年五月下半月起至十二月底止，是否可行，请提会决定案。

（决议）照会计处签拟意见通过。

十八、委员兼教育厅长提议，省立罗定中学校长曾了若调厅另有任用，遗缺拟以陈伯宣接充；省立庚戌中学校长黄求实另候任用，遗缺拟以许培干接充，请公决案。

（决议）照案通过。

广东省政府第九届委员会
第四十六次议事录

日　期　七月十一日

地　点　韶关本府

出席者　李汉魂（假）　胡铭藻　何　彤　顾翊群　许崇清
　　　　朱晖日　林友松
列席者　史延程　邹　洪（王作华代）　杜之英
主　席　胡铭藻（代）
纪　录　（秘书）熊公福　朱葆勤

报告事项

一、广东省军管区司令部函送修正督导员办公室组织暂行章程及经费预算书，拟由六月十六日起照案动支等由，经会计处核签，似可照准，分别代电财厅知照，暨审计处查照，并函复军管区转饬军训处知照。

二、教育厅签呈，据省立中区临时中学筹备员呈缴该校计划大纲及预算书，查核列支国币四千五百元，尚属需要，拟准予照支等情。经会计处核签尚无不合，似属需要等语，拟如拟办理。

三、广东高等法院巧代电，依照司法行政部令，将琼山、定安、崖县、乐东、儋县、白沙、感恩、昌江、万宁、陵水、保亭、琼东、乐会、文昌等县第一审案件，在各地方法院未恢复前暂改由各该县政府受理，其各县监狱亦交各该县政府接管监督，请察照转饬各县遵照等由。经代电九区吴专员转饬各该县遵照，并抄知财政厅及会计处。

四、财政厅报告，重加申定在本年九月底清收旧欠地税，期满之后，即自十月一日起，凡民欠各年度临时地税，一律按照欠额总数带征滞纳罚金，除订定一览表通饬各县市局预为布告周知外，请察核备案等情，拟准备案。

五、行政院令，奉国民政府令发办理民国二十九年度预算办法，仰遵照，并转饬所属一体遵照等因，拟通饬遵照。

六、教育厅报告，编缴迁移临时费支付预算书，请察核存转等情，经会计处核签，本案经八届委员会一五八次会议决议通过，数目另行报会在案。现据编缴预算书列支四万二千零八十三元九角一分，查核尚无不合等语，拟照核转。

讨论事项

一、教育厅呈缴本厅二十七年度各项临时费支付预算书，计共二千三百八十元六角五分，请察核指遵案。

（决议）照案通过。

二、财政厅呈缴广东省政府财政厅修正征收临时地税简章，广东省财政厅修正土地移转过户简章，广东省政府财政厅修正各县编造临时地税征收册籍简章，请察核示遵案。

（决议）照修正通过。

密三、建设厅呈，据公路处转缴狮马公路工程预算图表，查核大致尚无不合，请察核转饬财政厅照拨案。

（决议）照案通过。

密四、财政厅报告，乐昌县奉令承办军用杉木价运费毫券二千元，经由本年度建设事业费项下拨支，请鉴核案。

（决议）照案追认。

密五、财政厅报告，高要县破坏公路征工伙食费经在本年度建设事业费项下拨付国币一万元，请提会追认案。

（决议）照案追认。

六、建设厅呈，拟具恢复血清制造所继续防除牛痘计划，请提会决定施行案。

（决议）照会计处签拟意见通过。

七、主席提议，据会计处签呈，关于省临时参议会筹备处主任及总干事两员薪额，月请追加预算国币四百一十五元一案，并拟具变通办法，请提会决定等情，请公决案。

（决议）照案通过。

密八、兼教育厅长提议，拟自二十八年度上学期起将省立体育专科学校工专科班并入省立教育学院办理，暨将教育学院迁回南雄党政军训练团地址，请提会决定并电达教育部备案案。

（决议）照案通过，并呈请长官部准予拨用。

密九、主席提议，拟将本省各县兵役科兼任科长一律改为专任，以专责成而利役政推行案。

（决议）照案通过。

十、主席提议，海康县县长邓定远另有任用，遗缺派丘桂兴代理，请公决案。

（决议）照案通过。

十一、朱委员报告，此次率同本府及各厅长人员出巡清远等八县，先后领过旅费国币七千元，实支过旅杂等费国币六千七百六十九元六角六分，尚余二百三十元零三角四分，造具报告表，连同单据、余款缴请核销案。

（决议）照会计处签拟意见办理。

广东省政府第九届委员会
第四十七次议事录

日　期　七月十四日

地　点　韶关本府

出席者　李汉魂（假）　胡铭藻　何　彤　顾翊群　许崇清
　　　　朱晖日　林友松（病假）

列席者　史延程　邹　洪（王作华代）　杜之英

主　席　胡铭藻（代）

纪　录　（秘书）熊公福　朱葆勤

报告事项

一、财政厅报告，游击战区各县未发社训经费数目列表请核，并拟自七月份起将各县社训费援军训处总领转发等情。经会计处核签，拟准照办批复，暨函军管区司令部转饬军训处知照等语，拟照拟办理。

二、民政厅签呈，据省警察总队呈缴更正二十八年度预算书，请核示遵等情。经会计处签拟，该队部预算已照提会决定意见将总队长俸给改以荐任四级列叙，查总散各数亦属相符，似可照准由本年二月份起发放，分别饬财厅照拨，暨函审计处查照等情，经如所拟办理。

三、财政厅报告，曾前厅长用过税警总团储粮费等项，共一十七万一千元，均拨入二十七年度预备费开支，构筑防御工事等费一十万元，即拨入二十七年度国防建设费开支，经签补支令分别抵解，以清款目，请鉴核备案等情，拟指复悉。

四、查本省八一三献金应解中央三分二之数国币五十九万五千九百

355

四十元六角九分，经由主席带渝解缴中国国民党中央执行委员会党务委员核收，填发国财字第一一二四号收据，经即将原收据转发广东省银行备存，并呈报代司令长官及广东绥靖主任公署备案。

讨论事项

一、民政厅呈，拟议修正广东省警察机关组织暂行规程实施办法，请察核示遵案。

（决议）照修正通过。

密二、建设厅签呈，据农林局呈缴盖搭办公厅、食堂、宿舍临时费概算，计国币一千四百一十二元一角，拟在农产品价款及杂项收入项下开支，另案核销等情，似可准予存转，请核示遵案。

（决议）照会计处签拟意见通过。

三、主席提议，据第七区专员感一民代电，拟饬省立高州农校迁设竹山坡，所需盖搭房舍费毫券八千六百元，除由署设法筹拨毫券三千元外，尚需国币四千元，请准由省库拨助等情，请公决案。

（决议）照会计处签拟意见通过。

密四、主席提议，据本府广播电台签呈，拟请将燃料购置费每月国币二百七十七元七角八分先行发给半年，计国币一千六百六十六元六角八分，俾采购备用，以免供给不继等情，请公决案。

（决议）照案通过。

密五、财政厅报告，德庆县破坏公路民工伙食共毫券二千一百八十七元二毫，遵经照数在本年度建设事业费项下拨支，请提会追认案。

（决议）照案追认。

密六、财政厅报告，建设厅构筑韶兴话线费经在本年度建设事业费项下先拨支国币一万元，请提会追认案。

（决议）照案追认。

七、主席提议，请支给中央警官学校第四期正科毕业粤籍学生回粤服务补助、回粤旅费国币四千三百元案。

（决议）照会计处签拟意见通过。

八、主席提议，据会计处案呈，省社会服务处经费经奉决议补助国币三千元，由预备费项下开支，似应加入"一次过"三字，请提会修正等情，请公决案。

（决议）照案修正。

九、教育厅签呈，据省立雷州师范学校编造迁校临时费预算书，计共国币三百二十四元，拟准在二十八年度教育文化费临时费项下拨支，请核准存转备案，并令财厅拨给案。

（决议）照案通过。

密十、主席提议，据秘书处案呈，本府前拟购扩音机二部，经提付第三十七次会议决议"照案通过"，由预备费项下开支在案。现拟并购四十华特扩音机三部，合值港币二千零五十五元等情，经电饬并购，提会补请追认案。

（决议）照案追认。

十一、建设厅签呈，拟定韶汕等各线货运运费，单程每公吨每公里准暂收国币五角，客货票价每人每十公里准暂收国币五角，请察核备案案。

（决议）照案通过。

密十二、主席提议，奉长官部交拟广东省提前禁绝曲江、翁源、连县、南雄、始兴五县鸦片办法，请提会通过，以便呈复案。

（决议）照案通过。

密十三、主席提议，据文乃武等电报赴琼宣慰抗敌将士，因旅费不敷，已用过慰劳金一千元，乞再汇款接济以便赴各属宣慰及返韶复命等情，请公决案。

（决议）再拨旅费国币三千元连还慰劳金一千元在内，并电促早日完成使命。

密十四、民政厅签呈，关于省救护委员会改组问题一案，经会同洽商，金以救委会似应仍予存在。主任委员张健等因事不能兼任，拟准辞职，遗缺并拟请刘处长璟兼任；副主任委员拟请张处长勇斌及黄处长雯兼任。至该会总干事，似可由卫生处派员充任。请察核，分别提会令派，俾便改组案。

（决议）照案通过。

十五、兼教育厅长提议，拟订广东省联合中学办法纲要，请颁布施行案。

（决议）照案通过。

十六、主席提议，前派代理潮安县县长巫琦久未到任，应另候任用，遗缺经派吴履泰代理，提会补请追认案。

（决议）照案追认。

十七、胡委员、何委员、顾委员、杜会计长会复，审查民政厅呈拟关于地方自治经费来源及办法一案意见，请公决案。

（决议）照审查意见通过。

广东省政府第九届委员会
第四十八次议事录

日　期 七月十八日

地　点 本府会议室

出席者 李汉魂（假）　胡铭藻　何　彤（假）　顾翊群

　　　　　许崇清　朱晖日　林友松

列席者 杜之英　桂竞秋　史延程

主　席 胡铭藻（代）

纪　录 （秘书）朱葆勤　冯介廉

报告事项

一、建设厅报告，据公路处转缴连贺公路工程处修复上坪乡水圳计划及工程费预算表，计国币四百元，已准在该路节存项下开支，请核备案等情。经会计处复核，预算表所列数目，尚无不合，拟准予备案。

二、会计处案呈，准第五区行政督察专员函送饶平县海岸监视哨开办费，及经常费预算书，计开办费一百六十元，经常费三百一十二元，核与原定数额尚符，似可准由本年该哨成立日期起，均照经费表所列原案，以国币数额在协助费项下开支等情，拟如拟办理。

讨论事项

一、财政厅、民政厅篠代电，会同修正优待出征抗敌军人家属条例广东省施行细则，请察核祗遵案。

（决议）照修正通过。

二、建设厅签呈，据公路处呈，拟将前北区工程处原有经费每月国币一千二百二十五元设立工程计划视察组，查核尚属可行，所缴组织章程及概算书等大致亦无不合，请察核示遵案。

（决议）照会计处签拟意见通过。

密三、建设厅签呈，据广东全省长途电话管理委员会呈缴储备通讯器材数量及价值估算表，约需国币一万四千四百五十五元，请饬港购运并准由会向内地搜购零星器料以济急需等情，除指复照准外，请拨款购运案。

（决议）照会计处签拟意见通过。

密四、建设厅呈，据广东全省长途电话管理委员会呈，为南雄、始兴等处分所、派出所所需器材即须分发装置通话，拟由会派员搜购等情，经予照准，所需费用国币三千八百六十元请赐拨发案。

（决议）照会计处签拟意见通过。

密五、建设厅呈，据公路处呈缴第二工务总段翁连忠段临时抢修队支出概算书，计国币一万三千九百四十一元，查核大致尚无不合，拟请准予拨款归垫案。

（决议）除厨具、工厂费免予核减外，余照会计处签拟意见拨发。

密六、主席提议，据第二区行政督察专员转缴乐昌县购运军用杉木运费支付预算书，计共毫券一百六十八元九毫五仙，请将该县垫支运费如数核发归垫等情，请公决案。

（决议）照会计处签拟意见通过。

密七、主席提议，据钦县哿代电呈缴奉令缴集竹钉运解夫脚费支出预算书，计国币一千五百元，除第十九师司令部津贴国币一百五十元外，由县垫支国币一千三百五十元，请准由应解省库项下垫支，并在破坏公路垫支民工伙食数抵解等情，请公决案。

（决议）照案通过。

密八、主席提议，前据财政厅虞会岁代电复关于从化县请发破坏公路民工伙食一案，遵饬先后共拨付毫券一万一千元，在本年度建设事业费项下开支，前报告书列国币系属毫券之误，恳更正等情。经指复应准如拟办理，提会补请追认案。

（决议）照案追认。

密九、主席提议，据南海县呈缴特别费支付预算书，计每月共毫券二千八百二十九元四毫八仙，请如数核发等情，请公决案。

（决议）照会计处意见指复。

密十、兼财政厅长提议，拟具本省实施查禁敌货办法，以符法令而免纷歧，请核议案。

（决议）照案通过。仍呈长官部核定施行。

广东省政府第九届委员会
第四十九次议事录

日　期　七月二十一日

地　点　韶关本府

出席者　李汉魂（假）　胡铭藻　何　彤　顾翊群　许崇清
　　　　朱晖日　林友松

列席者　史延程　邹　洪（魏大杰代）　杜之英

主　席　胡铭藻（代）

纪　录　（秘书）熊公福　冯介廉

报告事项

一、财政厅报告，将沙田登记期间延长一年，自二十八年七月一日至二十九年六月底止，免处罚锾，以利征收，请核备案等情，拟准备案。

二、第×战区广东存粮管理委员会呈缴改编开办费临时支付预算书，计国币一千二百五十元，经会计处核签，编列之数尚无不合，拟准予备案。

三、广东省禁烟委员会函送修正本会组织规程，请查照等由，拟通令省辖各机关知照及函复。

四、民政厅签呈，据合浦县长呈报，该县政警苏武斌于敌机空袭时出勤被炸殉职，请照非常时期奖恤警察暂行办法从优抚恤，转请察核办理等情。查本案核与非常时期奖恤警察暂行办法之规定，尚属相符，拟咨请内政部备案，及行财厅填具支付通知书径发该县给领，暨批复民厅知照。

五、兼财政厅长报告，本省办理调整税务机构，实行战时税则，及卷烟管理经过情形，请鉴核。

讨论事项

密一、财政厅报告，建设厅建筑曲江河西木桥工程费经在建设事业费项下拨发国币一万三千九百六十二元八角三分，仍请提会追认案。

（决议）照案追认。

密二、财政厅报告，建设厅架设翁源南龙河及杨梅塘桥梁、筑路、码头各项工程费经在建设事业费项下拨发国币一万元，仍请提会追认案。

（决议）照案追认。

密三、财政厅报告，建设厅请拨韶连公路工程费经在建设事业费项下拨发国币一十万元，仍请提会追认案。

（决议）照案追认。

密四、建设厅签呈，关于架设韶兴话线拨款赶办一案，请察核提会追认案。

（决议）照会计处签拟意见通过。款在建设事业费项下开支。

密五、主席提议，据会计处签呈，准财政厅片送关于饶平县奉令架设凤凰乡至丰顺交界盐坪经岭顶止电话线工竣，请拨款国币四百三十七元四角归垫一案，拟在本年度建设事业费项下开支等由。似可照准，请提会核定等情，请公决案。

（决议）照案通过。

六、主席提议，据会计处签呈，造具本处迁韶设备旅运费支付预算书，计共国币四千二百一十九元四角一分，请批准拨发归垫等情。拟由预备费拨支，请公决案。

（决议）照案通过。

七、教育厅签呈，据省立广州农工业职业学校呈缴二十七年度迁校临时费预算书，查核列支国币二千六百二十元，尚属需要，拟准由该校二十八年度经费节存项下拨支，请照准，并转发会计处查核备案案。

（决议）照案通过。

密八、财政厅、建设厅会呈,核议翁源具呈缴采购电杆计算书表,大致尚属适合,核算总散目相符,计共价款连运费毫券二千七百五十四元,拟即在本年度建设事业费项下核实动拨,请察核指遵案。

（决议）照会计处签拟意见通过。

密九、主席提议,据秘书处签呈,编具本府二十八年度六、七、八各月份临时费预算书,每月列支国币七千二百八十四元,请照案提会核准支付等情,请公决案。

（决议）照案通过。

十、主席提议,准史院长代拟修正广东省禁赌条例施行细则补充办法各点,连同修正广东省禁赌条例施行细则补充办法,提请公决案。

（决议）照修正案通过,仍呈长官部通饬严厉执行。

密十一、建设厅签呈,遵将本省战时公路征收营业汽车通行费暂行办法酌加修正,请察核示遵案。

（决议）保留。

十二、兼教育厅长提议,拟请委冯节为中区临时中学校长,检同该员履历,请公决案。

（决议）照案通过。

广东省政府第九届委员会
第五十次议事录

日　期　七月二十五日

地　点　韶关本府

出席者　李汉魂（假）　胡铭藻　何　彤　顾翊群　许崇清
　　　　朱晖日　林友松

列席者　史延程　邹　洪（魏大杰代）　杜之英（毛松年代）

主　席　胡铭藻（代）

纪　录　（秘书）熊公福　朱葆勤

报告事项

一、财政厅签呈，民政厅提议增加各区行政督察专员旅费一案，经照案通过。查是项新增旅费应自何月份起支，请示等情，经会计处核拟，请由七月份起支，报告委员会备案，拟如拟办理。

二、教育厅报告，订定二十八年暑期中等学校留校学生处理办法七条，请察核准予备案等情，拟准备案。

三、民政厅签呈，改编二十八年度视察经费支付预算月份分配表，请察核等情。经会计处核签，似可照准。分别代电财厅知照，暨审计处查照，并批回该厅知照等语，拟如拟办理。

四、阳春县呈报，公民冼南因服役破坏公路致遭溺毙，拟一次过给恤死者家属国币一百元，请饬由省库拨支等情，查核似无不合，拟予照准令复，并行财政厅照拨国币一百元，该款在本年度预备费项下开支，暨咨内政部备案。

五、连县呈，拟变通六月份补助费支付办法，及移用节存款项分别归垫应支，请迅核发奉准增拨之补助费等情，经予照准，饬财厅查明拨付并指复。

密六、财政厅签呈，曲江县奉令征集杉杆价运费经提会通过，应在何款项下拨支，请核定等情。经会计处核签，似可准在本年度建设事业费项下开支，拟请补报会议后批复财政厅遵照，函审计处查照，及分令建设厅知照等语，拟如拟办理。

七、曲江县呈，拟具征收防空义捐办法，经财政厅查核，尚属可行，应准照办。至征收过桥费二仙，事涉烦琐，未便照准。

讨论事项

一、建设厅签呈，拟具本厅办事细则草案，请察核示遵案。

（决议）修正通过。

密二、建设厅签呈，关于职厅呈缴修正统一管理渡车船办法一案，奉批饬查两点：查第二点渡车费应入省库；第一点经饬据公路处查复，请察核示遵案。

（决议）照修正通过。

三、教育厅签呈，拟由本厅二十六、七年度留学生经费结余项下划拨二万五千八百元，并由本年度文化费内其他项目拨补本年度义务教育经费，连同本年度本省义教推行计划经费概算等表及实施情形，请核准通令各县市遵办案。

（决议）照案通过。

密四、主席提议，据第二区行政专员呈，请准将垫发本署战时工作服务团经费共省券七百元照数补发归垫等情，请公决案。

（决议）照会计处签拟意见通过。

五、主席提议，据西海区渔盐业视察团林介眉等灰电及删电，请发给轿费、膳宿费、预备费等三项共国币一千三百三十二元，并提早核发以免延期等情，请公决案。

（决议）准照追加。款在救灾准备金项下拨支。

密六、主席提议，据保安处签呈，政治部政治大队经费系由二十八年度保安团队经费节余项下开支，不另请拨，请察核备案案。

（决议）照案通过。

密七、主席提议，据第三区行政专员转据卸四会县长李仲仁呈缴该县破坏公路民工伙食费预计算书类，计共毫券六千六百八十七元六毫五仙，请照销，将款发还归垫等情，请公决案。

（决议）照会计处签拟意见通过。

密八、主席提议，据灵山县呈，奉令构筑本地区工事，征集民工伙食仍请由省库款拨付，编具预算书，请将款拨发归垫等情，请公决案。

（决议）照计算书数目拨给。款在建设事业费项下开支。

密九、财政厅报告，本厅将金库券向省行抵借现款国币三百三十六万元情形检同合约，请察核示遵案。

（决议）照案通过。

密十、建设厅签呈，关于徐闻县政府改善各电话干线，请补助国币九千五百四十七元七角一案，核实预算国币八千元，据请补助四分之三，则为六千元。该县关系重要，经本府令饬迅速修理有案。该县经济力量有限，应否酌予补助，请提会核定办理案。

（决议）由建设事业费项下补助国币四千元。

十一、兼教育厅长提议，拟即以原任连县县立中学校校长严任杰接充省立连州中学校长案。

（决议）照案通过。

广东省政府第九届委员会
第五十一次议事录

日　期　七月二十八日

地　点　韶关本府

出席者　李汉魂（假）　胡铭藻　何　彤　顾翊群　许崇清
　　　　朱晖日　林友松（假）

列席者　史延程　邹　洪（魏大杰代）　杜之英　余森文

主　席　胡铭藻（代）

纪　录　（秘书）熊公福　冯介廉

报告事项

一、财政厅报告，广东警察总队部经费，遵将本年二月至七月份共国币九万六千三百零九元六角拨付，并权在本年度预备费项下开支等情，经会计处核签，似可照准电复，及函审计处查照等语，拟照办。

二、财政厅签呈，据省警察总队呈报所属员警林九元、梁照等因公殉难及受伤，请援照非常时期奖恤警察暂行办法予以奖恤。查核尚无不合，拟予照准等情。经批复，准如呈给恤，并行财政厅遵照，及函审计处查照，暨咨内政、铨叙部查照。

三、广东省振济会呈缴本会工作服务团二十八年七月至十二月份经费预算书，计国币二千七百元，经会计处查核各数尚属相符，拟照核转。

四、省保安处签呈，补编特三营暨教导营月支经费预算书表，计每月国币六千三百三十二元三角六分，该项经费系在二十八年度保安团队经费每月节余项下开支等情。经会计处查核，书列尚无不合，拟照拟批复，并分别存转。

五、广东高等法院韶真代电，查澄临地方法院因战事影响，不能执行职务，应暂行办理结束，并将所辖澄迈第一审案件暂改归澄迈县政府受理；临高第一审案件暂改归临高县政府受理，其各县监狱亦交各该县政府接收监督等由，经跟案令九区专员转饬遵照，并抄知财政厅、会计处。

六、民政厅签呈，据卫生处呈拟广东省清洁运动实施办法，查核大致尚属可行，经分别予以订正等情，并由秘书处再酌改正。又查该办法规定举行清洁运动日期，第一期为五月十五日，现既逾期，拟饬各县市局于奉到该办法十日内补行，并督促各区乡镇同时举行，如已举行春季清洁运动者，免再举行。

七、民政厅签呈，据卫生处拟具邻接潮汕战线十县办理救护办法，请核夺等情。经秘书处签拟，第三项"及本处"拟改为"及请卫生处"，拟如拟令复。

八、关于第×战区司令长官司令部及本府慰劳代表文乃武等请再发款接济旅费一案，经决议再拨旅费国币三千元，连还慰劳金一千元在内，并电促早日完成使命在案。除令财厅此款应即在二十八年度省地方款预备费项下开支，暨函审计处、会计处及分别电呈外，请察核。

讨论事项

密一、主席提议，据会计处签呈，准财政厅片送龙门县呈缴征集电杆杉木预算，共列国币四千五百九十六元二角一分，似可准在本年度建设事业费项下拨支，仍请提会核议决定等情，请公决案。

（决议）照案通过。

密二、主席提议，据会计处签呈，关于卸揭阳县长梁翰昭呈报垫支封锁鮀江线麻铁锚等费国币一千四百四十四元八角七分，暨垫支购买材料及电船燃料国币一千七百一十二元二角五分，似可在本年度建设事业费项下拨还归垫，请提会决定等情，请公决案。

（决议）照案通过。

三、兼教育厅长提议，改设省立琼崖联合中学。将原有琼崖中学经费暨琼崖师范经费拨作联合中学及附属小学经常费，并指定原任琼崖中学校长陈传栋为省立琼崖联合中学校长。至原任省立琼崖师范学校校长白学初，则调本厅另有任用，请公决案。

（决议）照案通过。

密四、主席提议，据会计处签呈，以建设厅拟在节存钨砂价款项下支购载重货车一案，似可准予照办，所有车价运费，拟由该厅在节存钨砂价款项下先行垫支，作为该处资本支出，将来即在该处营业收入项下拨还归垫等情，请公决案。

（决议）照会计处签拟意见通过。

密五、主席提议，据第六区行政专员呈请发给国币二千元俾购小型汽车等情，请公决案。

（决议）照会计处签拟意见通过。

六、主席提议，据安化管理局呈报遵令派员二人赴党政军干训团受训，该员往返旅费计国币八十六元，职局绝无地方款项收入，无可筹措，请准拨发省款补助等情，请公决案。

（决议）照会计处签拟意见通过。

密七、建设厅寒建二代电复，饬据台山县查复该县拟修理台城至广海及台城至都斛等长途电话干线俱属县属联络话线等情，请察核案。

（决议）照案通过。

八、财政厅签呈，为增进契税收入，利便业户投税，及使地税过户与契税取得密切联系起见，拟由本年九月一日起将各县及管理局办理契税征收事宜改归税捐征收处及分处兼办，并将契税继续减征一年，连同拟具办法，请核示遵案。

（决议）修正通过。

密九、兼财政厅长提议，拟具本省实施查禁敌货办法补充事项，请核议公决案。

（决议）修正通过。

广东省政府第九届委员会
第五十二次议事录

日　　期　八月一日

地　　点　韶关本府

出席者　李汉魂（假）　胡铭藻　何　彤（假）　顾翊群
　　　　　许崇清　朱晖日　林友松（假）

列席者　史延程　邹　洪（魏大杰代）　杜之英（毛松年代）
主　席　胡铭藻（代）
纪　录　（秘书）熊公福　冯介廉

报告事项

一、民政厅签呈，据卫生处呈，拟娼妓检验实施办法及检验规则，可否转呈第四战区司令长官司令部察夺施行之处，请核夺等情。查核原拟实施办法及检验规则，大致尚属可行。惟检验规则第七条文内"罚金"二字应改为"罚锾"二字，其余均照原拟办理。

二、民政厅签呈，据广宁县呈缴该县故义勇警察分队长谢荣忠请恤事实及金额表，转请察核办理等情。查所请给予恤金国币二百元，核与非常时期奖恤警察暂行办法规定尚属相符，拟准给恤，并分电内政、铨叙两部及审计处备案，行财政厅遵照。

三、教育厅报告，订立本省二十八年暑期中等学校员生兼办社会教育办法，分令遵守，请察核等情，拟准备案。

四、建设厅敬建二代电，转报五华三多齐木桥被水冲去，拟封，用船只渡车，暂缓交通，俟水退即行抢修，请察核备案等情，拟准予备案。

五、汕头市长巫琦铣酉机电，汕陷后职府应否设置办事处或概待新任接收后办理，请示遵等情。经以敬秘三铨电复，应即结束，将所有公物移交五区专署接收具报，仍依代条例办理交代手续。

六、会计处签呈，拟具各机关会计组织原则三项，拟通饬各机关于修正或订定其本机关或所属机关之组织规程时一律参照上开原则订入等情，拟如拟办理。

七、会计处签呈，查前奉行政院令发办理二十九年度预算办法，规定各省总概算应于本年八月底以前转送主计处办理。兹拟具编制办法，拟仍通行本府所属暨其他与省预算有关机关或团体周知，请核示遵等情，拟如拟办理。

八、第二区行政督察专员呈，据仁化县呈，请将奉令征集团木构筑阵地运放等费毫券八十二元拨还归垫等情。经会计处核签，此款为数无多，似可准予在省地方本年度建设事业费项下拨还等语，拟如拟分别办理。

九、行政院令，续征公务员飞机捐期限截至本年六月底，届满不再续征，仰知照，并转饬所属一体知照等因，经转饬本府所属各机关知照。

讨论事项

一、主席提议，据会计处签呈，省参议会拟追加开幕前后多用电油费国币一千四百一十八元一项，似属事实需要，可否准予照致追加，在本年度预备费项下开支，请提会核定等情，请公决案。

（决议）照案通过。款在预备费项下开支。

二、主席提议，据会计处签呈，关于教育厅签拟在本年度教育文化临时费项下一次过拨支省教育会本年度保管费三百三十六元一案，查核尚属可行，似可照准等情，请公决案。

（决议）照案通过。

密三、主席提议，据会计处签呈，六区专署转缴大埔县架设桃花口至壁石电话费支付预计算书类，请核示一案，似可准予核销。该项工料及运费国币一百一十九元七角五分，可否在本年度建设事业费项下拨发归垫，请提会核定等情，请公决案。

（决议）照案通过。

密四、主席提议，据省防空协会呈，为本会员司缺乏，经费无着，办理困难，请准照案拨付经费，以利会务等情，请公决案。

（决议）照会计处签拟意见通过。

密五、主席提议，据建设厅签呈，为韶坪公路改善费原预算数为一十五万五千八百二十五元，除已在本厅存省银行之公路款内拨付七万元外，仍欠拨发八万五千八百二十五元。该项存省银行公路款已拨支净尽，请先予饬库拨发给领转发案。

（决议）照会计处签拟意见通过。

密六、主席提议，据建设厅签呈，关于斯可达债务案，经遵谕先汇国币二十五万元，另汇费二千五百元，请提会一并追认等情，请公决案。

（决议）照案追认。

七、主席提议，据会计处签呈，核明保安处政治部干训班总队部政训室之编制及预算书，月支国币五百四十一元四角，据拟由本年度保安经费历月节余项下开支，尚属需要，似可照准等情，请公决案。

（决议）照案通过。

八、兼教育厅长提议，省立各校经费支绌，影响校务进行，拟请照二十五年度经费预算额追二成，计自二十八年八月至十二月止共国币八万七千八百二十二元，补列预算，请公决案。

（决议）照案通过，款在预备费项下开支。

密九、主席提议，阳江县县长陈××因案撤职扣留查办，遗缺调赤溪县县长姚毓琛代理，递遗赤溪县县长缺，派刘广沛代理；陆丰县县长欧汝钧另有任用，遗缺派张化如代理，请公决案。

（决议）照案通过。

广东省政府第九届委员会
第五十三次议事录

日　期　八月五日

地　点　韶关本府

出席者　李汉魂　胡铭藻　何　彤　顾翊群　许崇清　朱晖日
　　　　　　林友松（假）

列席者　邹　洪（魏大杰代）　杜之英　何剑甫（民厅）

主　席　李汉魂

纪　录　（秘书）熊公福　朱葆勤

报告事项

一、建设厅签呈，据公路处呈缴南路省道行车管理处追加二十七年八月份营业支出概算书，请核示等情。经会计处核签，该项工料费国币九百七十二元七角二分，事隔经年始行编请追加，与法令规定原有未符，惟查事尚需要，且款已开支，所请在该处收入车利项下拨付，似可姑准照办等语，拟如拟办理。

二、广东省振济会呈，关于香港主教洪冲函请补助东莞等处疯民收容所及麻疯院欠发经费一案，应否照拨，请酌核办理等情，经会计处核签：（一）石龙疯民收容所积欠经费无案可稽。（二）东莞疯民收容所经费可由四月份起令饬财厅按月继续发放。（三）北海麻疯医院经费准财政厅片复，拨付过毫券五千元，其余半数五千元如奉批准继续照付，似可照第一次补助五千元办法开支，饬财厅照拨等语。秘书处签，第一点拟饬曾副行长再行查明石龙收容所经费原由何项支，第二、第三两点，拟如会计处拟办理。

讨论事项

一、主席提议，准中央警官学校马处长养电，请补拨本校正科四期粤籍学生三名回沪旅费国币三百元，经已照汇，该款仍在本年度预备费项下开支，提会补请追认，饬财厅拨还归垫案。

（决议）照案追认。

二、建设厅签呈，奉发本厅徐前厅长呈，为公路处垫支东路行车处偿还省行款共二万四千六百七十二元，拟在节存公路通过费项下开支一案。查所称各节，尚无不符，惟应否准予在该项汽车通过费项下列支，请察核指遵案。

（决议）照会计处签拟意见通过。

三、主席提议，查本省禁烟事宜现当厉行推动，所有一切措施，应由民政厅负责主理，经先分令将省立戒烟医院拨归该厅管辖，提会补请追认案。

（决议）照案追认。

密四、财政厅报告，南澳县自卫团队二十七年六、七两月份抗战经费毫券四百八十元二角经在省款预备费项下开支，请提会追认案。

（决议）照案追认。

密五、财政厅签呈，奉交核议卫生处拟储卫生器材签呈计划表，暨会计处签拟原案。查该项器材价款综达二百万元之巨，本年度省地方既无此巨额预算足敷支应，拟酌在本年度救灾准备金拨国币二十万元，预备费拨国币三十万元，共拨五十万元，择其急要之品先行购贮，请察核办理案。

（决议）照财政厅核议意见通过。

密六、主席提议，据会计处签呈，查本省二十八年度省地方普通岁出概算临时门建设事业费，原奉核定年支一百三十二万元，截至七月底止只余八万余元，应否预为追加一定数额备供支拨之处，请核示等情，请公决案。

（决议）查建设事业费关系国防建设，未便停支，经请中央迅予补助，在未奉拨到以前，可由未付之债务费项下流用。

七、主席提议，澄海县县长卞稚珊另候任用，遗缺派李少如代理，请公决案。

（决议）照案通过。

密八、主席提议，据省新运会呈，请核准各县市局新运会战时经费定额，以利推行等语，请公决案。

（决议）照会计处签拟意见通过。

广东省政府第九届委员会
第五十四次议事录

日　期　八月八日

地　点　韶关本府

出席者　李汉魂（假）　胡铭藻　何　彤　顾翊群　许崇清
　　　　朱晖日　林友松（假）

列席者　史延程　邹　洪（魏大杰代）　杜之英

主　席　胡铭藻（代）

纪　录　（秘书）熊公福　冯介廉

报告事项

一、秘书处签呈，拟参照壮常队所定埋葬费数目表及表式，拟定各县自卫团及游击队员兵死亡埋葬费数目表及死亡证书式样呈复第×战区司令长官部核示施行。至担架疗伤等费，拟准予照实列报本府核销。

二、会计处签呈，本处编印之广东省各县地方总会计制度价款共国币三百五十元，拟在视察查账旅费剩余项下流用等情，拟如拟办理。

三、建设厅签呈，为购贮电油两批，共价三万五千九百三十元，经权在解库款肥田料化验费项下垫支，请察核备案等情。经会计处核签，原呈所称购储电油以备公路处备价领用，尚属可行，拟批复准予照办，惟应饬将随时收回之领用价款拨还归垫等语，拟如拟办理。

讨论事项

一、主席提议，关于民政厅呈缴省立强民工厂及禁烟专款管理委员会组织章程，经由秘书处分别修正。至工厂支出经临费概算书，经由民厅另行编列呈缴，请察核前来，请公决案。

（决议）照修正通过。

二、主席提议，据秘书处签呈，关于民财两厅会同修正优待出征军人家属条例广东省施行细则一案，前经由处签拟意见，提出第四十八次会议决议，照修正通过在案。现查该办法仍有应酌加修正之处，拟一并提会核定，再行公布等情，请公决案。

（决议）照修正通过。

三、主席提议，准广东高等法院函送广州地方法院二十七年十二月至二十八年七月留办人员应支经费表及东莞地方法院经费表，请查核令厅签发等由。经会计处核案相符，请公决案。

（决议）照案通过。

四、主席提议，准广东高等法院函送高一分院及潮安地方法院自二十八年七月至十二月应支经费表，请查核令厅签发等由。经会计处查核，表列尚属核实，请公决案。

（决议）照案通过。

密五、主席提议，据秘书处签呈，函准财厅函复扩编琼崖冯白驹部为总队，拟具编制预算表，计增拨自卫团经费国币五千三百六十一元九角六分，请提会核定增拨等情，请公决案。

（决议）交会计处审议。

密六、主席提议，据省银行业宥代电复，职行香港分行代存粮会垫付购米价款，拟请迅令该会即将存米赶快售出，并通知第四战区清理沈案委员会从速清理，俾职行垫款早日收回等情，请公决案。

（决议）存港之米准予售出，所得港币价款尽先拨还省行垫款。其余尚欠港币，按国币一元八角折合计算，由存粮会在售米价款项下拨还。

七、教育厅呈缴广东省建教合作委员会章程暨本年度七月至十二月经费支付预算书，请核定施行案。

（决议）准每月实支国币二百元，在预备费项下开支。

密八、建设厅签呈，前呈缴广东省战时公路征收营业汽车通行费暂行办法奉批保留，应否准照中央颁布规则办理及垫支，运输处经费应在何款项下支销，请核示遵案。

（决议）（一）原拟暂行办法修正通过。（二）汽车通行费准予照章征收，每月所收之款拨交二成与水陆运输管理处作为经费。（三）垫付水陆运输管理处之四千元，在收入通行费项下扣回。

九、主席提议，据民政厅签呈，转据卫生处呈，拟具本省第一届选送卫生人员受训计划意见及概算书，转请察核等情，请公决案。

（决议）照案通过。款在救灾准备金项下拨支。

十、主席提议，据会计处签呈，拟具各县市局二十九年度概算编制办法，请提会核定施行等情，请公决案。

（决议）照案通过。

密十一、主席提议，据省存粮会量，拟将所存湘米折价拨交省振济会举办平粜，请核示等情。经发交省振济会拟具办法五项前来，请公决案。

（决议）照存粮会评定价格以四折拨交省振济会举办平粜。

广东省政府第九届委员会
第五十五次议事录

日　　期　八月十一日
地　　点　韶关本府
出席者　　李汉魂（假）　胡铭藻　何　彤　顾翊群　许崇清
　　　　　朱晖日（假）　林友松（假）
列席者　　史延程　邹　洪（魏大杰代）　杜之英　余森文
　　　　　刘　寅
主　　席　胡铭藻（代）

纪　录　（秘书）熊公福　冯介廉

报告事项

一、广东高等法院宥代电，关于琼山本院第三分院所辖第二审案件，在未恢复前，暂改由本院第二分院受理，经呈奉司法行政部指令，准如所拟办理，请察照等由。经跟案令饬第九区行政督察专员转饬遵照。

二、财政厅报告，广东合作协会津贴费一千元当照通例以国币拨付等情。经会计处核签，似可照准省库通例办理，函审计处暨批复财厅等语，拟如拟办理。

三、教育厅签呈，转缴省立曲江小学筹备费支付概算书，计国币二百三十元，拟在奉准拨作临时中学开办费之二十七年度十一及十二月份收容战区退出员生经费项下照数拨支等情。经会计处核签，尚属可行，拟准备案。

四、会计处签呈，关于和平、潮安、揭阳等县，以各项行政罚款收支之记账及预计算书之编报等问题，呈请解释前来。兹拟分别解释四项，请核定后通饬各区专署知照，及各县市局遵照办理等情，拟如拟办理。

五、教育厅签呈，拟在本厅二十八年度经费节存项下拨还黄前任垫支购存学生制服用钮价款二百零二元七角八分，以便归垫等情。经会计处核签，查核尚无不合，似可照准。

六、建设厅签呈，补缴狮马公路图表，请察核等情。经会计处核签，此件经第四十六次会议决议照案通过，并令财厅拨付在案。此款当时未指定开支，拟准在本年度预备费项下开支等语，拟如拟办理。

七、会计处签呈，准财政厅片关于台山县垫支建筑保〔堡〕垒青砖价运费国币六十二元三角三分，拟准照数拨还，在本年度建设事业费项下开支等由。复查该县原缴预计算书表，核数亦符，似可照准等情，拟如拟办理。

八、第六区行政督察专员艳二电，奉发各区专署每月新增旅费简表应照何数编列预算，请示等情。经会计处核签，查各区专署旅费，原均支二百五十元，原简表误列二百六十二元五角四分，应分别更正，饬照实增数一百一十元编列，并代电各区专署及民财两厅知照，分电审计处查照等语，拟如拟办理。

九、广东省国防公债基金保管委员会呈，请就各委员中指派主席委员一人主持会务，及常务委员三人，到会处理日常事务等情。查核于法不符，惟就实际情形拟呈请行政院核定变通办理，并指复，一面分函有关各机【关】推派。

讨论事项

一、财政厅签呈，拟具省款发放经费补充办法，请鉴核施行案。

（决议）照秘书处签拟意见修正通过。

密二、财政厅签呈，奉令饬拨龙归油库一至三月份经费九百七十四元五角，应否并在预备费项下开支，抑何办理之处，请核示遵。

（决议）照案追认。

三、民政厅签呈，据省卫生处呈缴改编防疫队及卫生试验所经临费概算书等情，查核似尚可行，此款仍在该处卫生事业费项下开支，请察核指遵案。

（决议）照案通过。

四、教育厅签呈缴省立曲江小学开办费及经常费支付概算书，计开办费需国币六千六百一十元，拟在二十七年十一、十二月份收容由战区退出员生经费节存项下拨支，至经常费月支四百八十四元，拟在二十八年度教育文化费各县增班增校补助费内拨支，并拟准免开投建筑校舍工程，请察核存转令遵案。

（决议）照案通过。

五、教育厅签呈，准中国童子军广东省理事会筹备处函请拨助该处迁韶旅费国币五百八十元等由，查尚需要，拟酌给三百元，在本厅二十六度以前各项节存经费奉准拨作本厅迁移临时费项下拨支，俾资补助，请察核示遵案。

（决议）照案通过。

密六、主席提议，据第三区行政督察专员呈转缴郁南县架设郁封联络电话线预算书及计划说明书，请察核指遵案等情，请公决案。

（决议）照会计处签拟意见办理。

七、主席提议，据保安处签呈缴各区保安司令部特务排二十八年一、二月份经常费支出计算书，并附缴各区特务排原缴一、二月份册据，请核存转，准予照案于二十八年度团队经费节余项下支销等情，请公决案。

（决议）照案通过。

密八、主席提议，据会计处签呈，查卫生处呈请添置补充汽车机件一案，经由该处列表到府。查原预算列支国币四千八百六十元，价格上似无不合，惟所拟机件数量不无可以减缩之处，应否饬减半数，仍在该处卫生事业费项下拨支，请提会核定等情，请公决案。

（决议）照会计处签拟意见通过。

九、民政厅签呈，据卫生处呈请增加会计室人员薪额，计共月支国币一百九十五元八角三分，此款拟在该处本年下半年度经临费项下追加等情，请察核示遵案。

（决议）照案通过，款在预备费项下拨支。

密十、主席提议，据会计处签呈，关于乳源县奉令征集防空监视哨杉杆一案，现奉绥靖公署代电查复，核与该县所称尚属符合，此项杉杆共支国币二千三百一十二元六角，拟在本年度建设事业费项下拨还归垫等情，请公决案。

（决议）照案通过。

十一、民政厅签呈，会同各机关讨论连县呈缴补助费支付预算及中心工作实施进度表计划大纲一案，审拟结果，请核夺案。

（决议）照审拟结果通过。

密十二、主席提议，关于教育厅长提议，拟将教育学院迁回南雄党政军训练团地址一案，查训练团地址拟拨办县行政人员训练所为适当，现拟将乳源原日广东省地方行政干部训练所地址改拨与教育学院，但仍须留拨一部与宪兵教导队应用，请公决案。

（决议）照案通过。

密十三、第八区行政督察专员微、未二电复，关于防城等十一个城市欲达到彻底破坏毁灭，每城市须准备二百罐火油。现时值国币四千元，总计共需国币四万四千元，请迅筹拨购办等情，请公决案。

（决议）准在建设事业费项下拨发国币二万二千元妥为支配，准备办理。必要时并应采用其他方法彻底破坏。

广东省政府第九届委员会
第五十六次议事录

日　期　八月十五日

地　点　韶关本府

出席者　李汉魂　胡铭藻　何　彤　顾翊群　许崇清

　　　　朱晖日（假）　林友松（假）

列席者　史延程　杜之英　刘　寅

主　席　李汉魂

纪　录　（秘书）冯介廉　朱葆勤

报告事项

一、行政院令，据第×战区张代司令长官皓电，请划定曲江、翁源、连县、南雄、始兴等五县为提前禁绝烟毒区域，应准照办等因。经饬民厅转饬切实遵办，并从速拟具奖励办法呈核，及呈长官部、绥署，函省禁烟会暨粤禁烟督办分处查照，抄知财厅。

二、民政厅签呈，据惠阳县呈缴该县义勇警察薛扬胜因公殉职事实表，请核准给恤前来。查核尚无不合，请察核办理等情。核与非常时期奖恤警察暂行办法第三条规定相符，拟准予给恤电，代内政部及审计处查照备案，行财厅给领，暨批复知照。

三、曲江区防空指挥部呈报，集会变通修葺市区避难壕暨盖挖近郊憩息棚、河西避难沟经过情形，缴同原编预算，请核准备案等情。经会计处核签，原呈各节系为适应事实需要，尚未超出核定经费预算，似可准予变通办理。惟事关变更原案，拟再饬编全部经费一千三百四十二元预算书，呈府核转等语，拟如拟办理。

四、会计处签呈，保安处函送部队临时费给与表毫券数与前送改订国币数额尚属适合现时需要，似可照准备案，分别存转等情，拟如拟办理。

五、会计处签呈，拟定本省省、地方各机关普通公务单位会计制度

378

之一致规定，请令发施行等情。经由该处承办府令分饬直属机关遵照。

六、会计处签呈，检呈新印广东省各县地方总会计制度，恳令发各县继续切实遵照办理等情。经由该处承办府令分饬各直属机关、各区专员公署、各县政府遵照。

讨论事项

密一、据财政厅报告，清远县破坏公路工食经在本年度建设事业费项下拨支国币五千元，请提会追认案。

（决议）照案追认。

密二、据财政厅报告，茂名县奉令再破坏公路民工伙食经在本年度建设事业费项下拨支国币一万元，请提会追认案。

（决议）照案追认。

密三、据财政厅报告，茂名县奉令构筑高壁工事伙食经在本年度建设事业费项下拨支国币二千元，请提会追认案。

（决议）照案追认。

密四、据财政厅报告，梅县政府破坏梅径、梅松等公路工食经在本年度建设事业费项下拨支国币一千元，请提会追认案。

（决议）照案追认。

密五、据财政厅报告，紫金县破坏紫惠路工食经在本年度建设事业费项下拨支国币五千元，请提会追认案。

（决议）照案追认。

密六、据财政厅报告，新丰县奉令征集木材费用，经在本年度建设事业费项下拨支国币二千元，请提会追认案。

（决议）照案追认。

密七、据财政厅报告，大埔、梅县等县架设韩江上游阵地话线工料费，经在本年度建设事业费项下拨支大埔县国币五千元，梅县国币五百元，请提会追认，并饬补编预算案。

（决议）照案追认。

八、据财政厅签呈，拟准补发南番沙田征收处二十七年十一、十二月及本年一月份经费国币四百七十二元五角，并在本年度省地方款预备费项下拨付，请核示遵案。

（决议）照会计处签拟意见通过。

密九、据会计处签呈，准财政厅片送罗定县征集防空监视哨杉杆费支付预算书，计国币三千三百五十五元一角四分，既经财厅指饬该县专案呈核，拟准予照发，款在本度建设事业费项下开支等情，请公决案。

（决议）照案通过。

十、据本府广播电台台长签呈，为拟购置乐器以备音乐界到台奏演，列具清单，请核发国币四百元购用等情，请公决案。

（决议）照案通过。

十一、据会计处签呈，准民政厅片送省警总队长、警佚役米津预算书，每月共需一千五百七十八元，拟自七月份起核发等由，似可照准，款在本年度预备费项下开支，请提会决定后分别办理等情，请公决案。

（决议）照案通过。

十二、据财政厅、保安处会呈，拟具修正各县义勇壮丁常备队服装费办法，请核示遵案。

（决议）照会计处修正案通过。

十三、据教育厅签呈，据省立教育学院院长林砺儒呈报，本年二月奉电赴渝参加第三次教育会议，共支过旅费国币八百零九元二角九分，请在本院二十八年度经费节余项下报销等情，似可照准，请察核存转案。

（决议）照案通过。

密十四、据保安处签呈，缴二十七年度七月至十二月份止各团队临时运输补助费支出计算书类，共计毫券八万一千一百零六元零二分，请准在二十七年度团队经费节存项下支销等情，请公决案。

（决议）照案通过。

十五、主席提议，据民政厅拟具广东省县政人员训练所组织大纲，经交秘书处签拟意见，请公决案。

（决议）照修正案通过。

密十六、主席提议，遵照行政院颁发战区各省省政府设置行署通则，拟订广东省政府南路行署组织规程，连同编制表，请公决案。

（决议）修正通过。

十七、委员兼教育厅长提议，拟改省立教育学院为省立文理学院，附具办法四项，请决定，并电达教育部核准施行案。

（决议）修正通过。

广东省政府第九届委员会
第五十七次议事录

日　　期　八月十八日

地　　点　韶关本府

出席者　　李汉魂　胡铭藻　何　彤　顾翊群　许崇清

　　　　　朱晖日（假）　林友松（假）

列席者　　杜之英　余森文　邹　洪（魏大杰代）

主　　席　李汉魂

纪　　录　（秘书）冯介廉　朱葆勤

报告事项

一、建设厅签呈，据中山县民陈谦承领仁化县属第一区大麻乡沙扶岭等荒山造林，经该管县政府查明确系官荒山地，承领面积与图相符，手续完备，自应准予承领，除发给证书外，合将备查一联，请察核备案等情，拟准予备查。

二、建设厅签呈，据文昌县民周达殷请领仁化县属第三区董塘圩龙皇宫附近老龙排等处荒山造林，经该县查明确系官荒山地，承领面积与图相符，手续完备，自应准予承领。除发给造林证书外，合将备查一联，请察核备案等情，拟准予备查。

三、会计处签呈，请准职处将二十七年度预算由七月份起至十二月份止各项分配科目流用，俾便造报计算，并报会备案等情，拟如拟办理。

四、曲江县呈，为使自治与自卫打成一片，行政与教育密切联系，以期平时与战时便利调遣指挥起见，拟任各区区长兼大队长，原任大队长改充副大队长，县立在各该区完全小学校校长兼政治指导员，区署巡官为副官，各区正副乡长为正副中队长，精干强健之保甲长为小队长、分队长等情，拟准予试办，并饬从速实施，整理列册具报。

五、建设厅报告，关于连贺公路第二期工程，经饬据公路处呈复，拟判商承筑，以求快捷。查所称系为迅速完成，尚属可行，惟仍应匀分段数判商承筑，经指饬遵照，请察核备案等情。查所拟分段判商承办，尚无不合，拟准予备案。

讨论事项

密一、据财政厅报告，奉饬在本年度建设事业费项下再行酌拨连贺路第二期工程费等因，遵经再拨国币二万元给领，请提会追认案。

（决议）照案追认。

密二、据财政厅签呈，关于钦县电请汇拨破路工食国币八千元一案，拟在本年度建设事业费项下拨付国币四千元应支，余饬统先筹垫，俟预计算书类缴奉核定后，再行拨还归垫，请核示遵案。

（决议）照案通过。

三、据建设厅签呈，据农林局呈缴修正广东省荒山承领造林暂行规程，请察核示遵案。

（决议）照修正通过。

四、据建设厅签呈，拟具工业试验所规程及计划预算清表等件，计开办费国币六千五百四十二元一角二分五厘，经常费每月国币一千四百一十一元一角一分，请察核示遵案。（附油印）

（决议）照审查签拟意见通过。

密五、据第二区行政督察专员呈缴始兴县架设联络话线预算书，请察核分别存转等情，请公决案。

（决议）交建设厅统筹办理。

密六、据会计处签呈，为财政厅调整税务机构纲要第十六条条文与中央颁布计政法令抵触，谨将拟修正及增入之条文签请察核，准予提会修正，并令财政厅遵照等情，请公决案。

（决议）照案通过。

密七、据会计处签呈，拟嗣后关于二十八年度省款建设事业费预备费救灾准备金等之动支，数额在国币五百元以下者，得由本处依法审核签呈核准拨支，再补报委员会议备案等情，请公决案。

（决议）照案通过。但有经常性质者不在此例。

八、据民政厅签呈，拟具广东省各县市局设置禁烟股办法及办事通则、经费预算表，请察核示遵案。

（决议）照案通过。

密九、据第二区行政督察专员呈，据乳源县长电复，奉发情报股组织办法暨经费支给标准表，规定情报股月支国币二百六十元，请转呈体念职县特殊情形，准将全部情报股经费由省库按月拨发补助，请察核等情，请公决案。

（决议）照会计处签拟意见通过。

密十、据第三区行政督察专员呈，据卸新兴县长吴景超呈缴征集电杆费预计算书类，计价款毫券一百元，请察核存转等情，请公决案。

（决议）照会计处签拟意见通过。

十一、据高要县呈缴电话所经费支付预算书及垫支过电话所二十七年十月至二十八年五月各月份不敷经费数目清表，请转财厅照数核发支令，俾资抵解等情，请公决案。

（决议）照会计处签拟意见通过。

密十二、据会计处签呈，救灾准备金保管委员会业经成立，依照实施办法规定，似应饬财厅由本年一月份起按月由省库指定专款，将救灾准备金拨存该会保管。至该会未成立以前省库支过该项数额，亦作为拨付该会，仍办理抵拨手续等情，请公决案。又财政厅签呈，拟每月先拨国币四万元交广东省救灾准备金保管委员会保管，俟年度终结再行清拨，请核示遵案。

（决议）照财政厅签通过。

十三、主席提议，白沙县县长陈伯良另有任用，遗缺调派澄迈县县长丘海云代理，递遗澄迈县县长缺，派陈伟章代理；乐会县县长吴钊另有任用，遗缺派冯汝楫代理，请公决案。

（决议）照案通过。

密十四、主席提议，查本府南路行署组织规程及编制表，经提付第五十六次会议决议修正通过在案。惟查各规程及编制表仍有未尽妥善之处，经饬据秘书处会同会计处分别重行修正，呈核前来，请公决案。

（决议）照修正案通过。

十五、委员兼教育厅长提议，现据省立岭东商业职业学校校长张震宇因病呈请辞职，业予照准，所遗校长一缺，查有丘勤修堪以充任，检同履历表，请公决案。

（决议）照案通过。

十六、委员兼教育厅长提议，查省临时参议会建议本府资助侨教，以培植侨民、增强国力案办法四项，均属切要。兹依照该办法第一项规定，请由省预备费项下拨出国币七万元为本年九月至十二月补助侨教费用，并照第三项指定补助图书仪器为原则，至分配方法，照第四项办理，请公决案。

（决议）在本年度预备费项下拨国币四万元，由教育厅会商参议会妥为支配。

十七、主席提议，兴宁县县长李伯球另候任用，遗缺派何逎英代理；南海县县长余仲麒另候任用，遗缺派高鼎荣代理，请公决案。

（决议）照案通过。

十八、据民政厅拟具海外侨民通讯处组织章程及经临费预算，经秘书处将章程修正为广东省政府海外侨民通讯处组织规程，并由会计处签拟，将原拟预算酌加修正等情，请公决案。

（决议）原则通过，准予先行成立，规程、预算交秘书、会计两处重加修正。

十九、主席提议，三水县县长田××撤职查办，遗缺由李敏代理。请公决案。

（决议）照案通过。

广东省政府第九届委员会
第五十八次议事录

日　期　八月二十五日
地　点　韶关本府
出席者　李汉魂　胡铭藻　何　彤　顾翊群　许崇清
　　　　朱晖日（假）　林友松（假）
列席者　杜之英　欧树融

纪　录　（秘书）冯介廉　朱葆勤

报告事项

一、据建设厅签呈，据顺德县民周作鹏呈请承领仁化县属第一区大麻乡小村田附近西瓜岭荒地造林，经该管县政府查明确系官荒山地，承领面积与图相符，手续完备，自应准予承领，除发给证书外，合将备查一联，请察核备案等情，拟准予备查。

二、据建设厅签呈，本厅现有办公地点及职员宿舍均不敷用，拟在附近增设办公厅、宿舍、诊疗所、礼堂共五座，防空洞二个，共需工料费国币一千九百九十三元四角九分，款在前任移交该厅地下室工程费结余项下开支等情。经会计处核签，查核尚属须要，似可照准等语，拟如拟办理。

三、据财政厅签呈，奉交保安处签拟改订阵亡官兵一次抚恤金给与表。查所拟改善给恤手续，原为便利受恤者遗族领恤起见，尚属可行，似可如拟办理等情。拟令复保安处准予照办，并行各区专员转饬各县市局知照，抄知民政厅、会计处，并批回。

四、据教育厅签呈，拟具广东省义务教育实验区组织大纲，请指派省督学罗慕颐为义教实验区主任，暨分令连山、连县两县政府遵办等情。经交秘书处及会计处分别签拟修正，拟如拟办理。

密五、据连山县七月有代电，恳请将职县先后垫拨连县防空通讯所架设修理电话费用国币七十四元如数补助等情。经会计处核签，查该线既系防空专线，复经呈准防空司令部架设，该县垫支过架设及修理费用，似可准由本年度建设事业费项下拨还归垫等情，拟如拟办理。

六、据民政厅签呈，关于本厅拟订坚壁清野实施计划一案，经由厅与政治部动员会及本府秘书处商洽，并召集各有关机关会商修订，拟函送政治部复核，转呈长官部核示，并由府分送动员会复核，如有意见，径送政治部并办等情，拟照办。

七、准第×战区司令长官司令部政治部函，征询调整民运机构及民众团体会议议决案意见一案，经饬据民政厅及秘书处分别拟具意见，请核前来，拟汇复政治部。

讨论事项

密一、据财政厅报告，龙门县追加破路工食经在本年度建设事业费项下拨支国币五千元，请提会追认等情，请公决案。

（决议）照案通过。

密二、据会计处签呈，审议关于琼崖守备司令王毅请将自卫团集结队冯白驹大队扩编为总队一案，该项经费国币五千三百六十一元九角六分，拟请照准在本年度省地方预备费项下开支等情，请公决案。

（决议）照会计处签拟意见通过。

密三、据保安处签呈，拟在蕉岭、五华、平远等三县招考小学毕业或同等程度之学生一百名，成立通讯学兵队。月支经费一千五百三十五元五角，请由保安团队节余经费项下开支，不另请拨等情，请公决案。

（决议）照案通过。

密四、据阳山县呈，奉二区专署抄发广东省各县市局情报股组织办法暨经费支给标准表，依照规定职县情报股每月经费一百六十元系由地方款预备费项下开支，惟本县地瘠民贫，无法筹拨，理合专案请核办等情，请公决案。

（决议）照会计处签拟意见通过。

密五、据会计处签呈，查潮安区防空指挥部呈缴二十七年十一月十八日至二十八年二月十日运输兵饷项支出计算书类，列支毫券八百元零八毫，既经财政厅垫付，似可照准在本年度建设事业费项下拨还等情，请公决案。

（决议）照案通过。

六、据民政厅签呈，据卫生处呈缴本省舟车检疫规则，经予修订，可否准予公布施行之处，请核夺等情。经交秘书处签拟意见，请公决案。

（决议）照修正通过。

七、据建设厅签呈，据公路处遵令呈缴修正公路处组织规程，转请察核示遵等情，请公决案。

（决议）交秘书、会计两处审查。

八、据秘书处拟具广东省政府生产事业调查团组织简章，附本团调查区域及经费预算表暨出差旅费预算表，请察核公布施行等情，请公决案。

（决议）交秘书处、建设厅审查，由秘书处召集。

九、据建设厅签呈，据公路处呈拟战时公路员工伤亡抚恤暂行规程，查核尚无不合，请察核示遵等情，请公决案。

（决议）照秘书处签拟意见修正通过。

十、据教育厅签呈，转缴省立教育学院二十八年度岁出预算书表，请察核存转等情，请公决案。

（决议）照会计处签拟意见通过。

密十一、据财政厅报告，新丰县破坏公路工食经在本年度建设事业费项下拨支国币三千元，请提会追认等情，请公决案。

（决议）照案追认。

十二、主席提议，万宁县县长梁拱汉辞职照准，遗缺派罗莲峰代理，请公决案。

（决议）照案通过。

十三、委员兼教育厅长提议，拟具广东省各县市社会教育设施纲要，广东省各级学校兼办社会教育设施纲要，广东省各县市政府、各社教机关、各级学校办理社会教育考核办法，广东省各县市民众教育馆设施纲要，请公决案。

（决议）照案通过。

十四、据广东省新生活运动促进会妇女工作委员会函，请准予发给生产工作团所请增加医药费每月一百四十元等情，请公决案。

（决议）照会计处签拟意见通过。

十五、委员兼财政厅长提议，拟具整理税务委员会组织规程，请公决案。

（决议）照案通过。

密十六、据民政厅签呈，关于粮管处所拟收购新谷充实农仓计划草案一案，经作初步洽商，兹将各方意见归纳，请察核。如奉采纳，拟由存粮会及本厅会同起草并会商有关系各机关，再行呈请施行等情，请公决案。

（决议）交秘书处、民政厅、建设厅、省银行妥拟办法呈夺，由秘书处召集。

十七、主席提议，廉江县县长王广轩病故，遗缺派邹武代理，请公决案。

（决议）照案通过。

广东省政府第九届委员会
第五十九次议事录

日　期　八月二十九日

地　点　韶关本府

出席者　李汉魂　胡铭藻（假）　何　彤　顾翊群（假）
　　　　许崇清

列席者　杜之英　欧树融　陈缙农　黄秉勋　史延程

主　席　李汉魂

纪　录　（秘书）冯介廉　熊公福

报告事项

一、奉行政院令，各级政府出差人员支报旅费，应遵照国府修正国内出差旅费规则范围内尽量撙节开支等因，经通令所属遵照。

二、准广东省动员委员会函，为本会前送各县市动员委员会组织规程，请分别饬属知照一案，系根据军事委员会规定原则，呈奉第×战区司令长官司令部核准，与第×战区政治部调整民运机构会议决议各项并无分歧，仍请查照原案转行所属知照等由，据秘书处签拟，照案转饬知照。

三、据教育厅签呈，拟改自九月份起，始将体专学校之专科班并归教育学院，及划拨增班经费请备案等情。经交会计处核复，该班并归教育学院及划拨经费，原核定自八月份起实行，现据呈拟改九月份起实行，尚属可行，请照准批复等语。据秘书处签拟，如拟办理。

四、据会计处签呈，订定广东省地方各机关庶务部分零用金会计处理办法，请察核施行等情。经交秘书处签复，查所拟办法，庶务方面似属可行，拟照拟办理等语。

五、据会计处签呈，教育厅呈缴省立民众教育馆迁移费临时支付预算书，查核列支国币八百六十八元九角六分，尚属需要，拟准在该馆二十八年度以前经费节存项下开支等情，应如拟办理。

六、据民政厅签呈，拟将禁烟查禁督导增加四员，即连前定额共设九员。至经费则改为每员月支生活费五十元，旅费五十元，办公费五元，共月支九百四十五元。比较原案五员额定经费总数一千一百一十元，每月节存一百六十五元，并拟即以此项节存费留作各员旅费、生活支费，以备酌补出发远地者往返旅费不敷之用等情。经准照拟办理。

七、准审计部广东省审计处函复，准函请派员参加第×战区广东存粮管理委员会组织，应请查明所派人员系参加何部工作见复等由。经函复请派员一人为存粮会委员。至应担任何部工作，并经饬存粮会拟定，连同该会组织章程办事细则径送办理。

八、据第五区何专员艳民辰电，关于新任汕头市罗市长电报：奉钧座面谕，以汕府准备结束，毋庸赴接。此项明令，职署迄未奉到，请迅电复等情。经秘书处签拟电复，并令知罗市长赴任。

九、据新会县长李务滋电，请核示居留沦陷区人民财产，应否照县联防会议议决，以假扣押处分等情。经交秘书处签拟核定，凡承耕佃户，而其业主若系在敌人暴力控制之区域内居住者，应暂定〔免〕交租，俟敌退补纳。至原电所称假扣押，乃法律上名词，在此场合不能适用。至没收一节，如查明确为汉奸者，可依修正惩治汉奸条例呈请没收或查封其财产等语，可照拟办理。

十、据会计处签呈，拟自九月份起将连县会计室改组成立为模范会计室，请依照办法规定令行财厅遵照，按月由省库在预备费项下拨付该室经费国币三百七十六元，暨函审计处查照等情，可如拟办理。

十一、据民政厅签呈，据卫生处拟具各县及各有关机关团体请领药物暂行办法，经分别予以订正，应否如拟施行，请核夺等情，可如拟办理。

十二、据建设厅签呈，据农林局呈，为该局恢复血清制造，继续防除牛瘟，转请将核定开办费二万零七百六十元，八月份经常费三千八百五十三元三角三分，饬库拨发等情。经交会计处核签，所请拨发数目与案相符，拟请饬财厅拨付等情，核可如拟办理。

十三、据秘书处签呈，准财政厅片送召集各机关促进本省合作事业及举行农贷会议议事录，内列关于合作行政主管应如何规定案，决议根据中央规定合作行政主管应归建设厅，请核示等情，经如拟办理，令建设厅遵照办理。

讨论事项

密一、据建设厅签呈，编造办理结束狗牙洞八字岭煤矿办事处二十八年度岁出临时费概算书，请审核存转等情，请公决案。

（决议）照案通过。

密二、据会计处签呈，郁南县令架设罗、郁、岑粤桂联络话线一察，查核改编预算书，计共国币一千三百九十三元六角，尚属核实，似可准予照办，并在省地方本年度建设事业费项下开支等情，请公决案。

（决议）照案通过。

三、据会计处签呈，准教育厅函送东江临时中学筹备及开办费支付预算书及估价单，计共列支五千元等由。查核所列各数，尚无不合，拟请照准等情，请公决案。

（决议）照会计处签拟通过。

密四、据梅箓管理局长元电，奉令转饬组织情报股，查职局地方款不敷开支，该股经费无法筹措，请照办法规定核拨经费等情，请公决案。

（决议）照会计处签拟通过。

密五、据省银行曾副行长晓峰阳五电称，前汇来购电机款国币一十二万元，查该项电机价共需港币五万六千九百六十元，伸算共需国币一十二万六千零三十五元六角，比对尚差六千零三十五元六角。嗣后汇港专款是否照往日随支随换办法，抑到即换存港币，不能移作别用，请核示等情，请公决案。

（决议）照会计处签拟通过。以后汇港专款，应随到随换港币。

六、据财政厅签呈，据各地税督催专员请明令各县将提扣契税一成办公费，全数拨留县局作为办公费之用，拟准予照办，并将各县局税捐征收处及分处经办契税办法第十一条暨第十二条分别修正等情，请公决案。

（决议）照修正通过。

密七、据建设厅签呈，关于海康县修理海康至英利电话一案，计国币一千元，应否由省库拨给及在何款项下开支，请提会核定等情，请公决案。

（决议）照徐英线成案补助半数，款由建设事业费项下拨付。

密八、据财政厅报告，新丰县破坏公路工食经在本年度建设事业费项下拨支国币六千元，请提会追认等情，请公决案。

（决议）照案追认。

九、据第一区行政督察专员呈缴赤溪县办理国民兵役初次施行壮丁调查办公费预算书，计共毫券七百四十八元五毫，请核示等情，请公决案。

（决议）照会计处签拟通过。

十、据教育厅签呈，缴呈省立韶州师范学校更正迁校临时费支付预算书件，计共国币八千五百五十一元六角四分，拟在本年度教育文化临时费项下拨支国币六千元，其余不敷之数，由该校节存项下开支，请核准令财厅照数划拨等情，请公决案。

（决议）照会计处签拟通过。

十一、据教育厅签呈，拟自本年九月份起增加职员及办公费，开具追加预算书，请核准在本年度教育文化临时费项下拨支等情，请公决案。

（决议）照会计处签拟通过。

密十二、据广东省银行呈，准农本局函复，允予合办战区农贷，附送合约及合作办法草案，请察核示遵等情。经由秘书处将该行原拟修改各点及参照建设厅、会计处、法制室拟改意见，分别将原送合约及合作办法修正，请公决案。

（决议）照修正通过。

密十三、建设厅签呈，为急谋增加本省粮食生产，拟请仿照广西省办法，咨请经济部农本局派员莅粤设立驻粤办事处，合组广东省农田水利贷款委员会。拟就节略并抄附合同，请察核示遵案。

（决议）照案通过。

密十四、据会计处签呈，关于广东省战时省存粮管理委员会经常及开办费各项支出既经核定，先由省银行挂借，将来统加入成本计算。如有意外重大损失，成本不能填补时，由省库负担或请由救灾准备金项下开支。自应备办法案手续，以资根据。拟请补提会议追认等情，请公决案。

（决议）照案追认。

密十五、据地政局呈，请准将本局多发遣散人员恩饷一千三百五十一元九角五分在二十七年度临时特别费项下并案报销等情，请公决案。

（决议）遣散恩饷仍照通案发给一月，其多发之一月姑准作旅费报销。

密十六、据秘书处、会计处签呈，为职处定购之诚壹油印机二具附同腊纸、油墨等件，共需价款国币二千一百一十六元七角六分，请准在省款预备费项下动支等情，请公决案。

（决议）照案通过。

密十七、据建设厅签呈，奉发行政院令颁公路保养设施通则及公路征收汽车养路费规则，查与本府通过广东省战时公路征收营业汽车通行费暂行办法大致相同。上项车行办法似可无庸通饬，拟参照规则所定标准指定公路处为统收统养机关，咨部转报行政院备案等情，请公决案。

（决议）原则通过。仍将收费办法交建设厅详拟呈核。

十八、据秘书、会计两处签复，审查公路处所缴修正新拟组织规程一案意见前来，请公决案。

（决议）照修正通过。

密十九、据秘书处签呈，召集民政厅、建设厅、省银行会同关于粮管处所拟收购新谷充实农仓计划草案一案，审查结果决定原则四项，请察核等情，请公决案。

（决议）照审查结果修正通过。

二十、据教育厅签呈，据省立教育学院呈缴由融县至乳源搬运费预算书，列支三万零二百二十元，不无稍巨，应予核减为二万二千元，拟在本年度预备费项下拨发，请令财厅先行照拨等情，请公决案。

（决议）照案通过。

二十一、据秘书处、会计处分别将本府海外侨民通讯处组织规程及经临费预算再加修正呈核前来，请公决案。

（决议）修正通过。

广东省政府第九届委员会
第六十次议事录

日　期　九月五日

地　点　韶关本府

出席者　李汉魂　胡铭藻（假）　何　彤　顾翊群（假）
　　　　许崇清　朱晖日　林友松（假）

列席者　史延程　杜之英　桂竞秋　黄　雯　陈锦松

主　席　李汉魂

纪　录　（秘书）熊公福　冯介廉

报告事项

一、据教育厅签呈，查补助战区学生膳费暂行办法第三条规定，补助膳费，分全额及半额两种，全额每月国币五元，半额每月国币二元五角。惟近日物价腾贵，拟由本年八月份起全额膳费增为六元，半额增为三元，仍在教育文化费经常预算内第七项第三目及学生膳费专款开支等情。经会计处核签，查核确属需要，拟请核准备案等语，可如拟办理。

二、据建设厅签呈，据公路处呈，关于南浦站长周守庭遇匪被劫公款国币三百二十二元四角五分，应否准予报销，转请核示等情。经交会计处核签，该站长只身怀款，夜行僻处，致招匪劫，究属疏忽，似应由该主管机关予以申诫。至所失公款，准由车利收入项下报销一节，拟请报会后批饬遵照，并函审计处查照等语，可如拟办理。

三、奉第×战区司令长官司令部代电，抄发游击战区人民奖惩暂行办法，仰知照，并转饬所属一体知照等因。拟分电各区专员饬属知照，并饬秘书处通报各厅处查知。

讨论事项

一、主席提议，查第五十九次会议，因不足法定人数，改为谈话会。兹将议决各案编成正式议事录，提会补请追认案。

（决议）照案追认。

二、据民政厅签呈，据卫生处呈缴各卫生诊疗所组织规程工作纲要及办事细则，经分别修订，应否准予备案，请核夺等情。经交秘书处分别修正，除将办事细则饬厅核定施行外，组织规程工作纲要仍请公决案。

（决议）照修正案通过。

三、据民政厅签呈，据卫生处呈拟本省旅店卫生管理暂行规则，及市场卫生管理暂行规则，经分别修订，可否准予施行，请核夺等情。经交秘书处分别修正，请公决案。

（决议）交秘书处会同民政厅复审。

四、据民政厅签呈，据卫生处呈复，关于增设驻港办事处一案，请一次过拨助国币一百五十元，由该处临时卫生事务费项下拨支一节，似可准予照办等情，请公决案。

（决议）照会计处签拟通过。

密五、据民政厅签呈，为择定黄岗岭为编办保甲实验区，拟将本厅前任移存各项专款内之废车售价一栏国币一百一十一元一角拨作办公费支用，请察核备案等情，请公决案。

（决议）照案通过。

六、据教育厅签呈，据省立东江临时中学呈缴该校二十八年度上学期增班设备费，及搬迁金山中学图书仪器搬迁费概算书，共需国币三千五百六十五元，查尚需要，拟请准予在本年度教育文化临时费项下拨支等情，请公决案。

（决议）照案通过。

七、据教育厅报告，据私立仲恺农工学校呈缴二十八年八月至十二月收支预算书，请仍旧每月补助前来。查核所请各节，均属可行，拟予照准，所请补助经费，并拟将该校原有保管费移用，暨由收容由战区退出员生经费项下各校增班经费目内，月拨二千一百五十六元三角三分，合计每月照旧额补助国币三千三百五十元零三角三分，请察核备案等情，请公决案。

（决议）照案通过。

八、据教育厅长签呈，本年二月间奉令赴渝出席第三次全国教育会议，共垫支过旅费国币一千九百零五元九角六分，此款拟在二十七年度勤勤大学经费节余，及二十八年度督学出发旅费节存项下拨支，请核准等情，请公决案。

（决议）照案通过。

密九、据财政厅报告，关于合浦县破坏公路工食，经在本年度建设事业费项下拨支国币五千元，请提会追认等情，请公决案。

（决议）照案追认。

密十、据从化县电报，拆卸碉楼民工伙食共支出毫券一百九十二元四毫，请如数拨还归垫，并以后拆除各乡城堡碉楼民工伙食应否照此办理等情，请公决案。

（决议）照破坏公路民工伙食支给办法办理。

密十一、据广播电台呈报，择定建筑台址地点，拟用板竹批灰建成，估价需国币二千七百四十二元，请准如数拨款给领等情，请公决案。

（决议）照会计处签拟通过。

密十二、据第三区行政督察专员转据卸云浮县长郑衡呈缴奉令构筑阵地民工伙食预计算书类，计垫支毫券八千五百零九元六毫，请核示等情，请公决案。

（决议）照会计处签拟通过。

密十三、据建设厅签呈，据公路处呈，拟具贮备六个月燃料机件等项预算表，计共国币五十万零三千七百二十五元八角。查核表列各数尚属核实，请核赐购办等情，请公决案。

（决议）照会计处签拟通过。款在该厅前任移交各项专款项下借垫。

十四、关于蕉岭县民涂唤君等因垦植筑屋事件，不服蕉岭县政府中华民国二十八年三月一日所为之批示，提起诉愿一案，经交秘书处拟具决定书，送请朱厅长会同史院长审查，拟具意见，请公决案。

（决议）照审查意见通过。

密十五、据财政厅呈报，本厅国难搬迁费用共支国币三万二千二百元，连同计算书表，请准核销存转等情，请公决案。

（决议）照会计处签拟通过。

密十六、据英德县呈报，该县二十八年度预备费支绌。关于情报股经费每月三百一十元，拟请准在清收二十四年至二十八年度旧欠地税留县五成项下拨支等情，请公决案。

（决议）照会计处签拟通过。

密十七、据第二区行政专员电转佛冈县请由省库拨支该县情报股经费每月二百六十元，并据新丰、郁南两县呈同前情，请公决案。

（决议）照会计处签拟通过。

十八、据财政厅签呈，本厅印制各种票照支过印刷寄运邮费等各项，共国币五万七千五百八十四元六角七分，除由本年一月至六月份票照印刷费共一万八千七百五十元支付外，尚不敷三万八千八百三十四元六角七分，估计下半年份亦不敷三万余元，计全年约共不敷七万元，今后拟招商承印，款由本厅就省款特别备用金项下权先挪垫，所有不敷经费七万元，即请准在本年度备用费流用债务部分内开支等情，请公决案。

（决议）照会计处签拟通过。准予造列预算。

密十九、据第一区行政督察专员公署呈缴二十八年四〈月〉份谍报队经费支付预算书，计国币八百元，请核示等情，请公决案。

（决议）准予备案。

二十、委员兼教育厅长提议，查省立喜泉农业职业学校校长廖迪雍另候任用，遗缺查有何立才堪以充任，检同履历，请公决案。

（决议）照案通过。

广东省政府第九届委员会
第六十一次议事录

日　期　九月八日

地　点　韶关本府

出席者　李汉魂　胡铭藻（假）　何　彤　顾翊群（假）
　　　　许崇清　朱晖日（假）　林友松（假）

列席者　史延程　邹　洪（方述代）　黄　雯（陈安良代）

卓振雄　桂竞秋　欧树融　杜之英

主　席　李汉魂

纪　录　（秘书）熊公福　冯介廉

报告事项

一、据建设厅签呈，据公路处呈，拟将该处经常费预算数内第二项办公费与第三项购买准予流用，转请核示等情。经交会计处核签，查原呈所称各节，尚属实情，所请流用，拟准予照办等语，可如拟办理。

密二、据台山县呈缴修正搬运防空杉杆预算书表，请在省款项下报支等情。经交会计处核签，该县所垫搬运费国币三百八十三元三角七分，似可援照仁化、乐昌等县垫支征集杉木运放费用由省库拨还归垫前例，在本年度建设事业费项下开支等语，可如拟办理。

密三、据广东省学生集中训练总队部呈，为本届学生集训经办理完竣，计先后奉钧府及军事委员会政治部发给补助费六十四万三千零二十七元零四分，除开支五十八万一千二百零三元七角七分外，计结存经费六万一千八百二十三元二角七分。奉军委会政治部电令，将结存之款交国民军训处接收保管，请察核等情。经交会计处核签，该项结存经费应解交省库，准以学生集训结费余款名称列为特种基金存贮。倘已移交国民军训处，应由该队长通知该处照解等语，可如拟办理。

四、据财政厅报告，所有本年七、八月份尚未结束之各县地税督征处经费，拟饬将税捐处补助费拨充，倘有不足之数，即在办公费项下核除，以免变更法案。除分饬遵照外，请备案，并转审计处查照等情。经交会计处核签，似属可行等语，可如拟办理。

五、据广东省振济会呈报，存粮会所保存湘米，多属霉变，不能转运各地举办急振与平粜，拟请将该案取消等情，应予照准。至该项湘米，饬存粮会从速召集监投，及评价委员会商照原定底价再行折价开投，并呈长官部备案。

六、据秘书处案呈，准省银行、省振济会会签审核建设厅拟具广东省战时农业生产贷款办法一案，拟予修订第九、第十一、第十四各条条文，请察核办理等情，可照修订办理。

讨论事项

一、据广东省救护委员会呈报改组成立，将职会组织章程及编制表重加修正，并造具本年度经常费支出预算表，拟请准予从八月份起依照实施，请核示等情，请公决案。

（决议）照会计处、法制室签拟修正通过。

密二、据建设厅签呈，奉交下广东省银行曾副行长晓峰电，以韶兴线电话器材不敷价款港币九千余元，未列税连各费经由厅在解库款项下权先拨汇港币一万元，照来电日市值伸合国币三万三千三百元，此次续汇国币款项，请提会追认等情，请公决案。

（决议）照会计处签拟通过。

密三、据建设厅报告，据公路处转缴改善忠信至水口桥涵工程费预算表，内忠兴及兴水两段，合计一项略有错误，经代为更正，计共工程费为国币九万八千六百一十五元七角二分，比较该处原核减少二元三角，请察核备案等情，请公决案。

（决议）照案更正，并饬缴还余款。

四、主席提议，查省立医院现已派员筹备，所需用具及药品，亟须购置，经先拨国币十万元，由府汇港，省银行曾副行长会同卫生处黄处长购办。此款饬据会计处签复，拟在本年度预备费项下拨支，提会追认后，饬财厅照数解府归垫等情，请公决案。

（决议）照案追认。

密五、据会计处签呈，审议财政厅签复关于军训处请将六、七两月份各县增加社训经费抽出一部分拨充轮回干训班经费一案，办法尚妥合，兹再签拟三项，请分别报会，提会核定等情，请公决案。

（决议）照会计处签拟通过。

六、据建设厅签呈，审核广东省银行呈送农仓贮押贷款办法一案，拟议请察核示遵案。

（决议）照秘书处签拟通过。

密七、据财政厅签呈，为保安处购械款在暂付款开支国币五万元，请提会核定并在上年度国防建设费项下开支等情，请公决案。

（决议）照案通过。

密八、据高要县长呈报，征集构筑阵地木材所需价款经由六十四军部派员会同税务局长估价，共约需国币二万二千九百元，谨再编具预算书，缴请察核备案等情，请公决案。

（决议）照会计处签拟通过。

九、据广播电台签呈，补具开办购置临时费支付预算书，计列国币七百元，请察核存转备案等情，请公决案。

（决议）照会计处签拟通过。

密十、据第三区行政督察专员呈，转据开建县呈称，地方款支绌，恳准将该县无线电台组织费用及每月应需经费改省库全数补助，以纾困难。查属实情，请核示等情，请公决案。

（决议）照案通过。款由建设事业费项下补助。

十一、据民政厅签呈，据卫生处拟具筹设广东省立临时医院计划书、组织规程及经临费概算书，经分别予以修订，请察夺等情，请公决案。

（决议）照修正通过。

密十二、据财政厅报告，偿还省银行柴油车及保安处购械暨钢铁三项借款本息经过及数目，并以本年度岁出概算原列债务费仅国币二百四十万元，现已付过八十二万余元，今后关于国防公债偿债基金及四行借款尚须偿还，余款有限。为符合预算及收支起见，请将上项公债收入及债务费支出各二百一十万元在本年度省地方概算内补列收支等情，请公决案。

（决议）照会计处签拟通过。

密十三、民政厅签呈，关于拟订本省各县人口疏散、物资转移办法大纲案，准建设厅将审拟意见片复过厅，查所拟尚属妥洽，请察核等情，请公决案。

（决议）照案修正通过。

密十四、据秘书处拟具黄岗消防队设备草案及每月经常费预算表，计毫券四百九十三元；开办费预算表，计毫券三千一百一十元等情，请公决案。

（决议）照会计处签拟通过。

十五、据秘书处拟就广东省公务员交代条例施行规则草案，请提会核定公布施行等情，请公决案。

（决议）送史院长审查。

十六、据财政厅签呈，关于中央军校毕业生调查处呈请自本年八月份起援案按月补助中正小学经费国币四百三十二元一案，似可照准，该款即在预备费项下开支，仍请提会核定等情，请公决案。

（决议）照案通过。

密十七、委员兼财政厅长提议，为中央征收机关局部撤出，离民无从纳税，查缉纠纷滋多，拟具补救办法，请公决【案】。

（决议）原拟补救办法一、二、三三项由财政厅向财政部请示，第四项照修正办理。

十八、委员兼财政厅长提议，据全省缉私总处呈请核拨缉私税警三个大队二十八年度米津，附原具预算书，请公决案。

（决议）交会计处审查。

十九、委员兼财政厅长提议，拟在本厅税务局经费项下支拨各执行查禁敌货检查卡经费，以利办公，请公决案。

（决议）交会计处审查。

密二十、据秘书处编造本府广州湾通讯处经费每月追加预算书，计国币三百元，请提会追加等情，请公决案。

（决议）照会计处签拟通过。

密二十一、据广播电台呈，拟增设短波播音机，需用器材估价计约港币七千余元，另购备用器材一千余元，两共约值港币八千二百九十二元，请核示等情，请公决案。

（决议）照案通过，仍交秘书处、技术室详细规划，款由预备费项下拨支。

二十二、兼民政厅长提议，拟具本省各县市局乡镇长、保甲长集中讲习办法，请公决案。

（决议）照案修正通过。

广东省政府第九届委员会
第六十二次议事录

日　期　九月十二日

地　点　韶关本府

出席者　李汉魂　胡铭藻（假）　何　彤　顾翊群　许崇清
　　　　朱晖日（假）　　林友松（假）

列席者　史延程　邹　洪（方述代）　杜之英　欧树融

主　席　李汉魂

纪　录　（秘书）熊公福　冯介廉

报告事项

一、准广东高等法院函送新会、顺德两地方法院二十八年五月起应支经费表，及该两县监狱经费，请令财政厅按月照旧签发等由。经交会计处分别核签，似可照准分别办理等情，可如拟办理。

二、据财政厅签呈，清远江口警察派出所故巡官郑振英等恤金拟在预备费内动支，并援照本省历办成案按额以毫券折合国币给领，请复审计处查核等情。经交会计处核签，查所拟尚无不合，拟准如该厅所拟，款在本年度省预备费项下开支，分别声复及批回等语，可如拟办理。

三、据财政厅报告，曲江县防空指挥部二十七年十月至二十八年五月份各哨哨兵增加经费每月国币五百元，计八个月共国币四千元，经在建设事业费项下拨支等情。当已交会计处核签，核案尚符，拟予存查等语，可如拟办理。

四、据教育厅签呈，拟在本厅原存专款内提回补助学生膳费六千元应用等情，经批复照准，令行财厅遵照核发，并函审计处查照。

五、据教育厅报告，瑶区学校建筑道路事属切要，业于去年十二月二十五日在义务教育经费项下拨支大掌岭短期小学筑路费国币六十九元四角四分，经会计处查核尚属可行，拟请照准备案等情，可如拟办理。

六、据财政厅报告，本厅为输运各项票照，及派员赴各地税务局调查税收起见，拟设置运输车两辆，经商准×路军总部装运，计共需费国币约一万二千元，拟在本厅整理税务经费项下匀支拨付，请鉴核备案等情，经会计处核签，拟准备案，并指复造具预算核转等语，可如拟办理。

七、据建设厅签呈，为划一审核办理起见，将现奉核准之补足员额预算，与本厅原核定预算汇编一总预算，请由本年七月份起，在本预算第二、三、四总额内移项流用，以便办公等情。经会计处核签，查属可行，拟请准予照办，饬补办抵解手续，并饬将各该机关节余经费数目分别节余所属年度列表呈缴备查等语，可如拟办理。

讨论事项

一、主席提议，查第六十一次会议，因不足法定人数，改为谈话会。兹将议决各案编成正式议事录，提会补请追认案。

（决议）照案追认。

密二、准第十二集团军总司令部函复，关于架设翁连路南龙河钢轨木桥一座，垫支工料及消耗电油偈油等费合共国币九千六百九十五元九角九分，造具预计算书表，送请查照如数拨还归垫等由，请公决案。

（决议）由建设事业费项下如数拨还。

密三、据民政厅签呈，关于罗定县长电请通饬所属各县，将各姓祖尝公私会社一切祭祀，自本年秋祭起停止，将例应开支款数拨充抗战工作及自卫团经费一案，核议情形，请察核等情，请公决案。

（决议）保留。

四、据建设厅签呈，据蚕丝局呈报抢运蚕种情形，及扩大北区育种场计划预算书，请予核准。经分别核拟，请察核等情，请公决案。

（会计处签拟）现据建设厅签呈，据蚕丝改良局呈报抢运蚕丝情形，及扩大北区育种场计划预算，请核准等情。签呈核示由：（一）原呈第一项附拟府函稿既经奉判发缮，拟批复知照。（二）原呈第二项关于农林局酌增办公费，拟俟该局将预算改编呈缴，再行核办。（三）原呈第三项原编北区蚕种育种场预算表，月支毫券七百七十五元尚属需要，但本年度总概算并未列有该区育场经费。如准恢复，拟请准由本年度预备费项下开支，仍请提会核定。至原表俸给、办公费、施业费混列一项，所列数目以毫券列计，均有未合。如奉核定，并拟饬改编，连同预算分配表呈送核办，暨将成立日期报查。

（决议）经费照发，余照会计处签拟办理。

密五、据第二区行政督察专员呈缴更正迁移市郊办公费用预算书，计国币一千二百零四元四角四分九厘，请核准在省库拨发等情，请公决案。

（决议）照案通过。款在预备费项下开支。

密六、据第三区行政督察专员呈，据卸新兴县长呈缴征集民工构筑阵地工事伙食费支付预算书，计共毫券三千九百九十三元六角，查核所列预算数目尚无不合，请察核等情，请公决案。

（会计处签拟）查所缴预算书，据称系根据防军掣回民工伙食收条汇计数额编造，未能仿照工程数量表式填报。核尚实情，所有该县支过是项伙食费毫券三千九百九十三元六毫（合国币二千七百七十三元三角三分）拟在本年度建设事业费项下拨还归垫，并饬将该项计算书补编，连同单据呈核，仍请提会核定。

（决议）照会计处签拟通过。

密七、准广东省防空司令部代电，关于架设防城县至桂上思县话线所需各费，经饬防城县拟具预算，计国币三千三百九十四元六角，查核尚属核实，似应照准。此项费用应由何项拨支，请转饬财厅核饬遵照等由，请公决案。

（决议）照案通过，款由建设事业费项下开支。

密八、据财政厅报告，建设厅请饬尽先拨发抢修韶汕线五华属三多齐木桥材料费国币七千元一案，遵经在本年度建设事业费项下拨支国币五千元等情，请公决案。

（决议）照案通过。

九、据教育厅呈缴省立南雄中学迁校临时费支付预算书，暨宿舍、课室图则估价单等，合计共需国币三千一百八十元，查核大致尚合，似可照准，拟在奉准拨充临时中学开办费之二十七年度收容由战区退出员生经费项下拨支国币一千八百元，其余由该校在本年度节存经费项下开支，并准免开投工程等情，请公决案。

（决议）照案通过，仍依照审计法第三十八条规定办理。

十、据省地政局呈报，本局照常支给二十七年十一、十二月份土地登记经费，及已在二十六年度土地登记费节余项下扣除抵领缘由，请核准备案等情，请公决案。

（会计处签拟）查地政局前呈，以二十七年十一月二十七日拟呈战时紧缩办法六项，在二十七年十二月十七日始奉指饬由局分电所属机关办理结束，惟以交通梗阻，各处多在十二月下旬始接电办理者，所垫发十一及十二月份土地登记经费共国币五万九千九百五十一元三角八分，请援照该局行政经费核准在节余项下开支。经指饬先将该五万余元之款已支，现余数目暨拟在某项节余款开支缘由，专案补呈核办各在案。现据该局呈复不及提前办理结束之经过，与已发二十七年十一、十二两月经费数经权在应解缴二十六年度土地登记经费节余项下扣除抵领缘由，请准予备案。关于十一、十二月实支及现余数目，俟各附属机关具报前来，当即另案报解等情。查该局所称已支发二十七年十一及十二月份土地登记经费，共国币五万九千九百五十一元三角八分，请在二十六年度土地登记经费节余项下开支，核与预算法第六十一条"会计年度终了时，各机关经费未经使用者，除已发生债务或契约责任部分外，应即停止使用"之规定不符，惟据称当时奉令过迟，及电报延滞，当属实情，为补完手续起见，拟姑准备案，并饬财厅应补发支令抵解库收，仍请提会核定，然后饬遵。

（决议）照会计处签拟通过。

十一、据保安处签呈，为慰劳前线作战官兵，发给犒劳费共国币一千七百三十九元一角七分，款由二十八年度保安团队经费节余项下开支，请准备案等情，请公决案。

（会计处签拟）兹据保安处签呈，此次潮汕战役，前线官兵苦战匝月，忠勇足念，为慰劳作战官兵，以资激励起见，经发给官兵犒赏费，官佐每名毫券五毫，士兵三毫，共计毫券二千五百零四元四毫，折合国币一千七百三十九元一角七分，款由本年度保安团队经费节余项下开支，并具计算书一份，呈请鉴核备案等情。查此次保安团队在潮汕前线作战，据报经发给作战官兵犒赏费国币一千七百三十九一角七分，款在本年度保安团队经费节余项下开支，核属需要，似可准予备案，请提会核定后，仍饬依照手续造具预算三份，并补计算表一份，附同收据及领赏官兵名册，以凭分别办理。当否？请示。

（决议）照会计处签拟通过。

密十二、据保安处签呈，为组设澳门临时电台，造具编制表预算书，计月支国币二百八十一元五角，拟由二十八年度保安团队经费节余项下挹注，不另请拨，请核备案等情，请公决案。

（决议）准予备案。

十三、据民政厅签呈，遵饬造缴本年度经常费追加简任官俸暨特别办公费预算书，及追加员役俸给费预算书，请察核存转备案等情，请公决案。

（会计处签拟）查该厅自本年三月份起，增加简任官俸二百五十元，特别办公费三百四十七元，本年度十个月共五千九百七十元，又自本年六月起增加员役俸给费六百五十四元，本年度七个月共四千五百七十八元，均属需要，此项追加经费，拟在该厅前任移存经费，及各月结余经费，暨从化县农村实验区董事会水利余款等项下拨支一节，查核尚属可行，拟请照准提会核定后，饬厅将挪拨各款补列追加岁入概算，以符手续。

（决议）照会计处签拟通过。

密十四、据秘书处签呈，本府前定购电机及无线电器材运输及什支等费共需国币二万零七百元，拟请提会核准在本府无线电交通网经费及粤沪无线电台经费节余项下拨支等情，请公决案。

（决议）照案通过。

十五、据秘书处拟具广东省二十八、九年度调查统计工作计划大纲，请提会核定施行等情，请公决案。

（决议）交民、财两厅，会计处审查，由民政厅召集。

十六、据会计处签呈，关于建设厅先后签呈，据农林局请拨厉行冬耕督种杂粮专税，及一次过表证农家专款一案，查核合计国币六万三千三百元，若照建设厅核拟减支，合计仍需国币四万零五百五十元，经片准财政厅复称，筹拨不易，应否核定款额，由省库拨给应支，及应否准由农林局存款项下先行借拨之处，请提会核定等情，请公决案。

（决议）经费准照核定数额支给，先由农林局存款拨给，不敷之数在经营八宝山矿业款项下拨足。

密十七、据七区张专员电，本区与广州湾毗连，该地汉奸群集，请额外增设情报员四人等情。经先电复准照增加款，由八月起支。并据会计处签拟，所需经费计每月国币八十四元，拟并在本年度预备费项下开支，请提会追认前来，请公决案。

（决议）本年度姑准暂行支给。

十八、主席提议，崖县县长何定之经着另候任用，遗缺调乐东县县长王鸣亚代理；递遗乐东县县长缺，经派王醒亚代理，请追认案。

（决议）照案追认。

十九、委员兼教育厅长提议，据省立雷州师范学校校长张币铺呈请辞职，经予照准，遗缺查有省立琼崖师范学校校长白学初堪予调充，请公决案。

（决议）照案通过。

密二十、据建设厅签呈，拟将原日省营工业管业处营业组及肥田料厂驻港办事处一并改组为本厅省营工业管理处驻港肥田料签证专员办事处，业饬据拟具组织规程及本年度概算呈厅转请察核等情。经交秘书处、会计处核签意见，请公决案。

（秘书处签拟）（一）原拟规程"广东省建设厅"之下漏书"省营"二字，拟增入。（二）原拟第一条拟修正为：广东建设厅省营工业管理处为适应战时农村肥田料需要起见，暂在香港设置驻港肥料签证专员办事处（以下简称专员办事处），办理五羊牌肥田料签证配制事宜。（三）原拟第二条拟修正为"专员办事处直隶于广东建设厅省营工业管理处"。（四）原拟第三条至第四条改为组织及职掌之规定似可并为一条联系较密，并改称修正第三条"专员办事处设专员一人，荐引处员五人，助理员三人"，委任其职掌如左：1.专员承省营工业管理处之命综理处内一切事务，暨办理长官临时交办事项；2.处员承专员之命分理文书、庶务、会计、肥田料配制、签证、收费、造报及其他指定办理事项；3.助理员承专员之命、处员之指导办理文件缮写、校对及其他指定助理事项。（五）原拟第六条起依照修正条名称，又本条"并于月终时编造收支计算书呈处查核其支出……"一段，拟修正为"应于月终编造收入及支出计算书，按月呈报省营工业管理处查核报销"较为简括。（六）原拟第七条修正为"专员办事处办事细则另定之"。（七）原拟第八条"得"字之下加"随时"二字。

（会计处签拟）查本案原呈第二节关于该处预算拟照原定薪额支给五成国币，其余概以港币列支一项。查本省各机关预算系依中央规定以国币为本位。现该处预算若照国币编列，因港币价格甚高，支出时超出甚大；若照港币折合国币编列，又以涨落靡常，至无一定，亦难于事前拟定比率。根据开支，为趋重事实需要起见，似可照现编员额薪俸，除应支五成国币者外，其余准支港币之五成薪水工资及十足港币之办公费等，由该处于每月月终后，照现呈预算书所列数额按照当日港币比率折合国币数目编具预计算书附同单据呈请分别备案及转送核销。现编预算数目既因港币起跌靡常，似无固定之必要。其余原呈第一、第三、第四各节既据分别剔除声复，尚无不合。似可准予照办。至原组织规程经法制室签附意见，本处以为在法制室拟修正后之第三条第二项内如能另增一段"但现金之收纳应商由省银行香港分行设存款户代理之，本办事处不直接收纳现金"，则手续当更完密。关于派委一节，拟请发交秘书处第三科办理，当否，敬祈核示提交会议。

（决议）照秘书、会计两处签拟通过。

二十一、据会计处签呈，关于省立医院用具及药品购置费国币一十万元，准秘书处通知，已由省行汇港，计需汇费国币二千元。该项汇费，拟请一并准在本年度预备费项下拨支，请提会追认后饬厅拨还归垫等情，请公决案。

（决议）照案追认。

二十二、据会计处签呈，勷勤大学商学院保送会计、银行、工商管理三学系毕业生四十二名来韶旅费，拟每人津贴旅费半数，计六十元，共需国币二千五百二十元，该费拟请在省款预备费项下拨给，俟奉批准，并将预算书补呈提会核定。至其余调训现职会计人员来程旅费，拟援照民政组办法，由各该县地方款预备费项下开支，另由所酌予补助等情，请公决案。

（决议）照案通过。

二十三、据秘书处、会计处签呈，本府南路行署似须增设视察及技术人员，暨酌拨开办临时各费，是否可行，请核示等情，请公决案。

（秘书、会计处签拟）查本府南路行署组织规程及编制预算表，经本府第九届委员会第五十七次会议决议，照修正案通过，尚未公布施行。查南路行署管辖区域甚广，责重事繁，在分科办事之外，似须有专任视察人员随时外出巡察，藉以周知各属实在情况，庶措施悉能切合。又关于土木、农林、矿务、渔业等事，似应须有技术人员为之办理，可否酌增视察四人，技士四人，以供任使而利进行。至行署组设伊始，开办及临时各费，似亦须分别酌拨，以应需要。兹拟将原复审预算表酌改为视察四员，叙荐任九级，月支国币一百三十三元，及荐任十级，月支国币一百二十二元各二员。又设技士四员，叙级支俸与视察同。至原预算表特别费一千元，似应改为特别办公费三百四十七元，如有其他特别支出，则作为临时费支出，拟请准由该署另列临时费预算月额国币二千元，俾便各项临时需要。至原预算表列处长薪现叙简任七级，应照通案改正为月支国币二百一十六元，总计修正后行署每月预算经常费应为一万一千九百五十二元，临时费应为二千元。

（决议）照秘书、会计两处签拟通过。

广东省政府第九届委员会
第六十三次议事录

日　期　九月十五日

地　点　韶关本府

出席者　李汉魂　胡铭藻（假）　何　彤　顾翊群　许崇清
　　　　朱晖日（假）　林友松（假）

列席者　史延程　邹　洪（方述代）　刘　寅　杜之英

主　席　李汉魂

纪　录　（秘书）熊公福　冯介廉

报告事项

一、据民政厅签呈，据广东省警察总队呈，拟在经费节余项下，每月增拨医药费国币二百元，应否照准，请核示等情。经交会计处查核，尚属需要，似可照准在本年度八月份起支，仍饬依照手续编造追加预算，呈府核转等语，应如拟办理。

二、据民政厅签呈，据顺德县政府呈缴警察伤亡请恤表，转请察核办理等情。查所请给恤金额，伤警每名六十元，亡警长一百七十元，警兵每名一百三十元，核与规定尚无不合，表列请恤金额两共二千九百三十元，应准饬财政厅转发该县具领报查，并咨内政部及广东省审计处备案，暨批复民政厅转饬知照。

三、据建设厅签呈，据工管处呈，以肥田料厂奉令结束，转请准发员工恩饷一月等情。经会计处查核，共国币七百一十四元六角五分，既经建厅核饬，不得改支港币，并拟在该厂经费节余项下拨支，查核尚属可行，拟请准予照办，并饬将该厂及各省营工厂结存情形，及其处置办法报查等语，拟如拟办理。

四、据财政厅报告，准省银行函，请将前拨借粮管处及存粮会购米基金及运输各费共国币一百一十万元归垫，经填具支令面额，函送该行入账归垫，请察核备案等情，经批复，准予备案。

五、据第二区行政督察专员呈，据连县呈缴连县抗战军事政治建设委员会第一次会议纪录及经费支付预算书，转请察核示遵等情。经会计处核签，办公费四百元，训练费一百元，本属无多，惟该县已设有地方干部训练所，此项人员自可并入该所训练，不必另支训练费，应予剔除。至办公费四百元，尚属需要，且系一次过支出之临时费，核与规定亦无不合，拟请照准在本年度建设事业费流用债务费项下拨支等语，经如拟办理。

讨论事项

密一、据建设厅签呈，拟就广东省森林草山防火办法，请察核施行等情。经秘书处参照森林法及广东省县市林务人员奖励暂行规则暨原拟办法改订，请提会核定前来，请公决案。

（决议）交民政厅审查。

二、据民政厅签呈，据广东省警察总队呈缴二十八年度购置蚊帐预算书，计国币三千六百八十二元，转请核办示遵等情，请公决案。

（决议）准照原案办理，但应作为公物贷予。

密三、据秘书处报告，本府前汇汕市订购电油、偈油费，因外汇日涨，无从订约，将款汇还，计耗去汇费国币二千二百三十一元六角八分。原未列入本府经费预算之内，请示此款从何项下开支等语，请公决案。

（会计处签拟）（一）本府前由省库借拨汇汕购油款国币二十七万一千七百九十元应否交还省库一节，似应由秘书处先将应否继续购油问题签请核定。如无须继续购买，前项借款似应交还省库。（二）耗去汇费国币二千二百三十一元六角八分既不能在本府经费预算内开支，自应指款拨还归垫。拟请在本年度省地方预备费项下开支，提会核定后由秘书处编造预算书，由府送审计处查照，并发财政厅备查。

（决议）照会计处签拟通过。

四、据财政厅签呈，关于连县呈拟征收肉斤捐附加百分之三十以充自治经费，似可照准，并饬归并屠宰户牌照费内办理等情，请公决案。

（决议）照案通过，仍将开征日期报查。

五、据卸兴宁县长汪大燧呈报，奉岭南师管区发下二十七年一月至十月兵役服务员出差旅费证明书，计由职任内垫支前项旅费共国币五百二十八元四角七分，缴呈计算书，请如数汇送归垫等情，请公决案。

（决议）照案通过，款在建设事业费项下开支。

六、据财政厅签呈，据省地政局呈，遵将连县地政实验区地政处暨区登记处及造册组组织暂行规则草案，分别酌加修正，请备案前来。查核尚无不合，似可照准，拟将应照修正及应增加之处代为改正。请提会决议通过公布后，再行饬知等情，请公决案。

（决议）照案通过。

七、据民政厅签呈，议复省警察总队长李国俊出差旅费，拟请准由省库预备费项下拨支等情，请公决案。

（决议）照案通过。

八、据会计处签呈，准省警察总队函复，职员张奇赋等七名投考中央警校取录，请体念该员等艰苦求学，准每员津贴旅费国币一百元等由。此项补助旅费计共国币七百元，可否姑准即在该队经费节余项下开支，后不为例之处，请再提会核定等情，请公决案。

（决议）姑准在该队经费节余项下开支，后不为例。

密九、据财政厅报告，河源县长奉令再破坏公路工食费，经在本年度建设事业费项下拨支国币五千元，请提会追认等情，请公决案。

（决议）照案追认。

密十、据会计〈处〉签呈，关于饶平县政府呈缴架设饶埔电话线工料费预算书，计共国币三百五十六元九角，经本府技术室审核，工程材料大致尚合，似可如财厅所拟办理，在省地方本年度建设事业费项下开支等情，请公决案。

（决议）照案通过。

十一、据广东省救灾准备金保管委员会呈复，本会经费预算支配系就最低限度之预备编列，请仍照前缴预算，核准转饬财政厅按月拨发，暨转呈行政院备案等情，请公决案。

（决议）照案通过，款由预备费项下开支。

十二、据秘书处签呈，将建设厅所拟广东地方行政人员办理农林事项奖惩暂行办法草案分别修正为广东省地方行政人员办理农林事项考成暂行办法草案，附具理由，请核示等情，请公决案。

（决议）交民政厅审查。

十三、据会计处签呈，关于本府南路行署修正编制预算一案，应待补充三点：（一）行署经临费，按照组织规程，定由省库拨支，本年度应否核定在预备费项下开支。（二）行署经费额，既经核定，应否定由本年十月份，抑定何月日起支。（三）行署开办费，奉核定酌拨国币三千元，似应补提会议核定等情，请公决案。

（决议）（一）暂由本年度预备费项下开支。（二）自成立之日起支。（三）照拨仍应实报实销。

十四、据会计处签呈，审查财政厅拟增强检查敌货分卡经费每月共国币一千五百元，自本年九月份起在财务费各税务局经费项下匀支，按月实报实销一案。似可如提议书所拟办理等情，请公决案。

（决议）照案通过，仍应将设卡地点列具详表，补编预算呈核。

广东省政府第九届委员会
第六十四次议事录

日　期　九月十九日

地　点　韶关本府

出席者　李汉魂　胡铭藻（假）　何　彤　顾翊群　许崇清
　　　　朱晖日（假）　　林友松（假）

列席者　史延程　邹　洪（方述代）　杜之英　李仲仁

主　席　李汉魂

纪　录　（秘书）熊公福　冯介廉

报告事项

一、据建设厅签呈，奉发本厅徐前厅长呈，为公路处垫支东路行车处电油机件款，拟在其他收入项下拨支一案，经饬据公路处将情形及抄同账目表呈核，查尚属实等情。经会计处签拟，请照准备案，可如拟办理。

二、据建设厅呈缴台山县民邝光钊、刘子形等在台山县属香粉厂坑等处分领荒山造林证书备查各一联等情，可准予备查。

三、据第二区行政督察专员呈，据仁化县抗战军政建委会呈缴经常费支付预算书，计全期共五百二十元，经交会计处签拟，本案拟援照连县例，在本年度建设事业费流用债务费项下开支等情，可如拟办理。

四、奉军事委员会战地党政委员会电，发战区土地租税减免及耕地荒废救济暂行办法，请查照办理，并转饬所属一体遵办等因。经饬属遵照，并电复及转呈第×战区司令长官司令部。

讨论事项

密一、据民政厅签呈，据卫生处呈，拟延长北江沿线救护站至本年底止，该项追加旅运费国币三百元拟在该处本年临时门卫生事业费项下拨支，似属可行等情，请公决案。

（会计处签拟）核尚需要，似可照准。唯查该处本年度卫生事业费

412

未核定，余额仅有一百零五元，不敷支拨，所请增加运旅费国币三百元之款，拟在该处本年度卫生事业费已核定各款经费撙节匀支，仍请提会核定。

（决议）照会计处签拟通过。如有不敷，准予另拨。

二、据教育厅签呈，据省立肇庆师范学校请拨款盖搭棚厂及掘井并添置校具费用共国币一千元，查属需要，似可照准，并拟在奉准拨作临时中学开办费之二十七年度收容由战区退出员生经费结余项下拨支等情，请公决案。

（决议）照案通过。

三、据教育厅签呈，据省立连州中学呈缴二十八年度临时费岁出预算书，共列国币五千元，查核尚属需要，似可照准存转，此费并拟在奉准拨作临时中学开办费之二十七年度收容由战区退出员生经费项下拨支等情，请公决案。

（决议）照案通过。

四、据建设厅签呈，关于中大教授刘荣基、黄干桥二员因公来韶所耗旅费共国币一千二百元，经饬据农林局复称，似可准予如数作特别旅费取具印领报销，仍由本局节余项下支付，似尚可行等情，请公决案。

（决议）照案通过。

密五、据秘书处案呈，准民政厅片据广宁县呈缴办理国民兵役初次施行壮丁调查办公费暨应备书簿表册等费支付预算书，请察核等情，请公决案。

（决议）照案通过。款在预备费项下开支。

六、据教育厅拟请由本省本年度补助侨教费内提拨二万元，制旗分赠各地华侨学校、团体及个人，以资鼓励等情。是否可行，请公决案。

（决议）照案通过。

七、准军政部代电复，各县兵役科长改为专任至为切要，惟查经费系各省筹给，应由县市政府增列预算，请由省政府核准支报，请仍遵照行政院令办理，以资一律等由，请公决案。

查此项兵役科长薪俸，军政部既不能发给，原应由县负担。惟本年度各县地方款因战事影响，收入锐减，支出突增，已极形踢蹰，各项饬办要政，已纷请由省库拨助，若再负担此项薪俸，恐确有困难。计全省月支省券九千一百六十八元，折合国币六千三百六十六元六角七分之款，可否暂由本年度省预备费项下拨付，自下年度起，改由各县地方款支给之处，请先提会核定。

（决议）照会计处签拟通过。

广东省政府第九届委员会
第六十五次议事录

日　期　九月二十二日

地　点　韶关本府

出席者　李汉魂　胡铭藻（假）　何　彤（公差）　顾翊群
　　　　许崇清　朱晖日　林友松（假）

列席者　史延程　邹　洪（方述代）　何剑甫（民厅）
　　　　杜之英

主　席　李汉魂

纪　录　（秘书）熊公福　朱葆勤

报告事项

一、准广东高等法院函复，经饬从化地方法院恢复办公，附缴该分院预算，请照旧拨付经费等由。经交会计处核签，查该分院经费月列支国币二百七十七元，核与原定数额尚属减少。至该院监狱经费，请仍照原定数目支国币一百二十八元一节，核案亦属符合，似可并准，由本年十月份起列支等语，可如拟办理。

二、据民政厅签呈，奉内政部令，为抗战时期应照章制定巡视程序，按期出巡等因，遵经制定二十八年巡视程序呈部察核，请鉴核备案等情，应准备案。

三、据秘书处签呈，为划一人民呈诉用纸适合程式起见，拟饬各县政府依照国府及行政院奉颁式样及说明书，剀切布告，以利进行，并饬依照现行修正诉愿法第六条第一项规定，将诉愿书副本送于原处分或决定之官署，及第二项规定依限答辩具报，如逾限一次，即予申斥，如经第二次令催又搁不置辩，应记小过一次，又经办此项案件达及两件逾限不办者，应记小过二次，达及三次者，记大过一次，记大过至三次者，即予撤职等情，可如拟办理。

四、据保安处签复，参战负伤官兵人数时有异动，殊难精确计算，请免予编造预算等情，经交会计处核签，该处现请保安团队参战负伤官兵留医期间所需伙食改照军政部规定：官佐月支七元五角，士兵月支六元，仍在本年度团队节余经费项下开支一节，拟准照办。至称此项费用因留医官兵时有异动，事前未能预计，请免编呈一节，尚系实情，拟请姑准于每月月终连同计算书表一并呈核等语，可如拟办理。

五、据省银行董事余凯湛呈请辞职，应予照准，遗缺经派赖武接充。

讨论事项

一、据教育厅呈缴省立梅州女子师范学校二十八年八月份迁校临时支出预算书，计列支国币七百七十五元五角，拟在奉准拨给临时中学开办费之二十七年度收容由战区退出员生经费结余项下拨支等情，请公决案。

（决议）照案通过。

密二、据财政厅报告，郁南县爆破大江公路石方费用经在本年度建设事业费项下拨支国币二千元，请提会追认等情，请公决案。

（决议）照案追认。

密三、据罗定县长电，奉令征构筑阵地杉木杉板约共需价款一万七千余元，运费四千三百七十余元，总计国币二万一千四百余元，本县城〔诚〕难筹措，请迅拨款办理等情，请公决案。

（会计处签拟）拟饬准在该县地税解省项下暂先挪垫国币五千元，仍遵本省各属奉令征集民工、木材构筑阵地暂行办法规定，该项木材运费及价款应商请驻军高级长官及信宜县派员会同估定，编定预计算书类交财委会审签呈由该管专署核转，并拟饬财政厅知照。

（决议）照会计处签拟通过。

密四、据财政厅报告，从化县加强破坏公路工食经在本年度建设事业费项下拨支国币五千元，请提会追认等情，请公决案。

（决议）照案追认。

密五、据财政厅报告，云浮县破坏公路工食经在本年度建设事业费项下开支国币五千元，请提会追认等情，请公决案。

（决议）照案追认。

六、据会计处签呈，广播电台江台长拟请购单相电球水泵电制版等，既奉核定照购，所需价款港币一千四百元，拟请提会核定，在本年度建设事业费项下开支等情，请公决案。

（决议）照案通过。

七、据民政厅签呈，据卫生处呈，拟本省戏院卫生管理规则，查大致尚合，惟文句上间有未尽妥洽之处，经分别予以修订，应否准如所拟施行之处，请察核等情，请公决案。

（决议）修正通过。

密八、据第二区行政督察专员呈，据连山县呈报，县款短绌，情报股经费请由省库拨给等情。并据第四区行政督察专员转据河源、紫金两县及五华县呈同前情，并案请公决案。

（会计处签拟）查连山、紫金属三等县份五华、河源属二等县份其本年度总概算所列各该县地方款预备费连山四千七百二十元，五华一千六百三十一元，河源七千零九十一元，紫金六千二百零三元，所报县地方款不敷似属实情。惟全部经费请由省库拨助一节，在事实上自来便照准。但为适应环境及迅速组设使用起见，拟援照乳源、佛岗、新丰、郁南、始兴等县前例，并依照各县市局情报股组织办法第二条规定，均照最低员额数组设。计连山、紫金两县各只设情报员五人，月支经费各减定共为国币二百元；五华、河源两县各只设情报员六人，雇员一人，但活动费月减为六十元，月支经费各减定为共国币二百元，由省库每月分别补助各该县半数，计国币一百元，在本年度省预备费项下拨发，余仍由该县自行在地方款项下设法筹拨，并着补编预算书呈核。请提会核定。

（决议）照会计处签拟通过。

九、据建设厅签呈，据农林局呈缴二十八年度八月一日至十二月底止追加岁出经常费预算书，及修正组织章程，请核示等情。经交秘书、会计两处分别签复前来，请公决案。

（决议）（一）组织照修正案修正通过。（二）经费照本府所属各机关通案，按照农林、蚕丝两局原经费八折发给，自本年九月份起，在本年度预备费项下开支。

十、据会计处签呈，本府驻港通讯处经费自八月份起每月追加国币一千一百元，经秘书处拟具追加预算，签奉核准在案。兹拟将该项追加经费国币一千一百元自八月份起，在本年度预备费项下开支等情，请公决案。

（决议）照案通过。

密十一、据战时儿童保育会广东分会呈缴本分会经常费预算书及保育院经常费预算书，请将本年度补助费每月二千元由一月份至八月份共一万六千元从速拨下等情，请公决案。

（会计处签拟）（一）查原呈预算书列支各数稍有未合，拟饬更正如下：1. 该分会预算书第一项第三目备考栏说明"另驻会干事五员，各津贴伙食五元"。此类驻会干事是否有给职，未据声明。若属同项第二目所列有给职职员，此用津贴二十五元应照中央不准发给津贴例予以剔除。2. 各保育院院长、主任及各职员、医生等均属有给职，原预算书第一项第四目膳费应将教职员二十九名每名月津贴伙食四元共一百一十六元剔除。至工友、保姆十七人伙食得并入同项第三目各本人工食内列支。3. 所呈经费收支细数表册姑准存查。但查所列各致稍有不符，拟分别签明，饬为更正。

（决议）照会计处签拟通过。由本年五月份起在省救灾预备金项下每月补助国币二千元，另由省振济会每月补助国币一千元。

十二、据财政厅、建设厅、会计处签呈，会同审核公路处筑路费一案，缴具会核公路处请领款数目表意见清表，连同该处原缴数目表，请分别饬库拨发等情，请公决案。

（决议）交建设厅分别签呈核办。

十三、主席提议，派钱树芬为宣慰美洲华侨专员，陈卓雄、许观之、姚伯龙、曾同春为宣慰南洋华侨专员，请公决案。

（决议）照案通过。

密十四、据秘书处签呈，谨拟具本府连、连、阳、乳四属建设委员会人员编制表、经费预算表、工作程序表，请核示前来。请公决案。

（决议）照案通过。

广东省政府第九届委员会
第六十六次议事录

日　期　九月二十六日

地　点　韶关本府

出席者　李汉魂　胡铭藻（假）　何　彤（公差）　顾翊群
　　　　许崇清　朱晖日　林友松（假）

列席者　何剑甫　邹　洪（方述代）　杜之英

主　席　李汉魂

纪　录　（秘书）熊公福　朱葆勤

报告事项

一、据财政厅报告，二十八年份一月至八月计八个月国防公债应付息款四十万元，经在省库债务费项下照数签交本省国防公债基金保管委员会，以"广东省国防公债还本付息基金"户专款存库，备依期付息等情，应准予备案。

二、据建设厅签呈，缴新兴县民陈欧呈请承领县属第二区大岗山附近金鸡头山等处荒地造林备查联根等情，应准予备查。

三、据第四区行政督察专员转呈，惠阳县警察叶桃水一名因抗敌阵亡，填具调查表请予抚恤等情。经秘书处查与非常时期奖恤警察暂行办法规定符合，拟依法给予恤金一百五十元，饬财政厅径发给领，并咨内政部暨函审计处备案等语，应如拟办理。

四、准广东省禁烟委员会函，为本会组织规程经奉内政部指复准备案，惟办事细则略有修改，抄同修正细则，请查照等由，可饬属知照并复。

讨论事项

一、据民政厅签呈，拟具广东省各县市局甲长集中办公办法，请核准通饬各县市局长遵照转饬所属切实办理等情。经交秘书处签拟修正，连同民政厅加具意见，请核前来，请公决案。

（决议）照修正通过。

二、据建设厅签呈，拟具本省合作事业推进方案计划，在本厅第三科增设合作事业室，连同经费概算书，计月支国币三千零八十六元八角一分，请饬库自本年九月份起按月照数拨付等情，请公决案。

（决议）准在该厅第三科下增设合作股，其编制组织预算交建厅另拟呈核。

密三、据第一区行政督察专员呈，据南海县呈，以县境沦陷，无力负担无线电台经费，查所称属实，可否准予核发之处，请示等情，请公决案。

（会计处签拟）查南海县沦陷，全无地方款收入以供应无线电台经费，既经第一区行政专员核明属实，似可准将该县分台经费每月国币二百七十一元九角三分自成立日起在本年度预备费项下支给。一俟该县县城克复即停止支付，拟请提会核定。

（决议）照会计处签拟通过。

密四、据会计处签呈，准建设厅片送连平县架设龙连线经费支付预算书，请拨款下县架设前来。经如建设厅所拟，分别代为更正，实列支国币五千零五十四元五角，拟准在本年度省地方建设事业费项下开支等情，请公决案。

（决议）照案通过。

五、据秘书处拟就广东省政府所属各机关职员考勤规则，请颁布施行等情，请公决案。

（决议）修正通过。

六、据秘书处拟就广东省政府所属各机关职员请假规则，请公布施行等情，请公决案。

（决议）修正通过。

七、据第三区行政督察专员呈缴临时费支出预算书，计共国币六千四百元，请发还归垫等情，请公决案。

（决议）照案通过。款在预备费项下开支。

密八、据保安处签呈，东江迫击炮集训大队部暨北江组设集训大队情形，缴呈预算书，计共国币五千一百八十四元二角四分，拟由二十八年度保安团队历月经费节余项下开支等情，请公决案。

（决议）照案通过。

九、据开平县九北楼筑路公司因请求令饬行车公司负担建楼费六千元一案，不服开平县政府处分，提起诉愿到府。经交秘书处审查，拟就决定书，请核前来，请公决案。

（决议）照案通过。

密十、据第一区行政督察专员呈报，该区情报组于八月一日将原有谍查队改组成立。编具预算书，请核转备案等情，请公决案。

（决议）照案通过。

十一、主席提议，宝安县县长莫×弃职卷款潜逃，应即撤职通缉，遗缺拟派邓雄代理，请公决案。

（决议）照案通过。

十二、主席提议，新兴县县长陈公佩辞职，应予照准，遗缺拟派黄植文代理，请公决案。

（决议）照案通过。

广东省政府第九届委员会
第六十七次议事录

日　　期　　九月二十九日
地　　点　　韶关本府
出 席 者　　李汉魂　胡铭藻（假）　何　彤（公差）　顾翙群
　　　　　　许崇清（公差）　朱晖日　林友松（假）
列 席 者　　史延程　邹　洪（薄峻昌代）　何剑甫　黄希声
　　　　　　杜之英
主　　席　　李汉魂
纪　　录　　（秘书）熊公福　朱葆勤

报告事项

一、据财政厅报告，准省银行函送本厅偿还柴油车等三项借款合约，经将原件加戳注销，请察核备案等情，经指复准予备案。

二、据广东省救灾准备金保管委员会呈复，奉令发还本会开办费预算书，遵照修正，并开列详细数目表，呈缴察核饬厅照拨备用等情。饬据会计处签拟，查书表所列各项品目共计国币五百元，尚属需要，拟请核准在本年度预备费项下开支等语，经如拟办理。

三、据会计处签呈，查本府前据民政厅签呈，据广东省警察总队呈缴二十八年度购置蚊帐预算书，计国币三千六百八十二元，转请核示一案。经提会决议，准照原案办理，但应作为公物贷予在案。当时并未核定在何款开支。兹据该总队遵将预算书添注明白，补盖印信，请存转前来。拟并饬财厅在本年度省地方预备费项下拨支等情，经如拟办理。

四、据保安处呈报，该处干训班总队部增设政训室，系于本年七月一日成立等情，经饬据会计处签拟，该室经费预算列支国币五百四十一元四角之款，拟准予自本年七月一日起，在该处节余经费内开支等语，应如拟办理。

五、准广东省各界征募慰劳委员会函，为决议组织港澳分会，请派员前往协助办理征募，并请一次过拨助该分会经费港币四百元等由。经饬财厅姑准在本年度省地方预备费项下一次过拨助国币四百元，并函复及函审计处查照。

讨论事项

一、据秘书处签呈，关于生产事业调查团一案，遵经会同建设厅审查，拟具办法四项，呈奉核饬照办法拟定简章预算等因。兹经拟具组织简章及出差旅费预算表，请察核等情，请公决案。

（会计处签拟）该团现缴预算表第一项旅费如为折衷办理计，似可准仍列国币为本位，但须照秘书处例七成折发，计应减列为五千三百七十六元，至第二项舟车费六千元，第三项特别费一千一百元，已据注明系属约数，将来按实开支，拟准照列。三项合计列支国币一万二千五百七十六元，两期平均分配，每期列支国币六千二百八十八元，兹拟并将该团第一期出差旅费国币六千二百八十八元分配于本年度，指定在本年度预备费项下拨给。饬照此分配数额先行编具本年度支付预算书呈府存转（其余之款俟下年度编具预算再为核支），拟请提会核定。

（决议）照会计处签拟通过。

二、据会计处签呈，关于全省缉私总处请核发缉私税警三个大队二十八年度米津一案，应否特准发给，照军政部规定，每名每月发二元，本年度照财政厅原提案计算，共发国币二万六千五百八十六元，并照垫发缉私总处经费案办法，仍暂由省库垫支等情，请公决案。

（决议）照案通过。

密三、据第二区行政督察专员呈，转缴清远县二十八年度奉令征集园木构筑英翁线阵地预算书，计共需款毫券八千元等情，请公决案。

（会计处签拟）该县征集园木二万根，木价每根三毫及运费一毫，既经会同核定，编列预算书交县财委签证及送该管专员公署核转前来，查核该项价款尚属核实，预算所列亦无不合，所有该款毫券八千元（合国币五千五百五十五元五角六分）拟准在本年建设事业费项下拨付，并饬迅将驻军点收术材证明及计算书连同单据呈核，请提会核定。

（决议）照会计处签拟通过。

四、据省振济会呈，请增派第五、第六难民救济区副主任，拟每区每月追加国币一百五十元等情，请公决案。

（会计处签拟）现据振济会呈：请追加第五、六救济难民区经费，每区每月各一百五十元，奉钧批准酌增。兹拟每区每月准增发国币一百元，指定为副主任特别办公费，自九月份起，在本年度救灾准备金项下一并发给，拟请提会核定。

（决议）照会计处签拟通过。

密五、据建设厅签呈，据公路处呈缴雇车交粤汉铁路局代测公路费用表，计共国币六百九十元，转请饬库拨款归垫等情，请公决案。

（会计处签拟）查本案经本府秘书处、会计室签拟关于表列七二一六号货车司机跟车十天伙食三十元应照七一九〇号货车司机跟车伙食每天二元计算，核减一十元一节，尚具理由，该项费用计减列后应为国币六百八十元，拟请准由本年度建设事业费项下拨发，仍请提会核定。

（决议）照会计处签拟通过。

六、准广东高等法院函送对于广东省公务员交代条例施行规则草案，审查意见书，请察核等由，请公决案。

（决议）照审查案修正通过。

七、主席提议，茂名县县长陆耀文辞职照准，遗缺派李午天代理，请公决案。

（决议）照案通过。

密八、据会计处签呈，查本府连、连、阳、乳四属建设委员会人员编制及经费预算经奉决议照案通过。唯查该费由何款项开支，原案并未规定。现该会既定期本年十月五日成立，经常费预算拟由十月份起编列。本年度计三个月，应共列支一千六百零八元，连开办费五百元，两共国币二千一百零八元，在本年度省地方建设事业费项下开支等情。请公决案。

（决议）照案通过。

广东省政府第九届委员会
第六十八次议事录

日　期　十月三日
地　点　韶关本府
出席者　李汉魂　胡铭藻　何　彤（公差）　顾翊群　许崇清
　　　　朱晖日　林友松（假）
列席者　史延程　邹　洪（薄峻昌代）　杜之英　何剑甫（民厅）
　　　　黄干乔（建厅技正）　刘荣基（农林局）
主　席　李汉魂
纪　录　（秘书）熊公福　朱葆勤

报告事项

一、广东省立教育学院改为文理学院，已咨请教育部聘任林励儒为该院院长，在未接部复以前，先由本省令派代理，以便负责处理校务。

二、准广东省军管区司令部代电，复知县兵役招待所办法经如嘱修正，并拟将第四十二条修改，请饬粤海区所属各县市遵照试办等由。查所拟核与民、财两厅会签意见大致相符，应照修正通饬遵照，并电复。

三、据教育厅签呈，转缴省立梅州女师学校二十八年度添置校具预算书，列支国币二百五十六元。饬据会计处核签，查核各数尚属核实，所请在奉准拨充临时中学开办费之二十七年度收容战区退出员生经费结余项下拨支，尚属可行，拟请照准等情，经如拟办理。

四、据教育厅签呈，转缴省立肇庆师范学校二十八年第二次搬运校具费预算书，列支国币二百零一元。饬据会计处核签，查核各数尚属核实，所请拟在奉准拨作临时中学开办费之二十七年度收容战区退出员生经费结余项下拨支，尚属可行，拟请照准等情，经如拟办理。

密五、据建设厅签呈，转缴台山县电话所修理广海至赤溪防空线预计算书类，计国币一百八十四元七角五分。饬据会计处核签，本案既据建设厅签称，查核原书所列散总数目尚属相符，所称各节亦属需要，似可如该厅所拟办理，准在本年度省地方建设事业费项下开支照拨归垫等情，应如拟办理。

密六、据建设厅签呈，转缴清远县采购架设清城至鸡春坝话线杉杆支付预计算书类，计毫券二百四十元。饬据会计处核签，散总数目核尚相符，该款折合国币一百七十二元二角二分，似可准在本年度建设事业费项下开支拨还归垫等情，应如拟办理。

讨论事项

一、主席提议，查六十七次会议，因不足法定人数，改为谈话会。兹将议决各案编成正式议事录，提会补请追认案。

（决议）照案追认。

二、据财政厅签呈，拟具广东省战区土地租税减免及耕地荒废救济暂行办法施行细则草案，请核示等情。经交秘书处审查，分别签拟意见前来，请公决案。

（决议）交财政厅参照秘书处审查意见修正签复核办。

三、据教育厅签呈，据省立教育学院呈缴奉派教授盛叙功赴渝受训旅费预算书，共列国币五百三十一元八角，内除中央训练团发给一百零八元外，其余尚差四百二十三元八角，所请由该院二十八年度经常费项下撙节开支，似可照准等情，请公决案。

（决议）照案通过。

四、据教育厅报告，据私立仲元中学呈缴筹备预算书，查列支九百九十元，原呈说明筹备以三个月为期，平均月支三百三十元，核数尚属核实，请核存转等情，请公决案。

（决议）照案通过。

密五、据保安处签呈，缴具补充营编制表及经费预算书，月需经费共一万九千六百三十四元一角二分，款由二十八年度团队经费历月节余项下动支等情，请公决案。

（决议）照案通过。

密六、据第四区行政督察专员呈，转缴博罗县情报股经费支付预算书，每月三百一十元，请准予核拨等情，请公决案。

（会计处签拟）查博罗县系二等县，但以曾沦陷，克复未几，地方款收入锐减。现报地方款细，无法负担，尚属实情。惟全部经费请由省库拨助自未便照准，但为适应事实及迅速组设使用起见，拟援照河源等县前例，并依照各县市局情报股组织办法第二条规定，该县照最低员额数只设情报员六人、雇员一人，活动费六十元，月支经费减定共为国币二百元，由省库按月补助一百元，在本年度省预备费项下拨发，余由县在地方款预备费项下支援，并请提会核定。

（决议）照会计处签拟通过。

密七、据第七区行政督察专员电复，吉兆海岸监视哨所尚属重要，拟照通案请由省库按月补助经费国币五十五元等情，请公决案。

（决议）照案通过，款由八月起在预备费项下开支，仍饬补缴预算呈核。

八、据会计处签呈，查民政厅、教育厅编呈二十九年度岁出概算，系将二十八年度原在其他结存经费或专款项下流用之经费一并编入，但此项原在结存经费或专款项下流用之经费，应否准照列入二十九年度省总概算，由省库负担，请先提会核定等情，请公决案。

（决议）保留。

密九、据第四战区右地区兵团、南地区军特别守备区司令部呈缴组织章程及本年五月份经费支付预算书，计国币七百零五元，请准备案，并饬保安处将经费汇发等情，请公决案。

（决议）查该部系属军队临时区分，无须另支经费。如有需要，应向委任机关请领。呈复长官司令部核示。

密十、据第四战区广东存粮管理委员会呈复，本会业务费概算书应行改正各点经遵照补注明白，并经提出本会追认，照案通过，请察核等情，请公决案。

（决议）照案通过。

十一、准许委员、史院长会复审查陈顺祥因告饶广火抢劫案件，不服梅县县政府所为判决，提起诉愿一案。原决定书将诉愿驳回，自属允当等由，请公决案。

（决议）照案通过。

十二、委员兼建设厅长提议，调整本省各县建设、行政，充实各县政府第四科技术人员，拟具办法草案预算俸给等表，请公决案。

（决议）（一）充实县政府技术人员，先照原案表列第二区所属之十一县试办，其员额照原列三等县员额减少技士一员。（二）连、连、阳、乳四县自十一月份起试办，所需经费由建设事业费项下开支，其余七县由二十九年度一月起实施。（三）原拟调整各县建设行政办法草案，交秘书处、财政厅、会计处审拟呈核。

十三、委员兼建设厅长提议，拟筹设广东稻作改进所，以改良稻作，增加生产，充裕粮食，拟具稻作改进所计划草案，及预算书表，请公决案。

（决议）照秘书处、会计处签拟通过。

十四、准广东省临时参议会函送第二次大会开会费，及追加参议员出席旅费概算书，请查照办理等由，请公决案。

（决议）开会费照案通过，旅费照原支额每员增加毫券一百元，均在预备费项下开支。

广东省政府第九届委员会
第六十九次议事录

日　期　十月五日
地　点　韶关本府

出席者　李汉魂　胡铭藻　何　彤（公差）　顾翊群　许崇清
　　　　朱晖日　林友松

列席者　史延程　黄麟书（省党部）　杜之英　邹　洪(薄峻昌代)
　　　　黄干桥（建厅）　何剑甫（民厅）　桂竞秋（财厅）

主　席　李汉魂

纪　录　（秘书）熊公福　朱葆勤

报告事项

一、准陆军第六十四军军司令部函，据一五五师转报，陆兰培部捕杀伪维持会长陆×，刺杀汉奸陆××，及先后捕获伪维持会长陈××、陆××等情形，请分别给奖等由。查捕杀陆×及刺杀陆××等二名，系在奖励办法施行之前，自不能根据请奖。但为鼓励起见，姑准酌量发给奖金，每名二百元，用奖有功。其余陈××、陆××二名，获案日期未明，应电复查明再办。

密二、准广东省动员委员会代电，本会拟订不替敌人当兵运动实施办法，经奉张代司令长官电复，准予照办，请查照饬属遵照等由，应饬属遵照。

三、据建设厅签呈，据广东全省长途电话管理委员会拟具广东全省长途电话通话收费暂行规程，转请察核备案等情，经交秘书处分别签拟修正，应如拟办理。

密四、据会计处签呈，罗定县呈缴架设罗岭电话线本县段内工程计划表及支付预算书类，经送建设厅核复大致尚无不合，本处复核散总数目亦属相符，似可准予存转核销。该款拟在本年度建设事业费项下开支拨付归垫等情，应如拟办理。

密五、据会计处签呈，梅县呈缴架设韩江上游阵地话线预算书，经本府技术室核减，经代为更正。计比原预算减少十二元五角六分，实列支国币九百八十一元二角九分，除前已饬财厅先拨国币五百元外，尚需国币四百八十一元二角九分，似可准在本年度建设事业费项下开支等情，应如拟办理。

密六、据本府驻渝办事处呈缴驻渝办事处暨无线电台二十八年月份支付预算书，经饬据会计处签称，现缴预算书经遵照本府指饬各点更正，惟查年度预算数未据填列，又未据编造预算分配表，兹拟将年度预算总数代为列入准予备案等情，应如拟办理。

七、查省临时参议会组织条例第十二条规定，每六个月开会一次，兹经拟定自本年十二月一日至十五日为省临时参议会第二次集会日期，并代电省参议会查照办理。

讨论事项

一、据建设厅签呈，据农林局先后拟订广东省二十八年度厉行冬耕督种杂粮实施办法，广东省各县促进冬耕运动委员会组织章程，广东省各县促进冬耕运动委员会各区分会组织章程，广东省建设厅、农林局战时督导冬耕工作人员考成办法，修正广东省战时督种杂粮强迫冬耕惩奖暂行办法，请核示等情，请公决案。

（决议）交民、财、教三厅审查，并函请省党部参加，由民厅召集。

密二、据保安处签呈，为保安团机关枪连、迫击炮连编制预算略有修正，暨十一、十五两团增设机关枪连，编具预算表，请察核备案等情，请公决案。

（决议）照案通过。

密三、据保安处呈报修正修械所编制预算，以适应战时需要，计月支经费国币五百二十八元二角，较前预算每月增支六十元零二角，请由二十八年度保安团队节余经费项下开支等情，请公决案。

（决议）照案通过。

密四、据教育厅签呈，拟订二十八年度广东省中等以上学校战时后方服务训练设备费补助办法。关于此项补助经费约需款二万五千八百五十元，请饬财厅将本年解存专款第十三项二万七千零四元一款发还等情，请公决案。

（会计处签拟）查教育厅所拟本年度本省中等以上学校战时后方服务训练设备费补助办法核尚可行，此项补助费据报应需二万五千八百五十元之款，似可照准在该厅解存之二十六年度战时后方服务训练经费二万七千零四元项下拨支，拟请提会核定后饬财厅照拨二万五千八百五十元并饬该厅将应发校名列报并转饬补编预算书呈核。

（决议）照会计处签拟通过，并函请省党部转知各级党部协助办理。

密五、据第四区行政督察专员代电，据龙门县报称，县属地方款支绌，情报股经费确不敷支，转请核发经费等情，请公决案。

（会计处签拟）查龙门县系届三等县，其二十八年度总概算所列预备费额为省券三千六百七十九元，现报地方款绌尚属实情。惟请核发全部经费自未便照准，拟准援照乳源等县前例并照情报股组织办法第二条规定，照最低额数只设情报员五人，月支经费减定共为国币二百元，由省库每月补助国币一百元，在本年度省预备费项下拨发，余由该县在地方款筹拨，并请提会核定。

（决议）照会计处签拟通过。

密六、据南山管理局呈，为职局地方款绌，情报股经费请另定标准指拨的款等情，请公决案。

（会计处签拟）查该局地方款绌尚属实情，所请另定标准拨款补助一节拟援照梅菉管理局前案，将情报员减为三人，每月经费减为国币一百六十元，由省库拨助半数计每月补助国币八十元，由该局地方款负担半数，省款在本年度预备费项下开支，仍请提会核定。

（决议）照会计处签拟通过。

密七、据财政厅报告，灵山县加强破坏公路工食经在本年度建设事业费项下拨支国币五千元，请提会追认等情，请公决案。

（决议）照案追认。

密八、据秘书处签呈，关于本府驻港无线电台因港币涨价请增经费一案，按照现时比率及照原额加三支给，计每月超出预算国币八百一十五元，请照驻广州湾办事处增加经费办法如数追加预算等情，请公决案。

（决议）照会计处签拟通过。

密九、据会计处签呈，秘书处编就本府各无线电台二十八年度岁出预算书，所列各数查核尚无不合，请提会追认等情，请公决案。

（决议）照案追认。

密十、准广东省党部函，送还广东省各县市局征募壮丁训练队服装办法，请查照办理等由，请公决案。

（决议）交秘书处复审查。

十一、主席提议，临高县县长冼××撤职，遗缺派陈镇亚代理；儋县县长王鸿饶另候任用，遗缺派陈哲代理，请公决案。

（决议）照案通过。

十二、委员兼教育厅长提议，据第九区行政督察专员电，拟在琼组设琼崖联合中学，计需经常费每月一千三百元，临时建设费二千元，除由各县拨建设费八百元，并月拨经常费六百余元外，拟请由省库每月补助经常费七百元，一次过补助临时建设费一千二百元等语。兹拟定办法三项，请予公决案。

（决议）照案通过。

广东省政府第九届委员会
第七十次议事录

日　　期　　十月十一日

地　　点　　韶关本府

出席者　　李汉魂　　胡铭藻　　何　彤　　顾翙群　　许崇清　　朱晖日
　　　　　　林友松

列席者　　史延程　　邹　洪（薄峻昌代）　　杜之英　　何春帆

主　　席　　李汉魂

记　　录　　（秘书）熊公福

报告事项

一、奉国民政府军事委员会令发兵役宣传及实施方案等因，经饬秘书处签拟关于省兵役宣传委员会之组织，拟函军管区办理。省兵役监督委员会之组织，拟函省临时参议会办理。县市兵役宣传委员会之组织，拟行各区专员转饬各县市政府遵照办理。县市兵役监督委员会之组织，拟函省党部转饬各县市党部遵照办理，并分别通报各厅、处，暨饬教育厅遵照等情，应如拟办理。

二、准铨叙部代电，关于广东省各县办理征政分期考成办法，经会同军政、内政两部先后加具意见，请查照等由。经饬秘书处参照，将原拟条文分别修正，请函军管区查照，转饬各师区遵照，并由府分行各区专员转饬各县市局遵照，暨饬知民政厅等情，应如拟办理。

三、准军管区司令部代电，送各县市兵役科重新调整办法一案会稿，查该办法已照本府意见缮正，经判行送还办理。

四、据民政厅呈缴省警察总队长警奖惩规则草案，请察核备案等情。经饬秘书处分别修正，应如拟批复。

五、据财政厅报告，广播电台加装广播机高放部分所需器材费，经在预备费项下依照市价拨付国币三万零六百九十八元九角（即港币八千二百九十七元），饬据会计处查核与曲江金库日报表所列该款数目尚属相符，拟饬该电台补具预算书呈府核办，并通知审计处查照，暨饬财政厅知照等情，应如拟办理。

讨论事项

一、据民政厅签呈，修正广东省各县区署乡镇公所及保甲经费支给暂行标准，修正广东省整理各县自治经费办法，修正广东省征收自治户捐通则，请察核准予通饬所属各县局一体遵照等情，饬据秘书、会计两处分别签拟前来，请公决案。

（决议）照修正案修正通过。

密二、据民政厅签呈，遵批更正广东省各县局战时工作队组训纲要，请察核等情，请公决案。

（决议）修正通过，其教材由府召集有关机关编订颁发。

密三、据财政厅报告，关于官渡河桥工程费经在本年度建设事业费项下拨支国币三千元，请提会追认等情，请公决案。

（决议）照案追认。

四、据建设厅签呈，广东省营工业管理处迁址办公临时费系在该处营业收入项下开支等情，请公决案。

（决议）照案通过。

密五、据保安处签呈，编具迫击炮连训练期间增设官兵薪饷经费月份支付预算书，计共十一连，合计月支国币五千零八十三元九角八分，拟请由二十八年度保安团队历月节余经费项下开支等情，请公决案。

（决议）照案通过。

密六、据第六区行政督察专员转据平远县呈报，县属贫瘠，地方款不敷情报股经费，请拨款补助。并据蕉岭县呈同前情。请公决案。

（会计处签拟）拟援照梅箓管理局及乳源等县前例，并依据各县市局情报股组织办法第二、八两条规定均照最低员额数设置情报员及核定其经费标准。蕉岭县拟只设情报员三人，雇员一人，活动费四十元，月支经费减定共为国币一百二十元；平远县拟只设情报员五人，月支经费减定共为国币二百元，均由省库每月分别拨助半数。计蕉岭县国币六十元，平远县国币一百元，本年度在省预备费项下拨支。其余由各该县在地方款预备费筹拨，并请提会核定。

（决议）照会计处签拟通过。

密七、据廉江县呈报，地方款绌情报股经费请按月改由省库拨给等情，请公决案。

（会计处签拟）拟照河源、紫金等县前例并依据各县市情报股组织办法第二条规定，只设情报员六人，雇员一人，活动费六十元，月支经费减定共为国币二百元，由省库按月拨助国币一百元，在本年度省预备费项下拨支，余由县在地方款筹拨，并请提会核定。

（决议）照会计处签拟通过。

八、准军管区司令部函，据军训处补缴及更正直属部队二十八年度各月份经费预算书表，请查核办理备案等由，请公决案。

（决议）照案通过。

九、据秘书处案呈，关于救济东江粮食谈话会讨论结果，如第×集团军不承售广东存粮会存贮松口洋米八千五百六十一包时，请本府转饬广东省存粮会拨款补助运输费用，运到潮属战区各县平价发售，救济目前米荒一案，请提会决定等情，请公决案。

（决议）照案通过。

十、据秘书处案呈，关于救济东江粮食谈话会讨论结果，请本府秘书处及第×战区粮食管理处，第×战区水陆运输管理处，广东民、财两厅，省振济会，省银行，第五、第六两区行政督察专员负责办理赣米运销事宜，并请本府向广东省银行借拨购米基金国币二十万元以济东江民食一案，拟请提会决定等情，请公决案。

（决议）照案通过，其进行办法，由本府秘书处召集有关机关妥商办理。

十一、据秘书处签呈，查广东省县政人员训练所组织系统表，奉核定总务处增设印刷所，似应于组织章程第七条第五项连带修正等情，请公决案。

（决议）照案通过。

密十二、据秘书处签呈，审查广东省战时施政纲要实施计划草案，拟具意见，请提会核定等情，请公决案。

（决议）照案修正通过。

广东省政府第九届委员会
第七十一次议事录

日　期　十月十三日

地　点　韶关本府

出席者　李汉魂　胡铭藻（假）　何　彤　顾翊群　许崇清
　　　　朱晖日　林友松

列席者　史延程　黄麟书　邹　洪（薄峻昌代）
　　　　杜之英（毛松年代）

主　席　李汉魂

记　录　（秘书）熊公福

报告事项

一、据财政厅签呈，本厅本年一月至六月份办公费不敷五千余元，拟请在本厅本年一月至三月间俸给费节余五千余元项下流用，请核准备案等情，经饬据会计处核签，似可准予备案等语，应如拟办理。

二、据财政厅报告，遵将本厅偿还柴油车及保安处购械暨铜铁三项借款债票第一期利息国币一十二万元如数领解入库，请签核备案等情，经会计处核签，核数符合，拟准备案等情，应如拟办理。

讨论事项

一、据广东省地方行政干训所呈缴设立通讯处开办费及八月份经常费支付预算书，拟在本所经费节余项下支发，请鉴核备案等情，请公决案。

（决议）开办费及经常费照案通过，自十月份起，该处并归县政人员训练所办理。

密二、据财政厅报告，关于修筑由大坑口经翁源、连平至忠信等路段工程费，经由省款建设事业费项下拨支国币五万元，请提会追认等情，请公决案。

（决议）照案追认。

密三、据财政厅报告，关于潮嘉惠区守备指挥部垫拨五华县修筑五紫公路桥梁工制费经在本年度建设事业费项下拨支国币一千元，请提会追认等情，请公决案。

（决议）照案追认。

四、据财政厅报告，梅菉管理局架设梅化电话专线费，经在本年度建设事业费项下拨支国币二千元，请提会追认等情，请公决案。

（决议）照案追认。

密五、据财政厅报告，合浦县政府加强破坏公路工食经在本年度建设事业费项下拨支国币五千元，请提会追认等情，请公决案。

（决议）照案追认。

密六、据财政厅报告，遂溪县政府破坏公路工食经在本年度建设事业费项下拨支国币二千元，请提会追认等情，请公决案。

（决议）照案追认。

密七、据第三区行政督察员转据开建县呈报，地方款奇绌，情报股经费拟请省库发给等情，请公决案。

（会计处签拟）查开建县系属特三等县，本年度总概算编列地方款预备费为三千七百三十八元，每月平均仅将三百元，现报告地方款绌尚属实情。惟全部拨助自来便照准，但为兼筹并顾，迅速组设办理计拟援照乳源等县前例只设情报员五人，月支经费减定共为国币二百元，由省库按月拨助一百元，由八月十六日成立日起，款在本年度省预备费项下拨支。余由县在地方款预备费项下开支，并请提会核呈。

（决议）照会计处签拟通过。

八、据广东省地方行政干部训练所呈，为职所奉派第一期学员二十员前赴第×战区游击纵队指挥所服务，该学员等由所月各支津贴三十元，八、九两月份津贴费拟在本所经临费节余项下报销等情，请公决案。

（决议）照案通过，自十月份起该项津贴由自卫团经费项下开支。

九、据会计处签呈，查本府及民政厅军训处派员随同中央壮丁检阅团出发各县检阅自卫队旅费，实应共列支国币七千二百一十六元七角八分，此款应由何款开支，请提会核定等情，请公决案。

（秘书处签拟）查该项旅费，本府派出者，拟由自卫团经费拨支；军管区派出者，拟由该部负担。仍候提会决定。

（会计处签拟）查本府及民政厅军训处派员随同中央壮丁检阅团出发各县检阅自卫队旅费，所列军训处中校视察杨海天计六十八天，共列支国币五百八十二元四角八分，核其总计列数不符，应改为五百三十三元八角八分；中校科员张俊杰计一百一十六天，共列支旅费国币九百八十元另三角三分；核表内列数间有错误，应改列为国币九百七十八元四角八分；少校科员李光秾计一百零四天，共列支国币八百三十八元九角一分，核表内列数间有错误，应改为国币八百三十七元七角；又所列公役一名，每日膳宿零费据列支国币九角，核与陆海空军旅费规则所规定不符，每名每日应改列国币七角，共计应减去国币一百六十一元，实应改为国币七千二百一十六元七角八分，此款应由何款开支，案内尚无明定，可否在本府自卫团队经费节余项下拨支之处，敬请鉴核，提会核定。

（决议）照秘书、会计两处签拟通过。

十、准广东省临时参议会函复，本会编印会议录，构筑防空洞，购置图籍，修筑会所，搭筑车房等各项经费，拟在参议会出席旅费存余项下搏节开支，不另追加预算等由，请公决案。

（决议）照案通过。

密十一、据秘书处签呈，查慰问海外侨胞，业经派定钱顾问、陈参议等为专员，准备分途出发。兹查钱顾问树前旅费预算计需美金六千元，又陈参议卓雄旅费国币三万元，许参议观之交际费国币三千元，姚参议伯龙交际费国币一千元，曾参议同春交际费国币一千元。又查钱顾问、陈参议系因公出发，慰问期间薪俸暂作六个月计算，共需国币三千二百四十九元八角四分，上项旅费、交际费及薪俸拟请提会由预备费项下动支等情，请公决案。

（决议）照案通过。但钱顾问赴美系兼代省行接洽推广业务，其旅费应由省行负担半数，由预备费项下动支。

十二、据省振济会呈，拟订难民垦殖计划草案及筹设劳资合作垦区收容港澳侨胞及南路难民计划大纲草案，南路劳资合作垦区管理处组织章程草案，招致华侨办理难民移垦计划草案，招致华侨办理难民移垦办法大纲，请核饬遵等情，经饬据民、建两厅签拟意见，请公决案。

（决议）照案修正通过。

临时动议

密十三、主席提议，准第九集团军吴总司令函略，以东江民食不敷，亟宜增加生产。兹已向蕉梅定购畬稻一万石以为各县推广之谷种，约计需款一万元，拟请省府拨发，以便购买等由。拟由救灾准备金项下拨国币一万元，俾资办理，仍请公决案。

（决议）由救灾准备金项下拨发国币一万元，并请以二百石交建厅转发试验。仍请将分配情形函知。

十四、主席提议，查本府委员会第六十八次会议关于临时参议会参议员出席旅费一案，经决议照原定额增加毫券一百元在案。现查舟车所需，恐防不足，拟每员改发给国币六百元，俾资支应，特提请公决案。

（决议）照案通过。

广东省政府第九届委员会
第七十二次议事录

日　期　十月十七日

地　点　韶关本府

出席者　李汉魂（公差）　胡铭藻　何　彤（公差）　顾翊群（公差）
　　　　许崇清　朱晖日　林友松

列席者　史延程　邹　洪（薄峻昌代）　杜之英　（毛松年代）
　　　　何剑甫（民厅）　桂竞秋（财厅）

主　席　胡铭藻（代）

纪　录　（秘书）熊公福

报告事项

一、据建设厅签呈，据农林局先后呈缴与省银行合作推进冬耕办法，附补具意见及冬耕贷款预定表件，转请察核等情，经准予备案。

二、奉行政院令，嗣后中央及省府大员，或高级军官，或行政专员赴各县公干或督导之时，各县地方官暨各机关团体一律不准集团迎送等因，遵经通令所属一体遵照。

三、据第四战区广东存粮管理委员会呈，拟先拨还广东省银行拨借购粮基金国币七十万元等情，应准予照办。

讨论事项

密一、据财政厅报告，连贺公路第二期工程费经由建设事业费项下拨付国币三万元，请提会追认等情，请公决案。

（决议）照案追认。

密二、据教育厅签呈，拟在省立体专学校原有经费内划拨省立教育学院体育班增加二成的经费，请核准等情，请公决案。

（决议）照案通过。

密三、据广东省学生集中训练总队长呈，拟在连县乳源分设仓库各一所，保管该队存余公物，计自本年五月一日起至二十九年四月三十日止，全年共需经费国币二千四百四十八元，恳准由集训结存经费项下开支等情，请公决案。

（会计处签拟）查学生集训业于本年一月底结束，其所有存余服装器具书籍等公物自应妥加保管。现学生集训总队长呈请在连县星子墟设立仓库一所，保管服装器具；乳源县汤盆水设立仓库一所，保管书籍一节，尚属需要。据呈预算两所月共支国币二百零四元，列支之数尚无不合，所请自本年五月一日起支，预算一年。至二十九年四月底止，共支国币二千四百四十八元，款在集训结存经费项下开支，似可照准。拟请提会核定后饬补具二十八年五月至十一月份及二十九年一月至四月份年度预算书呈核，其报销手续应饬遵照规定于每月终结报。所请俟仓库结束时一次报销一节未便照准，并拟饬将前项存余服装、器具等公物列册报府备查。

（决议）照会计处签拟通过。

密四、据保安处签呈，拟自本年七月份起，本处无线电大队、有线电报所、工兵营通信连各级通讯人员照各该员薪额每月加发技术奖金二成，计月支国币七百二十三元六角，款由保安团队经费节余项下开支等情，请公决案。

（决议）照案通过，仍饬补具预算呈核。

五、据秘书处签呈，参照中央颁布办法原则，订定广东省公务员雇员公役遭受空袭损害暂行救济办法，附具理由书，请签核公布施行等情，请公决案。①

六、据秘书处电讯组签呈，拟具通讯系学员分发任用教员、员役处置及器材接管各项办法，请核示等情，请公决案。

（会计处签拟）查派无线电总台见习学员津贴照电讯组前签拟办法，原由本府电讯费节余项下开支，现电讯组所拟修正办法ⓒ其他事项(9)派无线电总台见习学员津贴，每月相差国币八百一十元，拟请由省预备费项下拨支，核与前拟办法不同，经向电讯组询明，系因复核本府电讯经费现无节余，故改拟由省款拨支。拟请提会核定。

（决议）照会计处签拟通过。

密七、据建设厅签呈，据公路处呈缴第二工务总段桥涵路基材料公物冲毁数量表暨临时抢修及再行修理工程预算表，转请饬财厅拨付转发等情，请公决案。

（决议）照案通过。由建设事业费项下开支。

八、据秘书处签呈，广东各界赴湘北前线慰劳团团长高信先后请发旅费及电油合计一千四百五十元，经先由府支发，请并案由预备费项下开支，提会追认，令厅发还等情，请公决案。

（决议）照案通过。

九、主席提议，从化县县长林序东电请辞职，应予照准，遗缺派蔡熹代理，请公决案。

（决议）照案通过。

---

① 原文缺"决议"内容。

广东省政府第九届委员会
第七十三次议事录

日　期　十月十九日

地　点　韶关本府

出席者　李汉魂　胡铭藻　何　彤　顾翊群（公差）　许崇清
　　　　朱晖日　林友松

列席者　袁晴晖（党部）　杜之英（毛松年代）　桂竞秋（财厅）
　　　　何春帆（五区专员）　邹　洪（薄峻昌代）

主　席　李汉魂

纪　录　（秘书）熊公福

报告事项

一、奉行政院令，嗣后省政府委员会议如讨论地政案件时，省地政局长不由省政府委员兼任者，亦应准其列席等因。经令知地政局。

二、据教育厅签呈，转缴省立罗定中学迁校购置临时费支付预算书，列支国币四百六十元，请核准存转备案等情。经饬据会计处查核各数尚属核实，所请拟在该校增收之高中生学费国币四百六十元拨用，尚属可行，拟请照准等情，应如拟办理。

三、据会计处、建设厅会呈，遵令监盘新旧任建设厅长移交接管该厅印信公物及款项数目，照册逐一点收清楚，连同各项清册请察核存转备案等情，应如拟照办。

四、据财政厅报告，佛冈县本年五、六、七月份各部队交押军事人犯口粮共国币一百五十四元，拟在预算内行政费拨补行政犯不敷口粮项下开支等情。经饬据会计处核签，拟准备案，通知审计处查照，并批复等语，应如拟办理。

五、准广东高等法院电复，本院第三分院于二月间由琼山撤退至茂名，设临时办事处，于本年三月份在茂名办理结束。应支各费经饬按照实际数目列表呈候核转等由。该分院经费经饬财厅发至二月底止，至三月份所需费用，俟高等法院核转过府再行核明饬遵。

密六、据省振济会呈缴第八难民救济区支付预算书，列支国币一百五十元，请准由本年八月份起拨发经费等情。饬据会计处签复，查核与办法规定数额尚无超过，各项目节之分配数目核与标准预算亦属符合，拟准备案，分别存转并准自本年八月份起在省地方预算救灾准备金科目余款项下拨支等语，应如拟办理。

讨论事项

一、据民政厅签呈，会同财政厅、教育厅、省党部审查建设厅农林局先后拟订厉行冬耕督种杂粮各款办法章程共五件一案结果，请察核等情，请公决案。

（决议）照修正案通过。

密二，据民政厅签呈，拟具劝导地方士绅与教育界为地方服务协助实施兵役助进手工业开发经济推行办法草稿，请案核等情，请公决案。

（决议）照修正案通过。

三、据民政厅签呈，据卫生处拟在曲江乡村设立妇婴卫生实验室一所，捡具原缴办法简章及经临费预算书，请察核等情，请公决案。

（决议）照案通过。

四、据民政厅签呈，据省警察总队呈，奉训增派副总队长一员，该员薪俸应如何支发，转请核示等情，请公决案。

（会计处签拟）查省警总队编制，原设副总队长一员，荐任六级，月支毫券三百元，折合国币二百零八元三角二分，七折支给，月实支国币一百四十五元八角三分。现奉增派之副总队长练秉燊一员，其薪俸可否援叙荐任六级，月实支国币一百四十五元八角三分，自该员到差日起。本年度款在该总队经常费节余项下开支，下年度列入该队概算（经费总额不增加）之处，拟请提会核定。

（决议）照会计处签拟通过。

五、据教育厅签呈，转缴省立钦州师范学校二十六年度临时费支付预算书，计国币六百四十六元三角六分，请核准在该校二十六年度经费节余项下开支等情，请公决案。①

六、据教育厅签呈，转缴省立长沙师范学校二十七年度十一月份迁校临时费支付预算书，计国币伍百零二元，请准在二十六年度追加省校非常时期各校防空设备及迁移费内原预算庚戌中学建筑避难壕费拨余项下开支等情，请公决案。

（决议）照案通过。

密七、据财政厅签呈，本厅前商准第四路军总部拨用运输车两部，因由海防运粤不便，经在韶订购，共值国币一万九千元。该项车价仍请准在本厅一月至九月份各区税务督察经费、视察经费及整理税务经费三款节余项下开支，请存转备案等情，请公决案。

（决议）照案通过。

八、据建设厅签呈，本厅前派省营工业管理处代处长朱宝筠代表赴渝出席全国生产会议共支过川旅费国币一千六百二十五元八角九分，编具临时费概算，请核准在本年度建设事业费项下动支，并饬财厅拨发等情，请公决案。

（决议）照案通过。

密九、据第四区行政督察专员代电，转缴紫金县修正破坏紫惠公路征工伙食暨石方工程经费预算书，经饬据会计处查核，计国币五万二千八百十七元二角二分，请准并在建设事业费项下开支等情，请公决案。

（决议）交建设厅派员核勘呈候核办。

密十、据第三区行政督察专员呈，据德庆县呈缴架设广德电话线经费支付预算书，请察核等情。饬据会计处签复，经照技术室核减数代为更正，计共国币一千一百六十八元六角，请准在本年度建设事业费项下开支等情，请公决案。

（决议）照案通过。

密十一、据广东第三防空区指挥部呈缴二十七年士兵冬季服装费支出计算书类，经饬据会计处签复，除先经核拨外，尚差国币二千一百零六元六角四分，拟请姑准补发，援案在本年度预备费项下开支等情，请公决案。

---

① 原文缺"决议"内容。

（决议）保留。

密十二、据建设厅签呈，并于商讨动员全省机工一案，集商经过情形连同所拟集训大纲草案暨经费支付预算表，请核前来。经饬据省救灾准备金保管委员会签称，该项经费未便在本会救灾准备金项下开支等情，请公决案。

（决议）照案修正通过。款在救灾准备金科目余款项下拨支。

密十三、据第七区行政督察专员呈缴阳春县更正架设两阳电话线配用铅线材料预算表，计需国币二千零九十三元六角。饬据会计处核签，与办法规定相符，拟准由本年度建设事业费项下拨支等情，请公决案。

（决议）照案通过。

十四、主席提议，番禺县县长利树宗原兼任第二游击纵队副司令，现奉第四战区长官部电，着改为专任等因。所遗番禺县长缺，拟派黄兰友代理，请公决案。

（决议）照案通过。

广东省政府第九届委员会
第七十四次议事录

日　期　十月二十四日

地　点　韶关本府

出席者　李汉魂（公差）　　胡铭藻　何　彤（公差）　　顾翙群

　　　　许崇清　朱晖日　林友松

列席者　史延程　袁晴晖（党部）　邹　洪（薄峻昌代）

　　　　杜之英（毛松年代）　　何剑甫（民厅）　冯嘉诺

主　席　胡铭藻（代）

纪　录　（秘书）熊公福

报告事项

一、据民政厅签呈，国大代表选举事务所移交节存经费共国币三千零八十元零四角八分，除拨支省参议会筹备处临时费二千五百二十元外，尚无其他别项动支等情。饬据会计处核签，省参议会前请追加三、四月份临时费共国币四百三十八元二角六分之款，似应仍由前项余款五百六十元项下拨支等语。经如拟通知民、财两厅遵照暨审计处查照。

密二、据会计处签呈，第四区行政督察专员公署构筑掩盖防空壕工料费国币一百零三元五角六分，似可准予照拨。拟请仍准在本年度省地方预备费项下开支等情，应如拟办理。

三、据会计处签呈，本府奉第四战区长官部训令，本战区设立编纂委员会，编辑半公报性质之半月刊，其经费由战区司令长官部、广东省府、广东省党部分担。编纂委员会印刷费由省府拨借十万元应用等因。经本处送准财厅片复，似可由省库垫借等由。拟通知"长官部鉴核""财政厅以国币照数拨借""秘书处遵照分担半月刊经费""审计处查照"等情，应如拟办理。

四、奉行政院令，核定各机关编制年度决算办法五条，仰遵照并转饬所属一体遵照等因，拟分令所属各机关遵照。

讨论事项

一、准军管区司令部电，为此次往南雄受训人员旅费仍希援案核发转给归垫等由，请公决案。

（决议）应查照受训人员召集办法第五项后段规定，仍由军管区司令部拨支。

密二、据民政厅签呈，转缴省警总队第四大队增编经费预算书，请核示等情，请公决案。

（会计处签拟）查原呈增编第四大队开办费预算，列支国币一万一千四百二十一元，内长警秋冬两季服装暨卫生衣军毡蚊帐各件价格比较该总队本年五月间呈府核定之购发各大队长警服装价格均增价一元余，惟该队驻地系临时省会，情形特殊，值此交通不便物源缺乏之时，似可准照现列数列支。至该第四大队经常费预算月列国币四千八百三十一元二角五分，其中"饷项"一节列数错误，每月应改正实支国币四千七百六十二元一角七分，由本年九月份起支。此项经临费似可并在本年度省款预备费项下开支，拟请提会核定。

（决议）照会计处签拟通过。

三、据民政厅签复，奉交审定建设厅所拟广东省地方行政人员办理

443

农林垦务水利事项奖惩暂行办法一案意见，请核示等情。经饬据秘书处签拟，再加修正签复前来，请公决案。

（秘书处签拟）（一）拟将原标题改为广东省地方行政及自治人员办理农林垦务水利事项考成暂行办法。（二）拟将原办法第一条、第十四条分别改订如次："第一条，各县市局长及其佐治人员暨区乡镇长办理农林垦务水利各事项列入首要考成，依本办法考核成绩分别奖惩之。第十四条，各县市局长之考成由省政府行之。县佐治人员及区乡镇长之考成由各该县（市）政府（管理局）行之，并列举事实呈报建设厅核转省政府备案。"（三）按民政厅意见，关于乡镇长考成拟另订办法一节，核无必要，似可无庸另订。

（决议）照秘书处修正案通过。

四、据教育厅签呈，据省立民众教育馆呈请增加本年九月至十二份经费共国币二千四百五十六元，由该馆二十八年度经费节存项下拨支，尚属需要，似应照准，请察核等情，请公决案。

（决议）照案通过。

密五、据建设厅签呈，据全省长途电话管理委员会遵令编缴组织系统图及组织规程编制表，营业计划书及二十八年度五月十六日起至十二月底止岁出岁入预算书，预算分配表，查核大致尚合。各预算书表所列数目以散合总亦尚相符，请核示等情，请公决案。

（决议）照案通过。

六、准吴前主席咨，为前在任内曾借拨广东军管区司令部开办等费国币二千七百八十八元八角九分，又借拨岭南师管区司令部经费毫券四千元，迄未归还，请分别就近催还作为移交现金划账等由，请公决案。

（秘书处签拟）查吴前主席借拨岭南师管区司令部经费毫券四千元，拟函请伍前司令拨还。至借拨军管区开办费，案查拨助军管区补助费每月国币五百元系二十七年七月间提付第八届委员会第一二三次会议核定，从五月份起支。此款既经去年十一月间另编紧缩概算停支，现在应否继续补拨，经签奉交会计处另签。

（会计处签拟）查军管区司令部经费以前原由省库按月补助国币五百元，后于去年十一月间另编本省岁出紧缩概算，即由十一月份起停支。兹查该部原有规定经费当此省库困绌之会，似不应再予补助。现因本省抗战紧张，厉行役政之时，为兼顾事实起见，似可准由本年五月份起援案按月补助国币五百元。本年度款由预备费项下开支。至该部以前向本府吴前主席任内所借该部开办费国币二千七百八十八元八角九分之款，仍应在本府拨付该部本年五月份至十月份补助费项下扣还等语。拟请提会核定。

（决议）照秘书、会计两处签拟通过。

密七、据会计处签呈，准财政厅片移第五区专署转缴饶平县奉第九集团军总司令部电，饬架设经高坡饶埔话线一案预算书图等由，查核预算书列散总各数尚属相符，该款国币九百八十七元二角似可准在本年度建设事业费项下开支等情，请公决案。

（决议）照案通过。

密八、据第六区行政督察专员呈，据和平、蕉岭两县呈，为县款支绌，情报股经费请由省库拨发，转请核示等情，请公决案。

（会计处签拟）查本案除蕉岭县已据径呈到府并经提会核定由省库每月拨助国币六十元，自毋庸再议外。至和平县系属三等县份，地方款绌尚属实情，拟援照乳源等县前例，依据各县市局情报股组织办法第二、八两条规定只设情报员五人，月支经费减定共为国币二百元，由省库每月拨助半数，计国币一百元，本年度在预备费项下拨支。其余由县在地方款预备费项下筹拨，并请提会核定。

（决议）照会计处签拟通过。

九、据广东省救灾准备金保管委员会呈复，奉令关于救济总队暂编第二大队经费应否在救灾准备金项下拨还，饬妥拟呈核等因。查核与准备金法规定抵触，未便照付，似应由省款预算项下救灾准备金科目余款支用等情，请公决案。

（会计处签拟）查前据振济会呈，经饬救灾准备金保管委员会议复去后，现据呈复前情，拟如拟办理，将该暂编第二大队四、五月份实支经费国币一千九百九十二元六角六分饬财厅在本年度救灾准备金余款项下照数拨发，饬振济会照实支数补编预算书呈府存转，并拟请提会核定。

（决议）照会计处签拟通过。

密十、据广东省救灾准备金保管委员会呈复，关于战时儿童保育分会经费由本年五月份起每月补助国币二千元一案，拟请改由省款预算项下救灾准备金科目余款支用等情，请公决案。

（决议）照案通过。

十一、据建设厅呈缴本厅合作股编制组织暨经费概算书，请准自九月份起拨发经费等情，请公决案。

（会计处签拟）据呈编制组织表暨经费概算书，其编制组织表经秘书处法制室核明尚合体制，其经费概算列月支国币三千元，核与前农村合作委员会五成经费国币三千零八十六元八角一分之数尚无超过，总散数亦符，又查该厅前经于九月二十三日呈报，权先委用办理合作人员十五人有案，拟即准自九月二十三日起照发。惟查前农村合作委员会经费二十七年十一月起业经移拨为粮食管理处经费，而粮食管理处经费则自二十八年起指定在省预备费项下开支，送经本府委员会议决有案。关于该厅合作股经费，原呈请转合作会经费移用一节似于事实未能适合，拟请另在本年度建设事业费项下拨给，仍提会核定。

（决议）照会计处签拟通过。

十二、据秘书处案呈，准民政厅片，为筹组东江米粮运销委员会案，经拟就组织章程暨经费预算简表，请查照办理等由。经由处召集会议分别修正，请提会核定等情，请公决案。

（决议）照案修正通过。该会经费由省预备费项下拨支。

密十三、据秘书处签呈，奉发省营机器修理制造厂计划书一案，经据技术室审查签复，查该计划书所拟各种计划大致尚属适当，似应饬令早日成立。至于在原有厂址复工抑迁至连县，请核示等情，请公决案。

（决议）照原案通过。所需开办经常各费由建设事业费项下拨付，仍应造具营业预算呈核。

广东省政府第九届委员会
第七十五次议事录

日　期　十月二十七日

地　点　韶关本府

出席者　李汉魂（公差）　胡铭藻　何　彤（公差）　顾翊群
　　　　许崇清　朱晖日　林友松（假）

列席者　邹　洪（薄峻昌代）　何剑甫（民厅）
　　　　杜之英（蔡铁郎代）

主　席　胡铭藻（代）

记　录　（秘书）熊公福

报告事项

一、准外交部佳电复，本省停止外人游历期间，自十一月一日起展期六个月一案。经分电各省市政府暨有关军政当局，请查照等由。经由府呈战区司令部广东绥靖主任公署察核转饬各地驻军知照，并函两广外交特派员查照，及分令各区专员转饬所属知照。

密二、准广东全省防空司令部函送和平县架设防空情报电话线路追加支付预算书，计国币八十一元。饬据会计处核签，暨经防空司令部查属实情，似可准照追加，款仍在本年度建设事业费项下开支等情，应如拟办理。

三、准广东高等法院函送三水县府兼理司法经费预算书，计月支国币一百九十二元。又监狱经费预算书，月支国币三百三十九元。饬据会计处核签，查所拟三水县政府兼理司法经费预算数额比较原定额国币三百三十九元核尚减少。至监狱经费预算数较原额国币三百三十九元亦无超越，似可照准，并自本年十一月份照数列入等情，应如拟办理。

密四、据民政厅签呈，卫生处印刷毒瓦斯防御浅说拟交鸿昌印刷所承印，估价需国币八百一十六元，饬据会计处核签与原核定数减少国币一百八十四元等情。经准照现估估价数国币八百一十六元办理。饬救灾准备金保管委员会即行拨付。

五、据教育厅签呈，据省立梅州农业职业学校呈，拟请将该校二十五年度预备费各月份节余之调查旅费拨充合作改进梅县稻作事业费等情。饬据会计处核签，查改进梅县稻作规约第六条规定，合作经费共国币五百八十四元，该校负担一百五十元，此项经费拟在该校二十五年度预备费各月节存之调查旅费项下拨支，核尚可行，拟准备案等语，应如拟办理。

密六、据保安处签呈，规定驻琼之第十一、十五两团各予一次过给与战时医药补助费国币五百元，电饬在港加购药品运琼补充，款由团队节余经费项下开支，请核备案等情，应照准交会计处登记。

七、据广东省救灾准备金保管委员会呈，关于第七难民区支过职员生活费办公费国币一百四十九元七角七分，未便在本会救灾准备金项下拨支，似应由省款救灾准备金科目余款项下支给等情。饬据会计处签复，似属可行，拟饬财厅照拨具报并饬振济会转饬补造预算书呈核，暨通知审计处查照等语，应如拟办理。

八、据秘书处签呈，准民政厅片送关于分派广东地方行政干部训练所行政系结业学员充任各县（各县〔局〕）、县区自治协助员原案，请察核等情，应准备案。

讨论事项

一、奉第四战区司令长官司令部令，据编纂委员会呈缴开办费及经常费预算书，所有各费由本部及广东省政府分担支给，仰查照办理等因。并准该会函送上项预算书，请将开办费一次过拨给国币三千四百元，经常费自本年十月份起按月拨给国币一千四百七十元等由，请公决案。

（会计处签拟）奉长官部令，以编纂委员会呈列开办费国币三千四百元，经常费国币一千四百五十元，经常费总数合计少列二十元，业代更正为一千四百七十元，现并准该会将预算书函送到府，查核尚属符合，所有开办费及经常费似应遵照由长官部及本府分担交给。本府所担部分拟在预备费项下开支，仍请提会核定。

（决议）照会计处签拟通过。

二、准邓副总司令龙光电，请依照奖励办法规定加给缉获代行伪南海县专员职务黄××一名之奖金等由，请公决案。

（决议）照给奖三千元，款在预备费项下开支。

密三、据建设厅签呈，据公路处呈缴修复三多齐木桥图则预算表，经改正为国币六千八百四十元六角三分，查该项工料费除经奉拨国币五千元外，拟请转饬财政厅将解款从速拨足以应支用等情，请公决案。

（会计处签拟）查前据建设厅呈，请拨款修筑三多齐木桥一案，当经饬财政厅拨付国币五千元，并提付六十二次会议决议通过，转饬编具

448

预算书图表转呈核转在案。现据前情，查原预算数（六千八百四十四元二角三分）既经改正为国币六千八百四十元六角三分，并送准本府技术室核复，工程预算等查尚属实，本处查核散总各数亦属相符，拟请准予照数核定。至本案除前已拨付国币五千元外，尚需国币一千八百四十元六角三分，似可准在本年度建设事业费项下开支照拨应支，并请提会核定。

（决议）照会计处签拟通过。

密四、据保安处签呈，组织战时伤病官兵收容所暨救护队系于七月一日成立，所有经费即于同日开支，计月需一千三百二十一元五角，连同补编预算书表，请鉴核备案等情，请公决案。

（决议）照案通过。

五、据省银行呈复，改编二十八年度概算系遵奉令饬办理，分别列具三点，请察核等情，请公决案。

（会计处签拟）查前据省银行呈缴本年度营业概算，编列本年度盈余解库一十三万余元，当以与该行上年解库数比较，骤减过半以下。经饬将解库数改列发还，改编在案。嗣据该行将改编营业概算呈缴到府，查解库数已改列五十万元，复核先后两次概算所列数目多有出入，且其中应有先行说明理由及重行改编之处，经饬分别声复改编左右。现据呈复，三点不无理由。该概算书所列数目既据现呈说明，似可准予照列备案，惟概算书份数未据照数补足，不敷存转，仍应饬遵补具概算书，依照现呈各点补注说明，并将拨补表岁出栏第一款"资本之支出"五字改为"拨补"二字，拟并饬遵改正呈府核转，并请提会核定。

（决议）照会计处签拟通过。

密六、据广东省救灾准备金保管委员会呈复，关于新会等九县援照龙门县成案补助设置输送救护站经费一案，上项补助费自未便在本会准备金项下开支，似应由省款预算项下救灾准备金科目余款支用等情，请公决案。

（决议）照案通过。

密七、据电白县呈缴破坏公路民工伙食预算书，计列国币三千五百五十九元零三分，请给核办理等情，请公决案。

（会计处签拟）本案查书列各数散总数目相符，与案亦合，该款似可准在本年度建设事业费项下开支。惟此款前经令饬先行筹垫办理，现呈预算，拟请提会核定后分别存转备案。

（决议）照会计处签拟通过。

密八、据财政厅报告，徐闻县加强破坏公路工食费经在本年度建设事业费项下拨支国币三千元，请提会追认等情，请公决案。

（决议）照案追认。

九、据建设厅签呈，遵谕参照应注意各点，分别将广东省森林单山防火办法修正，请核等情，请公决案。

（决议）照案通过。

十、林委员签复，查明第三防空区指挥部呈缴二十七年士兵冬季服装费支出计算书类，拟请补发垫支款项一案经过情形，请公决案。

（决议）准予补拨二千一百零六元六角四分，款在预备费项下拨支。

广东省政府第九届委员会
第八十一次议事录①

日　　期　十一月十七日

地　　点　韶关本府

出席者　李汉魂　胡铭藻　何　彤　顾翊群　许崇清　朱晖日
　　　　吴　飞　罗翼群

列席者　郑　丰（省党部）　邹　洪（薄峻昌代）
　　　　杜之英（毛松年代）　高　信（地政局）

主　　席　李汉魂

纪　　录　（秘书）熊公福

报告事项

一、准广东高等法院函，请酌给第三分院本年三月份一个月留办结

---

① 馆藏缺第七十六次至第八十次议事录。

束员役俸薪及办公费共国币三百三十三元等由，饬据会计处查核尚属需要，原送经费表列数核亦核实，应照饬厅拨付，仍请高等法院编列详细预算书送府存转等情，经准如拟办理。

二、据财政厅报告，本府垫发中央政治学校地政专修班学生黄石华、谢策云、徐公明等三名赴川旅费每名国币一百元，共国币三百元。经在预备费项下拨支等情，饬据会计处核案相符，拟通知审计处查照，饬财政厅知照等语，应如拟办理。

三、据建设厅签呈，据农林局呈，为准促进冬耕会函请拨付宣传费五百元，拟在本局八月份冬耕种粮节余项下拨支，查核尚属可行，经予照准，并函审计处请察核备案等情，饬据会计处核签，核准手续似有未合，惟查由冬耕粮节余专款拨助促进冬耕会扩大宣传费，尚属可行，拟姑准备案，饬补具预算书呈府存转等语，应如拟办理。

四、（略）

五、财厅报告，规定钦廉雷一带税务局所应变步骤，请核备案。

讨论事项

一至二、（略）

三、据建设厅签呈，饬据公路处呈缴二十八年一月至四月十日及四月二十四日至三十日经费实支数目表，请核示等情，请公决案。

（决议）照案通过。

四至五、（略）

六、据建设厅签呈，据省营工业管理处呈缴二十八年度汽车修理及搬运临时费预算书，计共国币三千九百元，所请将存广州湾汽车一辆运韶应用，搬运及修理费由营业收入项下拨支，似可照准等情，请公决案。

（决议）照案通过。

七至八、（略）

九、据财政厅报告，缴呈本厅组织系统表、编制表、预算表等，拟在本厅第三科增设第五股，主持卷烟管理事务，请准予备案等情，请公决案。

（决议）照案通过。

十至十一、（略）

十二、据秘书处案呈，拟具广东省政府设置巡回视察实施办法，请提会核定等情，饬据会计处签拟，巡回视察旅费似可在省款预备费项下开支等语，请公决案。

（会计处签拟）查巡回视察旅费似可在省款预备费项下开支，但此案成立后，似宜由秘书处负责编具下年度该项旅费预算呈核，再将预算部分提会核议决定。又查本省所属各机关出差旅费，大都系按照修正国内出差旅费规则所定数额，以毫券计算，并折成发给，最近本府核定本府生产事业调查团旅费，业经折衷办理，惟照前项规则所定数额以国币七成折发现巡回视察旅费，似应援照生产事业调查团旅费办理，以资撙节，仍请提会核定。

（决议）办法修正通过，余照会计处签拟办理，由十二月起实行。

十三、据秘书处拟就广东省县政人员保障暂行办法，请提会核定等情，请公决案。

（决议）交民政、教育两厅长，吴委员审查，由民政厅长召集。

十四、据卸第一区行政督察专员邓彦华呈请发还任内垫支收编广东警察伙食费国币一万六千八百二十二元，子弹运费国币一万元，南海团队本年二月份伙食费毫券七千元，饬据会计处分别签拟意见前来，请公决案。

（决议）保留。

十五、据秘书处签呈，依照奉饬四项原则，修正本府直属各机关办理公务员眷属内迁借款担保办法书表，请核示等情，连同广东省银行原拟放款简章，请公决案。

（决议）照案修正通过。

十六、（略）

十七、据民政厅案呈，拟具广东省战时施政宣导队干部训练团学员招取办法，请提会核定等情，请公决案。

（决议）照案通过。

广东省政府第九届委员会
第八十二次议事录

日　期　十一月二十一日

地　点　韶关本府

出席者　李汉魂　胡铭藻　何　彤　顾翊群　许崇清　朱晖日
　　　　吴　飞　罗翼群

列席者　杜之英（毛松年代）　郑　丰（党部）

主　席　李汉魂

纪　录　（秘书）熊公福

报告事项

一至三、（略）

讨论事项

一至三、（略）

四、据省地政局呈缴二十八年度迁韶临时费支付预算书，计共国币三千元，请在本局节余经费项下开支等情，请公决案。

（决议）照案通过。

五至六、（略）

七、据本府印刷所签呈，拟具扩大预算计划，请核示等情，饬据会计处核签，查计划书列二十九年度扩充设置费国币四万元，如奉核定，似可援案准在二十九年度建设事业费项下拨支等语，请公决案。

（会计处签拟）（一）据报告称，该所业务已超出生产能力，非扩充组织，不足以应需求等词，此项生产能力问题，事关技术，经送交本府技术室审核签称，查该所所拟扩充计划书，似欠详细，无从审核，经电询陆所长据云，因时间急促，且值此非常时期，所购机器之种类大小，亦无从预先确定等语，尚属实情，若依照公事手续，则往返需时，对于扩充计划，恐有延误，加以各机器之价格因时而变，运输每多阻碍，似应准予实报实销，并饬补送详细计划书来府备查等语。（二）该所扩充计划书列二十九年度扩充设置费国币四万元，如奉核定，似可援案（该所二十八年度开办费在本届委员会第三十次会议通过在建设事业费项下拨支）准在二十九年度建设事业费项下拨支。（三）原书附列之二十九年度营业概算书式，核与规定不符，拟饬依照营业概算书式改编呈核。上列各点，拟请提会核定。

（决议）照会计处签拟通过。

八、准第×战区游击纵队指挥香主任函，为伪代东莞行政专员张逆××就擒后，已执行枪决，检同供词证件，请查照援例给奖等由，饬据秘书、会计两处核签，拟援案给以最高额奖金国币三千元，款在本年度预备费项下拨支等情，请公决案。

（决议）照案通过。

九、据秘书处案呈，关于奇艳林姓私立育才初级小学校林廷俊与孙如文等因摆渡争执事件，不服吴川县政府民国二十七年四月十七日所为处分，提起诉愿到府，现经审查作成决定书，请提会决定等情，请公决案。

（决议）照审查决定书通过。

十、（略）

十一、据秘书处案呈，准南路行署罗兼主任商请增加开办费国币六千元等情，请公决案。

（决议）增加开办费六千元，连同原核定三千元并在预备费项下开支。

十二、据秘书、会计两处签呈，准南路行署罗兼主任商请拟定赴差人员开支旅费办法，及调用人员俸薪支付办法，关于调用人员旅费，如由调用机关支给，分别在原机关节余经费开支，亦属可行，至非调用人员旅费，则似可在行署经费节余内开支，又关于调用人员支薪办法，似可照原拟乙项办理等情，请公决案。

（决议）照秘书、会计两处签拟通过。

十三、（略）

十四、委员兼财政厅长提议，各税务局所调查印刷费国币二万二千元，及设备费国币四万四千元，拟在本年度预算内各税务局经费项下匀支，请公决案。

（会计处签拟）查所拟拨给各税务局所调查印刷费及设备费，均尚需要，惟查拟将上列各费并在本年度各税务局经费余款拨支一节，兹拟饬将本年度各税务局节余经费全数解库，其设备费既属新办事项，准予照数拨支抵解，至调查印刷费既属明年方行支用，应列入二十九年度省地方岁出概算各税务局经费项下拨支，并饬各按所属年度分列另编预算书呈核，如此办理，则手续似较清楚，请并提会核定。

（决议）照会计处签拟意见。

十五、委员兼财政厅长提议，修正本省营业税征收章程，请公决案。

（决议）照案通过。

十六、（略）

十七、据秘书处签呈，本府南路行署成立后处理公务原则，及与本府暨本府直属各机关行署所属专署县局等机关行文办法，经罗兼主任召集本府各厅处调派人员会商拟定，请提会决定通饬施行等情，请公决案。

（决议）照案修正通过。

十八、委员兼行署主任提议，拟在南路设置卫生分处，积极推动南路各县卫生防护案。

（决议）交民政厅审拟呈核。

广东省政府第九届委员会
第八十三次议事录

日　期　十一月二十四日

地　点　韶关本府

出席者　李汉魂　胡铭藻　何　彤　顾翊群（公差）　许崇清
　　　　朱晖日　吴　飞（假）　罗翼群

列席者　史延程　邹　洪（王作华代）　杜之英（毛松年代）
　　　　桂竞秋（财厅）

主　席　李汉魂

纪　录　（秘书）熊公福

报告事项

一、据民政厅签呈，据连县呈缴警士胡汉志因公被炸殉职请恤事实表，请恤国币一百五十元，转请核示等情。饬据秘书处核签，查核与非常时期奖恤警察暂行办法第三条规定尚无不合，拟准予给恤，分电内政部、广东省审计处备案，并行财政厅在本年度省地方款抚恤费恤金项下拨发，及会计处知照，并批复等语，应如拟办理。

二、据建设厅据告，奉饬在连山县属虎叉塘建筑木桥一度，工程费需国币三百五十九元，检同合约等件，请备案等情。饬据会计处核签，图则合约经本府技术室核明均无不合，该项工程费所请在连贺路第一期工程费节余项下开支，亦属可行，似可准予照办等语，经准如拟办理。

三、据建设厅签呈，为垫汇国币一百六十四元一角二分交封川县长代购白马山茶叶，以为试验焙制之用，该价款并拟在本厅二十八年度经常费节余项下开支，不再向库请拨等情。饬据会计处核签，拟准予照办，饬补办抵解手续，通知财政厅知照，审计处查照等语，经准如拟办理。

四、据建设厅呈，复本厅办理民众学校第一期各办公及书籍费共国币一百四十元，系在本厅每月经常费项下开支等情。饬据会计处核签，尚属可行，拟并函审计处备查等语，应准如拟办理。

五、据民政厅签呈，据卫生处呈，拟将夏令卫生运动费节余项下国币五百五十九元二角六分之款为拨购广西卫生试验所出品之鼠疫苗五百瓶之用，并在原预算内报销等情，饬据会计处核签，核尚可行，似可照准等语，应准如拟办理。

六、据会计处签呈，奉主计处颁发暂行营业基金预算科目书表格式，办理营业预算应行注意事项，仰遵照等因，拟请分行遵照等情，经准照办。

七、据省救灾准备金保管委员会呈，复卫生处印刷毒瓦斯防御浅说费用，拟请由省库救灾准备金科目项下余款开支等情，饬据会计处核签，核尚可行，拟准予照办等语，经准如拟办理。

八、据省振济会呈缴第七难民救济区经费预算书，请核发等情，饬据会计处核签，所列数目相符，核与规定经费额亦尚无超过，似可准将该区经费月额国币一百五十元自本年八月份起发给，照案饬财厅在救灾准备金科目余款项下开支，拨至本年十月二十日止，二十一日起归并拨为南路难民救灾区经费等语，应准如拟办理。

九、据省振济会呈缴第五难民救济区经费支付预算书，月列国币一百五十元。饬据会计处核签，核与规定尚无不合，拟准在本年度省地方普通岁出概算内救灾准备金科目余款项下拨支等语，应如拟办理。

讨论事项

一、据建设厅签呈，据公路处呈缴二十八年度汽车牌照费收入支付预算书表，饬据会计处核签，查原编岁入预算年收一万零四百一十元，似可准予照列，岁出年支六千四百六十三元二角八分，应减为年支五千零三十元等情，请公决案。

（会计处签拟）查原缴岁入预算书计列年收汽车牌照费一万零四百一十元，核算数目尚无不合，似可准予照列。岁出预算书计列年支六千四百六十三元二角八分，除第一目制造车牌费四千五百三十元，第二目印刷汽车执照及收据费五百元，尚为事实所需外，至第三目薪给一千四百三十三元二角八分，据注称系设课员一员、事务员二员、专办保管分发登记事项，月共支一百一十九元等语，查上列事项原属该处职掌，自可由该处原有人员办理，本目薪给费拟予剔除，岁出部分应减定为年支五千零三十元，仍请提会核定。

（决议）照会计处签拟通过。

二至三、（略）

四、准国立中山大学农学院函，为在北江区设置稻作试验场，开办费五千元，经常费年支三千六百元，拟暂请饬建设厅支出，并请代向国防最高委员会帮同呈请将本场预算准予成立，照拨经费等由，请公决案。

（决议）准补助开办费五千元，借拨经常费一千元，在建厅应解省款项下拨支抵解，并代转呈核办。

五、准广东省军管区司令部电，复本部派往南雄受训之各县兵役科服务人员旅费实属无法拨支，请仍由贵府筹给如数拨还归垫等由，饬据会计处核签，此项旅费国币九百七十元应否姑念情形特殊准由本府发给，款在本年度省款预备费项下拨支，后不为例之处，请提会核定等情，请公决案。

（决议）照案通过。

六、据省振济会电复，关于翁源县第四区各乡洪水为灾一案，请根据成案，饬主管机关办理等情。饬据民政厅签称，据该区请求拨助国币八百元为修筑周陂小学及河堘之用，拟援案由救灾准备金项下科目余款拨支，并据会计处签拟分配于该院〔县〕二、四两区办理呈核各等语，请公决案。

（决议）照准拨助，交该县长妥为支配。

七、（略）

八、据会计处、财政厅会呈，拟订编审二十九年度岁出概算原则七项，请察核指遵等情，请公决案。

（决议）原则第一、二两项参酌教育厅意见修正，余照原案通过。

九、据会计处、财政厅签呈，会拟广东省结束二十六年度及二十七年度省款收支办法，请核定施行等情，请公决案。

（决议）照案修正通过。

十、据秘书处签呈，本府自合署办公后，支出浩繁，兼以近来物价高涨关系，以致历月支出办公费，均超出预算，现计至本年度止，除在特别费余额流用外，约不敷办公费一万七千余元。复查吴前任移交本府临时费节余国币一万七千零九十八元二角六分，业经接收有案，拟请核准将上项不敷办公费在此项临时费节余项下拨支等情，请公决案。

（决议）照案通过。

十一、主席提议，云浮县长刘尚需另候任用，遗缺派陈子和代理，请公决案。

（决议）照案通过。

十二、主席提议，仁化县长马××应予撤职，遗缺派麦启霖代理，请公决案。

（决议）照案通过。

十三、据兼东江护侨事务所主任呈缴二十八年十一月份临时行军费支付预算书，计需国币九百元，饬据会计处核签，似可准予照发，在本年度省预备费项下开支等情，请公决案。

（决议）带路费、茶粥费删除，余照给，款在预备费项下开支。

广东省政府第九届委员会
第八十四次议事录

日　期　十一月二十八日

地　点　韶关本府

出席者　李汉魂　胡铭藻　何　彤（假）　顾翊群（公差）
　　　　许崇清　朱晖日　罗翼群

列席者　史延程　邹　洪（王作华代）　杜之英（毛松年代）
　　　　桂竞秋（财厅）　卓振雄（振济会）　何剑甫（民厅）
　　　　郑　丰（党部）

主　席　李汉魂

纪　录　（秘书）熊公福

报告事项

一、据民政厅签呈，本厅李、何两任移交接收各款四柱清册，经遵饬分别更正，请察核办理等情。饬据会计处核签，各项数目核尚相符，拟准备案饬知现任将结存各款内之行政收入解库，并将代收性质各款分别拨还清结等语，应准如拟办理。

二、据建设厅签呈缴狗牙洞八字岭煤矿办事处办理匪案建筑工事及被匪伤亡矿兵用费支付预算书，计共毫券四百二十五元三毫四仙，请在该处结束后经费节余毫券五百七十七元二毫四仙项下拨支等情。饬据会计处核签，尚属可行，似可照准，计比对尚余毫券一百五十一元九毫，拟饬遵章返纳等语，应准如拟办理。

三、据省振济会呈报第四难民救济区系接收前非常时期难民救济委员会广东分会难民救济区继续办理，经于八月份起依照预算经费国币一百五十元开支等情。饬据会计处核签，似可准由本年八月份起支，饬财厅在救灾准备金科目余款项下拨发等语，应准如拟办理。

四、准兼保安司令电，送保安第三团阵亡列兵周德如、伍技盛等二名死亡书表，请照议恤等由。饬据秘书处查核所送书表尚无不合，拟照陆军平战时抚恤暂行条例第五条第一款之规定，该故兵等应准各给一次恤金八十元，遗族年抚金四十元，并照同条例给与二十年为止等情，经准如拟办理。

讨论事项

一至二、（略）

三、据建设厅签呈，据农林局呈缴各县政府战时推广冬耕增加食粮生产贷款办法，及贷款会组织章程，经分别代为更正，请察核办理等情。饬据秘书处核签，经参照财政厅意见，分别修正等情，请公决案。

（决议）照修正案修正通过。

四至六、（略）

七、据秘书处案呈，关于林举会等因水陂争执事件，不服台山县政府之处分，提起诉愿到府，经审查拟具决定书，请提会核定等情，请公决案。

（决议）照审查决定书通过。

八、奉广东绥靖主任函，据擒获从化县乌石洞乡伪维持会长陆××、副会长陆××等二名，经饬讯明依法判决，希依例给奖等因。饬据秘书处核签，擒获陆××一名，拟奖国币九百元；捕获陆××一名，拟奖国币六百元等情，请公决案。

（决议）照案通过。款在预备费项下开支。

九、据秘书处案呈，据华侨宣慰专员陈卓雄函略称，因汇率关系，原领旅费恐不敷支，若待放洋之后，再请接济，则道途修阻，转折滋多，可否酌予增拨，请核示等情。拟再拨国币一万元，交该专员存备接济，请公决案。

（决议）照案通过，款在预备费项下开支。

十、主席提议，惠阳县县长刘秉纲另候任用，遗缺派邓士采代理，请公决案。

（决议）照案通过。

十一、（略）

广东省政府第九届委员会
第八十五次议事录

日　期　十二月一日

地　点　韶关本府

出席者　李汉魂　胡铭藻　何　彤（假）　顾翊群　许崇清
　　　　朱晖日

列席者　史延程　何剑甫（民厅）　邹　洪（王作华代）
　　　　杜之英（毛松年代）　郑　丰

主　席　李汉魂

记　录　（秘书）熊公福

报告事项

一、奉行政院电知本院第四四零次会议决议，任命刘佐人为广东省政府委员。

二、据财厅签呈，据三水县呈，为地方财政困难，再将财政方案呈核，请由省库按月补助，在未奉准补助以前，先由省库借给国币二万元。据此，似可由省库先行垫借国币五千元，仍饬于县款筹措有着，即应照数归还等情，应准如拟办理。

三、据教育厅签呈，据省立汕尾水产职业学校呈，拟请准在二十六年度及二十七年度节余经费项下拨支十一月份上旬十一日经费五百八十六元九角一仙元，拟核减为五百七十四元九角七仙，在该校二十六年度及二十七年度节存经费拨支等语，饬据会计处核签，拟请照准等语，应准如拟办理。

四、据建设厅签呈，拟将北江船务管理所所辖之英韶船务分所裁撤，以其经费每月约六十元拨归总所，并酌加四会、清远二分所三处经费等情。饬据会计处签拟，似可照准等语，应准如拟办理。

五、据建设厅签呈，为购买棉花一千五百斤，共价三千元，该款经权在本厅解库款项下垫支等情。饬据会计处核签，拟准暂在该厅解库款项垫付，俟该手工纺织厂开办时，仍应由该厂营业收入项下拨还归垫，同时并将此项棉花价款列入营业支出业务费项内，以清款目等情，经准如拟办理。

六、据建设厅签呈，据农林局呈缴该局黄任移交款项数目表及二十八年度厉行冬耕督种杂粮专款支付预算书、二十八年度一次过补助表证、农家专款预算分配表，请存转备案等情。饬据会计处核签，所列数目核案相符，总散数亦合，拟并准予备案存转等语，应准如拟办理。

七、据财政厅签呈，缮具修正广东省营业税分类税率表，请察核准将原案内税率表注销。

讨论事项

一、准吴总司令电，为东江各县及贵府建厅共需山禾种子一千一百石，价款连运费、开办费共二万元，前已交到一万元，仍请拨一万元备用等由，请公决案。

（决议）照案通过。款在救灾准备金科目余款项下支给。

二、据财政厅报告，东莞县破坏公路工食经在本年度建设事业费项下拨支国币三千元，请提会追认等情，请公决案。

（决议）照案追认。

三、据建设厅签呈，据农林局呈，拟增搭办公厅宿舍蓬厂，附缴概算书计共需国币一千二百三十七元八角五分，拟请准在该局经常费节余项下拨支等情，请公决案。

（决议）照案通过。

密四、据建设厅签呈，转缴公路处第一工务总段择要修筑从新翁公路木桥工程费支付预算书表，该费共国币二千五百五十六元五角九分暂在韶坪路改善工程费内挪支应急，拟请准予由省库拨款归垫等情。饬据会计处核签，似可准由本年度建设事业费项下拨还归垫等语，请公决案。

（决议）照案通过。

五、准邓副总司令电，为捕获三水县崇本乡伪维持会委员陆×一名，业经讯明属实，呈奉核准，照判执行，请照章给奖等由。饬据秘书、会计两处核签，拟给国币六百元，照捕杀敌伪组织官员给奖成案，在本年度省预备费项下开支等情，请公决案。

（决议）照案通过。

密六、据第六区行政督察专员呈复，关于职署在接管汽车价款垫支修葺费案情形，请准备案等情，请公决案。

（会计处签拟）前据第六区专署呈报支过修葺该署工料费数目，拟照数在接管移交汽车费内支销等情。当以事前未经呈准，殊有未合，又汽车价款作为汽车移交是否呈准有案，未据声叙，经饬补呈明白，并呈明该署办公费及修葺费数目，再行核办在案。现据呈复，前情核尚属实，且该项修葺工料费共国币三百一十一元零五分，事实上既经支出，所请在汽车移交价款毫券五百元折合国币三百四十七元二角二分内开支，似可通融办理，姑予照准。至该项价款除支外尚存国币三十六元一角七分似应饬扫数解库，拟请提会核定后通知审计处查照，饬财政厅知照，并饬该署遵照暨补具预算书呈府存转。

（决议）照会计处签拟通过。

七、据第×集团军政治特派员电，为拿获金塔乡伪维持会警备课长陈××、宣传课长林××二名，经讯问属实，应如何奖励，乞示等情。饬据秘书、会计两处核签，拟各给六百元，共国币一千二百元，照捕杀敌伪组织官员给奖成案在本年度预备费项下开支等语，请公决案。

（决议）照案通过。

八、据潮阳县电缴县属第九区西北镇水灾报告表，请核拨振款等情。饬据民政厅核签，拟援案在省救灾准备金科目余款项下酌拨国币一千元，交该县府配振具报，并据会计处签称，核尚可行，拟请照准各等语，请公决案。

（决议）照民厅签拟通过。

密九、据秘书处签呈，本府筹设秘书处收报室，附缴编制预算表，计需国币四百九十五元八角二分，拟在吴前任移交交通网开办费节余经费拨支电讯其他临时费余额项下开支，二十九年度经费仍请指款开支等情，请公决案。

（决议）照案通过，下年度编入预算。

密十、据秘书处签呈，关于制发本府无线电总台及分区台摇工报差等冬季制服，经拟具本府无线电总台各区台直属分台报差摇工制服棉衫数量表，计需国币一千八百一十四元四角，该款拟由吴前任移交交通网开办费剩余项下开支等情，请公决案。

（决议）照案通过。

密十一、准粤汉铁路管理局函复，让售灭火机二架、灭火简二十具，总值港币八千四百元、国币六百元等情，请公决案。

（秘书处签拟）查该项救火机等件总值为港币八千四百元又国币六百元，内有半数系代县训所购买，县训所应负担之价款已列入该所预算，应由本府向之提取。至其余半数系本府留用，所需价款港币四千二百元又国币三百元因未列入本府预算，拟请提会在本年度省地方预备费项下开支。

（决议）照秘书处签拟通过。

广东省政府第九届委员会
第八十六次议事录

日　期　十二月六日

地　点　韶关本府

出席者　李汉魂　胡铭藻　何　彤　顾翊群　许崇清　朱晖日

列席者　史延程　杜之英（毛松年代）　邹　洪（王作华代）

主　席　李汉魂

记　录　（秘书）熊公福　（参议）陆冠裳

报告事项

密一、奉第四战区长官司令部代电，奉白主任转遵委座电意旨，饬增编南路团队及将恩、开等处集结队增加，均限半月内编成等因。遵经编组南路游击队三纵队，经费由省库拨支。其恩平等四县集结队各增编三中队，鹤山等二县各增编二中队，经费由省库拨，由军管区转发。

二、据民政厅签呈，据省警总队呈报，津贴选派警察教育班受训学员易敬简、潘维城等二员服装杂费共一百二十二元八角。饬据会计处核尚需要，所请在该队节余经费项下开支，尚属可行，拟请照准备案等语，应准如拟办理。

三、据教育厅签呈缴省立汕尾水产职业学校二十八年七月搬迁费预算书，计列国币九十八元四角，饬据会计处核，拟准在该校二十八年度经费节余项下拨支等情，经准如拟办理。

四、据省振济会呈，据南路难民救济区电报，该区于本年十一月二十一日组织成立，请准备案等情。饬会计处核签，拟准备案，并准自十月二十一日起，将第七、八两难民救济区经费合并，拨为南路难民救济区经费等语，经准如拟办理。

五、据县政人员训练所呈报，奉拨本所办理之通讯处，十月份起经费拟在本所经费节余项下开支等情。饬据会计处核签，拟请照准等语，应准如拟办理。

密六、奉第四战区司令长官部转奉委座电，本省西江方面另编第三十五集团军，由李汉魂兼任总司令；邓龙光副之，辖第六十四军及粤保安队六个团与税警总团之三个团，并编为两个四团制之师，合编为暂编第二军，以邹洪为军长，经费仍由省府直接发给等因。业经分别遵办，限期编配。

七、准第×战区党政军联席会议秘书处通知，本会第十一次会议政治部丘主任提议，奉长官部代电，以广东省政府请饬归还李前主任内借款二万元一案，已请总政治部拨还，拟请将来即以此款补助本部为扩充青年书店，及充实阵中日报、补助团队工作费之用，请公决案。决议通过，请查照等由，应照办。

讨论事项

一、奉第×战区司令长官司令部电，据潮嘉惠守备部邹指挥报告，本年自三月份至七月份止，先后垫付经费一万五千元，请饬省府补助，准在保安经费节余项下开支等情，仰核拟具复等因，请公决案。

（决议）照案通过。

二、据教育厅签呈，拟增设省立东、南、西三区民众教育馆，附缴计划大纲及开办费经常费概算书，计经常费共月支国币七万五千九百元，开办费共支国币一万六千五百元，请准由二十九年度起拨发，并在本厅前缴之二十九年度教育文化费岁出概算表内补予编列等情。饬据会计处签拟，存候二十九年度概算判定委员审查时，汇送审查等语，请公决案。

（决议）照会计处签拟办理。

三、据教育厅签呈，本年度各校毕业考试监试员旅费共支国币一千四百四十元，拟在本年度教育文化临时费各教育机关学校临时费项下拨支，请照准。饬财政厅照数拨发等情。饬据会计处核签，尚属可行，拟请照准等语，请公决案。

（决议）照案通过。

四、据建设厅签呈，据公路处呈缴试用人力、兽力车辆工料费概算书，共需国币八百四十五元，查核尚属需要，该费似可准予在汽车牌照费收入项下拨支等情。饬据会计处核签，似可准在本年度建设事业费项下开支，至该处征存未解汽车牌照费收入，应解库收等语，请公决案。

（决议）照会计处签拟通过。

密五、据建设厅签呈，据公路处呈，请将三多齐木桥及建造附近码头转车场、渡车船等工程费尾数迅予核发应支等情，请公决案。

（会计处签拟）查本案前已于本届委员会第六十二次会议拨付国币五千元及于七十五次会议再拨国币一千八百四十元零六角三分在案。现据呈前情复查，前缴该项预算表计全部费用共国币七千五百八十五元一角二分，除前两次拨过六千八百四十元零六角三分外，尚应拨国币七百四十四元四角九分，现请续拨，似可照准，经费仍拟准在本年度建设事业费项下拨支，并请提会核定。

（决议）照会计处签拟通过。

密六、据建设厅签呈，电话会呈缴构筑第九集团军总部至兴宁分所电话专线计划一案，经饬核减经费为国币二千五百一十九元三角等情，请公决案。

（会计处签拟）查该线计划表，所列四公厘径镀锌铁线四千公斤既经秘书处技术室认为过多，核减为三千八百公斤，其余大致尚合，除该项铁线系属利用建筑韶兴话线所余线料，拟饬转该会核实移用外，所需各费预计共国币二千五百一十九元三角，似可在本年度建设事业费项下拨支，仍饬实报实销，有余返纳解库，补编预算书表，连同单据呈核，并请提会核定。

（决议）照会计处签拟通过。

七、据潮嘉惠区守备指挥部电，为在潮安玉窖缉获伪澄海蓬洲维持会大队长庄××一名，经呈准依法处决，拟请予以奖给等情。饬据秘书、会计两处核签，拟依本省捕杀敌伪组织官员奖励办法第三条、第四款及第五条之规定，给奖国币六百元，援照成案，在本年度省地方预备费项下开支等语，请公决案。

（决议）照秘书、会计两处签拟通过。

密八、据第三区行政督察专员呈，据德庆县呈缴二十八年三月份征集民工构筑阵地工事支付预算书表，请核示等情，请公决案。

（会计处签拟）查该项预算书第一款第二目旅杂费列支国币二十八元六角，核与规定不符，碍难由省库开支，兹为免因公赔累起见，拟准在县地方款预备费项下支销，仍应照规定手续办理报核。其余工食四千九百一十九元三角八分（照原预算数四千九百二十一元三角实发时对于分以下没去之汇积数一元九角四分）及材料费三元七角，合计实需国币四千九百二十三元零八分，似可准予存转核销，并在本年度建设事业费项下开支，照拨归垫，仍请提会核定。

（决议）照会计处签拟通过。

密九、据第三区行政督察专员电，据鹤山县呈，为职县因地方收入不敷情报股经费，请准予专案报销，转请核定等情，请公决案。

（会计处签拟）拟援照乳源县前例，依照各县市局情报股组织办法第二条规定该县照最低员额数，只设情报员五人，月支经费减定共为国币二百元，本年度暂由省库按月补助该县国币一百元，在本年度省预备费项下拨支。余由县在地方款预备费项下筹拨。并请提会核定。

（决议）照会计处签拟通过。

密十、据阳春县呈缴春茂电话专线计划说明暨预算表等，计需国币七千三百二十四元，请准由省库拨款归垫等情，请公决案。

（会计处签拟）查该项工程预算经送准秘书处技术室核复，计减为国币六千九百八十九元一角，除前拨过国币二千元外，尚应拨付国币四千九百八十九元一角，查该线系联络邻县专线，核与广东省各县市及重镇架设联络话线办法第六条规定得由省库拨款开支一节，尚属相符，似可照准并在本年度建设事业费项下拨支，拟请提会核定。

（决议）照会计处签拟通过。

十一、准第×战区党政军联席会议秘书处通知，长官部提议青年团广东支团部筹备处呈请筹助该处及干部讲习班经费案,经提付本会第十次联席会议议决,由广东省政府自本年十二月份起,每月补助国币八千元,讲习班经费由该处另案呈核,请查照等由,并奉长官司令部令同前由,请公决案。

(决议)照案每月补助国币八千元,由预备费项下开支。

临时提议

密十二、主席提议,奉长官司令部十一月寒日代电附发第四战区阵地附近及主要方面交通加强破坏实施办法,并规定加强破坏潮安、丰顺、东莞、宝安、增城、从化、佛冈、花县、高明、鹤山等县公路。又奉十一月马日代电,增加破坏钦县、合浦、灵山、廉江、化县、茂名等六县公路。又余副司令长官规定,加破坏清远、龙门、新丰等三县公路。查实施办法第十二条规定,每县由省政府先拨破路费一万元,有余缴还,不足由县地方款开支等因。拟由财政厅先行照案分别电拨各县。至实施办法除转行外,再由建设厅摘要电达各县迅速照办,请公决案。

(决议)照案通过。款在建设事业费项下开支。

广东省政府第九届委员会
第八十七次议事录

日　　期	十二月八日

地　　点　　韶关本府

出席者　　李汉魂　胡铭藻　何　彤　顾翊群　许崇清　朱晖日

列席者　　史延程　邹　洪(王作华代)　杜之英(毛松年代)
　　　　　　高　信(地政局)　卓振雄(振济会)　黄　雯(卫生处)

主　　席　　李汉魂

记　　录　　(秘书)熊公福　　(参议)陆冠裳

报告事项

一、据财政厅签呈,关于连山县税捐征收处本年度经临岁出概算书表所列等级,因前据该县呈报地方税收短绌,业经本厅核定,将税捐征收处降低一级，改列为丁等二级等情，饬据会计处核签，似可照准等语，应如拟办理。

密二、据财政厅报告，乐昌县征募运夫用费国币一千七百九十六元四角六分，经照案在二十七年半年度国防建设费项下支给等情，经准予备案。

三、据财政厅报告，奉饬拨慰问海外侨胞专员薪旅费美金三千元，经照当日市价伸合国币三万九千一百一十三元四角三分支付，请察核。

四、据建设厅签呈，据公路处呈缴二十八年六月视察公路旅费支付预算书，饬据会计处核签，该项旅费国币四百一十四元五角九分，拟准在本年度预备费项下开支等情，应准如拟办理。

密五、据建设厅签呈，据公路处呈缴连贺公路工程费二十八年六七两月份保留一部分职员办理未完手续经常费支付预算书，转请核示等情。饬据会计处核签，月列国币六百五十九元之数不符，拟将原书内两月合计多列一元七角二分予以剔除，将第一项办公费减为五十八元二角八分，两月份经费应核减为国币一千三百一十八元，该款由该路第一期节余工程费项下开支等语，应准如拟办理。

密六、据建设厅签呈，据卸狗牙洞八字岭煤矿委员呈缴本年六月份办理结束临时费支付预算书，转请核示等情。饬据会计处核签，书列毫券二百五十一元四毫八仙原有未合，兹更正为国币一百七十四元六角二分，所请准在钨砂溢利项下拨支尚属可行等情，经准予办理。

密七、据会计处签呈，准秘书处函送本府二十八年度购置广播台单相电球水泵电掣版等项价款支付预算书，计共国币四千九百元，核案相符，请报告会议以完法案手续，并将预算书分别存转等情，应如拟办理。

八、据会计处签呈，准财政厅片送关于拨付筹建广东军人监狱开办费国币一万五千元一案，既系奉令垫拨，拟准备案等情，应准如拟办理。

九、接罗委员兼南路行署主任支电报，由桂赴柳，如贵玉路通，则由玉林，否则折回梧州，经罗赴署等语。

十、奉行政院电，本院第四四二次会议决议任命刘志陆为广东省政府委员。

讨论事项

一、奉广东绥靖主任公署函，请发给捕获从化县神岗维持会副会长谢抗一名奖金国币六百元一案，当经由府垫付，送请转发。兹奉绥署函复，经照转发具领等因。饬据会计处签，该款拟在本年度省地方预备费项下拨支归垫等情，请公决案。

（决议）照案通过。

二、据民政厅签呈，奉交审议罗委员兼行署主任提议，拟在南路设置卫生分处一案，谨陈审议意见，请察核等情，请公决案。

（会计处签拟）（一）查民政厅审议意见，拟将第三防疫署改组为卫生处南路办事处，于二十九年一月成立，似属可行，拟准照办。（二）查防疫区署编制已设有主任一员，原拟办事处增设主任一员，似非需要，拟予裁减，其余拟增设技士、科员、技佐等尚无不合，拟予照准。（三）原拟追加经常费及拨开办费一节，拟俟提会核准组织后，再饬核实，分别编造预算呈候核夺。

（决议）照会计处签拟通过。

密三、据教育厅签呈，拟添购抗战影片五套，连汇费、运费约需国币一万四千余元，除将本厅结存二十五、二十六年电化教育区经费剩余国币五千四百七十元零三角九分拨支外，尚不敷九千元，拟在本年度教育文化费收容战区退出员生经费内中小学教师服务团经费节存项下移拨等情，请公决议。

（决议）照案通过。

密四、据建设厅签呈，据广东全省长途电话委员会呈缴修理原有路线临时费预算书等，计需国币三千元零五角，拟请准予由库拨款修理等情，请公决案。

（会计处签拟）本案全部工程预算经由技术室核减为国币二千七百三十元零五角。据称修理各线系为畅通防空及军事通话起见，尚属需要，似可照准。该款拟在本年度建设事业费项下开支，并请提会核定。

（决议）照会计处签拟通过。

五、据民政厅签呈，据省警总队呈缴二十八年度临时杂支费预算书，计共国币八千七百八十二元九角六分，请准在该队经费节余项下开支等情，请公决案。

（会计处签拟）查前据粤侨通讯处东江护侨事务所呈，请发给行军费九百元，经九届八十三次会议议决，带路费、茶粥费剔除，余照给在案。现据民政厅呈转警察总队临时杂支费预算书第四项第二目第二第三两节，共列有茶水费二百零七元，核与粤侨通讯处东江护侨事务所请发之茶粥费性质相同，似应援案剔除，计原预算共列支国币八千七百八十二元九角六分，剔除上列茶水费外，其余各项节目，列支国币八千五百七十五元九角六分，查尚需要，似可准如所请在该总队本年度经费节余项下开支。

（决议）照会计处签拟通过。

密六、据建设厅签呈，据公路处转缴改善兴平路桥涵各项工程图则预算表章程等，计原预算共为国币一十万零六千三百九十元零四角五分，现共核减为国币九万九千五百九十三元一角，比较实应减少国币六千七百九十七元三角五分，请迅赐拨款办理等情，请公决案。

（决议）照案通过。先在本年度建设事业费项下拨发国币二万元，余在下年度建设事业费项下开支。

七、据建设厅签呈，据公路处呈缴公路征收汽车养路费各站开办费支付预算书，及本年度十一月至十二月份收支预算表，请核示等情，请公决案。

（会计处签拟）（一）查征收养路费为目前需要，似可举办。复核现缴预算书等件，数目尚符，计月列收入国币一十一万零一十一元三角二分，月支各站经费国币四千四百二十四元二角，开办费一万零六百元，拟请提会核定。（二）如奉核定，拟请照数追加省地方二十八年度岁入岁出预算，并请准照原列每月收支数额伸足十二个月，列入省地方二十九年度岁入岁出预算。（三）原经常费支付预算书第七项第一类第二节赏恤费，本拟剔除，但为数无多，姑予改为杂支，原数照列。

（决议）照会计处签拟通过。

密八、据财政厅报告，关于韶关连公路工程费经在建设事业费项下续拨五万元，请提会追认等情，请公决案。

（决议）照案追认。

密九、据会计处签呈，准财政厅片送第五区专署转缴丰顺县阻塞韩江河道工料费预计算书类，计国币一千元，查核预算书尚无不合，列数与预算亦属相符，该款拟请准在本年度建设事业费项下拨还归垫等情，请公决案。

（决议）照案通过。

十、据会计处签呈，准教育厅片送私立仲元中学二十八年度岁出预算书，及预算分配表，每月列支经费国币一千八百二十七元七角八分，自本年八月份起至十二月止，本年度五个月共九千一百三十八元九角，拟请照准等情，请公决案。

（决议）照案通过。

密十一、据第三区行政督察专员呈，据广宁县呈准税警总团函，嘱征集杉杆，该项费用由各乡镇摊担，应否照准，抑由省库拨还归垫等情，请公决案。

（决议）照案通过。款在建设事业费项下开支。

密十二、据第二区行政督察专员呈，拟设置驻韶通讯处，每月经费国币一百五十元，请准由十一月二十一日起按月拨给等情，请公决案。

（会计处签拟）查该署迁移连县拟在韶州设置通讯处似属需要，所缴经费预算每月列支国币一百五十元兹拟援照第五区专署设立通讯处成案每月准给经费国币一百元，自本年十一月二十一日起至十二月底止本年度一个月零十天共一百三十三元，款在预备费项下拨支。下年度列入预算。

（决议）照会计处签拟通过。

密十三、据第八区行政督察专员补缴该署设置收音机费预算书，计共国币一千四百六十二元二角八分，请准核销，将款发还归垫等情，请公决案。

（决议）应由该署先在节余项下开支。

密十四、据佛冈县长电陈，地方款困难，请按月由省库拨助无线电分台经临各费等情，请公决案。

（会计处签拟）查该县系属三等县份，本年度县总概算编列预备费为六千零四元，平均每月约五百元，且邻近战区地方，收入当不如常。现报地方款困难不能负担无线电分台每月经临各费国币二百七十一元九角二分，请由省库拨助尚属实情，惟全部补助自未便照准，除开办费仍由县款拨支外，拟援照龙门、三水两县前例由省库按月（由成立分台之月份起）援助经常费国币一百元至本年底止，在本年度省预备费项下拨支，余由县在地方款预备费项下拨足。并请提会核定。

（决议）照会计处签拟通过。

临时动议

十五、主席提议，准吴铁城先生代电，请补助香港中国文化协进会事业费等由，拟予一次过补助国币五千元，款在本年度预备费项下开支，请公决案。

（决议）照案通过。

广东省政府第九届委员会
第八十八次议事录

日　期　十二月十二日

地　点　韶关本府

出席者　李汉魂　胡铭藻　何　彤　顾翊群　许崇清　朱晖日

列席者　邹　洪（王作华代）　　杜之英（毛松年代）
　　　　高　信（地政局）　　桂竞秋（财厅）　　史延程

主　席　李汉魂

记　录　（秘书）熊公福　　（参议）陆冠裳

报告事项

一、据民政厅签呈，据卫生处呈，准普宁县函知移运本处药物共需运费国币二百五十元，拟在本年度卫生事业临时费节余项下开支，请示等情，饬据会计处核签，似可照准等语，应如拟办理。

密二、据会计处签呈，准财政厅片送梅县呈缴奉令阻塞韩江购运铅线赴峙溪费用预计算书，据查核尚无不合，计国币三百一十一元六角，拟请准在本年度建设事业费项下开支，饬库拨还归垫等情，应如拟办理。

密三、据建设厅签呈，据公路处呈缴第三工务总段驳接韶兴线长途电话工料费支付预算书，请核示前来。饬据秘书处核减为国币三百八十二元四角，并据会计处检签，原呈所请拟在该工务总段各月份节存经常费项下开支尚属可行，似可照准各等情，应如拟办理。

讨论事项

一、据财政厅签呈，拟定广东省非常时期银钱业经营规则，请察核公布施行等情。经发交本府设计委员会经济组审核后由秘书处签拟，分别修正，请公决案。

（决议）照设计委员会及秘书处意见修正通过。

二、据财政厅签呈，为革命老同志罗镩等养老金漏未列入预算，开具清表请核，饬处补列等情，请公决案。

（决议）照案通过。

密三、据建设厅签呈，关于连贺公路工程处修路队经费应否准予顾全事实，自本年五月份起至接收该路之日止，照原案十足支付，在该路第一期工料费节存项下拨支，请核示等情，请公决案。

（决议）照案通过。

密四、据秘书处案呈，准财政厅长函，为接徐谦君来函，以在港设办难童工艺救济院，呈请省府拨助国币一万元未见批示，抄送原函，请赐复等情。查振款短绌，拟补助国币三千元，在省救灾准备金余款项下拨支，请公决案。

（决议）照案通过。

密五、据本府广播电台呈缴二十八年度追加预算书，请照案拨款给领等情，请公决案。

（会计处签拟）（一）俸薪工资共列支一千一百一十六元九角四分，核案相符，拟准照列。（二）办公费列支五十五元五角六分，较原预算增列十三元八角九分，未据声叙增加理由，似应饬照原预算数四十一元六角七分元列支。（三）燃料费列支四百九十七元四角系照每月需用偈油三十加仑及柴油一百二十加仑，现在油价开列，关于油量方面经秘书处电讯组核明每月需用偈油二十加仑、柴油约一百加仑，依此计算偈油价只需二百一十三元二角，柴油价只需一百四十八元，合共三百六十一元二角，较现列四百九十七元四角计减少一百三十六元二角，似应饬照减列。（四）购置费列支一百元较原预算增二十二元二角二分，据称系增购唱片、唱针及电气材料、机房用品之需，似可准照增列。（五）招待费列支六十九元四角四分，核与原预算并无增减，拟准照列。

照上所拟，每月应共列一千六百八十九元二角五分，较现缴预算减少一百五十元九分，较原预算增加四百九十八元一角四分，本年度由九月份起计，四个月共增加一千九百九十二元五角六分，似可援照原预算案在本年度建设事业费项下开支。

（决议）照会计处签拟通过。

密六、据中苏文化协会广东分会呈，为经费困难，请赐维持，每月补助国币二百元等情，请公决案。

（决议）交下年度审查预算委员会审查。

七、据财政厅签呈，会同各机关审议南海等九十八县市局二十八年度地方岁入岁出概算书，请察核备案等情，请公决案。

（决议）照会计处签拟通过。

八、据省振济会呈缴购置冬季服装等费预算书，计共国币七千二百八十五元，请准由省库救灾准备金存余项下拨发等情，请公决案。

（决议）照案通过。

密九、据第一区行政督察专员电，为奉发电机经转饬各县领用，惟赤溪县以县款无着，无法成立电台，请准缓领或拨款补助，请核示等情，请公决案。

（会计处签拟）查赤溪系属特三等县份，地方款收入短绌，现报请从缓领运或拨款补助尚属实情，拟援照三水等县前例，该县分台经费计每月国币二百七十一元九角三分，自成立日起由省库在本年度省预备费项下按月拨助至本年十二月底止，仍着迅将成立日期报查，并编预算书呈核，请提会核定。

（决议）照会计处签拟通过。

密十、据保安处电呈缴保安团战时增设输卒经费支付预算书，计月列国币三万零九百九十元，请照案拨款应支等情，请公决案。

（决议）照案通过。款由该处尽先在经费节余项下开支，不足再由省库拨付。

十一、据秘书处拟就广东省战时贸易管理大纲及贸易管理处组织章程，请核示等情，请公决案。

（决议）交顾、朱二委员及会计处审查，由顾委员召集。

十二、主席提议，潮阳县长蔡奋初另候任用，遗缺派沈梓卿代理；新会县县长李务滋另有任用，遗缺派林仲菜代理，请公决案。

（决议）照案通过。

临时提议

十三、主席提议，恩平县县长麦健生辞职，拟予照准，遗缺拟派李超雄代理，请公决案。

（决议）照案通过。

广东省政府第九届委员会
第八十九次议事录

日 期　十二月十五日

地 点　韶关本府

出席者　李汉魂　胡铭藻　何　彤（假）　顾翊群　许崇清
　　　　朱晖日

列席者　邹　洪（王作华代）　何剑甫（民厅）
　　　　杜之英（毛松年代）　桂竞秋（财厅）

主 席　李汉魂

记 录　（秘书）熊公福　（参议）陆冠裳

报告事项

一、准广东省审计处函，复查审计部组织法规定，审计人员不得在其他机关任职，本处未便派员兼任广东省东江米粮运销委员会干事等由。经函复免派，并将组织章程修改及分函查照。

二、据财政厅签呈，核议关于阳春县提拨祖尝充抗战经费仅及谷价十分之一，既为民众乐输，似可照准，并拟饬将提拨总额截至十一月底止，已收未收数目先行报核，并限本年底止清结，将收入户名细数造册交财委员会审议公布等情，经如拟办理。

三、据保安处签呈，垫发揭阳县第二区蕉山乡壮丁队伙食共七百九十元零四角，拟请准予由省库预备费项下发还归垫等情。饬据会计处

476

核签，拟饬在该处本年度经费节余项下开支等语，应如拟办理。

密五①、据梅菉管理局电报无线电台运饥费及开办费共国币六十五元暨本年十一月份经费二百七十一元九角三分，合共国币三百三十六元九角三分，请如数由省库拨发，至十二月份经费由局自发等情。饬据会计处查核尚合，拟准由本年度省预备费项下一次过拨发等情，应如拟办理。

密六、据财政厅报告，本省各地公路有关战略者均经奉令破坏，对于整箱卷烟运输颇感困难，兹特订广东省战时管理卷烟分包担运办法颁布施行，请察核备案等情。应准予备案。

七、据广东存粮管理委员会呈报结束日期，连同结束预算暨留办结束人员姓名表，请察核备案等情，应予照准，所缴预算交会计处查核拟复。

八、据会计处签呈，遵照议决案修正编审二十九年度省地方岁出概算原则，请分别函行等情，经准如拟办理。

讨论事项

一、据秘书处呈缴二十八年度及二十九年度巡回视察出差旅费岁出预算书，计二十八年度列支国币二千九百一十元，二十九年度列支国币三万四千九百二十元，请分别存转等情，请公决案。

（会计处签拟）据呈缴巡回视察出差旅费岁出预算书，二十八年度（十二月一个月）列国币二千九百一十元，二十九年度列三万四千九百二十元，尚属需要，核案亦无不合，兹拟将二十九年度原列预算数照列入二十九年度省总概算，二十八年度原列预算数国币二千九百一十元，现事实上十二月已经开始，拟拨发半数，以重库存，将来仍由秘书处负责据实报销，现发之款拟在二十八年度省预备费项下开支。

（决议）照会计处签拟通过。

二、据秘书处签呈，奉谕编辑二十九年元旦特刊，约需稿费及印刷费国币二千五百元，请提会发给等情，请公决案。

（会计处签拟）查本府编辑二十九年元旦特刊，现秘书处编译室签拟排印二千册，约需稿费及印刷费国币二千五百元，请提会核定发给等

---

① 原文缺第四项。

情。查该特刊将来印发后，据称可收回价款约八百元，现所需稿费及印刷费，似可先行饬厅用暂付款科目照数拨付应用，俟印发后，由秘书处将收得价款扣出，照实际需支数目，编具预算书，呈府时再行核定，由本年度省地方预备费项下开支。

（决议）照会计处签拟通过。

密三、据会计处签呈，七区专署架设两阳及罗阳两话线，除两阳话线所需费用经第七十三次会议通过外，尚有罗阳话线费国币四千八百八十三元四角，拟请补提会核定并准由本年度建设事业费项下拨支等情，请公决案。

（决议）照案通过。

密四、准广东全省防空司令部电复，第三区防空指挥部指派人员前往各县视导策动防空事业旅费经本部核减为国币六百三十九元，请核发该部具领等由，请公决案。

（会计处签拟）查第三防空区指挥部呈，拟指派人员前往各县视导策动防空事业，其编呈旅费预算业经本府核减月支三百零八元，三个月共支九百二十四元，函请省防空司令部在海口区指挥部临时费节余项下支给在案。现准电复，前由是否实情，无从揣测。现该项视导旅费既据防空司令部核减共需国币六百三十九元，为敏捷起见，该款拟准由本年度预备费项下支拨一个半月，另由二十九年度预备费支援一个半月（因用电话询明该团已于上月下旬出发），仍候提会核定。

（决议）照会计处签拟通过。

五、据建设厅签呈，据工业管理处呈缴农具制造厂筹备费暨开办费概算书，计筹备费国币三千三百零五元，开办费国币一万零八百元，查所列数额与案相符，请核示等情，请公决案。

（决议）照案通过。

密六、据省立临时医院筹备处签呈，拟具建筑计划书预算章表图则合约等件，计预算需建筑费国币四万六千六百一十五元五角七分，请察核迅赐决定施行等情，请公决案。

（会计处签拟）原呈计划及图则工程合约章程、工料价值估计表预算书等件，经送秘书处技术室审查，现准复大致尚合，惟各项细数审核需时，恐有延误开办时间，似可准先提会决定然后再加详核等语。查建筑费预算列支国币四万六千六百一十五元五角七分，为数甚巨，本年度预算无法全部指拨，拟饬财政厅先在本年度救灾准备金科目余款项下拨发一万元应支具报，其余拟俟年度开始后在明年度该科目项下指拨，仍请提会核定。

（决议）照会计处签拟通过。

七、奉广东绥靖主任公署函，据中山县呈缴捕获该县第九区小黄圃乡伪治安维持会副会长陈××，伪维持会员陈××、翁××，反动分子郭××等判决书，经核明分别判决，查与本省捕杀敌伪组织官员奖励办法相符，希依法饬县给与【奖励】等因，请公决案。

（会计处签拟）查中山县捕获小黄圃乡伪维持会副会长陈××等一案，既经秘书处核拟奖国币六百元，至捕获该伪维持会会员陈××、翁××二名，虽依奖励办法无明文给奖，但按其情节，似宜变通办理，可否作为特许奖励，每名酌给与金二百元，连陈××六百元，共一千二百元，签奉核定提会。该项奖金拟援照成案，在本年度省预备费项下开支，请并提会核定。

（决议）照秘书、会计两处签拟通过。

八、据南海县呈报捕杀伪伯和村长邝××一名，请准照章给奖等情，请公决案。

（决议）特予给奖国币一百元，款在预备费项下开支。

九、主席提议，宝安县县长邓雄另有任用，遗缺派幸耀燊代理，请公决案。

（决议）照案通过。

十、主席提议，中山县县长张××撤职，交本府吴委员飞察看，并着随同服务，戴罪自赎，遗缺派吴委员飞兼理，请公决案。

（决议）照案通过。

密十一、顾委员、朱委员、杜会计长会复奉交审查战时贸易管理大纲及管理处组织章程一案，遵于十四日召集审查，除将大纲酌加修改外，并将管理处及监察委员会各别订定组织章程，以明体系而分权责，请察核等语，请公决案。

（决议）照审查案修正通过。

广东省政府第九届委员会
第九十次议事录

日　　期　十二月十九日

地　　点　韶关本府

出席者　李汉魂　胡铭藻　何　彤　顾翊群　许崇清　朱晖日

列席者　史延程（病假）　吴迺宪　杜之英（毛松年代）

　　　　高　信（地政局）　何剑甫（民厅）　桂竞秋（财厅）

　　　　郑　丰（党部）

主　　席　李汉魂

记　　录　（秘书）熊公福　（参议）陆冠裳

报告事项

一、据教育厅签呈，据省立曲江小学呈，请自九月份起增加消耗费每月四十元，似应照准等情。饬据会计处核签尚属需要，所请仍在收容战区退出员生经费项下开支尚属可行，拟请照准等语，应准如拟办理。

密二、据建设厅签呈，本厅奉令派员赴南雄第四战区党政军干训团受训各员携带之装具购置费共国币二百四十一元，该款拟在本厅二十八年度经常费项下列支等情。饬据会计处核签，似可参照各区专员公署派员受训支给旅费办法准在该厅本年度经常费项下开支，并案报销，等语，应如拟办理。

三、据第四战区广东存粮管理委员会呈，拟将接收粮管处现款及开投湘谷米款继续拨还财政厅借拨购粮基金国币二十万元等情，应准予照办。

密四、据英德县呈报，第一区六保奉令破坏粤汉路基民工张公林因公受伤身死，拟依照规定酌给予遗族一次过恤金国币一百五十元等情，经准予如呈给恤，饬财厅在预备费项下开支。

讨论事项

一、据建设厅签呈，据公路处呈缴改建连山长桥工程费未有列入连贺路第二期工程费预算，请另拨款办理前来。请转饬财政厅将该项工程费国币一万二千七百八十九元二角九分从速拨发，俾资赶办等情，请公决案。

（会计处签拟）查公路处改建连山长桥工程费预算书前经建设厅减定为一万二千七百八十九元二角九分，并经本府技术室核明预算大致尚合，暨批转饬遵照技术室原签意见注意办理在案。现请将该项工程费拨发俾资赶办等情，查该段长桥如须改建，当于明年方能开始，所需工程费似可准由下年度建设事业费项下开支，仍请提会核定。

（决议）照会计处签拟通过。

一、据建设厅签呈，转缴东江船务管理所二十八年度岁入概算书、岁出经常费概算书暨预算分配表，每月经常费数列二百四十元，请核示等情，请公决案。

（决议）照案通过。

密三、据秘书处签呈，拟再每月增加本府电讯组经费国币一百一十元零四角二分，连同本年度陆续增加超出经费共约三千八百六十二元四角六分，除拟将该组一至三月份未支经费一千八百零三元全数拨抵外，尚不敷二千零五十九元四角六分，拟在交通网开办费节余项下拨支。至二十九年度每月份经费仍请照新预算国币一千三百四十五元一角三分，请提会核定等情，请公决案。

（决议）照案通过。

密四、据第一区邓卸专员请拨还垫支子弹运费国币一万元一案，饬据会计处签拟，除据呈表列已向台山等县提借运费国币二千八百九十元应候查明外，其余垫付国币七千一百一十元似可准予提会核议，款在本省自卫团队经费节余项下拨付归垫等情，请公决案。

（决议）照会计处签拟通过。

密五、据第四区行政督察专员电，请暂拨国币三千元，俾从事生存根据地各种屯储构筑设备之用等情，请公决案。

（决议）交秘书处核办。

六、奉广东绥靖主任公署函，据捕获番禺伪杨荷治安维持委员会主席高××及伪警备队自卫团团丁高××二名，经饬迅明依法判决，希依例给奖等因，请公决案。

（会计处签拟）查一五七师捕获番禺杨荷乡伪维持会会长高××既经秘书处核，拟给奖国币六百元，该项奖金拟援照成案在本年度省地方预备费项下拨支，请并提会核定。

（决议）照秘书、会计两处签拟通过。

七、据建设厅签呈，据工管处呈缴二十八年度临时搬运费支付概算书，计共国币二千一百二十四元，查属急要，拟请准由该处本年度营业收入项下拨支等情，请公决案。

（决议）照案通过。

八、据翁源县呈缴调查国民兵役办公费预算书，计共国币三百六十一元一角一分，请照数发给等情，请公决案。

（会计处签拟）查翁源县现补呈该县办理初次施行壮丁调查办公费及书簿表册费预算书，所列各数核均与规定相符，其原列调查办公费共国币三百四十七元二角二分，拟援照本府第九届委员会第三十五次会议核定防城县成案在本年度省款预备费项下拨支。至原列书簿表册费共国币一十三元八角九分应在本年度省地方预算协助费内各县办理国民兵役应备书册表簿费项下支付。

（决议）照会计处签拟通过。

密九、据保安处签呈，本年五月一日派员在惠阳成立新兵大队，收容深圳逃难壮丁，共支出经临各费国币六千九百一十一元九角二分，请准由二十八年度保安团队节余项下开支等情，请公决案。

（决议）照案通过。

密十、据秘书处签呈，本府由连县迁曲江，迁移等费共支出国币八万七千九百六十二元，该款经先行垫支，请提会追认由省库动支拨还等情，请公决案。

（会计处签拟）查本府九届第六次会议关于提议本府各厅处迁移曲江办公一案，原提议书后段"设备修造"等费除卫生处由府核发外均准在各厅处节余项下核销；决议原文第三段"搬迁费如无节余经费准另列预算请领"各等词，现查秘书处所拟迁移费顶算书共列支八万七千九百六十二元，大部分均为搭棚及构筑费。惟本府委员会及秘书处本年度经费并无节余，该项迁移费似可在本年度省预备费项下拨支归垫，仍请提会核定。

（决议）照会计处签拟通过。

十一、据秘书处签呈，关于郑正芬等因大散墟筑埗争执事件不服阳江县政府处分提起诉愿一案，经审查完竣，拟具决定书，请提会核定等情，请公决案。

（决议）照决定书通过。

十二、据南海县呈报，击毙伪第九区九十六乡副乡长、伪第九区十一约维持会会长、伪第九区西梯云分局长李××一名等情，请公决案。

（会计处签拟）据查南海县捕杀伪第九区西梯云分局长李××一案，既经秘书处核拟给奖国币四百元，该项奖金拟援照成案在本年度省预备费项下开支，仍请提会核定。

（决议）照秘书、会计两处签拟通过。

十三、委员兼财政厅长提议，具广东省各县县库透支借款办法，请公决案。

（决议）照案修正通过。

十四、委员兼财政厅长提议，兹为统一本省各级征收机构，提高征课效能，适应战时需要起见，拟具广东省各级征收机关组织规程改组办法，改组后经费支拨办法等件，请公决案。

（决议）照案修正通过。

密十五、主席提议，查本府南路行署负屏障南路推进战时要政之责，际此戎事方殷，不时需款，拟于省款特别备用金内酌拨若干划拨茂名金库以备交该行署急需时得资因应，请公决案。

（决议）划拨国币五万元，提用办法交财政厅、会计处妥拟呈核。

十六、主席提议，吴川县长刘应时另候任用，遗缺派县政人员训练所研究员梁汉强代理，请公决案。

（决议）照案通过。

临时动议

密十七、主席提议，准第三十五集团军总司令部转送暂编第二军经临费预算到府，因发还更正尚未据复。现查该军部、师部亟待成立，拟由省库先行拨借军部经费二万元，师部共借五万元，该款在明年一月份该军经费内扣除，请公决案。

（决议）照案通过。

十八、委员兼财政厅长提议，拟具广东省财政厅缉私处组织规程草案，请公决案。

（决议）交何委员、胡委员、吴保安处长审查。由何委员召集。

广东省政府第九届委员会
第九十一次议事录

日　期　十二月二十三日

地　点　韶关本府

出席者　李汉魂（公假）　胡铭藻　何　彤　顾翊群　许崇清
　　　　朱晖日

列席者　郑　丰（党部）　史延程（法院）　吴迺宪（保安处）
　　　　杜之英（会计处）　高　信（地政局）　桂竞秋（财厅）

主　席　李汉魂（胡铭藻代）

记　录　（秘书）熊公福　（参议）陆冠裳

报告事项

一、据建设厅签呈，据农林局编呈二十八年度森林防火运动岁出预算书，所列森林防火运动临时费三百元与核准原案数额尚属相符等情，饬据会计处签拟，分别存转等语，应如拟办理。

二、据保安处签呈，第十一团阵亡排长庄桐损失公款一百一十三元，拟请准由本年度团队历月节余经费项下先行拨还，再饬依法补报汇呈核销等情。饬据会计处核签，似可照准在该处本年度保安团队经费节余项下开支等语，应如拟照办。

讨论事项

密一、据本府广播电台签呈，拟请购备二十九年一月至十二月内地及海外两播音机应用之燃料柴油十二吨、偈油九百加伦运韶备用等情，请公决案。

（会计处签拟）查前据广播电台呈，拟购储燃料，请提前将该台本年七月至十二月份燃料购置费一次拨发一案，经提会核准照拨在案。现据该台请预购二十九年全年应用燃料柴油十二吨、偈油九百加伦，现经"秘书处签拟"，查本府前储足六个月用油数量未列入广播台备用油数，现据该台拟请购备下年度需用油料似属需要，惟如储足一年度用则数量过多，核与原案不符，拟准由府代购储六个月用柴油六吨、偈油四百五十加伦备用，所需价款拟援案将该台二十九年度一月至六月份应领支燃料费共国币二千一百六十七元二角提前一次拨付，分六个月扣还（由二十九年一月起扣），仍请提会核定。

（决议）照秘书、会计两处签拟通过。

二、奉广东绥靖主任函，据拿获番禺第三区伪治安维持会联合总会委员兼伪大沥村长王××一名，经饬讯明判决，希依例给奖等因，请公决案。

（会计处签拟）查捕获番禺第三区伪治安维持会联合总会委员兼大沥村长王××一案，经秘书处签拟，给奖国币六百元，核与本省捕杀敌伪组织官员奖励办法之规定尚无不合，拟请援照成案准在本年度省预备费项下拨支。

（决议）照秘书、会计两处签拟通过。

三、奉广东绥靖主任函，据擒获番禺龙湖乡伪治安维持会会长叶×一名，经饬迅明判决，希依例给奖等因，请公决案。

（会计处签拟）查捕获番禺龙湖乡伪维持会会长叶×一案，经秘书处签拟，给奖国币六百元，核与本省捕杀敌伪组织官员奖励办法之规定尚无不合，拟请援照成案准在本年度省预备费项下拨支。

（决议）照秘书、会计两处签拟通过。

四、奉广东绥靖主任函，据捕获花县杨屋村伪维持会会长杨××、大陵乡伪维持会会长常××二名，经饬讯明判决，希依例给奖等因，请公决案。

（会计处签拟）查捕获花县杨屋村伪维持会会长杨××、大陵乡伪维持会会长常××一案，经秘书处签拟，各给奖金国币六百元，共一千二百元，核与本省捕杀敌伪组织官员奖励办法之规定尚无不合，似可援照成案，款在本年度省预备费项下拨支。

（决议）照秘书、会计两处签拟通过。

五、据民政厅签呈，据广东省警总队呈缴追加薪俸概算书，计国币七百三十七元四角九分，请察核办理等情，请公决案。

（会计处签拟）据编呈预算书，列支薪俸每月国币一百四十五元八角三分，与案相符。又据拟将该副总队长练秉彝比照该队陈副总队长子和同等待遇每月支特别办公费国币一百元，核与前案原则尚无不符，如奉核准照办，拟并由本年十月一日起支本年度三个月共计国币七百三十七元四角九分，在该队经费节余项下开支，下年度应列入该队概算内，至经费总额不再增加，拟请提会核定。

（决议）照会计处签拟通过。

密六、据财政厅报告，河源县加强破坏公路及加掘陷井工食经在本年度建设事业费项下拨支国币三千元，请提会追认等情，请公决案。

（决议）照案追认。

七、据财政厅报告，清远县修筑基围工料费经在本年度救灾准备金余款项下拨支国币一千元，请提会追认等情，请公决案。

（决议）照案追认。

密八、据财政厅报告，第七区行政督察专员公署架设化县至桂省边界电话工料费经在本年度建设事业费项下拨支国币一万元，请提会追认等情，请公决案。

（决议）照案追认。

密九、据建设厅签呈，转缴药棉厂计划书，请核示饬遵等情，请公决案。

（会计处签拟）本案经送准秘书处技术室核复，该厂计划及制造开办等费尚属核实等语，复核书列各数相符，该厂筹备费三千零五十一元（包括在开办费内），开办费国币五万八千九百五十一元（内包括流动资金四万一千元），年列支出一十七万一千五百一十四元八角，年列收入国币二十万零五千二百元，比对每年盈利国币三万三千六百八十五元二角，据称该厂所需开办经常各费拟请准在省营工业管理处营业基金项下拨支开办，似可照准。至开办时仍应依照规定编具营业概算呈核，拟请提会核定。

（决议）照会计处签拟通过。

密十、据建设厅签呈，转据公路处第一工务总段呈缴汽车胎购置费预算书，计共国币一千七百元，拟请准在该段经费节余国币二千五百一十元三角九分项下拨支购换等情，请公决案。

（会计处签拟）查原呈只缴前项预算书，并未将估价单呈缴，本属无从核办。现据该厅呈称，查核所称尚属实情，此项购置费共国币一千七百元拟请准予在该段经费节存项下拨支购换，仍请提会核定。

（决议）照会计处签拟通过。

十一、据保安处签呈，编具双十节犒赏费支付预算书，计共国币四千零九十四元，款由团队经费历月节余项下开支，请察核备案等情，请公决案。

（决议）照案通过。

十二、据秘书处签呈，本府及民政厅派赴重庆受训人员共四员，所支旅费共国币二千四百元，请提会指款开支等情，请公决案。

（会计处签拟）查本府及民政厅派赴重庆受训人员共四员，共支旅费国币二千四百元，本府经费既属无从拨付，拟请提会核定在本年度省地方预备费项下开支。

（决议）照会计处签拟通过。

密十三、准军管区司令部电复，本省保安团队似可援照军政部颁行战时残废疾病士兵除役、停役实施办法办理。至归休费给与似应由省库开支等由，请公决案。

（会计处签拟）查前据保安处签呈，关于保安团队可否援用战时残废疾病士兵除役、停役实施办法。经电奉军政部代电，饬径向广东省政府呈请核示转呈到府，当经电请军管区司令部核复在案。查各部队士兵退伍归休费用依照陆军征募及退伍归休费给与规则第八条"退伍归休士兵自离营之日起至到达原籍之日止，按照所需日程每名每日支给养费国币两角、零用费一角，由原属部队造具证明册依法报销"。又第十条"各部队每年所需退伍归休费应于呈请士兵退伍归休时按第八条规定造具退伍归休费预算书呈候核发……"等规定，原可向军政部请发，但保安团队经费系由省府支付，保安部队士兵归休费用似可由保安经费预算预备费项下支给，据实报销，仍请提会核定。

（决议）照会计处签拟通过。

十四、据广东省县政人员训练所呈缴二十八年度临时费支付预算书，计列旅费国币一万元，请察核备案给领归垫等情，请公决案。

（会计处签拟）前据财政厅报告，奉饬垫付国币一万元，汇交茂名第七区保安副司令收，为率领学生队来韶之用。此款究在何款开支，请核示等情。当奉核定，由县政人员训练所经费项下拨还归垫，并分别通知在案。现据编缴二十八年度临时费预算书，列支旅费国币一万元，据称该所预算原无此项目，请给领归垫等情，似应在该所节余经费项下开支，拟请提会核定。

（决议）照会计处签拟通过。

十五、据广东省地方行政干部训练所呈复，九月以前派出工作学员旅费拟在本所经常费节余项下开支。近又准民厅派出工作学员六员，计旅费一百四十九元，合共支出旅费国币一万一千五百一十四元，请察核等情，请公决案。

（会计处签拟）前据该所呈报，在节余经费项下垫支派出工作学员旅费国币一万一千三百六十五元，当以此项旅费在何款开支应即呈明并编缴预算呈核等词，指复遵照在案。现据将旅费预算编缴前来，列支旅费国币共一万一千五百一十四元，较前增加一百四十九元（据称准民厅派出自治协助工作学员六人，旅费一百四十九元），核尚需要，所请在该所每月节余经费项下开支尚属可行，拟请照准提会核定。再查该所既早经结束，所存节余经费应饬扫数解库，列表具报。

（决议）照会计处签拟通过。

十六、主席提议，惠来县长李绍钦另候任用，遗缺派庄剑兰代理；鹤山县长欧兼另候任用，遗缺调高明县长邓公烈代理，递遗缺派县政人员训练所研究员张绍琨代理，请公决案。

（决议）照案通过。

十七、主席提议，南雄县县长韩源另有任用，遗缺派李世安代理。请公决案。

（决议）照案通过。

密十八、主席提议，查开平、恩平、高明、新兴、台山、鹤山等六县各增编自卫队三中队一案，前经饬令于十二月十六日成立，所需开办费每中队五十元共九百元；又分队长以下铜鼓帽、胸章代金每员三角；又经常费每中队每月国币九百四十九元四角八分，共月支一万七千零九十元零六角四分，兹饬编具概算，经会计处签拟，本年度所需各款拟由省预备费项下开支等情，请公决案。

（决议）照会计处签拟通过。

广东省政府第九届委员会
第九十二次议事录

日　期　十二月二十六日

地　点　韶关本府

出席者　李汉魂　胡铭藻　何　彤　顾翊群　许崇清　朱晖日

列席者　史延程（法院）　吴迺宪（保安处）　杜之英（会计处）
　　　　桂竞秋（财厅）　郑　丰（党部）　李云良（财厅）
　　　　高　信（地政局）

主　席　李汉魂

记　录　（秘书）熊公福　（参议）陆冠裳

报告事项

一、据建设厅签呈，据农林局呈，为延长冬耕工作一月，该月经费拟在冬耕专款节余项下拨支，经指复照准，请备案等情。饬据会计处核签，查核尚无不合，似可照准予备案等语，应如拟办理。

二、据阳山县呈，请核拨该县税捐征收处课员吴正之遭受空袭损害救济费国币一百元等情。饬据秘书处核签，核与救济办法尚无不合，拟准予所请在省预备费项下饬财政厅照拨等语，应如拟办理。

讨论事项

一、准广东省军管区司令部函，请自二十九年一月份起按月补助自卫队不敷经费二万元等由，请公决案。

（会计处签拟）查军管区司令部函送每月份经费收支概算表，其收入部分所列数目核案相符，至支出部分所列数目本处无案可稽，但查散总数目尚属相符，其收支比较不敷二万元之数既奉批准照增加，似可在二十九年度省地方预算保安团队经费项下增列，自二十九年一月份起拨。请一并提会核定。

（决议）照会计处签拟通过。

密二、据财政厅报告，建设厅架设连贺电话费经在本年建设事业费项下拨支国币一万元，请提会追认等情，请公决案。

（决议）照案追认。

三、据教育厅报告，于本年十月份起由二十八年度补助各县市义务教育经费节余项下拨助黄岗小学经费每月国币三百三十九元等情，请公决案。

（决议）照案通过。

四、据建设厅签呈，编缴建设厅连连阳乳调查团经费概算书，计列支国币五千零二十七元八角，拟请由本厅钨砂价款项下拨支等情，请公决案。

（决议）照案通过。

密五、据本府连连阳乳四属建设办事处呈，为另拟本处编制表，请准分别商调仄另派人员克日来处相助等情，请公决案。

（决议）照案通过。

六、据秘书处案呈，关于罗善初因请求发还店产红款事件不服五华县政府批示之处分提起诉愿一案，经审查拟具决定书，请提会核定等情，请公决案。

（决议）照决定书通过。

七、据第五区行政督察专员电报饶平县陈县长率属杀敌并获俘虏战利品等情。查该县长此次率队杀敌忠勇可嘉，除电复嘉勉，并着查明杀敌得力人员报候核奖外，特先给奖金一万元用示鼓励，请公决案。

（会计处签拟）查本案经奉核定给奖一万元，经秘书处第二科在本府经费项下垫支汇发在案。此款拟在本年度预备费项下拨支，仍请提会核定，饬由财政厅拨发归垫。

（决议）照会计处签拟通过。

八、据连县政府呈报，奉派中央警官学校毕业学生王伸文等十名到县实习，计每月每人应支薪津国币三十元，合计月支三百元，若由县地方款项下支给实无力负担等情。经饬改由广东省县政人员训练所于节余项下支拨补提会请追认案。

（决议）照案追认。

密九、据保安处签呈，遵令重行编造右地区队司令部编制预算书表，计每月列支一千二百元，请察核等情，请公决案。

（决议）照案通过。

十、据民政厅签呈，造具本厅追加二十八年度下半年经常费、办公费项岁出岁入概算书，请备案等情，请公决案。

（决议）照案通过。

密十一、据财政厅签呈，核议关于惠来县借筹普训队战时伙食准备费国币八千元，照鱼蛋担捐原额加倍征收四个月，似可准予照办等情，请公决案。

（决议）照案通过。

十二、据秘书处签呈，拟广东省候用公务员招待所组织章程仄候用公务员招待简章暨候用公务员登记审查办法，请提会核定等情，请公决案。

（决议）交何委员、顾委员审查，由何委员召集。

十三、主席提议，遂溪县县长符麟瑞另候任用，遗缺派陆匡文代理，请公决案。

（决议）照案通过。

十四、据省振济会呈，请将二十八年度救灾准备金存余款金数拨会办理救济义民事宜等情，请公决案。

（决议）照案通过。

密十五、查曲江、乐昌、翁源、南雄、始兴、乳源、连县、连山、阳山、仁化、英德等十一县增设自卫队经费每月共计需支国币二万九千四百一十七元六角四分；又服装费一次过共国币一万零六百元；又龙门县增设自卫队三中队，经费每月共需支国币二千八百四十八元四角四分。饬据会计处签拟，似可准自各该队编成之日起并在省款预备费项下拨支等情，请公决案。

（决议）（一）经费照原案通过在保安团队经费增列开支。（二）服装费在军管区自卫团经费节余项下开支。（三）由二十九年度起每月增列保安团队经费预算十万元。

十六、何委员、吴委员、吴处长会复，奉交审查财政厅缉私处章程一案，谨酌加修正，请核示等语，请公决案。

（决议）照修正案修正通过。

广东省政府第九届委员会
第九十三次议事录

日　期　十二月二十九日

地　点　韶关本府

出席者　李汉魂　胡铭藻　何　彤　顾翊群　许崇清　朱晖日

列席者　杜之英　毛松年（会计处）　李云良（财厅）
　　　　高　信（地政局）　吴迺宪（刘时亮代）

主　席　李汉魂

记　录　（秘书）熊公福

报告事项

密一、据财政厅报告，据梅县政府呈报垫支代接运第四路军总部电器材料、军毡、油渣等费，经奉汇还，无庸抵解，缴回支令请核销等情。饬据会计处签拟，似可将前案撤销等语，应如拟【办理】。

二、据秘书处签呈，为统计事业费拟在二十九年度开支，附呈预算书，计列支国币一万一千三百元。饬据会计处核案相符，拟在二十九年度省预备费项下拨给等语，经准如拟办理。

密三、据建设厅签呈，编缴狗牙洞八字岭煤矿办事处二十八年六月办理结束临时费预计算比较及请追加数目表，请准追加国币七十八元零二分，仍照前案在本厅征存钨砂款溢利项下拨支等情。饬据会计处核拟批复照准，经如拟办理。

密四、据建设厅签呈，据公路处呈缴工程费汇费表及工程费区别细明表，请核办等情。饬据会计处核签，表列汇费及电费共国币八百九十六元一角五分，似可批饬准由领款各段、处在各该领款数内支销等语，经如拟办理。

讨论事项

一、准第四战区党政军联席会议秘书处函复，本战区编纂委员会经

492

费自二十八年十二月份起拨支，请察照等由，请公决案。

（会计处签拟）现准党政军联席会议秘书处二十八年十二月八日联秘字第七十八号公函，以此案经询悉，长官部谓已通知本府自十二月份起拨支，但查本府并未奉到此项通知。现既准通知由十二月份起拨支，计每月增拨七百三十五元，连原拨七百三十五元合共一千四百七十元，似应照办，拟请提会核定。本年度款在预备费项下拨支，二十九年度列入省总概算。

（决议）照会计处签拟通过。

二、据民政厅签呈，据省警总队呈缴编余员佚垫支薪饷清册，计共垫支国币五百零二元零五分，请准在本队本年度节余经费项下开支，似可照准等情，请公决案。

（决议）照案通过。

三、据建设厅签呈，为盖搭区分部办公处及书报室等棚厂及用具费共一千三百八十四元，拟在本厅前任移交生丝检查费项下拨支，请备案等情，请公决案。

（决议）照案通过。

密四、据建设厅签呈，据长途电话管理委员会呈缴盖搭会址临时费预算书件，计共国币二千元，查属需要，拟照准并请饬库照拨等情，请公决案。

（会计处签拟）本案经送准技术室核复，该会盖搭会址工料费预算大致尚合，复查书列数目相符，该款国币二千元似可准在本年度预备费项下开支，并请提会核定。

（决议）照会计处签拟通过。

密五、据建设厅签呈，据公路处转缴增设韶州西河及南门河渡车木船工程费支付预算书图则，该项工程费四千四百一十六元六角六分，拟请饬库照拨等情，请公决案。

（会计处签拟）本案经送准技术室核复，尚属核实，本处复查书列数目相符。该款国币四千四百一十六元六角六分似可准在本年度建设事业费项下开支，并请提会核定。

（决议）照会计处签拟通过。

六、据建设厅签呈，据农林局呈缴策动田螺涌塘头背各村民众营造乡村林计划书及二十八年度策动田螺涌塘头背各村民众营造乡村林专款概算书，查核大致尚无不合，该款国币四百六十元，所请在该局徐闻、琼崖两垦殖场经常费结存项下拨支，似可照准等情，请公决案。

（会计处签拟）本案经送本府秘书处技术室审核，认为大致尚合，似可照准办理。本处复查书列数目相符，该款国币四百六十元据原呈称拟在凌前任移交徐闻、琼崖两垦殖场经常费结存款国币一万零八百二十四元九角一分项下提拨等词。该项造林预算数国币四百六十元似可在本年度建设事业费项下开支，准在前任移交垦殖场结存款项下拨支抵解，至该项结存余款国币一万零三百六十四元九角一分仍饬依章扫数解库，并请提会核定。

（决议）照会计处签拟通过。

密七、据建设厅签呈，据公路处转缴重新编造连贺公路第二期工程总预算表等，请求一律维持原案，加具意见，请核示等情，请公决案。

（会计处签拟）（一）查连贺公路工程处第二期工程费总预算书内列第一项工程费一十四万八千八百二十八元一角八分；第三项监理费九千六百九十九元二角；第四项汇费八百一十元均经建设厅核明，似可准予照列，本处复核元异，拟请照准。（二）关于运输费一项，请维持原案。现呈所称及预算书备考栏所注运输车之用途未尽与前案相同，声复理由殊欠确当，惟但该项工程将届完成，实际或经支出，为免因公赔累计，似可姑予准照列支。（三）上列四项如奉核定，计全期工程费为一十六万三千八百一十七元三角八分，除由库先后拨过（由第一期工程费余款流用六万元，由本年度建设事业费项下第一次拨二万元；第二次拨三万元；第三次拨五万零八百三十三元二角五分）共一十六万零八百三十三元二角五分外，尚应续拨二千九百八十四元一角三分，该款并拟准由本年度建设事业费项下拨付。以上各点拟请提会核定。

（决议）照会计处签拟通过。

密八、据第五区行政督察专员呈缴丰顺县修复丰隍公路征集民工伙食费预算书类，请将该县垫支民工伙食费毫券一千一百零二元二角投还归垫等情，请公决案。

（会计处签拟）查准建设厅原片称，本案既经呈奉核定，似可依案核发等由。兹经复核支计数目总散相符，又无超越原核定预算数额，似

494

可准予存转核销。该款毫券一千一百零二元二毫折合国币七百六十五元四角一分拟在本年度建设事业费项下开支拨还归垫，并请提会核定。

（决议）照会计处签拟通过。

九、民政厅长、教育厅长、吴委员会复，审查广东省县政人员保障暂行办法意见书，请公决案。

（审查广东省县政人员保障暂行办法意见）（一）查原拟所称县政人员未有明确标准，于适用上恐发生疑义，拟明定县政人员为县政府依县各级组织纲要应置之人员。（二）原拟第二条所列各种人员未将考试及格者列入。且本条既规定该五种为应保障之人员，而第三条又规定"此项（即合格人员）经由省政府委派之县政人员……均受本办法之保障"。是则所受保障者并不以该五种为限，未免前后不能一贯，拟加改正，并将考试及格人员列入。（三）原拟第三、四、五各条均涉及任用、惩戒、拘押各项手续，而其手续又有已为刑事诉讼法所规定者，有与中央颁布之任用、惩戒、法规未尽相符者。按之省单行法规不得与中央法令抵触之原则，自有未合，拟一律删除。至将来县政人员之任用如本省有另行规定之必要，可由省政府通令行之，毋混入保障办法之内。（四）原拟第四条县政人员被惩戒而免职时，其继任者县长不得遴员请委；及第五条辞职非经省政府核准后不得离职，具同意虽为防止故意罗织或被迫请辞而设，然任用既有程序可循，停职、免职又有相当保障，此种现象当不致发生，且过于拘束繁琐，执行上恐有困难，拟概予删除。（五）原拟第五条对于裁员之标准拟再规定其顺序，并规定被裁之考试及格人员由省政府另予任用；被裁之经铨叙或经训练人员得声请省政府酌量任用，以示保障。（六）保障之最有效办法为非依法律不得停职或免职。但一律过于严格恐有窒碍，拟仿照中央颁布之修正县长任用法之规定视其试署与实授而稍有差异，即试署人员由省政府核定行之，实授人员则依法律行之。（七）不依规定而被停职或免职人员拟准向省政府请求查明办理。（八）已经依法任用人员如随意调任别职亦非保障之道，拟一并规定非依省政府命令不得调任别职。基上各点谨改订办法十二条，是否有当，敬候公决。

（决议）照审查意见通过。

十、主席提议，原任南雄县县长韩源、原任县政人员训练所研究室主任、新委代理南雄县县长李世安经着令各回原职照常任事，提请追认案。

（决议）照案追认。

十一、主席提议，为增强抗战力量起见，拟即饬高要县增编自卫队一大队，四会、广宁、三水、花县各增编两中队，德庆、郁南、封【开】云浮各增编一中队，所需经费并追加预算俾资应用，请公决案。

（决议）照案通过。

十二、据会计处签呈，拟定民国二十九年度省地方总预算未成立前各项经费发放标准四项等情，请公决案。

（决议）照案通过。

密十三、主席提议，为便利推进战时要政增强抗战建国力量，拟援照设置广东省政府南路行署成案设置本府东路行署，管辖第四、五、六各区，行政督察区内行政事宜，其组织及办事程序查照南路行署成案办理，并派本府刘委员志陆兼任东路行署主任，以资策动，请公决案。

（决议）照案通过，呈中央核示。

密十四、主席提议，本府东路行署亟待设置以便推进战时要政增强抗战力量，为便利推行计拟援照南路行署成案在本省特别备用金内提取国币五万元支行署所在地省金库备存，以备东路行署急要支需之用。其动用办法悉照南路成案办理，请公决案。

（决议）照案通过，仍候该行署成立之后拨付。

十五、委员兼财政厅长提议，为撤销本省各县市征收渔户、船户各项捐费自二十九年度起实行以苏民困案。

（决议）照案通过。

密十六、委员兼财政厅长提议，拟具整理本省缉私纲要暨各级缉私机关改组及税警总团整编办法连同经费、编制等表，请公决案。

（决议）暂准施行，仍交何、胡两委员、会计长、吴处长审查。

密十七、主席提议，拟即借拨连县县政府临时协助抗战费国币二万【元】俾资应付案。

（决议）照案通过。

密十八、主席提议，奉战区司令长官电，饬增编饶平、揭阳、潮阳、大埔、海丰、陆丰等六县自卫队等因。业经遵照转电各该县办理。

所有奉令增编自卫队各费系依照军管区新颁修正自卫队编制给与表办理，计六县月共增国币一万七千二百三十四元二角八分，请公决案。

（决议）照案通过。

广东省政府第九届委员会
第九十四次议事录

日　期　民国二十九年一月十六日

地　点　韶关本府

出席者　李汉魂　胡铭藻　朱晖日　刘佐人

列席者　杜之英（毛松年代）　何剑甫（张乃璧代）

　　　　吴迺宪　卓振雄（振济会）

主　席　李汉魂

纪　录　（参议）陆冠裳

报告事项

一、据建设厅签呈，本厅奉令选送南岳游击干部训练班学员，旅费共国币一百五十七元六角九分，拟在本厅二十八年度经常费节余项下拨支，请备案等情。饬据会计处核案尚符，似可准予备案等语，应如拟办理。

二、据第二区行政督察专员呈，据卸佛冈县长周正之呈缴任内派员率送民夫旅什费预计算书表，计共支过国币六十二元四角，请发还归垫等情。饬据会计处核尚核实，似可准在本年度省预备费项下拨付等语，应如拟办理。

三、据第三区行政督察专员电缴开建县无线电分台经费预算书，计列月支国币二百七十一元九角二分等情。饬据会计处查核预算数尚属相符，似可准由成立日起连同开办费一并支付等语，应如拟办理。

讨论事项

一、据省营工业清理委员会呈缴办事细则及本年度经临费预算书，请核示等情，请公决案。

（会计处签拟）查该会预算书，月列支经常费国币一千三百九十四元四角四分，本年度内十一、十二两月合计经常费国币二千七百八十八元八角八分，暨开办费国币三百元，经复查数目相符。惟该会系专为清理省营工业而设，所需费用自应自二十九年度起支，由省营工业管理处所存营业基金项下拨付，不宜由省库负担，并请提会核定。

（决议）照会计处签拟通过。

二、据建设厅签呈，据公路处呈缴连贺公路工程处第二期工程结束保留一部分职员办理未完手续经常费支付预算书，转请核示等情，请公决案。

（会计处签拟）查原呈预算书计列月支国币五百一十六元七角二分核尚需要，办理期限拟照公路处原呈所拟以三个月为期，所需经费三个月共计国币一千五百五十元零一角六分，准在该路第一、第二两期工程费节余项下开支。至上项工程余款除经呈准拨用外，尚余若干，拟饬查明列表呈核，并悉数解库核收，以重公币，仍请提会核定。

（决议）照会计处签拟通过。

三、准省临时参议会函，为大会决议推派参议员分赴各地考察，请拨支旅费五千元等由，请公决案。

（决议）照案通过，款在二十八年度预备费项下拨支。

四、秘书处案呈，据保安处特务第二营呈，为奉命增编第五连一连，谨将所需装具价值计国币五千五百五十四元六角五分列表呈核，请准予制发配用等情，请公决案。

（决议）照案通过，款在二十八年度预备费项下开支。

五、民政厅签呈，缴本厅迁移临时费支付预算书，请察核准由省库拨款支付等情，请公决案。

（会计处签拟）查本府九届第六次会议关于本府各厅处迁移办公地点一案，经决议规定迁移修造设备等费如无节余经费时得据实造具临时预算书呈请核拨在案。又查民政厅本年度追加经费一万零五百四十八元，在该厅前任移存经费及各月结余经费暨从化县农村实验区董事会水利余款项下拨支，前经本府九届六十二次会议议决通过。现缴二十八年度临时费预算书列支一万九千五百元，既据呈明该厅各项经费结余款均分别拨作二十八年度呈准追加经费项下开支无余，该款似可准在二十八年度省预备费项下拨支，仍请提会核定。

（决议）照会计处签拟通过。

密六、据中山县长张惠长十二月来电陈述奉第六游击司令转来钧电营救关国华、吴伯案，经查澳法院业已宣判，其判决实违正义，为取得上诉权计，已由县垫支律师费港币一千二百元办理上诉，乞鉴核等情，请公决案。

（决议）准予发还，款在二十八年度预备费项下开支。

七、据二区专署呈送出巡旅费预计算书，据再请准由省库拨还归垫等情，请公决案。

（会计处签拟）前据该署呈，报垫支出巡旅费一千四百一十八元七角四分，连同旅费预计算书具缴来府，请由省库拨还归垫，当以此项旅费应就该署原有旅费额内撙节开支，所请应毋庸议指复在案。现据呈复，以原有旅费无多，对于职员平时出差及查案等旅费尚不敷支，无从撙节，仍请准由省库拨还，免致赔累等情。查专署经费原有旅费一项，系为专员出巡及职员出差之用。该专员此次出巡所属支出旅费一千四百一十八元七角四分为数太巨，事前并未呈准，事后遽尔请款归垫，手续似有未合，惟既据称该署旅费不敷（六月以前月额二百五十元，七月以后月额六百四十元），若责令由该署全数撙节归垫或属事实所难能，兹拟由省库补助国币七百元，款在二十八年度预备费项下拨支，余仍由该署旅费项下撙节开支，仍请提会核定。

（决议）照会计处签拟通过。

八、秘书处案呈，谨拟修正广东省捕杀敌伪组织官员奖励办法第三、四、五、七各条条文，请核示等情，请公决案。

（决议）照修正案通过。

九、主席提议，新委高明县县长张绍琨调充本府谘议，高明县县长邓公烈、鹤山县县长欧兼均已电饬各留原任，提会请追认案。

（决议）照案追认。

十、主席提议，英德县长李辉南抗敌殉职，遗缺以左新冲代理，经令饬先行赴任，提会请追认案。

（决议）照案追认。

密十一、奉第六战区陈司令长官电，饬发动民众切实协助军队，特别注意实行敌情侦察报告，敌后交通通讯之破坏，捕捉敌人等三事，并规定赏罚条例俾便确实遵行等因。当经拟就运用基层组织侦察敌情破坏敌后交通通讯捕捉敌人实施办法电饬南路行署暨各区行政专员转饬各县市局长遵照切实办理，提会请追认案。

（决议）照案追认。

十二、主席提议，翁源县县长陈×撤职，遗缺派秦元邦代理；花县县长崔广秀辞职照准，遗缺派县政人员训练所研究员黄基代理，请公决案。

（决议）照案通过。